학교폭력의
예방과 대책

PREVENTION PLAN OF SCHOOL VIOLENCE

학교폭력의 예방과 대책

이명조 지음

(주)교 문 사

* 본 저서는 2013년도 한국외국어대학교 교내 학술연구비 지원에 의하여 작성되었습니다.

머리말

학교폭력이 어제오늘의 일은 아니다. 하지만 최근 들어 학교폭력이 비행학생에 국한되는 수준을 넘어서 일반학생에게로 확대되고 있어 안타깝다. 하루가 멀다 하고 매스컴을 통해 학교폭력 관련 사건 사고 소식이 들리고, 며칠 전에는 유치원생들 사이에서도 따돌림 현상이 나타나고 있다는 소문에 머지않아 학교폭력이 대한민국 전체 학교의 보편적인 문화현상으로 정착되지 않을까 심히 우려된다.

게다가 학교폭력은 뚜렷한 목적이나 동기도 없이 충동적으로 발생하고, 가해학생 당사자는 이에 대해 죄의식이나 책임감을 크게 느끼지 못한다고 한다. 자신의 폭력이 피해자에게는 견디기 어려운 마음의 상처를 준다는 것을 인식하지 못한 채, 장난삼아 폭력행동을 한다는 것은 뿌리 깊은 원인이 있을 것이라는 생각에 걱정이 앞선다. 또한 그 양상도 단순한 탈선의 차원을 넘어 성인범죄를 모방하여 집단화 · 조직화되고, 흉포화의 지경에 이르고 있어 특단의 조치가 시급하다.

이에 학교폭력을 예방하고 근절하기 위한 법률이 마련되었고, 범정부 차원에서 정책도 세웠다. 현재 그 실행을 위해 학교현장, 지역사회, 정부 관련 부서 등은 노력을 기울이고 있고, 그 노력의 일환으로 '학교폭력의 예방 및 대책'이라는 교과목이 2014년부터 예비교사들의 교직과정 필수로 지정되었다.

이 책은 크게 두 부분으로 나누어서 내용을 다루었다. 하나는 '학교폭력의 이해와 대책'에 대한 내용이고, 다른 하나는 '학교폭력의 예방'에 대한 내용이다. '학교폭력의 이해와 대책'에서는 학교폭력 관련 개념, 법규, 정책, 지역사회 연계, 교사 및 학교장의 역할, 상담 등에 대해 1~6장까지 살펴보았다. 1장에서 학교폭력의 현실, 개념과 유형, 최근 경향, 학교폭력의 원인에 대해 우선 살펴보았다. 그리고 2장은 학교폭력 관련 법규, 3장은 국가 차원의 정책, 4장은 학교폭력 관련 지역사회 연계체계 및 기관, 5장은 학교폭력 대응관리를 위한 교사 및 학교장의 역할, 6장은 학교폭력 관련 학생과 학부모를 대상으로 하는 상담 등을 다루었다.

그리고 '학교폭력의 예방'에서는 학생의 대인관계를 포함한 자기자산, 즉 자신의 내외적 역량이라 할 수 있는 인성적 자질의 함양에 대해 다루었다. 바람직한 인성적 자질은 또래관계 및 학교생활 적응과 밀접해서 학교폭력의 소지를 차단시키고, 장차 성공적인 삶을 위한 견인차 역할을 한다. 그리하여 인성적 자질 함양을 위한 다양한 방안을 7~11장에서, 학교폭력 예방 프로그램과 우수 사례를 12장과 13장에서 각각 살펴보았다. 7장은 인성적 자질 함양을 위한 민주적인 학급의 운영, 8장은 청소년 발달과제에 따른 생활지도, 9장은 청소년의 공감과 소통을 위한 지도, 10장은 청소년의 자기성장과 역량 강화 방안, 11장은 청소년의 문제행동에 대한 지도, 12장은 국내외 학교폭력 예방 프로그램, 13장은 학교폭력 예방 우수 사례 등을 다루어 예비교사들의 장차 교직 수행에 도움을 주고자 하였다.

이 책은 학교폭력과 관련된 이론서라기보다는 예비교사들이 장차 학교폭력을 예방하고 학교폭력에 잘 대응하기 위한 실제적 내용 위주의 실천 서적이라 할 수 있다. 따라서 학교폭력 관련 법규나 정부 정책이 변화하는 학교폭력의 경향이나 상황에 따라 다소 바뀔 수 있고, 이에 교육현장에서도 학교폭력 대처가 다소 변경될 수 있음을 염두에 두어야 할 것이다. 이 책을 교재로 사용하는 수업시간에는 이를 고려하여 학생-교사, 학생-학생들 간에 최근 새로운 법규, 정책, 실천적 노력에 대해 꼼꼼히 짚어보고 토론하는 수업이 되어야 할 것으로 보인다. 필자는 이 책의 미흡한 점을 계속 보완하고자 노력할 것이며 독자들도 많은 조언을 부탁드린다.

이 책이 나오기까지 도움을 준 모든 분들께 감사의 마음을 전하고 싶다. 우선 한국외국어대학교 사범대 및 교직 전공학생들이 필자의 '생활지도와 상담'을 수강하면서 학교폭력 문제와 관련해서 자신들의 지난 초 · 중 · 고 시절의 경험을 솔직하게 이야기해 주어 고맙다. 이 책의 집필 방향이나 내용을 편성하는 데 많은 도움을 주었기 때문이다. 그리고 이 책의 출판을 기꺼이 맡아주신 (주)교문사 류제동 사장님 이하 임직원 여러분께 감사드린다.

2014년 2월

저자 이명조

C O N T E N T S

차 례

C O N T E N T S

PART TWO 학교폭력의 예방

C O N T E N T S

C O N T E N T S

PART ONE

1 학교폭력의 이해와 대책

CHAPTER 01

학교폭력에 대한 이해

1. 학교폭력의 현실 2. 학교폭력의 개념과 유형 3. 학교폭력의 최근 경향
4. 학교폭력의 원인

CHAPTER

01 학교폭력에 대한 이해

최근 들어 학교폭력의 양상은 그 도를 넘어섰고, 피해 사례도 심각한 수준이다. 이에 학교폭력을 예방하고 근절하기 위한 대책이 범정부 차원에서 수립 · 추진되고 있으며, 학교 현장 역시 그 예방과 근절을 위한 노력이 진행 중에 있다.

이 장에서는 학교폭력에 대한 전반적인 이해를 돕기 위해 학교폭력의 현실, 학교폭력의 개념과 유형, 학교폭력의 최근 경향, 학교폭력의 원인에 대해 알아보고자 한다.

1. 학교폭력의 현실

우선 학교폭력의 심각한 현실부터 살펴보면 다음과 같다.

첫째, 학교폭력이 죄의식 없이 '장난'삼아 충동적으로 이루어지고 있다는 점에서 그 심각한 현실을 가늠할 수 있다. 최근 학교폭력 전수조사 결과에 따르면, 전체 조사 응답자 139만 명 중 12.3%인 17만 명이 최근 1년 동안 학교폭력 피해경험이 있었던 것으로 나타났고(교육과학기술부, 2012b), 피해를 받은 주된 이유는 '특별한 이유가 없다'였다. 폭력 가해 이유로는 '상대가 잘못했기 때문에'(1위), '특별한 이유 없이'(2위)로 조사되었다(여성가족부, 2012). 이와 같이 가해학생들은 자신의 폭력을 상대방이 잘못한 것으로 정당화하거나 특별한 이유 없는 장난거리로 보는 등 자신의 폭력행동을 대수롭지 않게 생각하고 있다는 점에서 문제의 심각성이 있다. 자신의 폭력이 피해자에게는 견디기 어려운 마음의 상처를 준다는 것을 인식하지 못한 채, 뚜렷한 동기도 없이 장난삼아 충동적으로 폭력행동을 하고 이에 대해 죄의식이나 책임감을 별로 느끼지 못한다는 것은 뿌리 깊은 원인이 있어 간단하게 해결될 수 있는 문제가 아니다.

둘째, 학교폭력이 심각한 범죄 수준이다. 학교폭력은 이제 특별한 비행학생에게만 국한된 것이 아니라 보통학생 모두에게서 쉽게 발견될 수 있는 일반화된 학교문화현상이 되고 있다. 게다가 단순한 탈선의 차원을 넘어 심각한 범죄 수준, 즉 성인범죄를 모방한 집단화, 조직화, 흉포화되는 단계에 이르고 있다. 그 예로 다음 사례를 들 수 있다.

셋째, 손쉽게 반복적으로 할 수 있는 사이버폭력이 학교폭력의 심각성을 부추기고 있다. 정보통신망을 이용한 욕설과 비방 등의 사이버폭력으로 인한 언어적 · 정신적 폭력은 휴대전화 문자와 SNS 등을 통해 손쉽게 반복적으로 이루어질 수 있어 그 심각성이 크다. 이러한 정보통신망을 통한 반복적인 언어적 · 정신적 폭력은 겉으로 드러나지 않아 주변 사람들이 잘 모르게 되고, 단지 피해자만 견디기 어려운 정서적 상처로 괴로워하게 된다. 최근

Case

심각한 범죄 수준의 학교폭력

춘천 A고등학교의 '삼거리파'라는 폭력서클은 주변 학교 일진회들과 연합하여 대규모 조직을 만들고 성인 조직폭력배와 흡사한 금품 상납 카르텔을 행하였다. 이들은 지난 2년 동안 지역 초중고생 84명으로부터 2,300여 회에 걸쳐 7,250만 원 상당의 금품을 직접 빼앗거나 상납받았다. 하급 조직원들이 상납 지시를 따르지 않으면 상급 조직원들이 이들을 한 데 모아놓고 각목으로 엉덩이 등을 때리는 속칭 '줄빳따' 벌을 내리기도 했고, 군기를 잡기 위해 공터로 불러내어 뺨을 때리고 허벅지를 발로 차는 등 폭행을 일삼았다. 이들은 동 · 하급생의 금품을 빼앗는 것은 물론이고 숙제를 대신시키거나 담배를 사오게 하는가 하면 물건을 강매하게 하고, 인력소개소를 통해 여름철 수영장 아르바이트를 시킨 후 일당을 뜯어내는 등 수시로 공갈 · 폭행을 저질렀다. 특히, 조직원이었던 B(15세) 군이 폭력서클을 탈퇴하자 "돈을 주지 않으면 폭행하겠다."고 협박하여 11개월간 하루 2만 원씩 250회에 걸쳐 500여만 원을 빼앗기도 했다. 이들은 버젓이 서클의 이름을 게시하고 인터넷 블로그를 개설, 조직 결속력을 유지하거나 다른 범행을 모의하는 데 활용했다.

자료 : 연합뉴스(2012. 3. 8). 갈취 · 폭행… '조폭' 닮은 청소년 폭력서클.

의 스마트폰 메신저 어플리케이션인 카카오톡을 사용하여 괴롭히거나 욕설을 보내는 이른바 '카톡 왕따'는 학교폭력을 의미하는 신조어로 학교폭력의 수단으로 악용되고 있다. 가입자 수가 수천만 명에 달하는 카카오톡은 스마트폰 사용자라면 대부분 사용하는 어플리케이션이며, 사용료 부담이 없기 때문에 10대들은 대부분 카카오톡을 이용해 연락을 한다(Case 참조).

넷째, 학교폭력이 청소년 자살을 부르고 있다. 학교폭력의 피해를 입은 학생 중 30%가 넘는 학생들이 한 번 이상 자살을 생각했고, 6.2%는 10회 이상 지속적으로 자살을 생각한 학생도 있다고 하여 그 심각성을 더해 주고 있다. 특히, 휴대전화 문자와 SNS 등을 통해 손

Case

카톡 왕따

이가은 양(중학교 2학년, 가명)은 지난 봄 친구의 친구에게 초대를 받아 한 카톡방에 들어갔다. 그곳은 이미 10여 명의 아이들이 한 아이에게 욕설을 퍼붓고 있었다. 아이들은 그 아이에게 '네 애미 애비는 너를 어떻게 낳았길래 니가 이러냐', '니 애미 애비가 이렇게 키웠냐' 등의 수치심이 느껴질 욕설들을 거침없이 쏟아냈다. 이 양은 카톡 알림을 '무음'상태로 두고 몇 분 뒤에 다시 그 카톡방에 들어갔더니 욕설이 몇천 개 올라와 있었다고 말했다. 특히, 아이들은 피해학생이 반응이 없으면 '왜 답을 안 하냐, 나 지금 너한테 전화한다', '읽음 표시가 되어 있는데 왜 답 안 하냐'며 협박했다. 이 양은 끼어들었다가는 자신도 공격대상이 될 것 같아 그냥 지켜보기만 했다고 한다. 결국 그 피해학생은 학교를 그만두고 유학을 갔다.

이러한 카톡 왕따의 유형 이외에 피해학생을 카톡방으로 초대한 뒤 피해학생이 말을 건넬 때마다 아무도 대답하지 않고 무시하는 방식이 있다. 하지만 다른 일반학생이 말을 건넬 경우에는 열광적으로 대답을 하면서 그 피해학생에게 '너는 왕따다'라고 각인시키는 것이다. 또 다른 유형으로는 피해학생이 카톡방에서 빠져나갈 수 없도록 계속 초대하는, 즉 '카톡 감옥'을 만들어 괴롭힌다. 혹은 의미 없는 말을 계속 던져 피해학생의 핸드폰을 마비시키는 방식도 있다. 교실에서 직접 공격하는 것은 생활기록부에 걸릴 위험도 있고, 방과 후 학원 일정으로 서로 만날 기회가 적은 아이들은 굳이 얼굴을 보지 않고도 괴롭힐 수 있는 카톡이 유용한 수단이 되고 있다.

이와 같이 카톡 왕따의 유형은 '단체로 욕설을 퍼붓거나 굴욕적인 사진 공개하기', '피해학생을 초대한 뒤 무시하기', '피해학생을 계속 초대해 카톡 감옥 만들기', '피해학생을 초대한 뒤 의미 없는 말을 던져 휴대전화 마비시키기' 등이 있다.

자료 : 경향신문(2012. 8. 19). 죽음을 부르는 '카톡 왕따' : 스마트폰 알람이 무서워요.

쉽게 반복적으로 이루어질 수 있는 최근의 언어적 · 정신적 폭력은 피해자에게 심리적 모멸감이나 자괴감과 같은 씻을 수 없는 정서적인 어려움을 가져다주어 끝내 자살이라는 수단을 선택한다. 표 1-1은 학교폭력으로 인해 발생한 자살 피해 사례들이다.

표 1-1 | 학교폭력으로 인해 발생한 자살 피해 사례들

시 기	학 생	사건내용	비 고
2011. 7. 11	대구광역시 중 2 박모 양(14세)	'반에 왕따가 있다'는 사실을 담임에게 알렸다가 반 친구들에게 추궁당한 후 자살	경향신문 (2011. 12. 31)
2011. 11. 18	서울 중 2 김모 양(14세)	동급생 8명에게 집단 괴롭힘을 당하다가 수면제 다량복용 후 아파트에서 투신자살	news1.kr (2012. 6. 27)
2011. 12. 2	대전광역시 고 1 송모 양	친구들과 싸운 뒤 따돌림 당하고 아파트에서 투신자살(집단 따돌림 의혹 제기)	chosun.com (2011. 12. 22)
2011. 12. 20	대구광역시 중 2 권모 군(14세)	같은 학교 학생들에게 폭력과 물고문, 갈취 등 괴롭힘을 당하다가 긴 유서를 남기고 투신자살	중앙일보 (2011. 12. 23)
2011. 12. 25	제주자치도 고 1 한모 양(17세)	성탄절 제수지 이호해변에서 숨진 채 발견됨(단순자살로 종결했으나 유족고발로 재수사)	제주일보 (2012. 2. 22)
2011. 12. 28	광주광역시 중 2 송모 군(14세)	같은 학교 일진 3명에게 29차례 폭행, 금품갈취, 담배 심부름 등 괴롭힘을 당하다가 아파트 옥상계단에서 목을 매 자살	동아일보 (2011. 12. 30, 2012. 1. 2)
2012. 1. 16	대전광역시 고 1 박모 양(17세)	'친구(송모 양)의 죽음을 막지 못했다'는 괴로움으로 심리상담을 받아오던 중 투신자살	세계일보 (2012. 1. 17)
2012. 4. 16	경북 중 2 이모 군(14세)	'지속적으로 폭력과 괴롭힘을 당해왔다'는 유서를 남기고 아파트에서 투신자살	chosun.com (2012. 7. 15)
2012. 5	부산광역시 중 3 민모 군(15세)	집착 증세를 보이던 같은 학교 학생에게 노끈으로 살해됨(피의학생은 자살)	chosun.com (2012. 6. 4)
2012. 6. 2	대구광역시 고 1 김모 군(15세)	2년간 괴롭힘과 폭력을 당해오다 유서를 남기고 자살(자살 직전 승강기에 찍힌 모습 공개됨)	chosun.com (2012. 6. 4)
2013. 3. 11	경북 경산 고 1 최모 군(15세)	얼굴에 멍이 들고 눈 밑이 긁히는 등 학교폭력에 시달리다 자살	www. yonhapnews. co.kr (2013. 6. 12)
2013. 6. 1	경북 경산 고 1 ㄱ모 양(15세)	가족이 모두 외출한 사이에 유서를 남기고 아파트 16층으로 올라가 자살	kyunghyang. com (2013. 6. 3)
2012~2013	강원도 초등학생 ~대학생	초등학생부터 대학생까지 선배들에게 후배들이 상습적인 폭행을 당하고 정기적으로 금품을 상납	newsis.com (2013. 6. 7)

자료 : 김진한 외 (2013). 학교폭력의 예방과 대책, p. 21.

이상의 학교폭력으로 인해 발생한 자살 피해 사례들 가운데 대구 중학생 자살 사건(2011. 12. 20) 피해자 어머니가 쓴 《세상에서 가장 길었던 하루》(임지영, 2012)의 내용을 중심으로 피해학생의 학교폭력 당시 상황, 사후의 처리, 주변 사람에게 미치는 영향 등을 간략히 요약하면 다음과 같다.

Case

대구 중학생 자살 사건(2011. 12. 20)

❖ 학교폭력 당시의 상황

피해학생의 가족은 부모(둘 모두 교사), 형, 피해자 본인 등 네 사람이다. 피해학생은 형과 친밀하며 잘 따랐고, 정이 많으며, 개그맨이 되고 싶다고 할 만큼 밝고 명랑한 아이였다. 학교에서는 조용한 편이었지만 친구들과도 원만하게 지냈으며, 혼자 있을 때는 연습장에 만화를 그리고 음악을 즐겨 들었던 중학교 2학년 14세 청소년이었다.

- 계기 : 가해학생이 게임(메이플스토리) 아이디를 같이 키우자고 요구했다. 하지만 게임을 잘하지 못하는 피해학생에게 '왜 그 정도밖에 하지 못하냐?'를 시작으로 가해학생은 피해학생에게 협박과 폭력, 갈취를 가리지 않고 행했다.
- 구체적 내용 : 3월 중순, 가해학생은 피해학생에게 자신의 게임 캐릭터 레벨을 올리라고 시켰고, 게임 레벨을 올릴 때까지 못 자게 하며, 자신의 숙제를 대신 시키기도 하였다. 가해학생은 게임에 쓴다고 피해학생의 수중에 있는 돈은 물론, 통장에 있는 돈을 갈취했고 모든 돈을 쓰고서도 피해학생에게 계속해서 돈을 요구해 평소 학업에 열중하던 피해자는 돈을 벌기 위해 아르바이트를 하는 지경에까지 이르렀다. 나중에는 피해학생의 집 비밀번호까지 알아내 피해학생의 집에서 폭력을 행사하기 시작했다. 라디오 코드 줄을 목에 감은 뒤 바닥에 떨어진 과자 부스러기를 주워 먹게 하고 물고문을 행하는 등 사람에게는 도저히 할 수 없을 정도의 학대를 가했다. 심지어는 부모님께 말하면 팔다리를 잘라 앵벌이로 보내버린다는 협박까지 했다. 또한 피해학생에게서 돈과 옷 등을 갈취하기도 했다. 학교에서는 시험 때 답을 다 찍게 하고, 단소로 때리고, 피해학생이 학업에 열중할 수 없도록 문제집을 모두 가져가는 등 괴롭힘을 계속하였다.
- 피해학생의 대처 : 3월 중순부터 그가 자살한 날까지 가해학생들의 가혹행위는 계속되었지만 피해학생은 '부모님께 걱정 끼쳐드리기 싫어서'라는 이유 때문에 부모님께 말씀드리지 못했다. 가혹행위를 견디다 못한 피해학생은 자살을 결심하고 유서를 쓴 뒤 창밖으로 몸을 내던졌다. 그것이 피해학생의 마지막이었다.

❖ 사후의 처리

- 학교 : 학교는 자살한 피해학생이 죽음을 선택할 동안 사태의 윤곽조차 파악하지 못했으며 죽음 이후에

는 이 일을 덮기에만 급급했다. 가해학생들의 처벌도 최소화하려고 하고 이러한 사실이 공론화되는 것을 피하려고 하였다. 심지어 소송에서는 담임교사가 가해학생의 증인으로 나서 가해학생들이 착한 학생들이라는 진술을 했다.

- 가정 : 피해학생의 가정에서는 죽은 피해학생의 억울한 죽음을 밝히고 가해학생들에게 사과를 받고자 하였으나 가해학생들이 장난식으로 받아들이고는 자신들은 미성년자라서 실형을 받지 않을 것이라고 서로 문자를 하는 등 진심으로 사죄하는 모습을 보이지 않자 피해학생의 부모는 가해학생 우 군과 서 군 등을 고소하였다. 피해학생의 부모가 소송을 진행하자 가해학생의 부모들은 변호사를 고용하고 처벌을 최소화하기 위해서 피해학생의 부모를 찾아가서 호소했다. 하지만 그 호소한 내용들이 진심에서 우러나온 것이 아니라 자기 자식의 죄를 덮기 위한 것뿐이었다.
- 경찰 : 대구 수성경찰서는 대구 중학생 자살사건의 가해학생 2명에 대해 「폭력행위 등 처벌에 관한 법률」 위반의 혐의로 구속영장을 청구했다. 최종적으로 대법원 3부는 28일 같은 반 친구에게 상습적인 폭행과 위협을 가해 피해학생을 자살에 이르게 한 혐의(「폭력행위 등 처벌에 관한 법률」 상습 상해 · 공갈 · 강요)로 구속 기소된 서 모(14)군과 우 모(14)군에 대한 상고심 재판에서 만 13세 미만의 아동임에도 불구하고 징역 장기 3년에 단기 2년 6월, 장기 2년 6월에 단기 2년을 각각 선고한 원심을 확정했다.

❖ 주변 사람들

- 가족에게 끼친 영향 : 피해학생의 아버지는 20년 넘게 교단을 지켜온 윤리 교사였다. 하지만 학교폭력을 견디지 못한 아들의 죽음 이후 40대 초반이라는 젊은 나이에 '명예퇴직'이라는 이름으로 교단을 물러나게 되었다. 자신마저 없으면 금방이라도 무너져 내릴 것 같은 집안, 가장으로서의 책임을 다하기 위함이었다. 피해학생의 어머니는 아들의 죽음에 충격을 받고 우울증에 걸려 정신과 치료도 받았지만 그 후 학교폭력의 피해로 잃은 자신의 아들과 같은 일이 다시는 일어나지 않아야 한다는 생각으로 《세상에서 가장 길었던 하루》라는 책을 편찬해 학교폭력 예방에 힘쓰고자 하였다. 그러나 아들이 시신으로 발견된 아파트 앞마당은 물론, 그가 마지막을 보낸 베란다에는 찰나의 순간도 머무르지 못하는 등 가슴 속에는 여전히 깊고 아린 상처가 남아 있다. 당시(2011년) 고 2였던, 피해학생의 형은 생각지도 못한 동생의 죽음에 큰 충격을 받아 외갓집으로 가서 살고 있다고 한다.
- 친구들에게 끼친 영향 : 피해학생의 자살 후 피해학생과 친했던 학생 상당수가 잠을 자지 못하고 음식도 제대로 먹지 못하는 등 '외상 후 스트레스 장애'를 겪었다고 한다. 친구의 자살을 경험하게 되면서 마치 자기에게 같은 일이 생긴 것처럼 느껴져 불안에 시달린 것이다. 대구시 교육청이 해당 중학교 2학년 331명에 대해 외상 후 스트레스 장애 검사를 한 결과 15명이 이 장애를 겪고 있다는 조사결과가 나왔고 그들은 평소 권 군과 친하게 지내온 친구들이었다. 이들은 학교생활에서 미처 알지 못했던 폭행과 가혹행위가 피해학생에게 행해졌다는 것을 알게 되었기 때문인지 지금까지도 심한 스트레스를 겪고 있다고 한다.

2. 학교폭력의 개념과 유형

학교폭력의 개념과 유형은 '학교폭력 예방(교사용)' 매뉴얼(법무부, 교육과학기술부, 2012b)과 '학교폭력 예방(중학생용)' 매뉴얼(법무부, 교육과학기술부, 2012a) 내용을 중심으로 발췌·요약하거나 참고하였다.

1) 학교폭력의 개념

(1) 법률적 규정

학교폭력이란 연구자에 따라 다양하게 정의되고 있지만, 여기에서는 법률적으로 규정하고 있는 개념을 소개한다. 학교폭력이란 "학교 내외에서 학생을 대상으로 발생한 상해, 폭행, 감금, 협박, 약취·유인, 명예훼손·모욕, 공갈, 강요·강제적인 심부름 및 성폭력, 따돌림, 사이버 따돌림, 정보통신망을 이용한 음란·폭력 정보 등에 의하여 신체·정신 또는 재산상의 피해를 수반하는 행위"(「학교폭력예방 및 대책에 관한 법률」 제2조제1항)를 말한다.

이상의 법률적으로 규정한 학교폭력 개념을 보다 구체적으로 살펴보면 다음과 같다.

첫째, 학교폭력은 '학교 내외에서' 발생한 사건이다. 이는 학교 안에서 뿐만 아니라 학교 밖, 예컨대 학원이나 학원 주변, 인터넷·스마트폰, 놀이터, PC방이나 노래방 등에서 발생한 학교폭력도 포함된다.

둘째, 학교폭력은 '학생을 대상으로' 발생한 사건이다. 그래서 가해자가 학생이 아니더라도 피해자가 학생인 경우 반드시 피해학생에 대한 보호조치를 실시해야 하고, 가해자에 대해서는 해당 사안을 경찰 등 수사기관에 반드시 신고해야 한다.

셋째, 학교폭력은 '상해, 폭행, 감금, 협박, 약취·유인, 따돌림, 사이버 따돌림 등에 의하여 신체·정신 또는 재산상의 피해를 수반하는 행위'이다. 이렇게 법률적으로 규정한 행위는 학교폭력으로 성립될 수 있는 요건, 즉 다음의 세 가지 조건 중 하나 이상의 성립 요건을 갖춘 학교폭력에 해당할 뿐만 아니라(Coloroso, 2003), 이와 별도로 형법상의 범죄로도 성립될 수 있다.

- 힘의 불균형(imbalance) : 힘이 더 센 학생이 약한 학생을, 언어적으로 능숙한 학생이 언어가 어눌한 학생을, 상급생이 하급생을, 다수의 학생이 한두 명 소수의 학생을 괴롭히는 것을 의미한다.
- 고의성(intention) : 실수가 아니라 고의적으로 신체 · 정서 · 재산상 고통을 주는 것을 의미한다.
- 반복성(repetition) : 어쩌다 한 번 행동한 것이 아니고, 반복적으로 되풀이해서 행동하는 것을 의미한다.

이와 같이 법률적으로 규정한 학교폭력 행위는 힘의 불균형, 고의성, 반복성의 요건들 모두 내포된 경우가 많다. 예컨대, 같은 반에 새로 전학 온 A학생을 대상으로 B라는 학생이 같은 반 친구들에게 휴대전화를 통해 쉬는 시간마다 A학생의 신체적 특성에 대한 악의의 글을 올려 그 학생에게 수치심과 모욕을 느끼게 한다면, 힘의 불균형(새로운 환경에 적응이 안 된 A학생), 고의성(휴대전화에 글을 올림), 반복성(쉬는 시간마다) 등 모든 성립 요건을 갖추고 있는 언어폭력(명예훼손 · 모욕죄), 사이버폭력(사이버 따돌림) 등에 해당될 것이다. 그런데 최근 심각해진 학교폭력을 근절하기 위한 대책에 따르면, 단 한번이라도 학교폭력의 성격을 띠고 있는 행위라면 이를 용납하지 않고 있다.

(2) 학교폭력 특징의 시대적 변화

최근의 학교폭력은 과거의 학교폭력과 그 특징을 비교할 때 다소 차이를 보이고 있다. 과거에는 소수의 문제학생이 학교 밖에서 주로 다른 학교 학생들에 대해, 폭행이나 금품갈취 등과 같은 물리적인 폭력을 1회성 단기적으로 행사하는 경우가 많았다. 하지만 최근에는 다수의 학생들이 학교 안에서, 강제적인 심부름(빵셔틀, 와이파이셔틀 등), 협박, 집단따돌림, 놀림 등 언어적 · 정신적 폭력을 인터넷과 스마트폰, SNS 등을 활용하여 계속적 · 집중적으로 행하는 경우가 많다.

(3) 일반폭력과 학교폭력의 차이점

일반폭력과 학교폭력의 차이점은 다음과 같다.

첫째, 일반폭력은 모르는 사람 사이에서 주로 발생하며, 특정한 장소가 정해져 있지 않으나, 학교폭력은 같은 학교 · 학급이라는 같은 공간 내에 있는 학생들 사이에 발생하는 경우가 흔하므로 사건 발생 이후에도 일정기간 가해자, 피해자가 마주치게 된다.

둘째, 일반폭력은 폭력의 당사자 외에는 제3자가 알기 어려우나, 학교폭력은 당사자 외에도 같은 학교·학급에 있는 다른 친구들에게 쉽게 알려지게 되므로 추가적인 정신적 고통을 받는 경우가 많다. 속칭 '빵 셔틀'의 피해학생은 다른 친구들에게 똑같은 행동을 강요받을 수 있다.

셋째, 일반폭력은 연속성이 없으나, 학교폭력은 학교 내에서 끊임없이 특정 학생에 대해 행해지고, 문제의식 없이 학생들 사이에 학교 내 하나의 잘못된 문화처럼 형성될 수 있다.

2) 학교폭력의 유형

학교폭력은 신체·물리적 유형, 언어·심리적 유형, 관계적 폭력 등 세 가지 유형으로 크게 구분될 수 있다(Prinsloo & Neser, 2007). 여기서 신체·물리적 폭력은 신체적으로 해를 가하거나 재산상의 손실을 가져오는 행위이고, 언어·심리적 유형은 말이나 글로 심리적인 고통을 주는 행위이며, 관계적 폭력이란 고의적인 따돌림으로 사회적으로 고립시키는 행위를 말한다. 이들 가운데 최근에는 정보통신망을 이용한 비방과 욕설을 포함한 언어·심리적 폭력이 학교폭력의 주를 이루고 있고, 아울러 집단 따돌림이나 신체·물리적 폭력 역시 함께 나타나 복합적이고 심각하다고 할 수 있다.

여기서는 실제 발생되고 있는 여러 형태의 학교폭력들을 앞서 법률적으로 규정한 학교폭력 행위들과 연결시키면 표 1-2와 같으며, 이를 기준으로 각각의 학교폭력 유형을 살펴보기로 하자(법무부, 교육과학기술부, 2012a, 2012b).

표 1-2 | 법률적으로 규정한 학교폭력 관련 행위와 학교폭력 유형

법률적으로 규정한 학교폭력 관련 행위	학교폭력 유형
상해, 폭행, 감금, 약취 · 유인	신체폭력
협박, 명예훼손 · 모욕	언어폭력
공갈 · 강요	금품갈취 · 강요
따돌림	집단 따돌림
성폭력 · 성추행	성폭력
사이버 따돌림, 정보통신망을 이용한 음란 · 폭력정보 등에 의해 신체 · 정신 또는 재산상의 피해를 수반하는 행위	사이버폭력

* 법률적으로 규정한 학교폭력 관련 행위가 발생하면 「학교폭력예방 및 대책에 관한 법률」에 의해 학교 내 징계조치(서면사과, 학교 내외에서의 봉사, 특별교육, 전학, 퇴학 등)를 받게 되고, 이와 별도로 형법상 범죄로 성립하는 경우는 형사처벌(벌금, 소년교도소 수용 등)이나, 소년법상의 보호처분(보호관찰, 소년원 수용 등)을 받게 된다. 다만, 따돌림은 그 자체가 범죄는 아니나 「학교폭력예방 및 대책에 관한 법률」에 의해 학교 내 징계조치를 받게 된다.

(1) 신체폭력

신체폭력은 다른 학생에 대하여 직접 혹은 간접적인 힘을 이용하여 난폭하게 행동하는 것을 말한다. 흔한 예로, 때리기(머리, 뺨 등), 발 걸기, 밀치기, 도구나 흉기로 때리기, 가혹 행위, 장난을 가장한 때리기 등이 이에 속한다. 장난을 빙자해서 꼬집기, 때리기, 힘껏 밀치는 행동 등도 상대 학생이 폭력행위로 인식한다면 학교폭력에 해당된다. 신체폭력에 해당하는 법률적으로 규정한 행위는 다음과 같다.

- 신체에 상처를 내어 해를 입히는 것(상해)
- 신체에 불법적인 힘을 행사하는 일체의 행위로 머리카락이나 털을 잘라버리는 것, 사람의 손을 세차게 잡아당기는 것 등 장난으로 한 행위도 폭행이 될 수 있다(폭행).
- 일정한 장소에서 쉽게 나오지 못하도록 하는 행위(감금)
- 강제(폭행, 협박)로 일정한 장소로 데리고 가는 행위(약취)
- 상대방을 속이거나 유혹해서 일정한 장소로 데리고 가는 행위(유인)

Case

신체폭력

황 모군(16세)은 지난 1년 동안 밤마다 근처 중학교 학생들에 의해서 인근의 야산에 끌려다녔다. 지적장애 2급인 황 군을 데리고 간 학생들은 황 군 주위의 나무에 노끈을 묶어 사각 링을 만들었다. 링 안으로 황 군을 밀어 넣고, 한 명이 링 안으로 들어갔다. 나머지 학생들은 링을 둘러싸고 둘 중에 하나가 죽을 때까지 때리라고 강요했다. 황 군이 머뭇거리며 링 밖으로 빠져나가려고 하면 둘러싸고 있던 학생들이 폭력을 가해 다시 링 안으로 넣었다. 이들은 황 군에게 격투기 시합에 등장하는 기술을 가르쳐 준다면서 황 군을 폭행하기도 했다. 그날 결국 황 군과 상대 학생이 쓰러지고 나서야 경기가 끝날 수 있었다.

가해학생들은 이뿐 아니라 자신들이 훔친 오토바이를 황 군이 훔친 것처럼 거짓 자백을 시키기도 하고, 직접 도둑질을 시키기도 했다. 이후 황 군의 온 몸에 멍이 든 것을 발견한 황 군의 부모님의 신고로 가해학생들은 입건되었다.

자료 : 조선일보(2013. 10. 2). 신종학교폭력 '글래디에이터(노예검투사)'.

(2) 언어폭력

언어폭력은 말이나 글로 다른 학생에게 정신적 피해를 주는 행위를 말한다. 흔한 예로, 욕설, 비웃기, 은어로 놀리기, 겁주기 · 위협 · 협박하기, 별명 부르기, 신체의 일부분을 장난삼아 놀리기 등을 들 수 있다. 언어폭력에 해당하는 법률적으로 규정한 행위는 다음과 같다.

- 신체 등에 해를 끼칠 듯한 언행(죽을래? 등)과 문자메시지로 겁을 주는 행위(협박)
- 여러 사람 앞에서 상대방의 명예를 훼손하는 구체적인 말(성격, 능력, 배경 등)을 하거나 그런 내용의 글을 인터넷, SNS 등으로 퍼뜨리는 행위(명예훼손)
- 여러 사람 앞에서 상대방을 비하하는 모욕적인 언어(생김새에 대한 놀림, 병신, 바보 등)를 지속적으로 하거나 그런 내용의 글을 인터넷, SNS로 퍼뜨리는 행위(모욕)

(3) 금품갈취 · 강요

금품갈취는 다른 학생을 공갈 · 협박하여 돈이나 물품을 요구하거나 불법한 이익을 취하는 행동을 말한다. 그 예로, 돌려줄 생각이 없으면서 돈이나 물품을 빼앗기, 옷 · 문구류 등을 빌린 후 되돌려주지 않기, 일부러 물품을 망가뜨리기, 돈을 걷어오라고 시키기 등을 들 수 있다. 강요는 다른 학생에게 하기 싫은 일을 억지로 또는 강제로 요구하는 행위이다. 강제적인 심부름(예 : 빵셔틀, 과제 대행 등), 게임 대행, 와이파이셔틀이 이에 속한다. 금품갈취에 해당하는 법률적으로 규정한 행위는 공갈이고, 강요에 해당하는 법률적으로 규정한 행위는 강요이다.

- 재물을 받거나 재산상의 이득을 취득하기 위하여 폭행 또는 협박으로 공포심을 일으키는 행위 (공갈)
- 폭행 또는 협박으로 권리행사를 방해하거나 의무 없는 일을 하게 하는 행위, 즉 빵셔틀, 과제 대행, 게임 대행, 와이파이셔틀[1] 등 (강요)

(4) 집단 따돌림

집단 따돌림(일명 왕따[2])이란 학교 내외에서 2명 이상의 학생들이 특정 학생이나 특정 집단의 학생들을 대상으로 지속적이거나 반복적으로 신체적 또는 심리적 공격을 가하여 상대방이 고통을 느끼도록 하는 일체의 행위를 말한다. 그 예로, 상대방을 집단으로부터 배제하기 위해 놀아주지 않거나 의도적 · 반복적으로 피하기, 상대방이 친하게 지내는 친구 따돌리기, 상대방을 지배하에 두기 위해 겁주는 행동하기, 듣기 싫어하는 별명 부르기, 싫어하는 말로 바보 취급하기, 빈정거리기, 면박이나 핀잔주기, 말을 따라 하며 놀리기 등을 들 수 있다. 집단 따돌림은 피해를 당하는 학생에게 물리적 폭행행위보다 더 심한 정신

---

1) 빵셔틀이란 힘센 학생들의 강요에 의해 빵을 사다 주는 등의 심부름을 하는 것으로 그 명령을 거부하면 폭력적인 보복이 뒤따르기 때문에 단순히 빵을 사 오는 개념이 아니라 일종의 학교폭력이라 할 수 있다.
와이파이셔틀이란 학교 일진 학생들이 괴롭힘의 대상이 된 학생에게 무선데이터 무제한 요금제에 가입하게 한 뒤 자신들은 공짜로 인터넷을 사용하는 것을 말한다. 와이파이셔틀이 된 학생은 자신의 의도와는 상관없이 일진들에게 무선 와이파이 인터넷을 제공해야 하고, 어떠한 이유로 와이파이가 끊기게 되면 폭행을 당하기도 한다.

2) 집단 따돌림은 '아주 큰 것', '으뜸', '우두머리'의 뜻을 갖는 '왕'이라는 접두사가 붙어 '왕 따돌림', 혹은 '왕따'라는 말로 변했다. 이 말은 크게 따돌림을 당하는 사람, 혹은 가장 많이 따돌림을 당하는 집단성원, 혹은 따돌림 현상 그 자체를 지칭하고 있다. 왕따가 널리 사용되면서 더 많은 은어들이 파생되었는데, 집중 따돌림을 의미하는 '집따', 전체 따돌림을 의미하는 '전따', 개인적으로 따돌림을 나타내는 '개따', 은밀한 따돌림을 의미하는 '은따', 평생 따돌림을 나타내는 '평따' 등이 있다. 이러한 '왕따' 현상은 학생들 집단뿐만 아니라 이제는 성인집단, 예컨대 직장이나 사회단체에서도 나타나게 되었다(전희일, 2011).

적 피해가 생길 수 있다. 집단 따돌림에 해당하는 법률적으로 규정한 행위는 따돌림이다.

- 지속적이거나 반복적으로 신체적 또는 심리적 공격을 가하여 상대방이 고통을 느끼도록 하는 일체의 행위(따돌림).

(5) 성폭력

성폭력은 상대방 의사에 반하는 강제적인 성행위, 강제적인 신체적 접촉행위, 성적인 말과 행동 등을 말한다. 성폭력에 해당하는 법률적으로 규정한 학교폭력 관련 행위는 다음과 같다.

- 폭행, 협박을 하여 성행위를 강제하거나, 유사 성행위, 성기에 이물질을 삽입하는 행위(성폭력)
- 폭행과 협박을 하면서 신체적 접촉을 함으로써 성적 모멸감을 느끼게 하는 행위(성추행)

Case

성폭력

A양은 친구의, 남자친구의 친구들에게 성폭행을 당했다. 서로 중학교 동창인 남학생 3명이 A양의 친구인 B양의 남자친구 C를 붙잡아놓고 B양에게 전화를 걸도록 해 "남자친구를 죽이겠다."고 협박했다. 겁을 먹은 B양은 A양에게 같이 나가달라고 부탁했고 남학생들은 C군을 먼저 귀가시킨 후에 A, B양과 함께 소주를 마셨다. B양이 술에 잘 취하지 않자 귀가시킨 후 평소 술을 잘 못 마시는 A양이 소주 2~3잔을 마신 후 취하자 종이컵에 부은 소주를 음료수라고 속여 마시게 했다. A양이 만취한 상태로 몸을 제대로 가누지 못하자 남학생들은 A양을 교내 놀이터 벤치에서 집단 성폭행했다.

자료 : 경향신문(2011. 9. 30).

(6) 사이버폭력

사이버폭력은 인터넷, 휴대폰 등 정보통신기기를 통해 특정 학생을 대상으로 심리적 공격을 가하거나, 특정 학생과 관련된 개인정보 또는 허위사실을 유포하여 고통을 느끼도록 하는 일체의 행위를 말한다. 흔히 인터넷이나 핸드폰 등으로 협박 · 비난 · 위협하기, 헛소

문 퍼뜨리기, 악성 댓글 달기, 사이버 머니나 아이템 훔치기, 원치 않는 사진이나 동영상을 찍어 유포시키기 등이 이에 해당된다.

사이버폭력에 해당하는 법률적으로 규정한 행위는 사이버 따돌림, 정보통신망을 이용한 음란 · 폭력정보 등에 의해 신체 · 정신 또는 재산상의 피해를 수반하는 행위를 말한다. 구체적인 행위내용은 다음과 같다.

- 특정인에 대해 모욕적 언사나 욕설 등을 인터넷 게시판, 채팅방, 카페 등에 올리는 행위
- 특정인에 대한 허위 글이나 개인의 사생활에 관한 사실을 인터넷, SNS, 카카오톡 등을 통해 불특정 다수에 공개하는 행위
- 성적 수치심을 주거나, 위협하는 내용, 조롱하는 글, 그림, 동영상 등을 정보통신망을 통해 유포하는 행위
- 공포심이나 불안감을 유발하는 문자, 음향, 영상 등을 휴대전화와 정보통신망을 통해 반복적으로 보내는 행위

Case

사이버폭력

이희경 양(가명, 중 1)은 스마트폰에 '미운놈 때리기 게임'이라는 무료 어플을 내려받았다. 부모 세대가 오락실에서 하던 두더지 게임을 휴대전화로 옮겨오면서, 때리는 대상을 두더지 대신 미운 사람(사이버 폭력 대상)으로 바꿔놓은 어플이다. 희경이는 같은 반 영주(가명, 중 1)의 사진을 두더지 자리에 올려놓고 쉬는 시간마다 영주 면전에서 이 어플을 실행했다. '내가 너를 직접 때리지 못하지만 이렇게라도 때리고 싶어.' 당하는 영주는 자살 충동을 느끼는 상황이지만, 괴롭히는 희경이는 '내 폰으로 내가 즐기는데, 무슨 상관이냐'고 했다.

이 밖에도 스마트폰과 인터넷 메신저 때문에 아이들이 24시간 일진의 지배 아래 놓이게 되었다. 한 왕따 중학생은 일진이 '내 전화를 늦게 받으면 1분에 한 대'라고 해서 엄마와 밥 먹다가도 수시로 휴대전화를 들고 뛰어 나간다면서 인터넷 메신저에 '8시에 ○○○에 들어와 있으라.'고 했는데, 그 시간에 안 들어가 있으면 그 다음날 죽도록 맞는다고 했다.

자료 : 조선닷컴(2012. 4. 28). '학교폭력 이제 그만, 학교폭력 새 흉기 SNS' : 아이들 24시간 괴롭혀.

3. 학교폭력의 최근 경향

학교폭력의 최근 경향은 정부의 관계부처합동으로 발표한 '학교폭력근절 종합대책'(2012), 교육과학기술부가 전수 조사한 '학교폭력 전수조사 결과'(2012b), 여성가족부가 실시한 '청소년 유해환경접촉 종합실태조사'(여성가족부, 2012), 청소년폭력예방재단(청예단)에서 실시한 '학교폭력 실태조사 보고서'(2011) 등을 토대로 해서 살펴보고자 한다. 아울러 '학교폭력근절 종합대책'(2012)을 추진하는 과정에서 나타난 실태결과 분석(관계부처합동, 2013)도 제시하고자 한다.

1) 학교폭력의 저연령화

학교폭력의 가해자 및 피해자의 연령이 점차 낮아져, 초등학교 시절에 학교폭력을 최초로 경험한다. 관계부처합동으로 발표한 자료(2012)에 의하면, 학교폭력 피해학생 중 53.6%가 초등학교 때 최초로 학교폭력 피해경험이 있고(초 4~6학년 : 36%, 초 1~3학년 : 17.6%), 그리고 가해학생 중 58%가 초등학교 때 최초로 학교폭력 가해경험이 있다(초 4~6학년 : 43.1%, 초 1~3학년 : 14.9%). 초등학교 시기는 건강한 사회인으로 성장하기 위한 기초가 형성되는 매우 중요한 시기이다. 초등학생들은 또래들끼리 상호작용하면서 사회적 기술을 습득하고 자신감, 유능감 등을 기르게 된다. 그런데 이 시기에 학교폭력의 피해자 또는 가해자가 되어 심리적 고통을 겪는다는 것은 그들의 전반적 발달에 커다란 지장을 초래하게 된다. 최근 초등학교 아이들이 일진에 가입하여 학교폭력의 피해자 또는 가해자가 되는 경우가 적지 않다는 것은 대책 마련의 시급함을 말해 준다.

학생폭력의 발생률이 가장 높은 시기는 중학교 때이다. 전국 초·중·고등학교 학교폭력대책자치위원회에서 심의한 연도별(2008년, 2009년, 2010년) 학교폭력 건수는 표 1-3과 같다.

표 1-3에서 볼 수 있듯이, 학교폭력대책자치위원회에서 3년간 심의한 전체 심의건수 중 초등학교 589건(2.6%), 중학교 1만 5,311건(68.8%), 고등학교 6,341건(28.5%)으로, 중학교가 차지하는 비율이 가장 높다. 2008~2010년 동안에도 중학교가 69.1%→68.6%→68.8%

표 1-3 | 각급 학교의 학교폭력대책자치위원회에서 심의한 연도별 학교폭력 건수(%)

구 분	초등학교	중학교	고등학교	계
2008년	207(2.3%)	6,089(69.1%)	2,517(28.6%)	8,813(100.0%)
2009년	151(2.7%)	3,846(68.6%)	1,608(28.7%)	5,605(100.0%)
계	589(2.6%)	15,311(68.8%)	6,341(28.5%)	7,823(100.0%)

자료 : 관계부처합동(2012), 학교폭력근절 종합대책.

로 전체의 70%에 가까운 수준으로 가장 높았다.

그런데 보다 최근 자료에 의하면(관계부처합동, 2013), 학교폭력 피해 응답률이 초등학교(3.8%) > 중학교(2.4%) > 고등학교(0.9%) 순으로 나타나 중고등학생에 비해 초등학생 피해 비율이 더 높다. 학생폭력의 시작도 초등학교 시기이고, 피해 응답률도 초등학교 시기가 가장 높다는 것은 학교폭력의 저연령화가 가속화되고 있음을 말해 준다.

2) 학교폭력의 지속성 및 가해자와 피해자 구분의 모호성

최근 들어 학교폭력 가해는 1회적 단발성으로 끝나는 것이 아니다. 관계부처합동으로 발표한 자료(2012)에 의하면, 폭력 가해경험이 있는 학생 중 2회 이상 폭력을 행사한 학생의 비율이 61.1%에 이른다.

또한 가해자와 피해자의 구분이 분명하지 않다. 처음 학교폭력 피해학생이 보복 폭행을 하거나, 처음 피해를 준 학생이 주위의 친한 학생과 함께 폭력을 행사하기도 한다. 피해경험이 있는 학생이 다른 학생에게 폭력을 행사하게 되는 경향은 이들로 하여금 자신이 피해당한 만큼 남에게 피해를 주어도 괜찮다는 것을 합리화 · 정당화하기 때문이다. 청소년폭력예방재단(2011)의 조사결과에 의하면, 피해와 가해를 모두 경험한 학생의 비율은 10.3%에나 이르고, 특히 이들의 절반 정도는 학교폭력의 피해경험과 가해경험이 '셀 수 없이(6회 이상) 많다'고 응답하여 학교폭력이 또 다른 학교폭력을 부르고 있음을 알 수 있다. 이러한 학교폭력 가해자와 피해자 구분의 모호성은 지속적인 피해와 가해의 악순환이라는 우려를 낳고 있다.

Case

담배셔틀 대물림

모 중학교 3학년 김 모군(16세)은 상습적으로 심부름을 시킨 혐의(강요)로 불구속 입건이 되었다. 김 군은 지난 해 11월 중순부터 지난달 말까지 하급생인 오 모군(14세) 등 같은 학교 2학년 후배 6명에게 '담배를 사오라'는 등의 상습적인 각종 심부름을 강요한 혐의를 받았다. 그러나 김 군은 자신들이 2학년 재학시절 3학년 선배로부터 똑같은 심부름을 강요받았었고, 이제 후배들에게 똑같이 저지른 것이라고 했다. 김 군은 자신들이 겪어봤기 때문에 금품을 빼앗거나 폭력을 행사하지는 않고 택배 수령 등 단순한 심부름만 반복적으로 강요했다고 말했다.

자료 : 뉴스 1(2013. 5. 22). 담배셔틀 대물림.

3) 정서적 학교폭력의 증가

최근 학교폭력의 뚜렷한 경향은 정서적 학교폭력의 증가이다. 학교급별 학교폭력 피해유형(교육과학기술부, 2012b)에서 신체적 폭력이 아닌, 말이나 정보통신망을 이용한 협박, 욕설, 비방이 51.2%로 가장 많았고, 집단 따돌림, 금품갈취, 신체적 모욕, 강제심부름, 성적 모독 등도 상당한 비율을 차지하고 있어 언어적 · 정신적 폭력이 최근 들어 증가하고 있음을 말해 준다. 보다 최근의 '학교폭력 근절대책'(2012년) 추진과정에서는 강제적 심부름, 금품갈취 등 쉽게 드러나는 유형의 폭력은 감소한 반면, 집단 따돌림이나 사이버 괴롭힘과 같은 조직화되고 은밀해지기 쉬운 유형의 폭력은 상대적으로 적게 감소하고 있는 것으로 나타났다(관계부처합동, 2013).

4) 학교폭력의 집단화 및 일진의 영향력 증대

학교폭력의 집단화 현상이 두드러지고 있다. 학교폭력 피해학생 중 66.2%가 2명 이상의 가해자에게 폭력을 당하고, 가해학생의 수가 6명 이상인 경우가 16.3%에 이른다. 특히, 학생들이 피해를 입지 않기 위해 일진과 같은 폭력서클에 가입하고, 학교별 일진이 정보를

표 1-4 | 일진 · 폭력서클 유무에 대한 학교급별 응답현황 (단위 : %)

구 분	있 음	없 음	모름/무응답
초등학교	23.7	73.0	3.3
중학교	33.3	62.9	3.8
고등학교	11.6	83.9	4.6
모름/무응답	22.5	68.6	8.7
총계	23.6	72.6	3.8

공유하여 피해자를 지속적으로 괴롭히는 문제가 발생하고 있다(관계부처합동, 2012). 교육과학기술부의 학교폭력 전수조사 결과(2012b)는 표 1–4와 같다.

표 1–4에서 볼 수 있듯이, 일진 · 폭력서클 유무현황에 대해서 보면, "학교 내 일진 또는 폭력서클이 있거나, 있다고 생각한다."고 응답한 비율은 23.6%로 나타났다. 학교급별로 보면, 중학교(33.3%) > 초등학교(23.7%) > 고등학교(11.6%)의 순으로 그 응답률을 보이고 있어, 중학교뿐만 아니라 초등학교에서도 일진 등 폭력서클에 가입한 학생이 상당수 있는 것으로 보여 이에 대한 적절한 대처가 요구된다(Case 참조).

Case

초등학교 5학년 학생의 일진 가입 문의 글

저희 반에 제가 며칠 같이 끼워 놀아주니까 지 잘나가는 줄 알고 나대는 외동 여자애 하나가 있어요. 되게 성격 더러운데 나대기까지 해요. 더러워서 개 찍으려고 하는데 일진되는 법 알려주세요.

일진에 발을 들여 놓은 초등학생의 고백

지난해 일진에 들어간 초등학교 6학년인 A양은 처음에는 언니들과 문자도 주고받고 선물도 챙겨줘서 특별한 존재가 된 기분이었다. 하지만 언니들한테 삥 뜯기고 알(휴대전화) 빼앗기고 노래방에 불려다니면서 공부와는 담을 쌓았다. A양은 우울증에 걸린 것처럼 답답하고 심한 스트레스를 받았으며 한때는 왕따까지 당하면서 자살충동도 느꼈다고 한다.

자료 : 송재홍 외 (2012). pp. 14~15 재인용.

5) 학교폭력에 대한 인식과 대응의 미흡

학교폭력에 대한 인식과 대응 수준을 학교폭력 관련 학생(피해자, 가해자, 목격자), 학부모, 교원으로 나누어 살펴보면, 표 1–5에서 볼 수 있듯이 전반적으로 매우 미흡하다.

표 1–5에서, 특히 학교폭력에 대한 교사나 학교당국이 학교폭력에 대한 온정주의적 시각으로 처벌보다는 교육적 차원의 계도 조치에 그치거나, 심지어 학교의 명예 실추를 우려하여 사건을 은폐·축소하기도 한다. 2010년에 학교폭력 피해학생 수는 1만 3,748명이고, 가해학생 수는 1만 9,949명이었는데, 이 학생들에게 내려진 선도 및 징계조치는 총 1만 9,553건이었다. 이를 유형별로 살펴보면 교내봉사가 36.9%로 가장 많고, 사회봉사(17.8%)와 특별교육(17.6%), 서면사과(9.5%), 출석정지(7.1%), 전학(5.8%), 접촉금지(4.2%), 학급교체(0.7%), 퇴학(0.5%) 등의 순이었다(법무부, 교육과학기술부, 2012b).

또 학교폭력 유형별로 가해학생에 대한 조치를 분석한 결과에 따르면(강유미, 2011), 신체폭행, 괴롭힘, 집단 따돌림, 사이버폭력의 경우는 '학교사회봉사'(1위), '반성문, 피해자에 사과'(2위), 언어폭력은 '반성문, 피해자에 사과'(1위), '학교봉사'(2위)의 조치가 이루어졌다. 금품갈취는 '학교사회봉사'(1위), '전학'(2위), 성폭력에 대해서는 다른 폭력 유형에 비해 좀 더 강도 높은 '전학'(1위)이나 '퇴학'(2위) 등의 조치가 이루어졌다. 이렇게 전반적으로 학교폭력에 대한 조치가 학교사회봉사나 반성문 또는 사과문으로 그치고 있다.

최근 학교폭력으로 인한 피해학생 자살사건이 큰 사회문제로 대두되면서 가해학생에 대한 미온적인 조치에 많은 비판이 제기되고 있다. 물론 강력한 처벌 조치만이 가장 좋은 학

표 1–5 | 학교폭력에 대한 인식 및 대응 수준

구 분	내 용
학생	• (피해자) 신고를 해도 문제해결이 되지 않고, 보복을 우려 • (가해자) 학교폭력을 단순한 장난으로 인식하거나 위장 • (목격자) 목격해도 보복이 두려워 방관하는 경우가 다수
학부모	• (학교폭력에 관대) 아이들은 싸우면서 자라는 것이 당연하다고 인식 • (학교폭력 정당화) 학교폭력의 원인을 피해학생으로 돌리려는 경향
교원	• (온정주의적 시각) 처벌보다는 교육적 차원의 계도에 치우쳐 조치 • (학교폭력 은폐 경향) 학교의 부정적 이미지 유발, 신상의 불이익 우려

교폭력에 대한 근절방안은 아니다. 하지만 폭력의 심각성을 고려할 때, 더 이상 교육적 차원의 조치로만으로는 문제해결이 쉽지 않다.

4. 학교폭력의 원인

얼마 전까지만 해도 학교폭력의 원인은 개인적인 차원에서 다루어져야 한다고 보았다. 하지만 이제는 아니다. 학교폭력은 많은 학생과 학부모에게 영향을 미치는, 그리고 적극적 개입과 해결이 반드시 필요한 커다란 사회적인 문제가 되고 있다. 따라서 개인적 차원 이외에 여러 관점에서 그 원인이 분석되어야 할 것이다. 여기서는 학교폭력의 원인을 개인, 개인을 둘러싼 가정, 또래, 학교, 사회환경 등과 같은 요인들을 함께 살펴보고자 한다. 우선 학교폭력의 원인에 대한 이론적 관점부터 간단히 알아보도록 하자.

1) 학교폭력에 대한 이론적 관점

무엇이 학교폭력을 유발하는지 이론적 관점, 즉 정신분석적 관점, 학습이론적 관점, 사회학적 관점, 생태학적 관점에 대해 살펴볼 것이다.

(1) 정신분석학적 관점

프로이트(Freud)는 폭력, 즉 공격성이란 인간의 기본적 본능이라 보았고, 이는 자아(ego)나 초자아(superego)와 같은 인간 내부 심리기제가 적절히 통제하고 조절하지 못해 유발된다고 보았다. 다시 말해, 원초아(id)의 공격적 본능과 초자아의 도덕과 양심을 현실적으로 중재하고 조정하는 자아기능이 취약하면 공격성이 나타난다는 것이다.

그밖에 폭력은 아들러(Adler)가 말하는 열등감을 보상하기 위한 행위, 혹은 '대상관계이론(object relations theory)'에서는 어린 시기에 어머니와 자녀 사이의 안전한 애착관계를 발달시키지 못해 발생하는 행위, 혹은 에릭슨(Erikson)이 주장한 청소년의 '자아 정체성'이

제대로 확립되지 못해 나타나는 행위 등으로 보았다. 보다 최근에는 자기보다 강하거나 우월한 사람으로부터의 모멸감을 극복하기 위해 자기보다 신체적 혹은 정신적으로 취약한 학생에게 행하는 행위로 본다는 '모멸극복이론'이 있다(Katz, 1988).

(2) 학습이론적 관점

폭력행동은 '고전적 조건화'나 '조작적 조건화', '관찰 · 모방'을 통해 학습되는 것으로 보았다. 고전적 조건화는 피해자 입장에서 설명될 수 있다. 만약 어떤 학생이 자기에 대해 조소하거나 비웃는 비언어적 표정을 보면 두려움이나 불안감을 갖게 되는 것은 무조건 자극에 대한 무조건 반응이라 할 수 있다. 그런데 친구들 앞에서 자신의 별명을 들을 때마다 조소나 비웃는 표정을 보는 경험이 되풀이 되면, 즉 조건화되면, 자신의 별명을 들을 때마다 혹은 별명을 들을 것이라는 생각만으로도 두려움이나 불안감을 느끼게 된다. 이는 별명 부르기라는 언어폭력으로 피해자가 학습된 두려움이나 불안감이다. 또 별명 부르기를 예로 들어 조작적 조건화를 설명한다면, 가해자 입장에서 그 설명이 가능하다. 가해자는 어떤 학생에 대한 별명 부르기가 주변 학생들의 웃음과 동조현상을 불러일으키면, 별명 부르기라는 언어적 폭력행동은 강화되어 지속될 수 있다. 이는 마치 자녀가 친구를 대상으로 폭력을 행사한 행위에 대해 부모가 용인을 한다거나 잘했다고 칭찬을 한다면 그 폭력행위는 강화되어 폭력행위의 가능성을 높이게 되는 것과 같다.

그밖에 반두라(Bandura)의 '사회학습이론'에 따르면, 폭력행동은 다른 사람의 폭력행동은 직접적 혹은 간접적으로 관찰하고 모방하면서 학습이 되고, 또한 '차별접촉이론'에서는 폭력집단과 접촉한 경험의 정도에 따라 폭력행동이 학습된다고 하였다.

(3) 사회학적 관점

학교폭력의 사회학적 관점에 대한 이론은 비행과 범죄란 병리적인 사회구조에서 발생한다는 머톤(Merton)의 '아노미(anomie) 이론'을 들 수 있다. 그는 특히 경쟁적인 문화적 목표에 대해서 이를 성취할 수 있는 제도적 수단이 차별적으로 배분되어, 그 결핍으로 인해 사회적 긴장을 겪게 되는 사람들 중에는 불법적인 수단을 통해서도 문화적 목표를 달성하려고 하는데, 이러한 과정에서 범죄를 저지르게 된다고 보았다. 예컨대, 학벌이 잣대가 되는 경쟁적인 사회풍토에서 학생들은 긴장을 겪게 되고 이는 학교폭력을 발생시키게 된다고 본다.

코헨(Cohen)의 '비행하위문화이론'은, 머톤의 사회의 문화구조와 범죄와의 관계에 초점을 둔 것과 달리, 보다 직접적으로 학교에서의 긴장이 학생들의 비행에 미치는 영향을 분석하였다. 학교는 다양한 사회경제적 계층의 학생들이 모인 집단이다. 이들 중 하위계층 출신의 학생들은 중산층 출신의 학생들보다 여러 가지 여건상 불리한 위치에 있게 되어 분노나 좌절을 경험하게 되고 이를 극복하기 위해 일탈이나 비행을 일삼는 비행하위문화를 형성 · 참여하게 된다고 보았다.

그밖에 '사회해체이론'은 사회체계를 이루는 부분들이 한 부분의 변화에 다른 부분들이 부적응하거나 결함이 생길 때 사회문제가 발생한다고 보았다. 여기서 사회해체란 사회 각 부분의 상호 적응의 결여와 부적응된 상태를 말한다. 이 이론에 의하면, 학교폭력이 도시화, 산업화에 따른 문제들, 즉 개인주의, 가족해체, 빈민, 비행, 범죄 등으로 인해 발생한 것으로 본다. 또한 사회문제로서의 학교폭력은 사회구성원들이 사회화를 통해 도덕규범을 적절히 내면화하지 못할 때 발생한다는 '일탈행위이론'도 있다. 이 이론에서는 청소년들이 사회화될 때 적절한 규범을 내면화하지 못하고 오히려 비행을 우호적인 것으로 보고 이를 합리화할 수 있는 기술을 배우게 되어 학교폭력이 발생한다고 본다.

(4) 생태학적 관점

브론펜브레너(Bronfenbrenner)의 생태학적 이론에 근거를 둔 생태학적 관점은 학교폭력이 개인적 특성을 비롯하여 또래집단의 성격, 가정배경, 학교조직, 지역사회의 특성, 시대적 경험 등과의 관련성이나 영향의 정도에 대해 주목한다. 가장 직접적인 체계에서 넓게는 문화 및 시간에 기초한 체계까지, 즉 개인(individual), 미시체계(microsystem), 중간체계(mesosystem), 외체계(exosystem), 거시체계(macrosystem), 시간 차원(chronosystem) 등 여섯 체계가 그 영향권에 있다고 보았다(Bronfenbrenner, 1979; Ross, 1990). 여기서 개인이란 학생 자신이 지니는 심리적 · 사회적 특성들, 예컨대 공격성, 자존감 등이 생태학적 환경과 상호작용한다. 미시체계는 학생이 직접 접촉하는 가족, 친구, 학교 등으로, 이들이

표 1-6 | 생태학적 분석에 따른 학교폭력 원인의 예

구 분	특 성	학교폭력 원인의 예
개인	개인이 지니고 있는 심리적 · 사회적 특성	학생 개인의 공격적 성향, 낮은 자존감, 학업에 대한 흥미 부족 등
미시체계	개인이 직접 접촉하는 가족, 친구, 학교, 이웃 등과의 경험	학급 내 교우관계, 학부모의 자녀에 대한 관심, 가정폭력의 노출 등
중간체계	가족, 친구, 학교, 이웃 등과 같은 미시체계들 간의 상호작용	학부모와 교사와의 관계, 학부모의 자녀에 대한 교우관계 인지나 학교생활 인지 등
외체계	체계에 영향력을 갖는 교육환경 또는 제도	학교폭력 예방 프로그램의 활성화 정도, 전문상담교사의 부재, 학교폭력신고전화 활용 등
거시체계	더 넓은 의미의 사회문화적 환경	전통적 윤리관과 가치관, 폭력적 대중문화 등
시간 차원	더 넓은 의미의 사회역사적 환경	맞벌이부부 증가, 실직률의 증가, 정보통신기기 발전 등

학생과 밀접하게 상호작용함으로써 그 영향력을 행사하고, 중간체계는 학생과 직접적으로 상호작용하는 가족, 친구, 학교와 같은 미시체계들 간의 관계가 학생에게 영향을 준다.

외체계는 학생과 관계되지 않지만 학생의 행동에 상당한 영향력을 갖는 교육환경 및 제도, 예컨대 전문상담교사, 학교폭력 신고전화, 청소년 복지시설 등을 들 수 있다. 거시체계

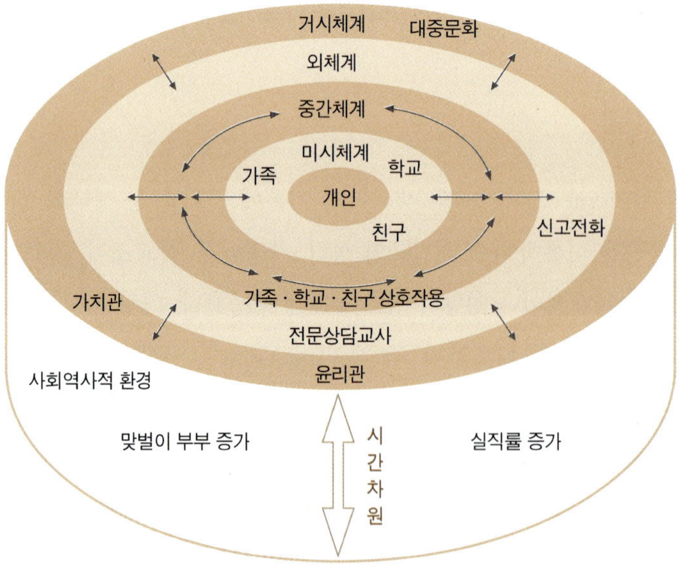

그림 1-1 생태학적 접근

는 학생 및 다른 체계에 간접적으로 관련이 있는 보다 넓은 의미의 사회문화적 환경을 말한다. 예컨대, 전통적 윤리관과 가치관, 폭력적 대중문화 등이 학생에게 영향을 준다는 것이다. 마지막으로 시간 차원은 시대의 흐름에 따라 달라지는 사회역사적 환경, 예를 들어 최근 크게 이슈가 되는 실업문제는 20~30년 전 과거에 비해 보다 학생들에게 큰 영향을 미칠 수 있다. 이러한 생태학적 관점을 바탕으로 학교폭력 원인을 분석한다면 표 1-6과 같이 간단하게 요약할 수 있다.

2) 개인 · 가정 · 또래 · 학교 · 사회환경 요인

앞서 학교폭력의 원인에 관한 여러 이론적 관점들을 살펴보았듯이, 학교폭력이란 한두 가지 요인에 의해 발생하는 것이 아니라 여러 가지 요인들에 의해 복합적으로 발생한다고 보아야 할 것이다. 특히, 개인에게 영향을 미치는 포괄적인 생태적 환경을 강조한 생태학적 접근은 학교폭력의 원인을 이해하는 데 시사하는 바가 크다.

여기서는 앞서 살펴본 이론들을 기초로 해서 개인 요인, 가정 요인, 또래 요인, 학교 요인, 사회환경 요인 등으로 구분하여 학교폭력에 미치는 영향을 살펴볼 것이다.

(1) 개인 요인

앞서 소개된 학교폭력의 가해 및 피해 이유에 대한 설문조사(교육과학기술부, 2012b; 여성가족부, 2012)에서 피해를 받은 주된 이유는 '특별한 이유가 없다'였고, 폭력 가해 이유로는 '상대가 잘못했기 때문에'(1위), '특별한 이유 없이'(2위)로 나타났다. 하지만 국내외 많은 연구결과에 의하면 학교폭력의 개인 요인은 다양한 것으로 보고되었다. 성별, 신체적 조건, 개인의 심리적 · 사회적 특성 등이 다음과 같이 작용함을 알 수 있다.

- 학교폭력 경험 비율은 남학생이 여학생보다 2.5배 정도 높다(청예단, 2011). 남학생은 '직접적인 폭력'(예 : 때리기나 밀치기와 같은 신체적인 공격, 욕하기, 상대가 듣기 싫어하는 별명 부르며 조롱하기 등)에 의해, 여학생은 간접적인 '관계적 폭력'(예 : 학급활동 제외시키기, 친구로부터 고립시키기 위해 나쁜 소문 퍼뜨리기 등)을 당하는 경향이 있다(Pellegrini & Long, 2002; Sullivan, 2000). 특히, '관계적 폭력'은 쉽게 눈에 띄지 않고 심리적인 괴롭힘을 가져다주기 때문

에 '직접적인 폭력'보다 더욱 심각해서 자살 생각으로 이어질 수도 있다.

- 신체적으로 동일한 연령의 학생들보다 몸이 크거나 힘이 센 학생들이 학교폭력 가해자일 가능성이 크다(교육과학기술부, 2012b).
- 학교폭력 가해학생의 주된 특성은 공격성이다. 상대방의 권리를 무시하고, 공감하는 능력이 낮으며, 상황통제력 및 자기통제력이 약하고, 작은 일에도 화를 잘 낸다. 특히, 공격성 성격장애를 가진 학생들은 자기 자신이 무능하고 약한 존재, 필요 없는 존재라는 부정적인 자아 개념을 가진 학생이다. 아주 작은 문제도 해결하고자 하는 노력은 시도하지 않고 폭력을 통해서만이 자신의 존재를 타인에게 확인시킬 수 있다는 생각을 하게 되어 결국 공격행동과 폭력행동에 대해 무감각해진다(김규태 외, 2013).
- 학교폭력 가해학생은 일진회 등의 폭력서클에 가입되어 있는 경우가 많고, 술이나 담배, 오토바이 등 비행 관련 행동을 보이는 경향이 높다(김규태 외, 2013).
- 학교폭력 피해학생은 정신건강 차원에서 우울, 불안, 낮은 자존감, 사회적 위축, 자살충동 등 내재적 문제행동의 성향을 보인다(송재홍 외, 2012 재인용).
- 다양한 스트레스가 학교폭력을 유발한다. 즉, 학업 관련 스트레스(예 : 시험, 숙제, 학원 등), 가정 관련 스트레스(예 : 지나친 간섭, 차별과 비교, 신체적 · 언어적 학대, 형제갈등, 가정의 경제적 문제 등), 대인 관련 스트레스(예 : 친구 사이의 소외, 질투, 의사소통문제, 경쟁, 신체적 열등감 등)와 같은 과도한 스트레스로 인해 괴롭거나 위축되거나 자신을 조절하기 힘들어서 그 해소를 위한 약한 대상을 찾아 폭력을 행하게 된다(도기봉, 2008).

(2) 가정 요인

가정은 어린 시절 자녀의 성격형성에 매우 중요한 영향을 미치게 되므로 많은 선행연구들에서 가정적인 원인이 학교폭력에 크게 작용한다고 보고하였다. 학교폭력에 영향을 미치는 가정 요인으로는 가정의 경제적 빈곤, 부모의 이혼 등으로 인하여 생겨나는 가정의 구조적인 측면과 자녀양육태도나 행동과 같은 가정의 기능적 측면으로 구분할 수 있다.

① 가정의 구조적인 측면

- 가정의 경제적 빈곤이나 아버지의 실업상태가 학교폭력의 원인이 될 수 있다.
- 최근의 학교폭력을 비롯한 비행의 경향은 경제적 빈곤과 관련 없는 중류층 또는 상류층 가정 자녀의 청소년 수가 증가하고 있다는 점이다. 중상류층 학생의 경우 본인의 능력과 부모의 기

대 사이에 격차가 클 경우에 비뚤어질 확률이 높다.

- 한부모가정이나 조손가정 학생은 학교폭력과 관련되는 경향이 높다.

(김규태 외, 2013; Dwyer, Osher & Hoffman, 2000)

② 가정의 기능적인 측면

- 학교폭력 가해학생의 부모는 적절한 관심과 보살핌(예 : 정서적 지원, 규칙설정에 따른 감독과 점검, 자녀교육에 대한 참여 등)이 부족하다.
- 학교폭력 가해학생의 부모는 권위주의적이고 통제 · 강압적인 양육방식을 보이는 경향이 높다.
- 학교폭력 가해학생의 부모는 자녀를 거부하고 체벌과 같은 물리적 방법을 빈번하게 사용하는 경향이 높다.
- 학교폭력 가해학생 부모의 다른 사람과의 관계에서 공격적 행동, 부모 서로 간의 잦은 불화나 폭력의 노출, 자신들의 반사회적 가치나 규범 등이 자녀에게 폭력을 학습하도록 만든다.
- 학교폭력 가해학생의 부모는 자녀의 공격적 행동을 묵인하여 자녀의 공격성을 증진시킨다.
- 학교폭력 피해학생의 부모는 자녀를 과잉보호하여 자녀가 의존성이 높고, 자기주장이 어려우며, 급우들과 사이가 좋지 못하다.
- 학교폭력 가해 및 피해학생의 부모는 교사와 대화가 부족하여 적절한 관계를 맺지 못하고 있다. 그리하여 이들 부모는 자녀의 학교폭력 관련 사실을 알지 못하거나, 알더라도 대책방안에 대해 잘 모른다.

(김규태 외, 2013; 송재홍 외, 2012; Olweus, 1999; Sullivan, 2000)

Case

학교폭력 원인

부모가 이혼하여 각기 다른 가정을 꾸리게 되어 혼자 생활하게 된 16살 S군은 같은 반 친구들에 대한 이유 없는 분노로 인해 폭력을 행사하는 것은 물론 셀 수 없이 많은 심부름을 시켰다. 이 중에는 이른바 '빵셔틀, 돈셔틀' 등이 포함되었다. 나아가 S군은 친구들을 대상으로 본인의 물건을 원가에 비해 과도하게 비싸게 구입하도록 하거나 친구들을 시켜 판매를 하는 심부름을 시켰다. 수많은 심부름을 시키면서도 조금의 죄책감도 느끼지 않는 S군에게 학교에서는 상담교사를 배정하여 학교폭력 예방을 진행하였으며, 담당 상담교사는 S군의 폭력적인 행동의 원인으로 부모님의 부재로 인한 애정결핍을 꼽았다.

자료 : 국민일보(2013. 7. 10).

(3) 또래 요인

청소년기는 사회구성원으로서의 유능감이나 책임감을 형성하기 위한 기반을 다지기 시작하는 시기로, '사회에 속하는 것(being in the Society)'이 그들의 발달에서 중대과제가 된다. 특히, 또래들과 원만하게 생활하고 또래들로부터 지지를 얻는 것은 매우 중요하다. 대체로 인기 있는 학생은 또래들로부터 수용되고 지지를 받지만, 인기 없는 학생은 거부되고 배척되어 따돌림과 괴롭힘을 당하기 쉽다. 학교폭력 가해 및 피해학생과 관련되는 또래 요인은 다음과 같다.

- 가해학생은 피해학생에 비해 힘의 우월성(예 : 신체적인 힘, 친구들 사이에서 인기 · 자신감 · 상대를 괴롭히는 다양한 전략 등)을 지닌다.
- 피해학생은 친구들 사이에서 이기적이고 잘난 척하며, 친구를 무시하는 경향이 있다.
- 피해학생은 유약하고 수동 · 복종적인 태도를 보인다.
- 피해학생은 어려움에 처했을 때 도와줄 친구가 별로 없으며, 일진 친구들과 어울리지 못해 학교폭력 피해를 받는 경향이 있다.

(곽금주, 2006; 류경희, 2006)

BOX 1-1 | 힘의 불균형과 방관 학생

1. 힘의 불균형

학교폭력으로 성립될 수 있는 요건들, 즉 힘의 불균형, 고의성, 반복성이다(Coloroso, 2003). 이들 중 힘의 불균형은 가해학생이 피해학생에 비해 다음과 같은 요인에서 우월하다.

- 신체적 힘 : 가해학생들은 일반적으로 피해학생에 비해 덩치가 크고 힘이 세다.
- 사회적 힘 : 가해학생들은 친구들 사이에서 피해학생보다 인기가 높다.
- 정의적 힘 : 가해학생들은 피해학생보다 자신감이 우월하다.
- 인지적 힘 : 가해학생들은 상대를 괴롭히는 전략을 매우 빠르고 다양하게 만들어 낸다.

그런데 학교폭력의 문제에 대한 해법의 하나는 피해학생의 역량을 강화시켜 힘의 불균형을 역전시키는 것인데, 이것이 쉽지 않다. 그 이유는 가해학생의 힘 우위 이외에, 많은 괴롭힘의 상황에서 주변인이 존재하여 가해학생을 편들거나 방관하여 힘의 불균형을 더욱 심화시키는 작용을 하기 때문이다.

2. 학교폭력 주변인

학교폭력을 목격하는 주변인의 유형은 다음 네 가지를 들 수 있다.

- 학교폭력 조력학생 : 학교폭력 행동을 보는 순간 가해자로 돌변해서 괴롭힘을 도와주는 학생. 약 8% 차지
- 학교폭력 강화학생 : 학교폭력 상황에 적극적으로 가담하지는 않으나 가해학생을 부추겨 괴롭힘을 강화하는 학생. 15~20% 차지
- 학교폭력 방관학생 : 학교폭력을 모른 척하거나 괴롭힘 상황에서 벗어나려고 하는 학생. 약 23~32% 정도
- 학교폭력 방어학생 : 피해학생을 위로하거나 학교폭력을 교사에게 보고하여 피해학생을 보호하는 학생. 약 17~20% 정도

이러한 네 가지 주변인의 유형 중에서 학교폭력 방관학생의 경우, 그 태도나 행동으로 보아 조력학생이나 강화학생에 비해 상대적으로 쉽게 방어학생의 역할로 변화시키는 것이 가능하다. 그럼에도 불구하고 방관학생은 자신들의 의도와 상관없이 그들의 침묵이 암묵적으로 학교폭력을 승인함으로써 폭력이 계속 유지되는 데 기여한다. 따라서 이러한 방관학생의 역할에 주목해서 이를 변화시키면 학교폭력의 역동이 피해자 편으로 개선될 수 있을 것이다.

3. 방관학생의 변화

방관학생의 대부분은 평소에는 괴롭힘에 강하게 반대하지만 학교폭력을 목격했을 때에는 학교폭력을 인정하는 듯한 방관적 태도나 행동을 보이게 된다. 이들은 보복을 두려워하기도 하고, 어떻게 해야 할지 모르기도 하며, 무관심하거나 인정하기도 한다. 이들 보복의 두려움, 전략의 부재, 무관심 및 인정 등과 같은 이들의 심리에 따른 대책방안의 마련이 필요하다. 예컨대, 보복의 두려움에 대해서는 안전한 신고시스템을 마련하고, 전략의 부재에 대해서는 구체적 행동 전략을 가르치고, 학교폭력에 대한 무관심 및 인정에 대해서는 피해학생의 입장이 되어 보는 역할극, 공감능력 증진훈련 등이 필요할 것이다. 이와 같은 방법들을 통해 방관학생이 피해학생을 도와주는 방어학생으로 변화될 때 힘의 균형이 역전될 것이고, 그리하여 가해학생의 상대적 힘이 줄어들게 됨으로써 학교폭력현상도 자연스럽게 줄어들 것이다.

자료 : 김규태 외 (2013); Kwak et al.(2006); Salmivalli et al.(1996).

(4) 학교 요인

학교란 학생들이 공부하는 곳이지만 학교폭력을 경험하는 위험한 장소이기도 하다. 학교폭력의 발생을 학교와 관련지어 그 원인을 살펴보면 다음과 같다.

첫째, 교사가 학생들의 학교생활에 대한 만족감을 이끌어 내지 못하고 있다. 일부 교사들은 평소 학생들과 지지적인 관계 속에서 학생들이 학교생활에 만족할 수 있도록 유도하

고, 상담을 통해 학생 각자 정서행동적 문제(예 : 친구관계문제, 부모와의 갈등 등)를 극복할 수 있는 힘을 길러주기 위해 노력하지만, 아직도 미흡한 상태다. 시험과 성적에 대한 스트레스, 과외나 학원 다니는 스트레스 등으로 많은 학생들은 각자의 개성을 존중받지 못한 채 수동적이고 소극적인 학교생활로 인해 학교생활이 즐겁거나 행복하지 못한 게 현실이다. 이러한 근저에는 대학입시의 치열한 경쟁 속에서 시험 위주의 교과공부에 치중하여 인간성이나 전인교육의 부재가 자리 잡고 있음은 부인할 수 없다.

둘째, 교사와 학교당국의 학교폭력에 대한 인식과 관심이 부족해서 그 예방을 제대로 못하고 있다. 교사는 학교폭력의 심각성, 학교폭력의 개념과 유형, 학교폭력으로 인한 학생들의 장단기적인 삶의 피해 등에 대해 구체적으로 인식하는 일은 학교폭력을 예방하는 첫 걸음이다. 그러나 아직도 많은 교사들은 이러한 구체적인 인식이 미흡하고, 학교폭력 관련 연수에 대해서도 관심이 별로 없다. 학교당국 역시 마찬가지여서 교사에게 힘을 실어주지 못하고 있다.

셋째, 교사와 학교당국은 학교폭력문제에 대한 대처가 미흡하다. 교사와 교장은 학교폭력이 발생하더라도 잘 대처해서 피해학생과 가해학생 모두 도움을 받아 명랑한 학교생활을 하도록 유도해야 하는데, 그 대책을 마련하는 노력이나 반응이 부족하다.

(5) 사회환경 요인

학교폭력에는 청소년이 살고 있는 사회환경 요인도 상당하게 작용한다. 학교폭력에 직접적인 영향을 미치는 사회환경 요인을 정리하면 다음과 같다.

첫째, 대중매체이다. TV, 인터넷 게임, 만화, 비디오 등을 통한 폭력적 · 선정적 장면은 청소년들의 호기심과 모방심리를 자극하여 청소년들이 폭력을 수용 · 학습하도록 만든다. 더군다나 이러한 폭력에 대한 지속적인 노출은 학교폭력성에 대한 불감증을 유도하고, 현실과 가상의 구분을 흐리게 만들어 폭력행동의 위험을 증가시킨다. 범죄나 폭력적인 내용을 많이 접하는 청소년일수록 비행을 많이 일으킨다는 연구(박기민, 2000)는 이를 뒷받침한다. 최근 급속한 핸드폰 기기의 발전은 동영상이나 언어를 통해 반복해서 광범위하게 폭력상황을 유포할 수 있어 학교폭력의 심각성을 더하고 있다.

둘째, 학교 주변 유해환경이다. 학교보건법상 정화구역(200m) 내에 법규를 무시한 유해

환경의 유혹이 청소년들을 학교폭력 가해학생으로 전락시킬 수 있다. PC방, 주점, 당구장, 숙박업소 등과 같은 학교 주변 유해업소들과의 접촉은 반규범적인 가치나 행동에 대한 학습기회를 높이게 만들어 학교폭력을 비롯한 비행을 저지르게 될 가능성을 높인다.

셋째, 성인들의 학교폭력에 대한 방관과 묵인이다. 학교폭력을 '싸우면서 아이들이 자란다'는 자연스런 현상으로 보는 성인들의 인식과 관련이 있다. 학교폭력의 피해학생이나 해당 학생의 학부모들의 신고정신 부재는 이러한 인식과 무관하지 않다. 최근의 학교폭력은 범죄조직의 폭력을 닮아가고 있음에도 불구하고 단순한 싸움으로 보는 것은 학교폭력문제를 더욱 심각하게 만들 수 있어 성인 기성세대의 폭력문화에 대한 반성이 이루어져야 한다.

그밖에 전통적 윤리관의 부재, 가정 및 사회구조의 변화(예 : 핵가족화, 맞벌이 부부의 증가, 소외계층 증가 등), 개인이나 집단의 이기주의 만연, 지나치게 경쟁적인 사회 분위기 등이 학교폭력을 유발하는 요인이 될 수 있다.

이상과 같이 학교폭력이라고 해서 학교만 관련된 문제로 국한되지 않는다. 학교폭력이 발생하는 배경에는 개인심리적 요인, 가정환경적 요인, 또래 및 학교 요인, 사회환경적 요인 등 위험 요인이 있으며, 따라서 학교폭력을 미연에 방지하기 위해서는 이들 다양한 요인들을 고려하는 다각적인 접근이 필요하다.

CHAPTER 02

학교폭력 관련 법규

1. 학교폭력예방 및 대책에 관한 법률·시행령
2. 「학교폭력예방 및 대책에 관한 법률」의 이해와 적용

C H A P T E R

02 학교폭력 관련 법규

학교폭력 관련 법규인「학교폭력예방 및 대책에 관한 법률」은 심각한 사회문제로 대두되고 있는 학교폭력문제에 효과적으로 대처하기 위하여 2003년에 제안, 2004년 1월 29일 법률 제7119호로 제정되어 그동안 여러 차례 개정과정을 거쳐 오늘에 이르고 있다.

이 장에서는 현「학교폭력예방 및 대책에 관한 법률」(이하 "법"이라 한다)[1] 및「학교폭력예방 및 대책에 관한 법률 시행령」(이하 "시행령"이라 한다)[2] 에 나타난 주요 사항을 발췌 · 요약했다(국가법령정보센터, 2013). 학교폭력 관계자들은 본 법률과 시행령을 사전에 숙지하여 학교폭력문제에 적절히 대처해 나가야 할 것이다.

1. 학교폭력예방 및 대책에 관한 법률 · 시행령

1) 법의 목적, 학교폭력의 정의, 다른 법률과의 관계

이 법은 학교폭력의 예방과 대책에 필요한 사항을 규정함으로써 피해학생의 보호, 가해학

1) 학교폭력예방 및 대책에 관한 법률 [시행 2013. 3. 23] [법률 제11690호, 2013. 3. 23, 타법개정]

2) 학교폭력예방 및 대책에 관한 법률 시행령 [시행 2013. 3. 23] [대통령령 제24423호, 2013. 3. 23, 타법개정]

생의 선도 · 교육 및 피해학생과 가해학생 간의 분쟁조정을 통하여 학생의 인권을 보호하고 학생을 건전한 사회구성원으로 육성함을 목적으로 한다(법 제1조).

학교폭력이란 학교 내외에서 학생을 대상으로 발생한 상해, 폭행, 감금, 협박, 약취 · 유인, 명예훼손 · 모욕, 공갈, 강요 · 강제적인 심부름 및 성폭력, 따돌림, 사이버 따돌림, 정보통신망을 이용한 음란 · 폭력 정보 등에 의하여 신체 · 정신 또는 재산상의 피해를 수반하는 행위를 말한다(법 제2조).

학교폭력의 규제, 피해학생의 보호 및 가해학생에 대한 조치에 있어서 다른 법률에 특별한 규정이 있는 경우를 제외하고는 이 법을 적용한다(법 제5조제1항). 성폭력은 다른 법률에 규정이 있는 경우에는 이 법을 적용하지 아니한다(법 제5조제2항).

2) 학교폭력 예방 및 대책에 관한 책무

(1) 국가 및 지방자치단체의 책무

국가 및 지방자치단체는 학교폭력을 예방하고 근절하기 위하여 조사 · 연구 · 교육 · 계도 등 필요한 법적 · 제도적 장치를 마련하여야 하고(법 제4조제1항), 청소년 관련 단체 등 민간의 자율적인 학교폭력 예방활동과 피해학생의 보호 및 가해학생의 선도 · 교육활동을 장려하여야 한다(법 제4조제2항). 국가 및 지방자치단체는 제2항에 따른 청소년 관련 단체 등 민간이 건의한 사항에 대하여는 관련 시책에 반영하도록 노력하여야 하고(법 제4조제3항), 제1항부터 제3항까지의 규정에 따른 책무를 다하기 위하여 필요한 행정적 · 재정적 지원을 하여야 한다(법 제4조제4항).

(2) 기본계획의 수립 등

교육부장관은 이 법의 목적을 효율적으로 달성하기 위하여 학교폭력의 예방 및 대책에 관한 정책 목표 · 방향을 설정하고, 이에 따른 학교폭력의 예방 및 대책에 관한 기본계획(이하 "기본계획"이라 한다)을 제7조에 따른 학교폭력대책위원회의 심의를 거쳐 수립 · 시행하여야 한다(법 제6조제1항). 기본계획은 다음 각 호의 사항을 포함하여 5년마다 수립하여야 하고, 이 경우 교육부장관은 관계 중앙행정기관 등의 의견을 수렴하여야 한다(법 제6조제2항). 교육부장관은 대통령령으로 정하는 바에 따라 특별시 · 광역시 · 특별자치시 · 도 및 특별자치도(이하 "시 · 도"라 한다) 교육청의 학교폭력 예방 및 대책과 그에 대한 성과를 평가하고, 이를 공표하여야 한다(법 제6조제3항).

1. 학교폭력의 근절을 위한 조사 · 연구 · 교육 및 계도
2. 피해학생에 대한 치료 · 재활 등의 지원
3. 학교폭력 관련 행정기관 및 교육기관 상호 간의 협조 · 지원
4. 제14조제1항에 따른 전문상담교사의 배치 및 이에 대한 행정적 · 재정적 지원
5. 학교폭력의 예방과 피해학생 및 가해학생의 치료 · 교육을 수행하는 청소년 관련 단체(이하 "전문단체"라 한다) 또는 전문가에 대한 행정적 · 재정적 지원
6. 그밖에 학교폭력의 예방 및 대책을 위하여 필요한 사항

(3) 교육감의 임무

교육감은 시 · 도교육청에 학교폭력의 예방과 대책을 담당하는 전담부서를 설치 · 운영하여야 한다(법 제11조제1항). 이에 다음 각 호의 업무를 수행하기 위하여 시 · 도교육청 및 지역교육청에 과 · 담당관 또는 팀을 둔다(시행령 제8조).

1. 학교폭력 예방과 근절을 위한 대책의 수립과 추진에 관한 사항
2. 학교폭력 피해학생의 치료 및 가해학생에 대한 조치에 관한 사항
3. 그밖에 학교폭력의 예방 및 대책과 관련하여 교육감이 정하는 사항

교육감은 학교폭력의 실태를 파악하고 학교폭력에 대한 효율적인 예방대책을 수립하기 위하여 학교폭력 실태조사를 연 2회 이상 실시하여야 하고(법 제11조제8항), 학교폭력 등에 관한 조사, 상담, 치유 프로그램 운영 등을 위한 전문기관을 설치 · 운영할 수 있다(법 제11조제9항).

교육감은 관할 구역에서 학교폭력이 발생한 때에 학교의 장 또는 소속 교원이 그 경과 및 결과를 보고함에 있어 축소 혹은 은폐를 시도한 경우에는 「교육공무원법」 제50조 및 「사립학교법」 제62조에 따른 징계위원회에 징계의결을 요구하여야 한다(법 제11조제10항).

교육감은 관할 구역에서 학교폭력의 예방 및 대책 마련에 기여한 바가 큰 학교 혹은 소속 교원에게 상훈을 수여하거나 소속 교원의 근무성적 평정에 가산점을 부여할 수 있다(법 제11조제11항).

(4) 학교의 장의 의무

학교의 장은 교육감에게 학교폭력이 발생한 사실 및 제16조(피해학생의 보호), 제16조의2(장애학생의 보호), 제17조(가해학생에 대한 조치), 제17조의2(재심청구) 및 제18조(분쟁조정)에 따른 조치 및 그 결과를 보고하고, 관계기관과 협력하여 교내 학교폭력단체의 결성 예방 및 해체에 노력하여야 한다(법 제19조).

3) 학교폭력대책자치위원회

정부 차원에서 학교폭력 예방 및 대책에 관한 사항을 심의하기 위해 국무총리 소속으로 학교폭력대책위원회를 두고(법 제7조), 지역의 학교폭력문제를 해결하기 위하여 시·도에 학교폭력대책지역위원회를 둔다(법 제9조제1항). 시·군·구에서는 학교폭력 예방대책을 수립하고 기관별 추진계획 및 상호협력·지원방안 등을 협의하기 위하여 학교폭력대책지역협의회를 두고(법 제10조의2제1항), 학교에는 학교폭력의 예방 및 대책에 관련된 사항을 심의하기 위하여 학교폭력대책자치위원회를 둔다(법 제12조제1항).

(1) 학교폭력대책자치위원회의 설치 및 기능

학교폭력 예방 및 대책에 관련된 사항을 심의하기 위하여 학교폭력대책자치위원회(이하 자치위원회)를 둔다.[3] 다만, 자치위원회 구성에 있어 대통령령으로 정하는 사유가 있는 경우[4]에는 교육감의 보고를 거쳐 둘 이상의 학교가 공동으로 자치위원회를 구성할 수 있다(법 제12조제1항)

---

3) 자치위원회는 모든 학교(분교를 제외한 모든 학교)에 반드시 설치하여야 한다(교육과학기술부, 법무부, 2009).

4) "대통령령으로 정하는 사유가 있는 경우"란 학교폭력 피해학생과 가해학생이 각각 다른 학교에 재학 중인 경우를 말한다. (시행령 제13조제1항)

자치위원회는 학교폭력의 예방 및 대책 등을 위하여 다음 각 호의 사항을 심의한다(법 제12조제2항).

1. 학교폭력 예방 및 대책수립을 위한 학교체제 구축
2. 피해학생 보호
3. 가해학생에 대한 선도 및 징계
4. 피해학생과 가해학생 간의 분쟁조정
5. 그밖에 대통령령으로 정하는 사항 [5)]

(2) 학교폭력대책자치위원회의 구성

자치위원회는 위원장 1인을 포함하여 5인 이상 10인 이하의 위원으로 구성하되, 대통령령으로 정하는 바에 따라 전체위원의 과반수를 학부모 전체회의에서 직접 선출된 학부모대표로 위촉하여야 한다. 다만, 학부모 전체회의에서 학부모대표를 선출하기 곤란한 사유가 있는 경우에는 학급별 대표로 구성된 학부모대표회의에서 선출된 학부모대표로 위촉할 수 있다(법 제13조제1항). 이에 법 제13조제1항에 따라 자치위원회의 위원은 다음 각 호의 어느 하나에 해당하는 사람 중에서 해당 학교의 장이 임명하거나 위촉한다(시행령 제14조제1항). 자치위원회의 위원장은 위원 중에서 호선한다(시행령 제14조제2항).

1. 해당 학교의 교감
2. 해당 학교의 교사 중 학생생활지도 경력이 있는 교사
3. 법 제13조제1항에 따라 선출된 학부모대표
4. 판사 · 검사 · 변호사
5. 해당 학교를 관할하는 경찰서 소속 경찰공무원
6. 의사 자격이 있는 사람
7. 그밖에 학교폭력 예방 및 청소년보호에 대한 지식과 경험이 풍부한 사람[6)]

---

5) "대통령령으로 정하는 사항"이란 학교폭력의 예방 및 대책과 관련하여 법 제14조제3항에 따른 책임교사 또는 학생회의 대표가 건의하는 사항을 말한다. (시행령 제13조제2항)

6) "학교폭력 예방 및 청소년보호에 대한 지식과 경험이 풍부한 사람"으로 학교장을 자치위원회 위원으로 참여시킬 수 있는지에 의문이 생길 수 있다. 그런데 절대 참여할 수 없음을 법에서 명시하고 있다. 이는 자치위원회와 학교장을 엄격하게 분리하기 위함이다(교육과학기술부, 법무부, 2009).

(3) 학교폭력대책자치위원회의 운영

자치위원회는 분기별 1회 이상 회의를 개최하고, 자치위원회의 위원장은 다음 각 호의 어느 하나에 해당하는 경우에 회의를 소집하여야 한다(법 제13조제2항). 자치위원회의 회의는 재적위원 과반수의 출석으로 개의하고, 출석위원 과반수의 찬성으로 의결하며(시행령 제14조제4항), 자치위원회는 회의의 일시, 장소, 출석위원, 토의내용 및 의결사항 등이 기록된 회의록을 작성 · 보존하여야 한다(법 제13조제3항).

1. 자치위원회 재적위원 4분의 1 이상이 요청하는 경우
2. 학교의 장이 요청하는 경우
3. 피해학생 또는 그 보호자가 요청하는 경우
4. 학교폭력이 발생한 사실을 신고받거나 보고받은 경우
5. 가해학생이 협박 또는 보복한 사실을 신고받거나 보고받은 경우
6. 그밖에 위원장이 필요하다고 인정하는 경우

4) 전담기구의 구성 및 운영

학교의 장은 교감, 전문상담교사,[7] 보건교사 및 책임교사(학교폭력문제를 담당하는 교사를 말한다) 등으로 학교폭력문제를 담당하는 전담기구(이하 "전담기구"라 한다)를 구성하며, 학교폭력사태를 인지한 경우 지체 없이 전담기구 또는 소속 교원으로 하여금 가해 및 피해 사실 여부를 확인하도록 한다(법 제14조제3항). 법 제14조제3항에 따른 전담기구는 가해 및 피해 사실 여부에 관하여 확인한 사항을 학교의 장 및 자치위원회(자치위원회의 요청이 있는 경우만을 말한다)에 보고하여야 한다(시행령 제16조).

전담기구는 학교폭력에 대한 실태조사(이하 "실태조사"라 한다)와 학교폭력 예방 프로그램을 구성 · 실시하며, 학교의 장 및 자치위원회의 요구가 있는 때에는 학교폭력에 관련된 조사결과 및 활동결과를 보고하여야 한다(법 제14조제4항). 피해학생 또는 피해학생의 보

7) 학교에 따라 전문상담교사가 없을 수 있다. 여기서는 전문상담교사를 전문상담순회교사 혹은 학생상담에 대해 어느 정도 전문성이나 경험을 가지고 있는 다른 교사 등을 포함하는 넓은 의미로 해석해야 한다(교육과학기술부, 법무부, 2009).

호자는 피해사실 확인을 위하여 전담기구에 실태조사를 요구할 수 있다(법 제14조제5항).

국가 및 지방자치단체는 실태조사에 대한 예산을 지원하고, 관계 행정기관은 실태조사에 협조하여야 하며, 학교의 장은 전담기구에 행정적 · 재정적 지원을 할 수 있다(법 제14조제6항). 전담기구는 성폭력 등 특수한 학교폭력사건에 대한 실태조사의 전문성을 확보하기 위하여 필요한 경우 전문기관에 그 실태조사를 의뢰할 수 있고, 이 경우 그 의뢰는 자치위원회 위원장의 심의를 거쳐 학교의 장 명의로 하여야 한다(법 제14조제7항).

5) 학교폭력 예방교육

학교의 장은 학생의 육체적 · 정신적 보호와 학교폭력의 예방을 위한 교육을 학기별로 1회 이상 실시하여야 한다(법 제15조제1항). 학교의 장은 학교폭력의 예방 및 대책 등을 위한 교직원 및 학부모에 대한 교육을 학기별로 1회 이상 실시하여야 한다(법 제15조제2항). 학교의 장은 제1항에 따른 학교폭력 예방교육 프로그램의 구성 및 그 운용 등을 전담기구와 협의하여 전문단체 또는 전문가에게 위탁할 수 있다(법 제15조제3항).

교육장은 제1항부터 제3항까지의 규정에 따른 학교폭력 예방교육 프로그램의 구성과 운용계획을 학부모가 쉽게 확인할 수 있도록 인터넷 홈페이지에 게시하고, 그 밖에 다양한 방법으로 학부모에게 알릴 수 있도록 노력하여야 한다(법 제15조제4항).

그 밖에 학교폭력 예방교육의 실시와 관련한 사항은 대통령령으로 정한다(법 제15조제5항).

6) 피해학생의 보호

자치위원회는 피해학생의 보호를 위하여 필요하다고 인정하는 때에는 피해학생에 대하여 다음 각 호의 어느 하나에 해당하는 조치(수 개의 조치를 병과하는 경우를 포함한다)를 할 것을 학교의 장에게 요청할 수 있다. 다만, 학교의 장은 피해학생의 보호를 위하여 긴급하다고 인정하거나 피해학생이 긴급보호의 요청을 하는 경우에는 자치위원회의 요청 전에 제1호, 제2호 및 제6호의 조치를 할 수 있다. 이 경우 자치위원회에 즉시 보고하여야 한다(법 제16조제1항).

1. 심리상담 및 조언
2. 일시보호
3. 치료 및 치료를 위한 요양
4. 학급교체
5. 삭제 〈2012. 3. 21〉
6. 그밖에 피해학생의 보호를 위하여 필요한 조치

자치위원회는 학교장에게 조치를 요청하기 전 피해학생 및 그 보호자에게 의견진술의 기회를 부여하는 등 적정한 절차를 거쳐야 한다. 자치위원회의 조치 요청 시 학교의 장은 피해학생의 보호자의 동의를 받아 7일 이내 해당 조치를 취하고 이를 자치위원회에 보고하여야 한다(법 제16조제2·3항).

피해학생의 조치에 따르는 결석은 학교의 장이 인정하여 출석일수에 산입할 수 있고, 성적 평가에 있어 불이익을 주지 않도록 노력한다(법 제16조제4·5항).

피해학생에 대한 하나 또는 수 개의 조치에 따른 비용은 가해학생의 보호자가 부담한다. 하지만 피해학생의 신속한 치료를 위하여 학교의 장 또는 보호자가 원하는 경우 「학교안전사고 예방 및 보상에 관한 법률」 제15조에 따른 학교안전공제회 또는 시 · 도 교육청이 먼저 부담하고 이에 대한 구상권[8]을 행사할 수 있다. 학교의 장 또는 피해학생의 보호자는 필요한 경우 「학교안전사고 예방 및 보상에 관한 법률」 제34조의 공제급여를 학교안전공제회에 직접 청구할 수 있다(법 제16조제6·7항).

누구든지 장애 등을 이유로 장애학생에게 학교폭력을 행사하여서는 아니 된다. 자치위원회는 학교폭력으로 피해를 입은 장애학생의 보호를 위하여 장애인전문 상담가의 상담 또는 장애인전문 치료기관의 요양 조치를 학교의 장에게 요청할 수 있고, 학교의 장은 해당조치를 하여야 한다(법 제16조2제1·2·3항).

---

8) 보증인이 채무를 변제하는 것은 주 채무자와의 관계에서 보면 타인의 채무를 변제해 주는 것이 된다. 따라서 보증채무를 변제한 보증인은 주 채무자에게 그 상환을 요구할 수 있는 권리를 갖는데, 이를 구상권이라 한다(http://oneclick.law.go.kr, 2012).

7) 가해학생에 대한 조치

(1) 가해학생에 대한 조치에 따른 절차 및 조치별 적용기준

자치위원회는 피해학생의 보호와 가해학생의 선도 · 교육을 위하여 가해학생에 대하여 다음 1~9호 어느 하나에 해당하는 조치(수 개의 조치를 병과하는 경우를 포함한다)를 할 것을 학교의 장에게 요청하여야 하며, 각 조치별 적용 기준은 대통령령으로 정한다. 다만, 퇴학처분은 의무교육과정에 있는 가해학생에 대하여는 적용하지 아니한다(법 제17조제1항).

1. 피해학생에 대한 서면사과
2. 피해학생 및 신고 · 고발학생에 대한 접촉, 협박 및 보복행위의 금지
3. 학교에서의 봉사
4. 사회봉사
5. 학내외 전문가에 의한 특별교육이수 또는 심리치료
6. 출석정지
7. 학급교체
8. 전학
9. 퇴학처분

자치위원회가 학교의 장에게 가해학생에 대한 조치를 요청할 때 그 이유가 피해학생이나 신고 · 고발학생에 대한 협박 또는 보복 행위일 경우에는 제1항 각 호의 조치를 병과하거나 조치내용을 가중할 수 있다(법 제17조제2항). 2~4호까지 6~8호까지의 처분을 받은 가해학생은 교육감이 정한 기관에서 특별교육을 이수하거나 심리치료를 받아야 하며, 그 기간은 자치위원회에서 정한다(법 제17조제3항).

자치위원회는 제1항 또는 제2항에 따른 조치를 요청하기 전에 가해학생 및 보호자에게 의견진술의 기회를 부여하는 등 적정한 절차를 거쳐야 한다(법 제17조제5항). 제1항에 따른 요청이 있는 때에는 학교의 장은 14일 이내에 해당 조치를 하여야 한다(법 제17조제6항).

가해학생이 제1항 3~5호까지의 규정에 따른 조치를 받은 경우 이와 관련된 결석은 학교의 장이 인정하는 때에는 이를 출석일수에 산입할 수 있다(법 제17조제8항). 자치위원회는 가해학생이 특별교육을 이수할 경우 해당 학생의 보호자도 함께 교육을 받게 하여야 하고

(법 제17조제9항), 자치위원회의 교육 이수 조치를 따르지 아니한 보호자에게는 300만 원 이하의 과태료를 부과한다(법 제22조제2항).

가해학생에 대한 조치별 적용기준은 다음 사항을 고려하여 결정하고, 그 세부적인 기준은 교육부장관이 정하여 고시한다(시행령 제19조).

1. 가해학생이 행사한 학교폭력의 심각성 · 지속성 · 고의성
2. 가해학생의 반성 정도
3. 해당 조치로 인한 가해학생의 선도 가능성
4. 가해학생 및 보호자와 피해학생 및 보호자 간의 화해의 정도
5. 피해학생이 장애학생인지 여부

(2) 가해학생에 대한 선도조치 및 우선 출석정지

학교의 장은 가해학생에 대한 선도가 긴급하다고 인정할 경우 우선 제1항 1~3호까지, 5호, 6호의 조치를 할 수 있으며, 5호와 6호는 병과조치할 수 있다. 이 경우 자치위원회에 즉시 보고하여 추인을 받아야 한다(법 제17조제4항). 학교의 장이 제4항에 따른 조치를 한 때에는 가해학생과 그 보호자에게 이를 통지하여야 하며, 가해학생이 이를 거부하거나 회피하는 때에는 「초 · 중등교육법」 제18조에 따라 징계하여야 한다(법 제17조제7항).

- 학교의 장은 교육상 필요한 경우에는 법령과 학칙으로 정하는 바에 따라 학생을 징계하거나 그 밖의 방법으로 지도할 수 있다. 다만, 의무교육을 받고 있는 학생을 퇴학시킬 수 없다.
- 학교의 장은 학생을 징계하려면 그 학생이나 보호자에게 의견을 진술할 기회를 주는 등 적정한 절차를 거쳐야 한다. (「초 · 중등교육법」 제18조)

법 제17조제4항에 따라 학교의 장이 출석정지 조치를 할 수 있는 경우는 다음과 같다(시행령 제21조제1항).

1. 2명 이상의 학생이 고의적 · 지속적으로 폭력을 행사한 경우
2. 학교폭력을 행사하여 전치 2주 이상의 상해를 입힌 경우
3. 학교폭력에 대한 신고, 진술, 자료 제공 등에 대한 보복을 목적으로 폭력을 행사한 경우
4. 학교의 장이 피해학생을 가해학생으로부터 긴급하게 보호할 필요가 있다고 판단하는 경우

(3) 가해학생의 전학 조치

가해학생이 다른 학교로 전학을 간 이후에는 전학 전의 피해학생 소속 학교로 다시 전학올 수 없도록 하여야 한다(법 제17조제10항). 자치위원회가 가해학생에 대한 전학조치를 요청하는 경우에는 초·중학교의 장은 교육장에게, 고등학교의 장은 교육감에게 해당 학생이 전학할 학교의 배정을 지체 없이 요청하여야 한다(시행령 제20조제1항). 교육감 또는 교육장은 가해학생이 전학할 학교를 배정할 때 피해학생의 보호에 충분한 거리 등을 고려하여야 하며, 관할구역 외의 학교를 배정하려는 경우에는 해당 교육감 또는 교육장에게 이를 통보하여야 한다(시행령 제20조제2항). 통보받은 교육감 또는 교육장은 가해학생이 전학할 학교를 배정해야 하며(시행령 제20조제3항), 전학 조치된 가해학생과 피해학생이 상급학교로 진학할 때에는 각각 다른 학교를 배정해야 한다. 이 경우 피해학생이 입학할 학교를 우선적으로 배정한다(시행령 제20조제4항).

(4) 가해학생의 조치 거부 · 기피에 대한 추가조치 및 퇴학학생의 재입학

법 제17조제1항 2~9호까지의 처분을 받은 학생이 해당 조치를 거부하거나 기피하는 경우 자치위원회는 제7항에도 불구하고 대통령령으로 정하는 바에 따라 추가로 다른 조치를 할 것을 학교의 장에게 요청할 수 있다(법 제17조제11항). 자치위원회는 학교의 장으로부터 거부하거나 기피한다는 사실을 통보받은 날부터 7일 이내에 추가로 다른 조치를 할 것을 학교의 장에게 요청할 수 있다(시행령 제22조).

법 제17조제1항 제9호에 따라 퇴학 처분을 받은 학생의 재입학은 교육감이 해당 학생의 선도의 정도, 교육 가능성 등을 종합적으로 고려하여 「초 · 중등교육법」 제60조의3에 따른 대안학교로의 입학 등 해당 학생의 건전한 성장에 적합한 대책을 마련하여야 한다(시행령 제23조).

8) 재심청구

(1) 피해학생의 재심청구

자치위원회 또는 학교의 장이 내린 조치에 대하여 이의가 있는 피해학생 또는 그 보호자는 그 조치를 받은 날로부터 15일 이내, 그 조치가 있음을 안 날로부터 10일 이내에 지역위원회에 재심을 청구할 수 있다(법 제17조2의제1항). 지역위원회가 제1항에 따른 재심청구를 받은 때에는 30일 이내 이를 심사 · 결정하여 청구인에게 통보하여야 한다(법 제17조의2제3항). 제3항의 결정에 이의가 있는 청구인은 그 통보를 받은 날로부터 60일 이내에 행정심판을 제기할 수 있다(법 제17조의2제4항). 제1항에 따른 재심청구, 제3항에 따른 심사 절차 및 결정 통보 등에 필요한 사항은 대통령령으로 정한다. 시행령 제24조의 피해학생의 재심청구, 심사절차 및 결정통보에 관련된 내용을 참조하기 바란다.

(2) 가해학생의 재심청구

자치위원회가 법 제17조제1항 제8호(전학)와 제9호(퇴학 처분)에 따라 내린 조치에 대하여 이의가 있는 학생 또는 그 보호자는 그 조치를 받은 날로부터 15일 이내, 그 조치가 있음을 안 날로부터 10일 이내에 「초 · 중등교육법」 제18조의3에 따른 시 · 도학생징계조정위원회에 재심을 청구할 수 있다(법 제17조의2제2항). 제2항에 따른 재심청구, 심사절차, 결정통보 등은 「초 · 중등교육법」 제18조의2제2항부터 제4항까지의 규정을 준용한다(법 제17조의2제6항).

9) 분쟁조정

자치위원회는 학교폭력과 관련하여 분쟁이 있는 경우에는 그 분쟁을 조정할 수 있고(법 제18조제1항), 그 조정기간은 1개월을 넘지 못한다(법 제18조제2항). 학교폭력과 관련한 분쟁조정에는 다음 각 호의 사항을 포함한다(법 제18조제3항).

1. 피해학생과 가해학생 간 또는 그 보호자 간의 손해배상에 관련된 합의조정
2. 그밖에 자치위원회가 필요하다고 인정하는 사항

자치위원회는 분쟁조정을 위하여 필요하다고 인정하는 때에는 관계 기관의 협조를 얻어 학교폭력과 관련한 사항을 조사할 수 있고(법 제18조제4항), 분쟁조정을 하고자 할 때에는 피해학생 · 가해학생 및 그 보호자에게 통보하여야 한다(법 제18조제5항).

시 · 도교육청 관할 구역 안의 소속 학교가 다른 학생 간에 분쟁이 있는 경우에는 교육감이 해당 학교의 자치위원회위원장과의 협의를 거쳐 직접 분쟁을 조정한다. 이 경우 제2항부터 제5항까지의 규정을 준용한다(법 제18조제6항). 관할 구역을 달리하는 시 · 도교육청 소속 학교의 학생 간에 분쟁이 있는 경우에는 피해학생을 감독하는 교육감이 가해학생을 감독하는 교육감 및 관련 해당 학교의 자치위원회위원장과의 협의를 거쳐 직접 분쟁을 조정한다. 이 경우 제2항부터 제5항까지의 규정을 준용한다(법 제18조제7항).

10) 학교폭력의 신고의무

학교폭력현장을 보거나 그 사실을 알게 된 자는 학교 등 관계 기관에 이를 즉시 신고하여야 한다(법 제20조제1항). 신고를 받은 기관은 이를 가해학생 및 피해학생의 보호자와 소속 학교의 장에게 통보하여야 하고, 통보받은 소속 학교의 장은 이를 자치위원회에 지체 없이 통보하여야 한다(법 제20조제2·3항). 누구라도 학교폭력의 예비 · 음모 등을 알게 된 자는 이를 학교의 장 또는 자치위원회에 고발할 수 있다. 다만, 교원이 이를 알게 되었을 경우에는 학교의 장에게 보고하고 해당 학부모에게 알려야 한다(법 제20조제4항). 누구든지 학교폭력을 신고한 사람에게 그 신고행위를 이유로 불이익을 주어서는 아니 된다(법 제20조제5항).

11) 학생보호인력의 배치 등

국가 · 지방자치단체 또는 학교의 장은 학교폭력을 예방하기 위하여 학교 내에 학생보호인력을 배치하여 활용할 수 있으며(법 제20조의5제1항), 학생보호인력으로 배치하고자 하는 사람의 동의를 받아 경찰청장에게 그 사람의 범죄경력을 조회할 수 있다(법 제20조의5제5항).

국가 · 지방자치단체 또는 학교의 장은 제1항에 따른 학생보호인력의 배치 및 활용 업무를 관련 전문기관 또는 단체에 위탁할 수 있다(법 제20조의5제3항). 위탁받은 전문기관 또는 단체는 그 업무를 수행함에 있어 학교의 장과 충분히 협의하여야 하고(법 제20조의5제4항), 해당 업무를 위탁한 국가 · 지방자치단체 또는 학교의 장에게 학생보호인력으로 배치하고자 하는 사람의 범죄경력을 조회할 것을 신청할 수 있다(법 제20조의5제6항).

학생보호인력이 될 수 없는 사람은 「국가공무원법」 제33조 각 호의 어느 하나에 해당하는 사람, 「아동 · 청소년의 성보호에 관한 법률」에 따른 아동 · 청소년대상 성범죄 또는 「성폭력범죄의 처벌 등에 관한 특례법」에 따른 성폭력범죄를 범하여 벌금형을 선고받고 그 형이 확정된 날부터 10년이 지나지 아니하였거나, 금고 이상의 형이나 치료감호를 선고받고 그 집행이 끝나거나 집행이 유예 · 면제된 날부터 10년이 지나지 아니한 사람, 「청소년 보호법」에 따른 청소년 출입 · 고용금지업소의 업주나 종사자다(법 제20조의5제2항). 학생보호인력이 되려는 사람은 이상의 어느 하나에 해당하지 아니한다는 확인서를 제출하여야 한다(법 제20조의5제7항).

12) 학교폭력 비밀누설 금지 등

학교폭력의 예방 및 대책과 관련된 업무를 수행하거나 수행하였던 자는 그 직무로 인하여 알게 된 비밀 또는 가 · 피해학생 및 제20조에 따른 신고자 · 고발자와 관련된 자료를 누설하여서는 아니 된다(법 제21조제1항). 비밀의 범위는 다음과 같다(시행령 제33조).

1. 학교폭력 피 · 가해학생 개인 및 가족의 성명, 주민등록번호 및 주소 등 개인정보에 관한 사항
2. 학교폭력 피 · 가해학생에 대한 심의 · 의결과 관련된 개인별 발언 내용
3. 그밖에 외부로 누설될 경우 분쟁당사자 간에 논란을 일으킬 우려가 있음이 명백한 사항

법 제16조(피해학생의 보호), 제16조의2(장애학생의 보호), 제17조(가해학생에 대한 조치), 제17조의2(재심청구), 제18조(분쟁조정)에 따른 자치위원회의 회의는 공개하지 아니한다. 다만, 피해학생 · 가해학생 또는 그 보호자가 회의록의 열람 · 복사 등 회의록 공개를 신청한 때에는 학생과 그 가족의 성명, 주민등록번호 및 주소, 위원의 성명 등 개인정보에 관한 사항을 제외하고 공개하여야 한다(법 제21조제3항).

13) 벌칙규정

비밀누설금지(법 제21조제1항)를 위반한 자는 300만 원 이하의 벌금에 처한다(법 제22조제1항). 자치위원회의 교육 이수 조치를 따르지 아니한 보호자에게는 300만 원 이하의 과태료를 부과한다(법 제22조제2항).

2. 「학교폭력예방 및 대책에 관한 법률」의 이해와 적용

다음은 「학교폭력예방 및 대책에 관한 법률」을 이해하고 적용할 수 있도록 학교폭력 관

1. 학교폭력 예방, 사안 발생 인지 및 신고 등 관련	
학교폭력 예방	문제 1, 2, 3, 4
사안발생 시 대처	문제 5, 6, 7, 8, 9

2. 학교폭력대책자치위원회 개최 및 운영 관련	
자치위 개최 일반	문제 10, 11, 12, 13, 14
피해학생에 대한 조치	문제 15
가해학생에 대한 조치	문제 16, 17, 18, 19, 20, 21, 22

3. 학교폭력대책자치위원회 요청에 따른 학교장의 조치내용 관련	
피해학생에 대한 조치	문제 23
가해학생에 대한 조치	문제 24, 25, 26, 27, 28, 29, 30, 31, 32, 33
학교장의 조치 일반	문제 34, 35, 36

4. 학교장의 조치에 관한 재심청구 관련	
피해학생의 재심청구	문제 37, 38, 39, 40
가해학생의 재심청구	문제 41, 42, 43, 44, 45

5. 가해학생 보호자(학부모)에 대한 조치 관련	
보호자 특별교육 이수	문제 46, 47, 48

그림 2-1 학교폭력 관련 사안별 Q & A 문제 번호

련 사안을 Q & A 형식으로 작성한 교육과학기술부의 공식적인 유권해석자료이다(교육과학기술부 학교폭력근절과, 2012. 5. 25). 이는 학교폭력 관련 사안 발생 시 단위학교에 실질적인 도움을 제공해 줄 수 있을 것이며, 이 자료에 대해 교육과학기술부는 학교, 교육지원청, 시 · 도교육청 등 현장에서 발생하는 사안을 반영하여 계속 수정 · 보완해 나갈 예정임을 밝혔다.

문제 01 「학교폭력예방 및 대책에 관한 법률」과 「형법」 등과의 관계는?

《관련 법령》 「학교폭력예방 및 대책에 관한 법률」 제1조

「학교폭력예방 및 대책에 관한 법률(이하 "법률"이라 함)」은 학생의 인권을 보호하고 학생을 건전한 사회구성원으로 육성하기 위해 교육적인 목적에서 제정되었다.

- 따라서, 범죄 행위에 대한 처벌을 목적으로 하는 형법 등과는 입법 목적에서 차이가 있고, 형법 등에 적용되는 법 원칙이 일부 적용되지 않을 수 있다.
- 사법(司法) 절차에 의한 피해자 · 가해자의 조치와 학교폭력대책자치위원회(이하 "자치위원회"라 함)에서 결정된 피해학생 · 가해학생에 대한 조치 수준이 명확히 일치되지 않을 수 있다.
- 또한, 사법 절차에 의해 훈방, 구류 등의 조치를 한 경우에라도 선도 · 교육 목적의 가해학생 조치는 별도로 진행될 수 있다.

문제 02 「초 · 중등교육법 시행령」과 「학교폭력예방 및 대책에 관한 법률」이 개정됨에 따라 단위학교에서 학칙 개정이 필요한지?

《관련 법령》 「학교폭력예방 및 대책에 관한 법률」 제5조제1항

「초 · 중등교육법 시행령」과 「학교폭력예방 및 대책에 관한 법률」 개정내용이 학칙과 상충되는 경우, 학교의 학칙 개정이 즉시 이루어져야 할 것이다.

- 단, 학칙 개정 이전에라도 상위법인 「초 · 중등교육법 시행령」 및 「학교폭력예방 및 대책에 관한 법률」에 따라야 한다.

문제 03 전담기구에 '전문상담교사'가 없을 경우 '전문상담사(계약직)'를, '보건교사'가 없을 시 '보건업무 담당교사'가 참여 가능한지 여부와 '전담기구'에 수석교사가 참여 가능한지의 여부는?

《관련 법령》 「학교폭력예방 및 대책에 관한 법률」 제14조제3항

학교의 학교폭력 전담기구는 학교의 장이 법률에 따라 조직 · 구성할 수 있다.

- 법률 제14조제3항에서 전담기구는 교감, 전문상담교사, 보건교사 및 책임교사 등으로 구성하

도록 하고 있으므로, 전문상담사(계약직), 보건업무 담당교사, 수석교사 등의 참여가 가능하다.

문제 04

법률 제15조제2항에서 학부모교육은 학기별로 1회 이상 실시하도록 하고 있는데, '학부모'의 수는 상관없는지?

《관련 법령》 「학교폭력예방 및 대책에 관한 법률」 제15조제2항

학부모에 대한 학교폭력 예방교육은 학기별 1회 이상 모든 학부모를 대상으로 실시하도록 하고 있다.

- 단위학교는 가능한 학부모교육의 개최 횟수를 늘리고, 개최 시기도 일과 후, 주말 등 다양하게 운영하여 다수의 학부모가 참여할 수 있도록 노력해야 한다.
- 또한, 학교로 찾아오기 힘든 학부모를 위해 인터넷에 동영상 교육자료 탑재, 가정통신문 또는 이메일 발송 등 다양한 방안을 강구해야 한다.

문제 05

법률 제2조에서 학교폭력의 개념이 '학생을 대상으로 발생하는 폭력'으로 확대됨에 따라 폭력의 주체가 교사, 학부모, 학생이 아닌 자 등의 폭력에 대한 처리방안은?

《관련 법령》 「학교폭력예방 및 대책에 관한 법률」 제2조제1호

'학생을 대상으로 발생하는 폭력'으로 학교폭력의 개념을 확대한 이유는 가해자가 학생이 아닌 경우에도 피해학생에 대하여 보호조치를 하기 위해서이다.

- 따라서, 가해자와 무관하게 법률 제16조에 의한 피해학생 보호조치를 할 수 있다.
- 가해자가 학생이 아닌 경우, 해당 사안을 경찰에 신고하여 수사의뢰하여야 한다.

문제 06

117신고센터에서 경찰청 또는 원스톱지원센터로 이송되는 학교폭력 사안의 경우, 반드시 학교로 통보되어야 하는 것인지?

《관련 법령》 「학교폭력예방 및 대책에 관한 법률」 제20조제2항

117신고센터에서 경찰청 또는 원스톱지원센터로 이송되는 학교폭력 사안의 경우, 반드시 학교로 통보되어 학교폭력대책자치위원회가 열릴 수 있도록 하여야 한다.

- 신고자가 자신의 신분을 밝히는 것을 끝까지 거부하지 않는 이상 학교폭력 사안을 인지한 기관은 해당 학생의 소속 학교의 장에게 통보하여야 한다.
- 법률 제20조제3항에 따라 "지체 없이" 통보하여야 하며 "지체 없이"는 시간적 즉시성이 강하게 요구되지만 정당하거나 합리적인 이유에 따른 지체는 허용되는 것으로 해석되며, 사정이 허락하는 한 가장 신속하게 해야 한다는 뜻으로 사용된다.

문제 07 **담임교사가 처리하는 경미한 사안의 경우에도 생활기록부에 기재해야 하는지?**

《관련 법령》「학교생활기록 작성 및 관리지침」제16조제2항

「학교생활기록 작성 및 관리지침」제16조제1항에서 '행동특성 및 종합의견은 수시로 관찰하여 누가기록된 행동특성을 바탕으로 총체적으로 학생을 이해할 수 있는 종합의견을 문장으로 입력한다.'라고 규정하고 있다.

- 학교생활기록 작성 및 관리지침 제16조제2항은 '행동특성 중 학교폭력과 관련된 사항은「학교폭력예방 및 대책에 관한 법률」제17조에 규정된 가해학생에 대한 조치사항을 입력한다'라고 규정된다.

법률 제17조에 규정된 가해학생에 대한 조치사항이 아닌 담임교사의 조치인 경우에는, 생활지도 기록부에 기록할 사항은 아니다.

- 다만, 학생 이해를 위해 담임이 필요하다고 판단되면 생활기록부에 입력할 수 있을 것이다.

학교폭력 사안 중 담임교사가 처리할 수 있는 기준은 신체 · 정신 또는 재산상의 피해가 있었다고 볼 객관적인 증거가 없을 뿐 아니라, 가해학생이 화해를 요청하고 피해학생이 화해에 응하는 경우에 해당된다.

- 조치사항에 대하여 학교폭력전담기구에 알리고 종결하도록 하고 있다. (학교폭력 사안대응 기본지침, 학교선진화과-2291, 2012. 3. 16)

문제 08 **학교폭력 피해학생이 전학을 희망하는 경우의 근거법령은?**

《관련 법령》「초 · 중등교육법 시행령 제21 · 73 · 89조」

교육장 및 교육감은 학교의 장이 학생의 교육상 교육환경을 바꾸어 줄 필요가 있다고 인정하여 다른 학교로의 전학 또는 편입학을 추천한 자에 대하여는 전학 또는 편입학할 학교를 지정하여 배정할 수 있다.

※ 근거 : 초 · 중등교육법 시행령 제21조제3항(초등학교의 전학절차), 제73조제5항(중학교의 전학 등) 및 제89조제5항(고등학교의 전학 등)

문제 09 **법률 제17조제4항에 따라 선도가 긴급하다고 인전할 경우 학교장이 우선 조치할 수 있는데 이 경우 처리 절차는?**

《관련 법령》「학교폭력예방 및 대책에 관한 법률」제17조제4항

사안을 보고 받은 학교장은 사안의 경중을 판단하여 가해학생에 대한 선도가 긴급하다고 인정되는 경우,

- 법률 제17조제4항에 따라 선도조치를 실시하고, 학교폭력대책자치위원회에 즉시 보고하여 추

인을 받아야 한다.

- 사전 선도조치 결정은 학교폭력 전담기구와 협의를 거쳐 결정하되, 학교폭력사안의 심각성, 가해학생의 태도, 가해행위의 지속성 등을 고려한다.

> 선도가 긴급한 경우의 선조치 내용
>
> - 피해학생에 대한 서면 사과
> - 피해학생 및 신고 · 고발학생에 대한 접촉, 협박 및 보복행위의 금지
> - 학교에서의 봉사
> - 학내외 전문가에 의한 특별교육 이수 또는 심리치료
> - 출석정지(기간 제한 없음)

다음의 학교폭력 사안에 대해서는 특별한 사유가 없는 한 가해학생에 대한 '출석정지' 조치를 실시하여야 한다. (법률 시행령 제21조)

> 학교장이 우선 출석정지를 할 수 있는 경우
>
> - 2명 이상의 학생이 고의적 · 지속적인 폭력을 행사한 경우
> - 폭력을 행사하여 전치 2주 이상의 상해를 입힌 경우
> - 학교폭력에 대한 신고, 진술, 자료 제공 등에 대한 보복을 목적으로 폭력을 행사한 경우
> - 학교의 장이 피해학생을 가해학생으로부터 긴급하게 보호할 필요가 있다고 판단하는 경우

문제 10 **법률 제17조제4항에 따른 학교의 장의 긴급조치 이후 자치위원회의 추인의 성격은? 또한 긴급조치 이후 얼마 만에 추인을 받아야 하는지?**

《관련 법령》 「학교폭력예방 및 대책에 관한 법률」 제17조제4항

학교의 장의 긴급조치와 자치위원회의 결정으로서의 조치는 목적이 달라 서로 별개의 조치이다.

- 학교의 장의 긴급조치는 학교폭력 사안이 심각하거나, 피해학생의 긴급한 보호가 필요할 경우 자치위원회 조치 이전까지 사전적인 성격의 긴급 조치이며,
- 자치위원회의 조치는 피해학생의 보호 및 가해학생의 선도 · 교육을 위하여 학교 단위에서의 최종적인 결정으로서의 성격을 지닌다.
- 따라서 법률 제17조제4항에 따른 자치위원회의 추인은 사안의 심각성 · 긴급성에 대한 사전조치에 대한 사후 인정이며, 자치위원회 결정에 직접적인 영향을 미치지는 않는다.
- 다만, 자치위원회는 학교의 장의 사전 긴급조치 내용을 감안하여 최종 조치를 요청할 수 있으며, 이 경우 추인을 받은 사전 긴급조치의 내용과 자치위원회의 조치 요청 내용이 모두 학교생활기록부에 기록되어야 한다.

[예] 학교폭력 사안에 비추어 출석정지 10일이 필요하나, 자치위원회 개최 이전 출석정지 7일을 부과받은 점을 감안하여 출석정지 3일을 요청함

또한, 긴급조치를 한 경우 즉시 보고하여 추인을 받도록 한 법률 제17조제4항의 취지에 비추어 사전 긴급조치를 한 이후 사정이 허락하는 한 최대한 빠른 시일 내에 자치위원회에 보고하여야 한다.

문제 11

우발적인 싸움으로 쌍방 간 상처가 난 경우 양쪽 부모의 원만한 합의가 되어도 반드시 자치위원회에서 처리해야 하는지?

《관련 법령》「학교폭력예방 및 대책에 관한 법률」제13조제2항

양쪽 부모가 합의한 경우라도 자치위원회를 개최하는 등 일반적인 학교폭력 처리절차에 따라야 한다.

- 다만, 조치 수준을 적용할 때 양쪽 부모가 합의한 점을 참작할 수는 있으나, 양쪽 부모의 합의보다는 가해학생의 반성 정도와 피해학생의 수용 정도를 더 중요하게 고려해야 한다.

담임교사가 자체 해결할 수 있는 학교폭력 사안은,

- 가해행위로 인해 피해학생에게 신체 · 정신 또는 재산상의 피해가 있었다고 볼 객관적인 증거가 없을 뿐 아니라,
- 가해학생이 즉시 잘못을 인정하여 피해학생에게 화해를 요청하고, 이에 대해 피해학생이 화해에 응하는 경우에 해당하는 사안이다.
- 그러나 담임교사가 해결을 하지 못하는 경우, 일반적인 절차를 거쳐야 하는 사안으로 처리되어야 한다.

문제 12

둘 이상의 학교에 소속된 학생이 관련된 자치위원회 개최 방안은?

《관련 법령》「학교폭력예방 및 대책에 관한 법률」제12조제1항

학교폭력 피해학생과 가해학생이 각각 다른 학교에 재학 중인 경우 둘 이상의 학교가 공동으로 자치위원회를 개최할 수 있다.

※ 근거 : 법률 제12조(학교폭력대책자치위원회의 설치 · 기능) 및 시행령 제13조

- 또한, 공동 자치위원회를 구성하는 경우에도 법률 제13조제1항에 따라 위원을 구성하여야 하며, 피해학생과 가해학생이 속한 학교에서 공동의 위원을 구성하여야 한다.
- 이 경우 피해학생에 대한 보호조치가 적극적으로 행사될 수 있도록 공동의 위원을 구성하여야 하며, 교육감 보고과정에서 조정될 수 있다.

문제 13 **자치위원회에서 자문위원의 형태로 검사, 변호사, 의사, 경찰관 등 전문가를 참석시킬 수 있는지?**

《관련 법령》 「학교폭력예방 및 대책에 관한 법률」 제13조, 제21조제1 · 2항

자치위원회의 결정에 구체적 타당성을 기하기 위하여 전문가의 판단이 필요한 경우, 위원장의 요청에 의하여 법률 또는 의료 전문가를 자치위원회의 회의에 참석시킬 수 있다.

- 이 경우, 자치위원회를 통해 알게 된 사실은 업무를 수행함으로써 취득한 법령상 비밀에 해당하므로 해당 전문가는 관련 비밀이나 자료를 누설하여서는 안 되며,
- 자치위원회는 해당 전문가에게 사전에 비밀 엄수에 관한 서약서 등을 받아두는 등의 조치를 취해야 한다.

단, 전문가는 자치위원들에게 자문을 제공하는 역할에 한하며, 의사결정과정에 직접적으로 참여할 수 없고,

- 자치위원회의 최종적인 심의는 자치위원에 의해서 이루어져야 한다.

문제 14 **자치위원회가 1차적으로 조치를 결정한 후, 경찰 조사 결과를 참고하여 2차적으로 자치위원회에서 다시 재심사하여 조치를 결정할 수 있는지?**

《관련 법령》 「학교폭력예방 및 대책에 관한 법률」 제16조 · 17조

재심청구를 별도로 규정한 입법 취지에 비추어 동일한 사안에 대하여 2차적으로 조치를 요청하는 것은 사실상 재심과 동일한 효과를 내는 것이므로 허용되지 않는다고 보아야 한다.

- 다만, 경찰 조사 결과 새로운 학교폭력 사안이 발견된 경우에는 새로운 자치위원회의 안건이 발생하였다고 보는 것이 타당하므로 기존 조치와 별개의 조치를 요청하는 자치위원회를 개최할 수 있다.

문제 15 **117신고센터에서 원스톱지원센터 등으로 이송되어 피해학생에 대한 치유 등 조치가 이루어진 경우에도 자치위원회로 통보해야 하는건지? 이 경우 이중혜택이 아닌지? 또한, 이런 경우 자치위원회에서는 해당 조치를 참작하여 아무런 조치를 하지 않을 수 있는지?**

《관련 법령》 「학교폭력예방 및 대책에 관한 법률」 제16조

원스톱지원센터 등에서 피해학생에 대한 조치를 실시한 경우에도, 학교의 장에 통보하여 자치위원회를 개최하도록 해야 한다.

- 이는 피해학생의 소속 학교에서 학교폭력 사안에 대해 파악하고 피해학생이 학교생활에 잘 적응할 수 있도록 지원하고자 하는 데에 그 목적이 있다.
- 또한 피해학생이 학교안전공제회에 보상청구를 하여야 하는 경우 자치위원회의 조치가 근거

가 될 수 있는 바, 자치위원회의 조치는 필요하다.

- 따라서, 이와 같은 자치위원회의 조치는 이중혜택이라 볼 수 없다.

문제 16 **117신고센터에서 경찰청으로 이송되어 가해학생에 대한 조치가 경찰에서 이루어진 경우에도 자치위원회로 통보해야 하는 건지? 이 경우 이중조치가 아닌지? 또한, 이런 경우 자치위원회에서는 경찰의 조치를 참작하여 아무런 조치를 하지 않을 수 있는지?**

《관련 법령》「학교폭력예방 및 대책에 관한 법률」제17조제1항

경찰에서 가해학생에 대한 조치를 실시한 경우에도, 학교의 장에 통보하여 자치위원회를 개최하여야 한다.

- 경찰의 조치와 자치위원회의 조치는 별개의 법적 근거에 기반한 것으로 이중조치가 아니다.
  * 경찰 조치 : 범죄의 처벌을 위한 사법 조치
  * 자치위원회 조치 : 가해학생의 선도 · 교육을 위한 교육적 조치

따라서, 경찰 조치와 별도로 자치위원회는 가해학생에 대한 조치를 결정하여야 한다.

문제 17 **자치위원회는 자치위원회에 회부된 모든 사안에 대하여 법률 제17조제1항에 의한 조치를 반드시 결정하여야 하는지?**

《관련 법령》「학교폭력예방 및 대책에 관한 법률」제17조제1항

「학교폭력예방 및 대책에 관한 법률」제17조 개정(2012. 3. 21)으로 인하여 가해학생에 대한 조치는 반드시 이루어져야 하는 것이 원칙이며,

- 이는 학교폭력 사안에 대하여 가해학생에 대한 선도 · 교육이 적절히 조치되도록 하기 위함이다.

다만, 가해학생에 대한 조치는 학교폭력 발생 시 피해학생의 보호와 가해학생의 선도 · 교육을 위하여 이루어지는 것이므로,

- 허위신고나 학교폭력에 이르지 않는 사안 등 피해학생 보호나 가해학생의 선도 · 교육을 요하지 않는 경우에는 조치하지 않을 수 있다.
- 이 경우, 회의록 등에 명확한 근거를 기재하여 누가 보더라도 보편타당하고 명백한 결과를 도출할 수 있도록 하여야 한다.

문제 18 **가해학생이 자치위원회 개최 또는 학교장의 조치가 행해지기 전에 다른 학교로 전학을 가는 경우 조치방안은?**

《관련 법령》「학교폭력예방 및 대책에 관한 법률」제12조제1항

가해학생(또는 가해학생으로 보이는 학생을 포함)이 자치위원회 개최 이전에 다른 학교로의 전학 절차(거주지 이전 등)를 진행하는 경우,

- 가해학생이 전학 가기 전 소속학교(이하 '원 소속교')에서는 재학증명서, 학생생활기록부 등 전학에 필요한 서류의 발급을 보류하고 자치위원회를 개최하여 가해학생에 대한 조치를 실시하여야 한다.
  - 원 소속교에서는 가해학생에 대한 조치 및 특별교육(법 제17조제3항)과 학생생활기록부 기재를 완료한 후 재학증명서 발급 등 전학에 필요한 절차를 진행해야 한다.
- 아울러 교육지원청 또는 시도교육청에서도 전학 신청이 학교폭력 관련 조치를 회피하기 위한 것임을 인지한 경우에는
  - 원 소속교의 조치가 완료되는 시점까지 서류 검토, 학교 배정 등 전학 관련 절차의 진행을 보류하여야 한다.

학교에서 학교폭력 사안을 인지하기 이전에 가해학생이 이미 전학을 간 경우에는

- 학교폭력 피해학생과 가해학생이 각각 다른 학교에 재학 중인 경우에 해당하므로
  - 법률 제12조에 따라 교육감의 보고를 거쳐 둘 이상의 학교가 공동으로 자치위원회를 개최할 수 있다.

문제 19

중도 탈락학생이나 휴학생이 가해자일 경우에 조치할 수 있는지와 추후 복학할 경우 학교생활기록부에 기재해야 하는지 여부? 《관련 법령》「학교폭력예방 및 대책에 관한 법률」제17조제1항

제적 및 퇴학 조치된 학생에 대하여는 해당 학교의 학생이 아니므로 경찰에 신고하여 처리하고, 자치위원회의 조치는 불요한다.

- 다만, 휴학생의 경우에는 제적되거나 퇴학 조치된 학생이 아닌 이상 여전히 학생 신분을 유지하므로, 자치위원회를 열어 조치하고 학교생활기록부에 관련 내용을 기재하여야 한다.
- 학교는 휴학생과 그 보호자가 자치위원회에 참석할 수 있도록 출석요청서를 등기우편으로 보내는 등 충분히 안내가 되도록 노력하여야 한다.

문제 20

법률 제17조의 가해학생에 대한 조치내용은 2012년 4월 1일부터 시행되는데, 동 조항이 적용되는 학교폭력 사안의 발생 시점은? 《관련 법령》「학교폭력예방 및 대책에 관한 법률」제17조제1항

법률 제17조의 가해학생에 대한 조치는 대부분의 조항이 개정 전 조치보다 가중된 내용에 해당되므로,

- 2012년 4월 1일 이후 발생한 학교폭력 사안부터 적용된다.

문제 21 **2012년 4월 1일 이전에 발생한 학교폭력을 2012년 4월 1일 이후 자치위원회를 개최할 경우, 신법을 적용하여 가해학생에게 10일을 초과하여 출석정지를 부과할 수 있는지?**

《관련 법령》「학교폭력예방 및 대책에 관한 법률」 제17조

가해학생에 대한 조치 중 법률 제17조제1항제6호는 2012년 4월 1일 가해학생에 대한 출석정지기간을 10일 이내로 제한하던 것을 학교폭력 사안의 경중 및 가해학생의 상황 등을 고려하여 무제한으로 적용할 수 있도록 개정하였다.

- 이는 2012년 4월 1일 이후 발생한 학교폭력 사안에 적용하므로, 그 이전에 발생한 학교폭력 가해학생에게 적용할 수 없다.

문제 22 **자치위원회에서 전학조건부 유예 결정을 하고, 전학을 가면 불처분하는 등 조건부 유예 조치가 가능한지 여부?**

《관련 법령》「학교폭력예방 및 대책에 관한 법률」 제17조

법률 제17조제1항에 의거하여 가해학생의 가해사실 등이 확인된 경우에는 반드시 제17조제1항의 조치가 이루어져야 하며, 조건부 유예조치는 법적 근거가 없으므로 불가능하다.

- 또한, 학생이 자치위원회 결정 이전에 자발적으로 전학을 가더라도 이는 자치위원회의 조치와 무관하게 이루어지는 것이므로, 전학 유무와 관계없이 자치위원회는 필수적으로 학교장에게 조치를 요청해야 한다.

문제 23 **학교폭력 피해학생의 심리상담 및 조언, 일시보호, 치료 및 치료를 위한 요양을 위한 선치료 지원을 규정한 법률 제16조(피해학생의 보호)제6항의 적용시기는?**

《관련 법령》「학교폭력예방 및 대책에 관한 법률」 제16조제6항

법률 제16조(피해학생의 보호)제6항은 2012년 4월 1일부터 시행 · 적용된다.

- 부칙 제2조(경과규정)에 따라, 학교폭력 발생 시점과 관계없이 관련법 시행 당시 치료 등을 받고 있는 사람부터 적용된다.

문제 24 **자치위원회의 요청에 따라 가해학생에 대한 전학조치 시 학교배정방법은?**

《관련 법령》「학교폭력예방 및 대책에 관한 법률」 제17조 및 동법 시행령 제20조

학교장은 자치위원회에서 '전학'조치를 받은 학생의 명단을 시 · 도교육감(고등학생) 또는 교육장(초 · 중학생)에게 통보하고, 시 · 도교육감 또는 교육장은 학교구 또는 행정구역과 관계없이 피해학생 보호에 충분한 거리를 두어 전학 조치를 실시한다(가해학생 학부모 동의 불요).

- 이후, 가해학생이 다시 피해학생이 있는 학교로 재전학을 할 수 없다.

※ 근거 : 법률 제17조제1항, 시행령 제20조

시 · 도교육청에서 지역여건 및 실정에 맞게 가해학생의 전학조치에 관한 기준을 마련하여 운영하는 것을 권장한다.

문제 25 **법률 제17조제3항에서는 가해학생은 '교육감이 정한 기관'에서 특별교육 이수 또는 심리치료를 받도록 하고 있다. 여기에서 '교육감이 정한 기관'의 요건은?**

《관련 법령》「학교폭력예방 및 대책에 관한 법률」제17조제3항

특별교육기관 또는 심리치료기관은 교육감이 지정하도록 하고 있으므로, 시 · 도교육청별 여건과 실정에 따라 전문인력, 시설, 교육 프로그램 등의 지정요건을 정할 수 있다.

문제 26 **법률 제17조제1항제5호의 개별조치로서의 특별교육과 제3항의 규정에 의해 부과되는 조치로서의 특별교육의 차이는?**

《관련 법령》「학교폭력예방 및 대책에 관한 법률」제17조

개별조치로서의 특별교육 : 대안교육 지정 위탁 프로그램처럼 사회봉사 등으로는 해결하기 어려운 가해학생의 행동변화를 위한 조치이다.

법률 제17조제3항의 조치로서의 특별교육 : 가해학생에 대한 조치와 함께 교육적 조치로 부과되는 것으로 자신을 이해하고 변화하는 데 도움을 주는, 개개인에게 맞는 맞춤형 교육적 프로그램을 의미한다.

- 학교는 교육감에 미리 특별교육기관으로 지정받은 경우, 법률 제17조제3항의 조치로서의 특별교육을 학교 내에서 시행할 수 있다.

문제 27 **법률 제17조에 규정된 가해학생에 대한 조치사항은 2012년 3월 1일부터 생활기록부에 입력하도록 하였는데 적용시점은?**

「학교생활기록 작성 및 관리지침」, 교육과학기술부 훈령 제239호
《관련 법령》「학교생활기록 작성 및 관리지침」제7조제3항, 제8조제4항, 제16조제2항

법률 제17조의 가해학생에 대한 조치는 대부분의 조항이 개정 전 조치보다 가중된 내용에 해당되므로,

- 2012년 3월 1일 이후 발생한 학교폭력 사안부터 적용하여 학교생활기록부에 입력한다.

문제 28

학교폭력 조치사항이 학적에 5년 동안 기록되는데, 이후 자동삭제되는지 여부?

《관련 법령》 「학교생활기록 작성 및 관리지침」 제18조

학교폭력 조치사항이 기록되는 학교생활기록부Ⅱ는 초 · 중학교의 경우 5년 동안 학교에서 보존 · 관리하고 이후 삭제하도록 하고 있다.

- 고등학교는 대학입학 전형자료로 사용할 수 있도록 5년간 추가(총 10년) 보존한 후 폐기처분한다.

  ※ 단, 고등학교 5년간 추가 보존에 관한 사항은 2012년 6월 훈령 개정을 통해 삭제된다.

문제 29

학교폭력 관련 전문인력*과 교육 프로그램이 있는 학교 내 Wee 클래스를 가해학생을 대상으로 하는 특별교육기관으로 지정할 수 있는지 여부?

《관련 법령》 「학교폭력예방 및 대책에 관한 법률」 제17조제3항

전문인력, 시설, 교육 프로그램 등에 대하여 일정한 지정 요건을 충족한다고 교육감이 인정하면 학교 내 Wee 클래스에서 특별교육을 시행하는 것이 가능하다.

* 학교폭력 책임교사, 전문상담교사, 외부전문인력, 외부전문단체 네트워킹 등

문제 30

법률 제17조제3항에서는 교내봉사, 사회봉사 조치를 받은 가해학생은 특별교육 또는 심리치료를 받도록 하고 있는데, 이 경우 교내 · 사회봉사시간에 특별교육을 이수할 수 있는지 여부와 출석처리방법은?

《관련 법령》 「학교폭력예방 및 대책에 관한 법률」 제17조

교내 · 사회봉사시간과 특별교육은 별도의 선도 · 교육적 목적을 지닌 조치이므로 이수시간은 각각 운영 · 관리되어야 한다.

법률 제17조제8항에 따라 교내 · 사회봉사와 관련된 결석은 학교의 장이 인정하는 경우에는 출석인정을 할 수 있으며

- 교내 · 사회봉사활동은 선도 · 교육을 위한 조치이므로 가해학생일지라도 학습권을 최대한 보호할 수 있도록 조치되어야 한다.

생활기록부 기재요령(2012. 3)에서 교내 · 사회봉사활동은 시간 단위로 입력하도록 하고 있으며, 이 경우 봉사활동 인정시간은 1일 8시간 이내로 인정할 수 있다.

※ 하루 중 봉사활동 인정시간은 원칙적으로 수업 참여시간이 6교시면 2시간, 4교시면 4시간, 휴업일(공휴일)이면 8시간 이내로 인정한다.

문제 31 **출석정지 기간에 특별교육 이수를 인정할 수 있는지 여부?**

《관련 법령》 「학교폭력예방 및 대책에 관한 법률」 제17조

출석정지 기간에 특별교육을 이수할 수 있으며, 특별교육 이수시간을 별도로 인정할 수 있다.

- 이 경우, 특별교육 이수시간을 출석일수에 산입할 수 있는지가 문제가 되는데, 출석정지의 조치 취지에 부합할 수 있도록 출석정지 기간 중의 특별교육 이수는 무단결석으로 처리하는 것이 타당하다.

문제 32 **법률 제17조제4항에 따라 중대한 사안으로 판단하여 학교의 장이 출석정지 조치를 한 후 학교의 Wee 클래스나 상담실에서 특별교육을 받은 경우, 해당 특별교육기간을 자치위원회의 심의결과에 따라 조치요청한 특별교육기간에 포함할 수 있는지 여부?**

《관련 법령》 「학교폭력예방 및 대책에 관한 법률」 제17조제4항

학교장의 사전 긴급 조치(법률 제17조제4항)와 자치위원회의 조치(법률 제17조 제1항)는 목적 및 성격이 다르므로 별개의 조치로 보아야 한다.

- 학교장의 사전 긴급 조치는 학교폭력 사안이 심각하거나 피해학생의 긴급한 보호 등의 목적으로 자치위원회 개최 이전까지의 조치를 목적으로 하며, 자치위원회의 조치는 피해학생 보호 및 가해학생의 선도 · 교육을 목적으로 종국적으로 결정되는 조치이다.
- 따라서, 별도의 의사 표시 없이 사전 긴급 조치가 자치위원회의 조치로 인정받지 아니한다. 다만, 자치위원회에서 조치를 학교장에게 요청할 때, 사전 긴급 조치내용을 감안하여 조치할 수 있다.

  [예] 학교폭력 사안에 비추어 출석정지 10일이 필요하나, 자치위원회 개최 이전 출석정지 7일을 부과받은 점을 감안하여 출석정지 3일을 요청함
- 또한, 학교생활기록부에는 자치위원회의 추인을 받은 긴급조치와 자치위원회의 결정에 의한 조치를 모두 기록하여야 한다.

문제 33 **「학교폭력예방 및 대책에 관한 법률」 제17조제7항에 가해학생이 조치를 거부할 경우 「초 · 중등교육법」 제18조에 따라 징계하여야 한다고 되어 있는데, 여기서 출석정지의 처분기간은?**

《관련 법령》 「학교폭력예방 및 대책에 관한 법률」 제17조제7항

법률 제7항에서 동법 제4항의 조치를 거부하거나 회피하는 때에는 「초·중등교육법」 제18조에 선도위원회에서 징계할 수 있으며, 이 경우 「초 · 중등교육법 시행령」 제31조에 따라 1회 10일 이내, 연간 30일 이내의 범위 내에서 출석정지가 가능하다.

문제 34 **학교폭력대책자치위원회에서 피해학생 및 가해학생에 대한 조치를 요청하는 경우 학교에서 해당 학생에게 통보하는 방법은?**

《관련 법령》 「행정절차법」 제24조, 제26조

자치위원회에서 학교의 장에게 「학교폭력예방 및 대책에 관한 법률」 제16조제1항 및 제17조제1항에 의거 피해 · 가해학생에 대한 조치를 요청한 경우 7일 이내(피해학생 조치), 14일 이내(가해학생 조치)에 학교의 장은 조치를 해야 한다.

- 이 경우, 학교의 장의 조치는 처분에 해당하므로 「행정절차법」 제24조 및 제26조에 의거 반드시 학교명, 담당자의 소속, 성명과 연락처가 기재된 문서로 하여야 하며, 재심청구 절차 및 시기 등 불복 수단에 대해 기재하여야 한다.

피해학생에게는 피해학생의 재심청구권을 보장하기 위하여 피해학생에 대한 조치와 가해학생에 대한 조치를 모두 기재하여 발송하는 것을 권장한다.

- 학교장의 조치를 받은 날로부터 15일이 되는 날을 기재하고 지역위원회에 재심을 청구할 수 있음을 명시한다.

가해학생에게는 가해학생에 대한 조치를 기재하고, 보호자의 특별교육 이수가 필요한 경우 보호자 특별교육의 시간, 장소 등을 병기하여 발송한다.

- 또한, 전학 또는 퇴학 조치를 하는 경우 학교장의 조치를 받은 날로부터 15일이 되는 날을 기재하고 시 · 도학생징계조정위원회에 재심을 청구할 수 있음을 명시한다.

또한, 피해 · 가해학생 모두에게 행정심판 및 행정소송을 제기할 수 있음을 알려야 한다.

문제 35 **학교폭력대책자치위원회 회의록 공개 범위는?**

《관련 법령》 「학교폭력예방 및 대책에 관한 법률」 제21조제3항

「학교폭력예방 및 대책에 관한 법률」 제21조(비밀누설금지 등)제3항에서는 "피해학생 · 가해학생 또는 그 보호자가 회의록의 열람 · 복사 등 회의록 공개를 신청한 때에는 학생과 그 가족의 성명, 주민등록번호 및 주소, 위원의 성명 등 개인정보에 관한 사항을 제외하고 공개하여야 한다."라고 하고 있으며,

- 「개인정보보호법」 제2조(정의)에서는 "개인정보란 살아 있는 개인에 관한 정보로서 성명, 주민등록번호 및 영상 등을 통하여 개인을 알아볼 수 있는 정보(해당 정보만으로는 특정 개인을 알아볼 수 없더라도 다른 정보와 쉽게 결합하여 알아볼 수 있는 것을 포함한다)"라고 되어 있다.

따라서, 개인정보란 학생과 그 가족의 성명, 주민등록번호 및 주소, 위원의 성명뿐만 아니라 다른 정보와 쉽게 결합하여 특정 개인을 알아볼 수 있는 정보가 포함된다 할 수 있으므로, 개인정보처

리자인 단위학교에서 회의록을 공개할 때에는 공개내용이 개인정보가 침해되지 않는지 여부를 판단하여 개인정보가 침해되지 않는 범위 내에서 공개하여야 한다.

또한, 공개되는 자치위원회 회의록의 대상은 학교가 보유하는 전체 회의록이 해당되며, 법률 개정(2011. 5. 19) 이전 회의록을 포함한다.

문제 36 **학교폭력대책자치위원회 회의록을 피해 · 가해학생 측에서 공개받은 경우, 이를 언론 등 외부로 유출하는 것이 가능한지?** 《관련 법령》「학교폭력예방 및 대책에 관한 법률」제21조제3항

법률 제21조제3항에 의거 자치위원회의 회의록은 비공개가 원칙이나 피해 · 가해학생이 요청하는 경우에 한하여 회의록을 열람 · 복사받을 수 있다.

- 이 경우, 개인정보에 관한 사항은 제외하고 공개하여야 하며, 피해 · 가해학생은 관계 법령의 입법 취지에 비추어 해당 회의록을 자신의 적법한 권리행사(민 · 형사상 조치)를 위해 사용하여야 한다.

문제 37 **법률 제17조의2(재심청구)제1항에 근거한 피해학생(또는 그 보호자)의 재심청구 기관 및 심사절차, 결정통보 등의 방법은?** 《관련 법령》「학교폭력예방 및 대책에 관한 법률」제17조의2제1항

피해학생 또는 그 보호자(이하 "피해학생 등")는 시 · 도에 설치된 학교폭력대책지역위원회에 서면으로 재심을 청구하여야 한다.

※ 근거 : 「학교폭력 예방 및 대책에 관한 법률 시행령」 제24조

- 지역위원회가 재심청구를 받은 때에는 30일 이내에 이를 심사 · 결정하여 청구인에게 통보하도록 하고 있다(법률 제17조제3항).

피해학생 등이 재심을 청구한 경우, 지역위원회는 최종적인 심사 및 결정을 하여 결정의 취지와 내용을 적어 청구인과 가해학생에게 서면으로 통보하고, 학교의 장에게 지역위원회의 결정에 따라 조치를 할 것을 요청하여야 한다.

- 또한, 지역위원회는 실무위원회를 통하여 재심청구에 관한 접수, 심사 및 결정에 관련한 실무작업을 수행하도록 할 수 있다.

문제 38 **법률 제17조의2(재심청구)제1항에 근거한 가해학생에 대한 조치에 대하여 피해학생(또는 그 보호자)이 이의가 있을 때 재심청구가 가능한 시기는?**

《관련 법령》「학교폭력예방 및 대책에 관한 법률」제17조의2제1항

법률 제17조의2(재심청구)제1항은 피해학생 또는 그 보호자가 그 조치를 받은 날로부터 15일 이

내, 그 조치가 있음을 안 날로부터 10일 이내에 청구할 수 있다.

- "조치를 받은 날"은 학교의 장이 자치위원회의 요청에 따른 조치를 시행하는 문서가 해당 학생에게 도달된 날부터 기산하며,
  - 기간의 초일은 불산입(민법 제157조)하며, 예컨대 6월 7일에 조치를 받은 경우, 6월 22일까지 재심청구 가능

> 행정업무의 효율적 운영에 관한 규정(대통령령)
>
> – 제6조(문서의 성립 및 효력 발생)
>
> ① 문서는 결재권자가 해당 문서에 서명(전자이미지서명, 전자문자서명 및 행정전자서명을 포함한다. 이하 같다)의 방식으로 결재함으로써 성립한다.
>
> ② 문서는 수신자에게 도달(전자문서의 경우는 수신자가 관리하거나 지정한 전자적 시스템 등에 입력되는 것을 말한다)됨으로써 효력을 발생한다.

- "조치가 있음을 안 날"은 관련 학생이 현실적으로 처분이 있었음을 안 날을 의미한다.

문제 39 **피해학생이 가해학생 조치에 대한 이의가 있을 경우의 재심청구를 하였을 경우, 자치위원회의 심의 결과보다 가벼운 조치를 할 수 있는지?**

《관련 법령》「학교폭력예방 및 대책에 관한 법률」제17조의2제1항

학교폭력대책지역위원회는 재심사 결정 시 법률 제16조제1항 각 호와 제17조제1항 각 호의 어느 하나에 해당하는 조치(수 개의 조치를 병과하는 경우를 포함)를 할 것을 해당 학교의 장에게 요청할 수 있다.

- 다만, 재심은 원칙적으로 피해학생이 청구한 범위 내에서 심사가 이루어져야 하며, 자치위원회의 결정을 존중해야 하므로,
- 지역위원회는 피해학생이 재심청구를 한 경우, 자치위원회의 심의 결과보다 가벼운 조치를 할 수 없고,
- 피해학생의 청구한 바와 같이 보다 가중된 조치를 할 수 있는지 여부만을 심사하여, 가중 사유가 있는 경우에 그에 해당하는 조치를 학교장에게 요청하여야 한다.

[예] 피해학생이 출석정지 조치를 받은 가해학생에게 전학 조치를 해줄 것을 재심청구한 경우에,

① 전학 조치를 요청할 사유가 있는 경우 전학을 요청하고,

② 출석정지 조치보다 가벼운 조치가 필요하다고 판단되는 경우에라도, 출석정지보다 가벼운 조치를 요청할 수는 없다.

문제 40 **가해학생 조치에 대한 이의가 있어 피해학생(또는 학부모)이 지역위원회에 재심을 요청한 경우 가해학생에게 지역위원회에서의 진술기회를 부여해야 하는지 여부?**

《관련 법령》「학교폭력예방 및 대책에 관한 법률」제17조의2제1항 및 동법 시행령 제24조

법률 시행령 제24조(피해학생 재심청구 및 심사 절차 및 결정 통보 등)는 청구인, 가해학생 및 보호자 또는 관련 교원 등을 출석하여 진술하게 할 수 있다고 규정되어 있다.

- 또한, 재심절차에 의하여 가해학생에 대한 조치가 변경될 가능성이 있다는 점에서 가해학생 및 그 학부모에게 의견 진술의 기회를 되도록 부여하도록 권장한다.

문제 41 **가해학생이 전학 또는 퇴학 이외의 자치위원회의 결정에 대하여 재심을 청구하고자 할 때의 방법과 절차는?**

《관련 법령》「학교폭력예방 및 대책에 관한 법률」제17조의2제2항

가해학생에 대해 전학 또는 퇴학 이외의 조치가 부과된 경우, 관계 법령에 재심청구에 관한 명시적 규정이 없으므로 지역위에 의한 재심이나 자치위원회의 재개최를 통한 재심은 허용되지 않는다.

- 전학 또는 퇴학 조치에 대해 재심청구를 보장한 취지는 가해학생의 전학 또는 퇴학 조치가 가해학생의 신분 변동에 영향을 크게 미치기 때문에 조치에 신중을 기한다는 의미이다.

문제 42 **시행령 제22조의 가해학생의 조치 거부 · 기피에 대한 자치위원회의 추가조치는 재심의를 의미하는지?**

《관련 법령》「학교폭력예방 및 대책에 관한 법률」제17조제11항

가해학생이 자치위원회의 조치결과를 거부하거나 기피하는 경우에 대한 최초의 조치결과에 추가 조치를 병과하기 위한 것이며, 재심의라 할 수 없다.

문제 43 **학교폭력 가해학생 조치에 대하여 불만과 이의가 있을 경우, 자치위원회에서 재심의가 가능한가?**

《관련 법령》「학교폭력예방 및 대책에 관한 법률」제13조제2항, 제17조제1항

「학교폭력예방 및 대책에 관한 법률」에서 자치위원회의 재심의 제도는 없다.

- 그러나 새로운 증거가 나타난 경우 등과 같이 가해학생 조치에 대하여 불만이 있는 경우에는 법률 제13조제2항의 각호에 해당하는 경우, 심의를 요청할 수 있고 이는 사건은 동일하되 안건은 전혀 다른 안건이므로 자치위원회의 심의절차를 거치면 된다.
- 다만, 가해학생이 요청하는 경우는 규정이 없으므로 법률 제13조제2항의 제6호(그 밖에 위원장이 필요하다고 인정하는 경우)에 해당하는 경우에만 자치위원회의 심의가 가능할 것이다.

[예] 2012년 6월 1일자 갑이 을에 행한 폭력사건에 대하여 피해학생 을이 요청한 안건(A안건)을 2012년 7월 1일 심의한 결과에 대하여 가해학생 갑이 새로운 증거를 발견하고 2012년

8월 1일 심의를 요청한 경우(B안건) 사건은 동일하나 안건은 새로운 안건이므로 위원장이 필요하다고 인정하는 경우 새롭게 심의를 할 수 있다.

문제 44

「초 · 중등교육법 시행령」에는 학생의 전학조치에 대하여 시 · 도학생징계조정위원회에 재심을 청구할 수 있는 근거가 없는데, 가해학생의 전학조치에 대하여 시 · 도학생징계조정위원회에 재심을 청구할 수 있는 근거는? 《관련 법령》「학교폭력예방 및 대책에 관한 법률 제17조의2제2항

법률 제17조제1항에 따른 가해학생 전학조치에 대한 가해학생(또는 학부모)의 시·도학생징계조정위원회 재심요청은 「학교폭력예방 및 대책에 관한 법률」 제17조의2(재심청구)제2항에 근거하여 재심청구를 할 수 있다.

문제 45

가해학생에 대한 전학 또는 퇴학조치에 대하여 징계조정위원회에 재심이 청구되었을 때, 결과가 나올 때까지 학생은 어떻게 처리하는지?

《관련 법령》「학교폭력예방 및 대책에 관한 법률」제17조의2제2항

가해학생 조치결과인 전학 또는 퇴학에 대하여 재심이 청구되었을 때, 결과가 나올 때까지 전학 또는 퇴학 조치를 유보해야 한다.
다만, 피해학생에 대한 보호조치를 철저히 하여야 하므로,

- 결과가 나올 때까지 해당 가해학생을 대안교육 위탁기관에 위탁하는 등의 조치를 해야 할 것이다.

문제 46

가해학생이 특별교육을 이수할 경우 해당 학생의 보호자에 대한 교육 이수시간 및 교육방법은?

《관련 법령》「학교폭력예방 및 대책에 관한 법률」제17조제9항

- 학교폭력 피해 및 가해학생 학부모 교육지원 운영지침(안)을 참고한다. (학교폭력근절팀-2241, 2012. 3. 14)

가해학생 보호자(학부모) 특별교육 운영

① 교육 원칙

- 기관 특성 · 폭력사안의 유형 등을 고려하여 다양한 교육 프로그램 마련
- 보호자들의 특별교육 참가율 제고를 위하여 주말, 야간교육 개설 권장

② 교육내용

- 학교폭력 전반적 이해를 통한 예방 및 대처방안
- 가해행위를 하는 학생의 심리상태 파악
- 바람직한 학부모상 등 자녀 이해교육법

③ 특별교육 인정 기준

교육 대상 처분	이수시간	교육 운영	비 고
보복행위 금지, 학교봉사, 사회봉사	4시간 이내	교육감 지정기관 프로그램 중 일반 학부모교육과 통합 가능	이수증 제출 대체
특별교육, 출석정지, 학급교체, 전학	5시간 이상	교육감 지정기관 가해학생 학부모 별도 과정 이수	학부모 · 학생 공동교육 가능

* 학부모지원센터(교과부 · 평생교육진흥원), 청소년비행예방센터(법무부), 한국청소년상담원(여가부), 평생교육센터(지자체) 등 부처 산하기관, 대안 교육기관, 학교폭력 관련 시민단체(청소년폭력예방재단, 평화여성회 등) 등의 다양한 프로그램 활용

【참고 : 법무부 보호자교육 운영 현황】

- 대상 : 소년원 및 비행예방센터에서 수용 · 교육하고 있는 소년 보호자
- 실시기관(2011년 이수자 수) : 소년원(5,815명), 비행예방센터(1,683명)
- 교육내용 : 소년보호처분에 대한 안내, 부모교육(신뢰감 형성하기, 가족탐색, 갈등해결, 희망열기) 등 7시간 내외 교육 실시

문제 47 **학부모의 부재 또는 이수능력 부족 등으로 가해학생 학부모 특별교육을 이수할 수 없을 시 대처 방안은?**

《관련 법령》「학교폭력예방 및 대책에 관한 법률」제17조제9항

학교장은 가해학생 특별교육 이수조치를 결정한 경우, 교육감이 지정한 기관에서 그 학생의 보호자도 특별교육을 이수하도록 통보하고 적극 안내하여야 한다.

- 여기서 보호자란 친권자 · 후견인이나 그 밖에 법률에 따라 학생을 부양할 의무가 있는 자까지 포함하고 있다.

학부모가 특별교육에 불응할 경우, 학교장은 법률에 의하여 과태료가 부과됨을 안내하고 특별교육을 이수할 것을 재통보하여야 한다.

시·도교육청에서 가해학생 보호자가 거동이 불편한 경우 등 지정기관에 출석할 수 없는 상황이 명백한 경우,

- 담임교사 · 상담교사 등 학교장이 지정하는 교사나 Wee 센터의 전문상담사 등이 보호자를 방문하여 상담하는 것도 특별교육 이수의 형태로 인정할 수 있도록 하는 등 적극적인 조치를 취할 것을 권장한다.

문제 48 가해학생 보호자가 특별교육을 이수하지 않았을 경우 과태료 부과 및 징수의 주체, 절차는?

《관련 법령》「학교폭력예방 및 대책에 관한 법률」제17조제9항, 제22조제2항

학교장은 가해학생 특별교육 이수조치를 결정한 경우, 교육감이 지정한 기관에서 그 학생의 보호자도 특별교육을 이수하도록 통보한다.

- 보호자가 특별교육에 불응할 경우, 학교장은 법률에 의하여 과태료가 부과됨을 안내하고 특별교육을 이수할 것을 재통보한다.

  ※ 근거 : 법률 제17조제9항, 제22조제2항

재통보 시에도 불응하는 경우 시 · 도교육감은 해당 보호자에게 과태료 부과내용을 통지하고 부과 절차를 진행한다.

- 과태료의 부과 · 징수, 재판 및 집행 등에 관한 절차에 대하여는「질서위반행위규제법」에 의하여 처리한다.

CHAPTER 03

학교폭력 관련 정책

1. 학교폭력근절 종합대책　　2. 현장 중심 학교폭력대책

C H A P T E R

03 학교폭력 관련 정책

학교폭력은 우리 사회가 추방 · 근절해야 하는 대표적인 사회악으로 지목되고 있다. 이에 정부는 학교폭력문제를 학교에만 맡겨둘 것이 아니라, 우리 사회 전체가 함께 나서서 해결한다고 보고, 관계부처합동으로 2012년 '학교폭력근절 종합대책'과 2013년 '현장 중심 학교폭력대책'을 발표했다.

이 장에서는 '학교폭력근절 종합대책'(2012, 관계부처합동)과 '현장 중심 학교폭력대책'(2013, 관계부처합동)을 살펴보기 위해 이들 두 가지 대책을 발췌 · 요약하고자 한다.

1. 학교폭력근절 종합대책

학교폭력근절 종합대책은 2012년 학교폭력의 특징과 원인을 진단하고 학교폭력 관련 기존 대책 및 제도의 한계에 대한 분석(Box 참조)을 기초로 해서 제시되었다. 학교폭력근절 종합대책은 네 가지 직접대책과 세 가지 근본대책, 즉 '학교폭력근절 7대 실천정책'으로 구성되어 있다. 여기서 직접대책이란 '사소한 괴롭힘도 범죄'라는 인식하에 철저히 대응하기 위한 대책이고, 근본대책이란 학교–가정–사회가 함께 인성교육을 실천하기 위한 대책을 말한다.

BOX 3-1 | 학교폭력 관련 기존 대책 및 제도의 한계

그동안 학교폭력이 사회문제로 대두될 때마다 정부는 학교폭력 방지를 위한 여러 가지 대책을 내 놓았다. 20여 년 전, 1995년 교육과학기술부 · 검찰청 · 경찰청 등 관계 부처별로 '학교폭력근절 종합대책'을 발표한 후 정부를 비롯한 시민사회단체도 학교폭력 예방 및 추방을 위한 노력이 이어졌다. 2004년에는 「학교폭력예방 및 대책에 관한 법률」을 제정 · 시행하기에 이르렀고, 제정된 법률에 근거하여 '학교폭력 예방 및 대책 5개년 기본계획'을 2005년과 2010년 두 차례에 걸쳐 수립하여 운영하게 되었다. 2차 기본계획이 추진 중이었던 2011년 말 대구 중학생 자살사건을 계기로 피해학생의 보호와 가해학생에 대한 신속한 처리를 보다 강화하는 등의 「학교폭력예방 및 대책에 관한 법률」 개정과 아울러 관계부처 합동의 '학교폭력근절 종합대책'이 2012년 발표되었다.

2012년 '학교폭력근절 종합대책'에서는 최근 학교폭력의 특징과 원인을 진단하고 학교폭력 관련 기존 대책 및 제도의 한계에 대한 분석을 기초로 해서 학교폭력근절 7대 실천 정책이 제시되었다. 학교폭력 관련 기존 대책 및 제도의 한계들을 다음 여섯 가지로 정리하였다.

- 인성교육의 소홀이다. 학교급별 교육목표에 인성 함양 요소가 연계되어 있지 못해 학생 발달 단계별 인성교육 실천에 한계가 있고, 또한 타인과 의사소통하고 감정에 공감하며 갈등을 해결할 수 있는 실천체험 중심의 교육이 부족하다. 정책적으로도 이를 뒷받침하지 못해 인성교육 등 생활지도에 역점을 두는 교사에 대한 우대책(예 : 수석교사나 학습연구년 대상 교사 선발, 각종 시상, 교감 · 교장 승진 등)이 미흡하다.
- 학교폭력에 대한 신고와 조사 처리과정에 문제가 있다. 교육과학기술부의 1588-7179, 여성가족부의 1388, 경찰청의 117 등 신고전화가 산재하고, 경찰청, 시 · 도교육청, 학교 간 학교폭력 가해학생 인적 사항, 폭력내용 등에 대한 정보 공유체제가 부재하여 가해학생에 대한 조치와 피해학생 보호에 한계가 있다.
- 「학교폭력예방 및 대책에 관한 법률」상 조치의 구속력이 미흡해서 '폭력=범죄'라는 인식이 부재하고, 피해학생 보호에도 한계가 있다. 처벌이 미약한 가해학생에 대해 보다 강화된 조치가 필요하고, 피해학생에 대해서도 신체적 · 정신적 치료를 위한 즉각적인 보상체계가 미흡하다.
- 학교폭력 사안에 대한 교사의 권한과 역할이 부족하여 개입에 어려움이 많다. 학교폭력과 관련하여 교사가 개입할 수 있는 실효성 있는 권한이 부족하다. 경찰에 신고 · 고소된 사안은 수사 개시를 이유로, 법원에 넘겨진 사건은 재판 중이라는 이유로 학교 개입이 어려운 실정이다. 즉, 학교에서 일어난 학교폭력문제가 학교와는 별개로 처리되는 모순이 있다.

- 규칙을 준수하는 학교문화가 정립되어 있지 못하다. 학교에서 타인을 배려하고 법과 질서를 존중하는 민주시민의 준법정신을 체득할 수 있는 교육이 미흡하다. 특히, 우리나라 초등학생을 대상으로 '교실에서 사회생활에 필요한 규칙을 배우고 실천한다'는 인성교육은 다른 나라에 비해 월등히 뒤지고 있다(오상철 외, 2007).
- 학교폭력을 유발하는 환경에 대한 견제와 감시 장치가 미비하다. 인터넷, SNS, 폭력 만화, 음란 동영상, 온라인 게임 등은 유해한 정보가 많거나 중독에 빠져들게 하거나 학교폭력에 활용될 수 있는 교육의 역기능적 요소가 매우 많다. 그러나 이에 대한 규제 대책이 미흡하다.

1) 직접 대책

학교폭력근절 7대 실천정책 가운데 다음 네 가지 직접대책은 '사소한 괴롭힘도 범죄'라는 인식하에 학교폭력에 철저히 대응하기 위한 대책이며, 그 과제는 다음과 같다.

(1) 학교장과 교사의 역할 및 책임 강화

- 학교장과 교사가 학교폭력근절의 중심에 설 수 있도록 학교폭력 대응에 대한 학교장과 담임교사의 권한과 책무성 강화
- 변화하는 학교폭력의 양상을 정확히 파악하고 적기 대응할 수 있도록 교원의 생활지도 역량 강화 지원

① 학교장의 역할 및 책무성 강화

| 가해학생 즉시 조치 | 학교폭력이 발생한 경우 피해학생을 가해학생으로부터 보호할 필요가 있을 때, 학교장은 가해학생에 대해 즉시 출석정지 조치를 실시한다.

|학교폭력대책자치위원회 운영 활성화 | 사안 발생 시 수시로 개최하되, 분기별로 1회 정기 개최하여 학내 폭력 실태를 점검하고 교육 방안을 논의한다.

| 학교폭력 은폐 시 엄중 조치 | 학교에서 학교폭력을 은폐하려는 사실이 발각된 경우, 학교장 및 관련 교원에 대해 4대 비위(금품수수, 성적 조작, 성폭력범죄, 신체적 폭력) 수준에서 징계한다.

② 담임교사의 역할 강화 및 생활지도 여건 조성

| **복수담임제 도입 등 담임의 역할 강화** | 담임교사는 조례 및 종례시간, 창의적 체험활동 시간 등을 활용하여 학생들의 문제를 조기에 발견하고 개인 면담 등을 통해 사전에 조치한다.

| **학생생활지도 누적 기록관리** | 학교폭력 가 · 피해학생의 학교폭력(게임중독 등 포함) 관련 사실, 상담, 치료 등에 관한 사항을 개인별로 누적 기록 · 관리하고, 생활지도자료로 활용한다.

| **학교폭력 관련 징계사항 학교생활기록부 기재** | 2012년 3월부터 학교폭력대책자치위원회의 조치사항을 '출결상황', '학적사항'의 특기사항과 '행동특성 및 종합의견' 란에 기재한다.

| **생활지도에 전념할 수 있는 환경 조성** | 교사들이 수업 및 생활지도에 전념할 수 있도록 다각적인 지원책을 마련한다.

| **상담인력 확충** | 학생상담에 대한 전문적 지원을 위해 전문상담교사 및 전문상담인력을 확대 배치할 것을 추진한다.

③ 교원 양성 · 임용 · 연수단계에서 생활지도 역량 강화

| **교원양성과정** | '교원자격검정령 시행규칙' 교직과목 세부이수기준 가운데 교직소양 분야에 '학교폭력 예방 및 대책[1]' 과목을 신설한다.

| **교원임용 개선** | 학생에 대한 이해, 학교폭력 상황발생 시 문제해결능력 등을 교직 적성 심층면접 등을 통해 측정한다.

| **교원연수 개선** | 지속적인 연수를 통해 변화하는 학교폭력 유형에 효과적으로 대응한다.

(2) 신고-조사체계 개선 및 가 · 피해학생에 대한 조치 강화

- "학교폭력은 은폐되지 못하며, 신고하면 반드시 해결된다"고 인식될 수 있도록 신고-조사 등 대응체계 개선
- 학교폭력 피해학생에 대한 우선적 보호와 치유 지원을 신속하게 실시하고, 가해학생에 대한 엄격한 조치 및 재활치료 추진

1) 게임 · 인터넷 중독 예방, 사이버폭력 대응을 포함한다.

① 117 학교폭력신고센터 설치 및 조사 기능 강화

| 신고센터 설치 | 시 · 도 광역단위에 117 학교폭력신고센터를 설치한다. (17개소)

| 신고센터 기능 | 학교폭력 신고 접수, 유관기관 연계, 처리결과를 분석한다. 학교폭력신고센터는 접수된 학교폭력 사안의 경중을 판단하여 경찰청 또는 학교폭력 원스톱지원센터(Wee센터, CYS-Net)로 사건을 이송 · 처리한다.

| 학교폭력 원스톱지원센터 운영 | 전국 Wee센터, CYS-Net을 학교폭력 원스톱지원센터로 지정한다.

| 학교폭력 조사기능 강화 | 시 · 도교육청, 학교폭력 원스톱지원센터에 학교폭력에 관한 전문조사 인력을 지정한다.

② 학교폭력 은폐 방지를 위한 제도 개선

| 국가수준 학교폭력 데이터 수집 · 분석체계 구축 | 매년 초 4~고 3 학생 대상으로 학교폭력 실태조사 및 사후관리를 실시한다.

| 학교폭력 관련 정보공개 개선 | 학교폭력 관련 학교정보공시 항목의 문제점을 보완하여, 학교가 학교폭력을 드러내고 적극적으로 해결하고자 노력할 수 있도록 유도한다.

③ 피해학생에 대한 우선적 보호와 치유 지원

| 피해학생 보호 | 가해학생이 피해학생과 접촉하지 못하도록 사건처리 기간 단축 및 신분 노출을 최대한 방지한다.

| 심리상담 실시 의무화 | 피해학생의 심리적 고통을 조기에 경감하고 '피해자 → 가해자' 악순환에 빠지지 않도록 지원한다.

| 학교폭력피해 지원 강화 | 교육지원청 단위로 학교폭력 관련 심리상담-의료지원-법률지원을 통합적으로 지원한다.

| 피해학생 선치료 지원-후처리시스템 마련 | 학교안전공제회가 피해학생의 심리상담 · 일시보호 · 치료를 위한 요양에 소요된 비용을 우선 부담한 후 가해학생 부모에게 구상권을 행사하도록 한다.

④ 가해학생에 대한 엄격한 조치 및 재활치료 지원

| 보복행위 등에 대한 엄정 조치 | 가해학생이 피해학생 또는 신고한 학생에게 보복행위를

하거나, 장애학생에 대한 폭력을 행사하는 경우 엄정하게 징계조치를 시행한다.

| 전학 조치 | 학교폭력대책자치위원회에서 가해학생에 대해 '전학'조치를 내린 경우, 지역교육장(초 · 중학교) 또는 교육감(고등학교)은 학교구 또는 행정구역과 관계없이 피해학생 보호에 충분한 거리를 두어 전학 조치를 한다.

| 가해학생의 재활치료 지원 | 재활치료가 필요한 학생의 경우, 대기기간을 최소화하여 치료를 지원한다.

⑤ 일진 등 학교폭력서클 엄정 대응

| 경찰청 주관, 지속적이고 철저한 대응 | 117신고센터 접수내용, 경찰청 학교폭력 검거 및 조치 현황 등 관련 정보를 종합 분석하여 일진 파악 후 관내 경찰서장 지휘하에 엄정 조치한다.

| 조기 예방교육 | 학교폭력 예방교육 시 초등학교 3~4학년 시기에 집중적으로 일진의 문제점에 대해 교육을 실시한다.

| 일진 경보제 도입 | 일진은 성인 폭력조직과 달리 포착이 어려우므로, 학생들의 인식을 기초로 일진 존재 여부를 탐색하여 대응한다.

(3) 또래활동 등 예방교육 확대

- 학교폭력 발생단계에 이르기 전에 학교 내 갈등과 문제를 학생 스스로 해결하는 건전한 또래문화(peer culture) 조성
- 학교단위에서의 체계적인 학교폭력 예방활동을 연중 실시하여 "사소한 괴롭힘도 폭력"이고 "학교폭력은 범죄"라는 인식 확산

① 건전한 학교문화형성을 위한 또래활동 지원

| 또래상담 · 중재 도입 지원 | 은밀하게 일어나는 학교폭력을 학생 스스로 상담하여 해결할 수 있도록 또래상담을 활성화한다.

| 또래상담 · 중재활동 지도자 양성 | 초 · 중등 교사대상 '또래활동 지도자 양성과정'을 개발하여 시 · 도교육연수원 및 청소년상담지원센터 등에 보급한다.

| 학생자치활동 강화 | 학급회의, 전체 학생회의 등을 통해 학교생활에 대해 학생 스스로

문제를 제기하고 해결하는 학교문화를 조성한다.

| **학생모니터단 운영** | 현재 고등학생(1,000명)을 선발하여 운영하고 있는 학생모니터단을 중학생까지 확대해서 운영을 활성화한다.

② '사소한 괴롭힘도 폭력'임을 단계적으로 교육

| **계획적인 학교폭력 예방 추진** | '학교폭력 예방 · 조기발견계획'을 학교교육과정 운영계획서에 반드시 포함하고, 학교실정에 적합한 학교폭력 예방 교육활동을 선택하여 연중 실시하도록 한다.

| **모든 학생대상 진단 · 선별** | 학생들의 정서 · 행동발달을 선별하는 검사도구를 활용하여 학교폭력(게임 · 인터넷 중독 포함) 징후를 자연스럽게 선별하고, 확인된 폭력 가 · 피해 징후 학생에 대하여 담임교사, 보건교사, 상담교사가 Wee 센터 등과 연계하여 심층평가 및 조치를 실시한다.

| **학교폭력 예방 자료 보급** | 2012년 상반기 중 학생 교육자료, 학부모 · 교사용 · 관리자용 매뉴얼을 개발하여 보급한다.

| **온라인 예방교육** | 학교폭력 예방을 위한 동영상, 웹툰, 동요 등 콘텐츠를 개발하여 '법사랑 사이버랜드'에 탑재한다.

③ 학교폭력 예방 사이버상담 지원

| **인터넷 포털/SNS 활용** | 학교폭력 전문 사이버상담 및 관련 정보를 제공한다.

| **기존 온라인상담 활성화** | 실시간 상담 채널을 통해 학교폭력 피해 징후 학생을 조기 파악하여 지원한다(24시간 365일 운영). Wee 포털사이트(www.wee.go.kr) 사이버상담센터, 청소년사이버상담센터(www.cyber1388.kr)의 학교폭력 상담기능을 강화하고, '굿바이 학교폭력' 스마트폰 어플리케이션의 맞춤상담 기능과 연계한다.

그림 3-1 스마트폰 앱 : 굿바이 학교폭력

(4) 학부모교육 확대 및 학부모의 책무성 강화

- 학교폭력 예방, 자녀교육에 대해 학부모들이 제대로 알고 가정교육을 실천하도록 모든 학부모(약 1,000만 명) 대상으로 교육 확대
- 일과 후 학교설명회 개최(연 2회) 및 교사–학부모 간 상담 기회를 대폭 확대하고, 자녀에 대한 학부모의 책무성을 강화
- 학부모 교육기부 인력풀을 확보(약 10만 명)하여 학교폭력 예방을 위한 학부모의 학교교육 참여 강화

① 자녀이해 지원을 위한 학부모 교육 및 교육정보 제공 대폭 확대

| 학부모교육 확대 및 다변화 | 교육청 · 학교로 찾아오는 일부 학부모만 교육을 받는 문제를 해소하기 위해 모든 학부모가 편리하게 교육을 받을 수 있는 체제를 구축한다.

| 교육과정 및 자료 개발 | 바람직한 자녀교육을 위해 학부모가 반드시 알아야 할 핵심 분야를 선정하여 교육자료를 제작하고 관련 기관에 제공한다.

| 학부모교육 강사풀 구축 및 제공 | 학부모교육 분야별 우수강사풀을 구축하여 학부모교육에 공동으로 활용한다.

② 교사–학부모 간 소통 강화 및 학부모의 책무성 제고

| 학교설명회 및 핵심정책 학부모교육 | 개별 학교별로 학기당 1회 이상 교육과정 등 학교의 중요 교육 및 학생생활지도계획 등에 대한 설명회 개최(일과 후)를 의무화한다.

| 학부모상담기회 등 확대 | 학교폭력 예방 및 인성지도 등에 대한 교사와 학부모 간 소통 강화를 위해 학부모상담을 활성화한다(학기별 1회 이상 개인 또는 그룹 상담).

| 학부모 소환 및 특별교육이수 의무화 | 가해학생 학부모의 자녀에 대한 이해 및 학교폭력 예방 관련 학부모 특별교육 이수를 의무화한다.

③ 교육기부형 학부모 학교참여 활성화

| 교육기부 활성화 | 교육에 관심이 높고 전문성이 있는 학부모 및 지역사회 인사 중심으로 학교폭력 예방 교육기부를 활성화한다.

| 모니터단 활동 | 학교폭력 상담전문가 등을 '학부모 교육정책 모니터단' 단원으로 위촉하

고 학부모교육, 컨설팅, 상담활동 등에 참여하도록 한다.

| **학생생활지도 협력** | 등하교시간에 학부모 자원봉사, 시민단체 등과 연계하여 학생생활지도 참여를 강화한다.

2) 근본대책

학교폭력근절 7대 실천정책 가운데 다음 세 가지 근본대책은 교육 전반에 걸쳐 학교–가정–사회가 함께 인성교육을 실천함으로써 학교폭력을 근원적으로 차단하자는 대책이며, 그 과제는 다음과 같다.

(1) 교육 전반에 걸친 인성교육 실천

- 누리과정부터 고등학교까지 학생들이 인성교육을 반드시 실천할 수 있도록 추진
- 학교에서 인성교육이 지식교육만큼 비중을 두고 실천될 수 있도록 인성 관련 학생부 기재를 내실화하고, 입학전형에 반영

① 바른 인성의 기초를 형성하는 '3~5세 누리과정' 운영

| **누리과정을 통한 바른 생활습관 체득** | 바른 인성의 기초를 형성하는 유아기에 질서, 나눔, 배려, 협력, 존중, 경로효친, 갈등해결 등을 습관화하도록 한다.

| **바른 인성 우수 유치원 · 어린이집 인증** | 바른 인성 기르기를 모범적으로 실천하는 기관을 선정하여 자긍심을 고취하고, 실천 의지를 독려한다.

② 배움이 실천으로 연결되는 프로젝트형 인성교육 실시

| **교육과정 재구조화** | 프로젝트형 인성교육이 가능하도록 국어, 도덕, 사회 교과의 '인성 핵심 역량(공감능력, 소통능력, 갈등해결능력, 관용, 정의 등)' 요소를 강화한다.

| **바른 언어습관 및 소통 중심의 국어교육** | 직접적인 욕설이나 모욕, 인터넷 · SNS 등에 의한 학교폭력이 증가하고 있는 현상에 적극 대응한다.

| **인성 핵심역량을 실천으로 체득하는 도덕 · 사회교육** | 따돌림 문제, 친구 간의 갈등, 학교폭

력, 학생의 권리와 의무 등 학교생활을 하며 발생하는 문제해결과정을 교육과정으로 구성하여 프로젝트 수업을 운영한다.

| 융합형 인성수업 실시 | 국어 · 도덕 · 사회 · 체육 · 예술 등 인성교육 관련 교과 간 연계를 통해 다양한 인성교육이 가능하도록 교수 · 학습 모형을 개발하여 2012학년도부터 적용한다.

| 예술교육을 통한 인성교육 확대 | 음악, 미술, 공연 등 다양한 예술교육 기회를 대폭 확대하여 정서안정, 자존감 향상, 사회성 함양을 도모한다.

| 독서활동 강화 | 자신을 표현하고, 타인을 이해하며 공감하는 능력을 기를 수 있도록 프로젝트 수업 시 다양한 독서활동(책축제, 연극, 독서토론, 독서캠페인, 책쓰기 등)을 적극 활용한다.

| 학교문화를 바꾸는 창의적 체험활동 | 졸업식 시기에 '뒤풀이'를 빙자한 학교폭력이 발생하지 않도록, 초 6 · 중 3 · 고 3 과정에 소통–나눔–축제형 졸업식을 준비할 수 있는 창의적 체험활동(특별활동)을 운영한다.

| 방과 후 학교활동을 통한 인성 함양 | 또래 간의 바람직한 관계형성이 중요한 중학교의 경우, 방과 후 학교에 또래 중심 프로그램을 확대한다.

③ 중학교 체육활동 대폭 확대

| 체육수업시수 확대 | 체육활동시수를 대폭 확대하여 체 · 덕 · 지를 겸비한 인재로 육성한다.

| 교내 스포츠 활동 확대 | 방과 후 시간, 점심시간, 토요일 등을 활용하여 학급 및 학교스포츠클럽 대항 교내 스포츠 리그를 활성화한다.

| 교육지원청 단위 스포츠 리그전 및 전국학교 스포츠 클럽대회 확대 | 주 5일제수업 시행에 맞춰 학생들이 상시 참여할 수 있는 학교스포츠클럽 리그전 및 교육지원청 단위 스포츠 리그전을 대폭 확대하고, 전국학교 스포츠 클럽대회를 학생축제로 발전시킨다.

④ 학생–학부모–교사가 함께 학생생활규칙을 통해 인성교육 실천

| 학생생활규칙 운영 내실화 | 학생생활 규칙이 학생 · 학부모의 충분한 의견 수렴 없이 형식적으로 제정 · 운영되어 실효성이 부족한 현실을 개선한다.

| **학생생활규칙 현장 착근 지원** | 2012년 중 모든 학교에서 학생생활규칙이 실효성 있게 운영될 수 있도록 지원한다.

⑤ 인성 관련 학생부 기재 강화 및 입학전형에 반영

| **학교생활기록부 인성영역 기재 내실화** | 학교생활기록부 '행동특성 및 종합의견' 작성시 학생의 인성발달 관련 특기사항을 핵심 인성 요소[2)]별로 세분화하여 기록한다.

| **입학사정관 전형 개선** | 입학사정관제에서 창의성과 잠재력에 더하여 타인과 공감하고 배려하는 인성을 갖춘 인재 선발을 적극 유도한다.

| **자기주도학습전형 개선** | 학생의 자기개발계획서(舊학습계획서)와 교사의 추천서에 배려, 나눔, 협력, 타인 존중 등 인성 분야를 반영하도록 개선하고, 면접에서도 인성 요소 평가를 강화한다.

⑥ 생활지도 등 인성교육을 잘하는 교원과 학교 우대

| **생활지도 등 인성교육 우수교원에 대한 지원** | 학교폭력 예방지도 및 사안 해결 등 학생생활지도와 인성교육을 잘하는 교원을 우대한다.

| **수석교사 역할 확대** | 생활지도 및 인성교육 실천이 우수한 수석교사를 선발하여 수업 분야뿐 아니라 인성교육에 대한 컨설팅을 병행한다.

| **우수학교 지원** | 인성교육실천 우수학교를 선정하여 우수 사례를 확산시킨다.

⑦ 시 · 도교육청 평가를 통해 책무성 확보

| **추진 방향** | 시 · 도교육청 평가에 '인성교육 실천 및 학교폭력근절 노력 정도' 비중을 확대한다.

| **평가지표안** | 시 · 도 및 단위학교의 인성교육, 학교폭력 예방 · 근절 노력에 대한 적정성을 평가한다.

---

2) 배려, 나눔, 협력, 타인 존중, 갈등 관리, 관계지향성, 규칙 준수 등

(2) 가정과 사회의 역할 강화

주 5일수업제 시행에 발맞추어 가정과 사회가 학생들의 바른 인성을 키우고 학교폭력을 예방 · 근절하기 위해 협력

① 가정과 사회의 교육적 기능 회복

| 바른 인성 함양 | '밥상머리교육 범국민 캠페인' 추진, 가족 단위 교육 프로그램 확대(청소년수련시설을 활용한 가족캠프 및 토요체험 프로그램 운영 확대), 지역사회 학생 · 청소년 대상 인성교육 프로그램 확대 등을 통해 바른 인성을 함양한다.

| 가정 · 학교 · 사회가 함께하는 봉사활동 | 창의적 체험활동의 일환으로 실천 · 체험 위주의 가족봉사단, 사제동행 봉사단 등 활동을 확대한다.

| 가정과 사회가 함께하는 토요학교 운영 | 주 5일수업제 도입에 맞추어 지자체의 교육자원을 활용한 주말 프로그램 운영을 확대한다.

| 과학관 시설 개방 및 청소년 프로그램 확대 | 과학관 시설을 스포츠 · 문화시설로 개방하고, 다양한 프로그램을 운영한다.

② 가정과 사회의 참여 확대를 위한 홍보 및 캠페인 추진

| 문화체육관광부 | 범정부 학교폭력근절 대책 홍보를 총괄하고, 범 사회적 학교폭력근절 캠페인과 공익광고를 연중 실시한다.

| 교육부 | 교육단체, 학생 · 학부모 · 교사가 참여하는 범사회적 학교폭력 추방 캠페인을 실시하고, 교육기부기관에서 연중 상시 학교폭력근절 공익광고를 전개하도록 한다.

| 법무부 | 전국의 범죄예방위원 등 민간단체와 연계하여 다양한 학교폭력 예방 캠페인을 전개한다. 학생, 학부모, 교사 등 모든 관계자가 참여하는 학교폭력 예방 UCC 공모전 실시, 대검, 학계, 민간 등 학교폭력 관계자와 학교폭력 근절을 위한 세미나 개최, 법질서 확립을 위한 공익광고에 학교폭력 예방을 주제로 한 광고 제작 등을 추진한다.

| 안전행정부 | 인터넷 중독 전문가 정책포럼을 구성하여 정기 세미나 개최, 민관협업을 통한 국민 참여형 인터넷 중독 해소 운동 추진, 영상매체(전광판 등)와 소셜미디어(포스팅, 리트윗)를 이용한 사이버폭력 근절 범국민 캠페인 전개, 지자체 유관기관 홈페이지와 지역방송 등을 통한 학교폭력 신고번호(117) 홍보 등을 추진한다.

| **여성가족부** | 학교폭력 예방 차원의 '가족가치 확산' 실천 캠페인 전개, 학교폭력 등 청소년문제 예방을 위한 범국민 실천운동 전개, 학교폭력 등 위기청소년 지원서비스 온·오프라인 홍보, 청소년 인터넷게임 중독 예방 인식 확산 및 치료 지원 홍보를 추진한다.

(3) 게임·인터넷 중독 등 유해 요인 대책

게임·인터넷 중독, 음주·흡연 등 학교폭력과 관련이 높은 유해 요인으로부터 학생들이 벗어날 수 있도록 법령 개정 및 관련 제도 개선

① 게임·인터넷 중독 예방을 위한 제도 개선 추진

| **셧다운제 강화 등 과도한 게임이용 제한** | 부모명의 도용방지를 위해 아이핀 사용 확대 등 청소년에 대한 게임 제공 제한 제도를 실효성 있게 운영하는 한편, 제도 운영상 문제점을 보완한다. 게임 시작 후 2시간이 경과하면 자동으로 게임이 종료되도록 하는 쿨링 오프제(cooling off) 도입을 추진하고, 일정시간이 지나면 게임의 진행 수준이 떨어지는 시스템 도입을 검토한다.

| **비교육적 게임물에 대한 심의제도 강화** | 게임물에 대한 청소년 유해성 심사 강화를 위해 게임물등급분류제도를 보완한다.

| **게임 산업계의 게임중독에 대한 사회적 책임강화** | 업계 스스로 청소년 게임중독 예방 프로그램을 제공하고, 게임중독치료 등 공적 사업을 확대한다.

| **게임물의 아이템에 대한 규제 강화** | 청소년 이용 게임물의 아이템 거래를 규제하고, 확률형 아이템에 대한 최저 확률을 설정한다.

| **경찰청과 PC방 합동단속 강화** | 청소년의 PC방 이용시간을 오후 10시까지로 제한하고 있는 법령 위반 업주의 벌칙규정을 강화하고, 경찰청과 합동단속을 강화한다.

| **게임중독 예방 제도시행** | 게임 부작용 해소를 위해 도입된 온라인 게임 과다 이용 예방제도를 실행한다. 청소년이 이용할 수 있는 월간 게임 이용금액 제한, 청소년이 이용할 수 있는 아이템 거래 제한 등 게임이용 제한 관련 실효적인 규제 강화, 청소년보호법상의 16세 미만 청소년 심야시간대 인터넷게임 제공시간 제한제도에 대한 이행점검

단속 등을 통한 실효적 운영을 강화한다.

| 폭력 조장, 음란 · 명예훼손 등 불법 · 유해정보에 대한 심의 강화 | 이러한 강화는 방송통신위원회, 방송통신심의위원회에서 이루어진다.

| 그린인터넷인증제 도입 | 인터넷 과다 이용시 중독 위험성 안내문구 게시 등 올바른 인터넷 이용문화 조성을 위해 노력하는 서비스에 대해 '그린인터넷인증 마크'를 부여한다.

② 게임 · 인터넷 중독 예방교육 강화 및 치유활동 확대

| 주요 시기별로 예방교육 강화 | 초 4, 중 1, 고 1 단계에서 게임 · 인터넷 중독 진단 및 척도에 따른 단계별 교육을 실시하고, 게임 · 인터넷 중독 예방을 위한 '학생생활지도 요령'을 마련한다.

| 게임 과몰입 예방사업 추진 | 학교 · Wee 센터 등과 연계해서 건전한 게임이용문화 교육 및 게임중독 진단 · 상담을 실시한다.

| 인터넷 윤리교육 · 홍보강화 | 사이버폭력 예방을 위한 인터넷윤리 교육 및 캠페인을 추진한다. 그밖에 게임 · 인터넷 중독 상담 · 치료지원을 확대한다.

③ 흡연 · 음주 치유 및 예방 프로그램 활성화

| 예방교육 의무화 | 초등학교부터 흡연 · 음주 예방교육 실시를 의무화한다.

| 치유 프로그램 운영 | 사회적 일탈행위의 통로로 이용되는 흡연 · 음주 치유 프로그램을 강화한다.

| 금연구역 확대 | 운동장을 포함한 학교 전체를 금연구역으로 확대 조기 시행하고, 금연구역 준수 여부에 대한 자율적 감시제도를 강화한다.

이상의 학교폭력근절 7대 실천정책의 내용을 간단히 요약하면 표 3–1과 같다.

표 3-1 | 학교폭력근절 7대 실천정책

목 표	학교폭력 없는 행복한 학교		
직접 대책	'사소한 괴롭힘도 범죄'라는 인식하에 철저히 대응		
	① 학교장과 교사의 역할 및 책임 강화		
	대처권한부족 및 학교폭력 은폐	→	대처권한 및 역할 대폭 강화 은폐 시 엄중조치로 책무성 확보
	② 신고-조사체계 개선 및 가해 · 피해학생에 대한 조치 강화		
	신고번호 분산 체계적 대응체계 부족 처벌 및 보호조치 미흡	→	신고체계 일원화 조사 · 지원가능 체계화 가해 · 피해학생 조치 강화
	③ 또래활동 등 예방교육 확대		
	건전한 또래문화 미형성	→	학생 간의 자율적 갈등해결 학교 단위 예방교육 체계화
	④ 학부모교육 확대 및 학부모의 책무성 강화		
	참여 부족, 무관심 책무성 미흡	→	학부모 교육 · 자원봉사 확대
근본 대책	학교-가정-사회가 함께 인성교육 실천		
	① 교육 전반에 걸친 인성교육 실천		
	학업성취 수준은 높으나 인성 · 사회성은 낮은 수준	→	바른 생활습관, 학생생활규칙 준수 등 실천적 인성교육 추진
	② 가정과 사회의 역할 강화		
	민 · 관의 유기적 대응 미흡 가정의 교육기능 약화	→	민 · 관 협력체제 강화 가정의 교육기능 회복
	③ 게임 · 인터넷 중독 등 유해 요인 대책		
	교육적 시각에서 심의 · 규제 기능 미흡	→	게임 · 인터넷 심의 · 규제 및 예방 · 치유교육 확대

자료 : 교육과학기술부(2012). 학교폭력근절 종합대책.

2. 현장 중심 학교폭력대책

2013년 '현장 중심 학교폭력대책'은 2012년 '학교폭력근절 종합대책'을 보완하기 위해 마련된 대책이다. 2012년 '학교폭력근절 종합대책'을 통해 학교폭력에 대한 경각심이 높아졌고, 학교폭력이 감소하는 성과가 나타났다. 하지만 실천현장의 낮은 자율성, 형식적 예방교육, 학생상담인력 부족, 피해학생 보호 미흡 등으로 빈도나 지속의 정도가 심각한 피해[3]는 크게 줄어들지 않았다(관계부처합동, 2013).

이에 문제해결의 근원적 해법은 현장에 있다는 판단하에 현장 중심의 맞춤형 대책이 제시되었다. 표 3-2는 학교폭력근절 종합대책과 현장 중심 학교폭력대책의 중요한 부분을 간단히 비교한 것이다. 여섯 가지 영역별로 이전 대책에서 다루지 않았던 정책(신규), 이전 대책을 개선하는 정책(개선), 이전 대책을 확대하는 정책(확대)을 나누어 제시한 것이다(관계부처합동, 2013).

표 3-2 | '학교폭력근절 종합대책'과 '현장 중심 학교폭력대책'의 비교

구 분	학교폭력근절 종합대책(2012. 2. 6)	현장 중심 예방대책(2013. 7. 23)	비교 참조
예방 교육	• 학생 · 학부모 · 교원대상 예방교육 연 2회 실시 의무화(학폭법 개정)	• 체험 · 공감 중심 '어울림 프로그램' 개발 · 보급(한국형 키바, 총 96종)	(신규) 12장
		• 연극, 뮤지컬 등 체험형 예방교육 강화	(확대) 13장
		• 학교장에게 학교폭력 예방 · 대책 수립 · 시행 책무를 명확히 부여	(개선) 5장
	• 또래상담, 또래조정, 학생자치법정 확대	• 학교의 다양한 예방활동 지원 강화(꿈키움학교 3,000개교 육성)	(신규) 13장
	• 체육 · 예술교육 등을 통한 인성교육 확대	• 학교의 자율적 예방활동 공시 · 평가 강화	(개선) 5장
		• '대안교실' 등 대안교육 기회 확대	(신규) 7 · 13장
맞춤형 대응		• 학교전담경찰관, 교내 전문상담인력 등의 사이버폭력 즉시 개입 · 지원체계	(신규) 5장
		• '교우관계 회복기간' 도입	(신규) 5장
		• 유관기관 협력을 통한 폭력서클 대응	(개선) 4장
피해학생 보호		• 모든 시 · 도 '피해학생 전담지원기관' 설치	(신규) 5장
	• 피해학생 '선치료비 지원 시스템' 도입	• 선치료비 지급절차 간소화 및 대상 확대	(개선) 5장
		• '분쟁조정지원센터' 지정 · 운영	(신규) 5장

(계속)

3) 심각한 피해란 학교폭력이 1주일 1~2회, 4개월 이상 지속되는 피해를 말한다.

<table>
<tr><th>구 분</th><th>학교폭력근절 종합대책(2012. 2. 6)</th><th>현장 중심 예방대책(2013. 7. 23)</th><th>비교 참조</th></tr>
<tr><td>가해학생 선도</td><td>• 가해학생 즉시 출석정지
• 출석정지 기간 제한 삭제 및 '강제전학' 도입
• 가해학생 조치사항 학생부 기재(5년)</td><td>• 재심청구 시 가해학생에 긴급조치 가능
• 재발 시 가중조치, 강제전학 이후 피해학생 인근학교 재전학 금지 등
• 전학 · 퇴학 시 대안교육 기회 제공
• 학생부 기재 및 졸업 후 2년간 유지(자치위원회 심의를 거쳐 졸업 후 즉시 삭제 여부 결정)</td><td>(개선) 5장
(개선) 5장
(신규) 5장
(개선) 5장</td></tr>
<tr><td>은폐 · 축소 방지</td><td>• 학교폭력 은폐 · 축소 교원에 대해 4대 비위 수준에서 징계
• '학교폭력 예방 컨설팅'을 통한 수시 · 상시점검</td><td>• 사안 발생 시 즉시 보고 · 처리시스템 구축
• 은폐 · 축소 · 부적절 화해종용 등 중요민원은 '민원신문고', '특별점검단' 운영</td><td>(개선) 5장
(신규) 5장</td></tr>
<tr><td>안전한 학교 환경 및 전 사회적 대응 강화</td><td>• 117 학교폭력신고센터 통합 · 확대(17개)
• 등 · 하교 알림기능 중심 '안심알리미' 보급
• 학교전담경찰관 도입(1인당 17개교)
• 학교폭력대책지역위원회(시 · 도) 및 지역협의회(시 · 군 · 구)를 설치</td><td>• 117을 긴급번호로 지정
• 긴급신고, 위치전송 가능 U-안심서비스 보급
• 온라인 기반 익명신고 · 상담기능 제공
• 교내 취약지역 고화소 CCTV 지속 확대
• '범죄 예방 환경설계'(CPTED) 도입
• 학교전담경찰관 확대(1인당 10개교)
• 지자체와 교육청 공동으로 매년 지역단위 시행계획 수립
• '학교폭력 예방 · 근절우수 지역' 도입</td><td>(개선)
(확대)
(신규)
(확대)
(신규)
(확대)
(개선)
(신규)</td></tr>
</table>

1) 현장 중심 학교폭력대책의 내용

표 3-2에서 제시된 현장 중심 학교폭력대책을 영역별, 즉 자율적 예방교육 강화, 폭력별 맞춤 대응강화, 피해학생 보호 및 가해학생 선도강화, 은폐 · 축소에 대한 관리감독 강화, 안전한 학교환경 및 전 사회적 대응강화 등으로 나누어 내용을 요약하면 다음과 같다.

(1) 자율적 예방교육 강화

① 체험 · 공감 중심 '어울림 프로그램' 개발 · 보급(한국형 키바, 총96종)

【어울림 프로그램 개발 주요 내용】

- (개발 종류) 학교급별(초저/초고/중/고) / 학생용(48종), 교원용(24종), 학부모용(24종) 총 96종
- (개발 분야) 6개 분야(공감, 의사소통, 갈등해결, 자기존중, 감정조절, 학교폭력 인식 · 대처)
- (주요 활동) 집단상담, 미술 · 음악치료, 역할극 등 다양한 체험형 프로그램 구성

② 연극, 뮤지컬 등 체험형 예방교육 강화

- (문체부) 학교로 찾아가는 연극 "유령친구" 공연(12회), 가족초청공연(3회) 등 실시
- (대구교육청) 학교폭력 예방 뮤지컬 "선인장 꽃피다" (114회, 13만 명 관람), 학생 · 교원 등 90% 이상이 학교폭력 예방에 도움이 되고 만족한다고 응답

③ 학교장에게 학교폭력 예방 · 대책 수립 · 시행 책무를 명확히 부여

학교의 자율적인 예방이 무엇보다도 중요하므로 학교장에게 학교폭력 예방 · 대책 수립 · 시행 책무를 학교장에게 명확히 부여하고, 학교장은 다음 사항을 포함하여 계획을 마련한다.

- 학교장은 학생, 교직원, 학부모, 지역사회의 자율적인 예방 및 소통 · 공감 · 치유활동과 이를 적극 지원하는 내용을 포함한다. (※ 학교폭력 예방 관련 학교회계 예산 적극 편성 : 기본운영비의 3% 내외)
- 전 교직원이 예방활동에 적극 참여할 수 있도록 학교장, 교감, 전담기구, 담임교사, 직원 등의 역할과 책임을 구체적으로 명시한다.
- 학교별 계획 및 추진 실적을 홈페이지 등에 주기적으로 공개한다.

④ 학교의 다양한 예방활동 지원 강화

- 단위학교의 자율적 예방활동을 촉진 · 확산하기 위해 학교폭력 예방 우수학교(가칭 '꿈키움 학교')를 육성 · 지원한다. (※ 꿈키움학교 3,000개교 육성)
- 학교현장의 우수사례를 적극 발굴하여 우수모델을 확산하고, 우수학교에 대한 포상 및 지원을 강화한다. (※ 현장의 우수사례집 제작 · 보급)

⑤ 학교의 자율적 예방활동 공시 · 평가 강화

모든 학교의 자율적 예방활동 촉진을 위해 학교정보 공시, 교육청 및 지자체 평가를 개선한다. (※ 기존에는 또래조정 · 상담, 자치법정만을 정보공시와 평가대상으로 한정 → 학교의 다양한 자율적인 예방활동이 모두 포함될 수 있도록 개선)

⑥ '대안교실' 등 대안교육 기회 확대

- 기존 학교 내에 별도의 대안적 정규 프로그램을 운영한다.
- 공립 대안학교를 단계적으로 확대하여 1시 · 도 1교 설립을 추진하고 희망하는 공 · 사립학교의

대안학교 전환을 지원한다.

- 학교폭력 등으로 인한 학업중단 청소년을 대상으로 검정고시, 자격증 취득 등 청소년상담복지센터 프로그램을 확대한다.

(2) 학교폭력 유형별 · 지역별 · 학교급별 맞춤형 대응강화

① 학교전담경찰관, 교내 전문상담인력 등의 사이버폭력 즉시 개입 · 지원체계

- 학생들이 SNS를 통한 사이버폭력 피해를 받는 경우 학교전담경찰관, 교내 상담인력 등을 대화방으로 초대하여 즉시 도움을 요청하도록 하고, 청소년 대상 스마트폰 유해정보 차단 앱 서비스를 실시한다.
- 찾아가는 사이버폭력 및 인터넷 중독 예방교육을 강화하고, 사이버폭력 예방을 위한 홍보를 강화한다(예 : 예컨대 TV(KBS, EBS) · 라디오 · 지하철 등 다양한 매체를 활용한 공익광고 송출, 청소년 대상 인터넷윤리 체험관 운영 등).

② '교우관계 회복기간' 도입

집단 따돌림 사안 발생 시 담임교사 등이 중심이 되어 학생 간 관계 회복을 지원하기 위한 '교우관계 회복기간'을 도입한다.

③ 유관기관 협력을 통한 폭력서클 대응

- 교원 및 상담인력이 폭력서클 관련 정보 획득 시 학교전담경찰관에게 통보한다.
- 지역 내 책임교사 및 학교전담경찰관 간 정기적 정례회 개최 등 정보 공유를 강화하여 상급학교로 이어지는 폭력서클에 적극 대응한다.

(3) 피해학생 보호 강화

① 모든 시 · 도 '피해학생 전담 지원기관' 설치

- (강원 사임당교육원) 학교폭력 피해 여학생 전용 전담 지원기관으로 운영
- (인천 피해자전담지원센터) 기존 Wee 센터를 피해자전용센터로 전환하여, 37개 지역사회기관과 연계하여 가정의학과 전문의 2명이 주 2회 센터에서 학생상담 실시
- (대전 해맑음센터) 피해학생 및 보호자 전담 지원 기관으로 상담, 심리검사, 공동체 활동, 연극 · 미술 · 음악치유, 가족캠프 등 지원

장기 치유 · 교육이 필요한 학생을 위한 기숙형 장기위탁과정 및 대학생 멘토링(예 : 교과학습, 문화활동, 독서지도, 스포츠 활동) 지원, 피해학생 · 가족 힐링캠프 프로그램을 운영한다.

② 선치료비 지급절차 간소화 및 대상 확대

구분	현행		개선
신청절차	구상권 청구를 위해 학부모 정보를 학교안전공제회에 제출	→	가해학생 학부모 개인정보 제출 없이 즉시 치료비 지원
지원범위	요양급여만 지급	→	간병급여까지 확대
지원기관	해당 지역 기관만 치료비 지원 기관으로 인정(해당지역 교육감이 지정한 경우만 인정)	→	치료비 지원 기관이 전국으로 확대(타 지역 교육감이 지정한 경우도 인정)

③ '분쟁조정 지원센터' 지정 · 운영

화해 · 분쟁조정 지원을 안정적으로 수행할 수 있도록 '학교폭력 분쟁조정 지원센터' 지정하여 운영한다.

(4) 가해학생 선도강화

① 재심청구 시 가해학생에 긴급조치 가능

가해학생 재심 청구 시 피해학생 보호를 위해 학교장이 긴급조치(접촉 금지, 학급 교체, 출석 정지)할 수 있다.

② 재발 시 가중조치, 강제전학 이후 피해학생 인근학교 재 전학 금지 등

학교폭력 재발 시 가중 조치할 수 있고, 피해학생 보호를 위해 강제전학 조치를 받은 가해학생이 피해학생이 재학 중인 인근학교 재 전학을 금지한다.

③ 전학 · 퇴학 시 대안교육 기회 제공

- 가해학생 전학 · 퇴학 조치 시 가해학생의 부적응 해소를 위해 중장기 대안교육 기회를 제공한다.

(제주교육청) "전학 전 성찰교육 숙려 기간 제도"를 의무화하여 학교폭력 가해학생 전학 조치 전 5일간 특별 교육 프로그램 이수를 의무화

- 전학받은 학교에서는 가해학생이 조속히 학교생활에 적응하고 원만한 교우관계를 형성할 수 있도록 전담 멘토링(담임교사, 전문상담인력, 책임교사 등)을 실시한다.

④ 학교생활기록부 기재 및 졸업 후 2년간 유지

- 졸업사정위원회에서 학교생활기록부 기재사항 삭제 여부에 대해 심의를 요청하고, 학교폭력대책자치위원회에서 반성 정도, 긍정적 행동변화 등을 기준으로 최종 심의한다. 가해학생이 반성하고, 긍정적 행동변화를 보인 경우 졸업 후 즉시 삭제하고 행동변화가 없거나 학교폭력 재발 등 문제 발생 시 졸업 후 2년 뒤 삭제한다. (※ 경미한 사안은 기존과 마찬가지로 별도 심의절차 없이 졸업 후 즉시 삭제)
- 그밖에 소년법 제4조에 의한 '통고제[4]'를 적극 활용한다. 즉, 신속한 결정을 위해 '통고제 적용 기준'을 마련 · 보급하고, 자치위원회에서 적용 여부를 결정하도록 개선한다.

(5) 학교역량 제고 및 은폐 · 축소에 대한 관리 · 감독 강화

① 사안 발생 시 즉시 보고 · 처리시스템 구축

- 학교폭력 신고 접수 시 시 · 도교육청(교육지원청)에 즉시 보고하도록 개선하고, 주요 처리 단계별로 실시간 보고한다.
- 공정하고 객관적인 사안처리를 위해 시일이 소요되는 경우, 피해학생 측이 원하는 경우에만 학교폭력대책자치위원회 개최 시기를 탄력적으로 운영한다. (※ 신고 접수 후 7일 이내 → 14일 이내 연장 가능)

② 은폐 · 축소 · 부적절 화해종용 등 중요민원은 '민원신문고', '특별점검단' 운영

학교폭력 관련 은폐 · 축소 · 부적절 화해종용 등 중요한 민원에 대한 신속한 해결을 위해 중앙 및 교육청 단위에 '학교폭력 민원신문고[5]'를 운영한다.

---

4) 통고제란 보호자 또는 학교장 · 사회복리시설의 장 · 보호관찰소장이 경찰서, 검찰청 등 수사기관을 거치지 않고 직접 사건을 법원에 접수하는 절차이다.

5) 중앙 · 교육청 등 단위 점검단은 변호사 · 상담사 · 감사팀 · 분쟁조정전문가 · 업무담당자 등으로 구성되어 있다.

(6) 안전한 학교환경 및 전 사회적 대응 강화

① 117을 긴급번호로 지정

- 117 신고전화를 긴급통신용 전화로 지정한다. (※ 긴급통신용 전화 : 112(범죄), 119(화재 · 조난), 113(간첩), 125(밀수) 등)
- 117센터-전문기관(Wee 센터 · Cys-net 등) 간의 정보연계 시스템 구축을 강화하고 상담종결건에 대해 사후관리(Call back) 서비스를 제공한다.

② 긴급신고, 위치전송 가능 U-안심서비스 보급

- 등하교 알림 기능 중심의 기존 '안심알리미'를 긴급신고 및 위치전송이 가능한 'U-안심알리미' 서비스로 전환 · 보급한다.
- 스마트폰 · 핸드폰 보유 학생 대상으로 'SOS국민안심서비스(112앱, 원터치 SOS)' 가입을 확대한다.

③ 온라인 기반 익명신고 · 상담 기능 제공

학생들이 교내 선생님이나 관련 전문가와 언제 어디서나 상담할 수 있도록 PC · 스마트폰 기반 익명 신고 · 상담기능을 강화한다.

④ 교내 취약지역 고화소 CCTV 지속 확대

- 학교 내 취약지역에 고화소 CCTV(100만 화소 이상)를 지속 확대한다.
- 어린이보호구역, 도시공원 등 학교 주변에 CCTV를 추가 설치하고 시 · 군 · 구에 통합관제센터 구축 및 초등학교 CCTV와의 연계를 통해 학생안전 인프라를 조성한다.

⑤ '범죄 예방 환경설계(CPTED)' 도입

학교폭력 사전 예방효과를 위해 학교시설 설치 · 변경 시 범죄예방환경설계(CPTED)[6]를 적용하여 환경개선을 추진한다.

6) CPTED(Criminal Prevention Through Environmental Design) : 설계단계부터 범죄 예방 환경 설계(미관 증진, 오픈 공간, 이용자 편의 등)로 범죄유발 요인 감소

(서울 공진중) 학교폭력 발생 우려 장소를 학생들의 스포츠 · 놀이 공간으로 변화(샌드백, 인공암벽, 학생 자율 공연장 등)시킴으로써 사각지대 해소 및 학생 정서순화 등을 통한 학교폭력 발생환경을 원천적으로 해소하는 역발상 적용

개선 전

개선 후

⑥ 학교전담경찰관 확대(1인당 10개교)

(독일 함부르크시) Cop4U 247명 경찰관을 총 497개교에 배치하여 교내 범죄 발생 시 개입, 학생 · 학부모 상담, 학교 주변 순찰 활동 강화

교원과 학교전담경찰관 및 학생보호인력과의 연계 · 협력을 강화한다. (※ 학교전담경찰관을 중심으로 핫라인 구성, 정보공유 및 교내외 취약지역 및 점심, 쉬는 시간 합동순찰 실시)

(서울 강동교육지원청) 중 · 고 생활지도부장과 학교전담경찰관 간담회 및 워크숍, 학교폭력 예방을 위한 교원 및 학부모 연수 등 실시

⑦ 지자체와 교육청 공동으로 매년 지역단위 시행계획 수립

중앙–지역–학교의 학교폭력대책 추진체계를 재정비한다. 기본계획에 따라 교육부장관 및 관계부처, 교육청 및 지자체, 학교의 장이 매년 시행계획을 수립한다.

⑧ '학교폭력 예방 · 근절우수 지역' 도입

지역사회의 예방활동 강화 및 우수 모델 확산을 위한 '학교폭력 예방 · 근절 우수 지역 인증제'를 도입한다.

2) 현장 중심 학교폭력대책에 따른 현장의 모습

현장 중심 학교폭력대책에 따른 현장의 모습들을 일반학생, 피해학생, 가해학생, 학부모, 교원, 학교 등으로 나누어, 기존의 모습들과 비교해서 제시하면 표 3-3과 같다(관계부처합동, 2013).

표 3-3 | 달라지는 현장의 모습

주체별/영역별		기존 모습	달라지는 모습
일반학생	예방교육	연 2회 예방교육을 의무적으로 받음	• 다양한 체험형 예방교육 프로그램 기회 제공(어울림 프로그램) • 모든 학생들에게 연극, 뮤지컬 등 공감형 예방교육 기회 제공
	또래활동	또래조정·또래상담·학생자치법정 중심 운영	• 또래보호, 결연, 교내 순찰 등 학생들의 다양한 예방활동 활성화 • 자치활동을 다변화하고 지원 확대
피해학생	지원기관	Wee 센터 등은 가해학생 프로그램도 함께 운영	피해학생 전담 기관에서 안심하고 치료 및 지원
	치료비 지원	• 가해학생 학부모 개인정보 제출 등 선치료비 지원 절차가 까다로움 • 요양급여만 지원되며, 해당 지역 기관에서 치료받은 것만 인정	• 가해학생 학부모 개인정보 제출 없이 치료비를 즉시 지원 • 간병급여까지 지원이 확대되고, 지원 인정기관도 전국으로 확대
	피해학생 즉시보호	가해학생이 재심을 청구하는 경우 가해학생 조치가 정지되어 피해학생 불안 가중	가해학생 재심 청구 시에 학교장이 피해학생 보호를 위해 즉시 출석정지 등 긴급조치 시행
	사이버 폭력 대응	SNS 단체 채팅방 강제 초대 등 사이버폭력에 신고 · 대응 곤란	학교전담경찰관을 SNS 친구로 초대하여 사이버폭력 상황 즉시 대응
	따돌림 해소	따돌림 사안 발생 시 급우관계가 단절되기 쉬움	담임 · 상담교사 등이 피해학생 교우관계 회복을 적극 지원
가해학생	특별교육	가해학생 및 학부모는 특별교육을 의무적으로 받아야 함	학부모와 함께하는 체험형 특별교육 기회가 확대되어 실질적 변화 지원
	강제전학	강제 전학 시 적응교육 없이 다른 학교로 배정	전학 · 퇴학 시 대안교육, 전학 후 전담멘토링을 통한 학교적응 지원

(계속)

주체별/영역별		기존 모습	달라지는 모습
가해학생	조치강화	신고자에게 보복, 협박 시 가중 조치	학교폭력 재발 시 가중 조치됨
		피해학생과 충분한 거리를 두어 가해학생을 강제전학 실시	강제전학 후 피해학생 인근학교로 재전학할 수 없음
		가해학생 재심 청구 시 가해학생에 대한 조치 정지	재심청구 시 학교장이 긴급조치(학급교체, 출석정지 등) 가능
		폭력에 행사하거나 가담한 경우 학교폭력으로 규정	대리인을 내세우거나 폭력을 사주한 경우에도 학교폭력으로 명확히 규정
	학생부 기재	가해학생 조치사항 학생부 기재(5년)	학생부 기재 및 졸업 후 2년간 유지(자치위원회 심의를 거쳐 졸업 후 즉시 삭제 여부 결정)
학부모	학부모 교육	밥상머리교육, 찾아가는 학부모교육 등 학부모교육 확대	맞춤형 학부모교육이 예비학부모까지 확대
	예방교육	학교단위 학부모 학교폭력 예방교육 연 1회 의무화	공공기관 직장교육 시 학교폭력, 성폭력, 가정폭력 등 3대 폭력 연 1회 이상 실시되고, 민간기업으로 확산
	갈등해소	학교폭력으로 인한 학생 간 갈등이 학부모 갈등으로 확대	• 분쟁조정 지원센터 분쟁조정 지원 • 대한무료법률구조공단 무료법률 서비스 등 무료 서비스 지원
	민원해소	은폐 · 축소, 부적절한 화해 종용에 대해 불만 가중	학교폭력 민원신문고 운영 및 특별점검단이 즉시 출동하여 민원 해결
교원	학교장	매년 학교별 학교폭력 예방대책을 수립 · 시행	학교별 대책에 학생, 교원, 학부모 등의 자율적인 예방을 적극 지원하는 내용을 포함
	교원	직무연수 등 일부 시간을 통해 상담 관련 연수 기회 부여	• 전체 교원에게 5년 주기로 상담 역량 강화 연수 기회를 제공 • 교우관계회복기간 운영 등 역할과 권한이 강화됨
	책임교사	학교폭력 책임교사 업무 과중	모든 생활지도특별지원학교(1,100교) 책임교사 수업 시수 경감 지원
학교	보고체계	자치위원회 최종 조치 후 교육청 등에 사후 결과 보고 중심	사안 발생 시 교육청에 즉시 보고하는 체계 구축
	자율적 예방활동	학교 회계를 적극 편성하여 자율적 예방활동 실시	학교별 우수 예방활동에 대한 행 · 재정적 지원이 강화됨(꿈키움학교)
	예방교육	방과후, 조 · 종례 시간을 활용하여 예방교육 실시	• 어울림 프로그램을 활용하여 정규교육시간에 예방교육 실시 가능 • 학교 요청 시 전문강사가 학교로 찾아가 전문적인 예방교육 실시

(계속)

주체별/영역별		기존 모습	달라지는 모습
학교	자치 위원회	자치위원회 학부모위원 비율이 과반수로 외부 전문가 참여가 어려움	• 학부모위원 비율이 조정되어 외부전문가 참여 기회 확대 • 소규모학교의 경우 지역교육청 또는 여러 학교가 공동으로 자치위원회 운영 가능
	안전 인프라	• 학교전담경찰관 1인이 17개교 지원 • CCTV, 배움터지킴이 등 학생보호인력 활동	• 학교전담경찰관 1인이 10개교 지원(심각한 학교는 1~5개교 집중 지원) • 고화소 CCTV, 범죄예방설계 도입 등 학교 안전 내실화

CHAPTER 04

지역사회 연계체계 및 기관

C H A P T E R

04 지역사회 연계체계 및 기관

학교폭력문제는 단위학교 차원을 넘어서 지역사회 전체가 나서서 해결해야 하는 과제가 되었다. 학교 자체의 자원이나 시스템의 한계가 지역사회의 전문적 자원들과의 연계를 필요로 하기 때문이다. 만약 이러한 지역사회연계가 청소년의 성장과 발달에 기여하는 전반적 사회문화의 변화로 이어진다면 학교폭력은 그 근원적인 예방이 가능하리라 본다.

이 장에서는 학교폭력 예방과 대처를 위해 지역사회 연계체계와 기관들, 즉 Wee 프로젝트, CYS-Net, 경찰청, 청소년상담복지센터, 정신보건센터, 건강가정지원센터, 청소년비행예방센터, 여성 · 학교폭력 피해자 ONE-STOP 지원센터, 해바라기 아동센터, 청소년폭력예방재단, 자녀 안심하고 학교보내기 운동 국민재단, 해맑음센터 등을 중심으로 살펴볼 것이다.

1. 범정부 · 지역사회 추진체계

범정부 차원에서 발표한 정책이 실효를 거두기 위해서는 정책의 수립 → 집행 → 점검을 내실 있게 추진할 수 있는 추진체계가 중요하다. 학교폭력근절 추진체계를 나타내면 그림 4-1과 같다(관계부처합동, 2012).

이와 같은 추진체계는 두 가지에 역점을 두고 그 내실화를 강조하고 있다. 그 하나는 중앙 → 지역 → 단위학교의 추진체계로 조직적 · 체계적으로 구성 · 운영되어야 한다는 점이고, 다른 하나는 학교폭력 관련 지역사회체계와 기관들, 특히 민간단체와의 연계 · 협력을 강화해야 한다는 점이다. 중앙의 범정부 추진체계를 '학교폭력대책위원회'로 하고 국무총리와 민간전문가를 공동위원장으로 하는 운영체제는 민간 참여를 확대하기 위함이다.

담당	단계	추진기구	연계
교육과학기술부 • 학교폭력 예방 및 대책에 대한 기본계획 • 교육청의 학교폭력 예방 및 대책과 성과 평가 및 공표 • 학교폭력 실태조사	중앙	**학교폭력대책위원회** **(위원장 : 국무총리, 민간전문가)** • 학교폭력 예방 및 대책 기본계획 심의 • 중앙행정기관 및 지자체 단체장이 요청하는 사항 등에 대한 심의	• 여성가족부, 경찰청 등 관계부처 협력 • 종교단체, 청소년폭력예방재단 등 관련 대표기관
교육감 • 시도교육청별 자체 추진계획 수립 • 학교폭력 예방 전담부서 설치 • 학교폭력에 따른 전학대상 학생에 대한 필요한 조치	광역 단위	**학교폭력대책지역위원회** **(위원장 : 부단체장)** • 기본계획에 따라 매년 학교폭력 예방대책 수립	• 광역 117신고센터 운영 • 지방경찰청, 교육청 등 관계 기관 및 민간단체 협력
교육장 • 학부모 예방교육 실시 및 홍보	기초 단위	**학교폭력대책지역협의회** **(위원장 : 부단체장)** • 지역 단위 학교폭력 예방사업 추진	• Wee 센터, CYS-NET 등 지역상담센터, 자율방범대, 자원봉사센터 등 민간단체 연계
학교장 • 학교폭력 예방 및 대책에 관한 실시 계획 수립 및 시행 • 학교폭력 전담기구 설치	학교	**학교폭력대책자치위원회** **(위원장 : 호선)** • 학교폭력 예방 및 대책을 위한 학교체제 구축 • 피해학생보호, 가해학생 선도 및 징계, 가해학생과 피해학생의 분쟁조정	• 경찰서, 학부모, 민간전문가 등 협력

그림 4-1 학교폭력 근절 추진체계

2. 지역사회 연계체계 및 기관

학교폭력의 예방과 대처를 위한 지역사회 연계체계와 기관은 다양하다. 우선 지역사회 연계체계와 기관에 관련 학생을 의뢰하고자 할 때 그 절차가 어떤지 살펴보고, 주요 지역사회 연계체계와 기관을 소개하기로 하자.

1) 지역사회 연계 의뢰절차

학교에서 학교폭력 관련 학생을 지역사회 유관기관에 연계 · 의뢰하고자 할 경우 다음과 같은 절차에 따라 진행할 수 있다.

첫째, 학교 내 상담역량을 갖춘 담당교사가 해당 학생을 심층상담한 후 좀 더 전문적인 임상 검사와 치료가 필요하다고 판단하는 경우, 학부모와 충분히 의논하고 지역사회 전문기관 의뢰에 대해 결정을 하도록 한다. 전문기관 의뢰에 대한 학부모 동의서 작성은 중요하므로 잊지 않도록 한다.

둘째, 해당 기관에 연계협조 의뢰는 사전에 전화로 문의하여 협의하도록 한다. 협조내용이나 일정에 문제가 없으면 공식 문건으로 기관장에게 의뢰하는데, 이때 의뢰되는 학생의 담임교사와도 사안에 대해 충분히 이야기 나누도록 한다. 이는 해당 학생이 지역기관의 도움을 얻은 후 다시 학교로 복귀하여 학교생활에 적응하는 과정에서 담임교사가 추수지도하는 데 도움을 주기 때문이다.

셋째, 연계기관에서 해당 프로그램을 이수하는 과정에서 담당교사는 수시로 진행상황에 대해 의논하도록 한다. 담당교사가 지역사회 연계가 전문적 치료자원이 될 수 있다는 것을 인식하고 적극적인 관심을 가지고 관리하게 되면 학생의 학교적응에 보다 큰 도움을 줄 수 있다.

마지막으로 기역사회기관의 연계가 종료된 후 기관으로부터 평가 및 결과에 대한 보고를 받아 학생의 학교적응력 향상을 위한 참고자료로 활용하도록 한다.

그림 4-2 지역사회 연계 절차

2) 지역사회 연계 주요체계 및 기관

(1) Wee 프로젝트

Wee 프로젝트는 교육과학기술부가 학교폭력 등 위기상황에 놓여 있는 학생들을 상담 등을 통해 학교 적응을 지원하는 학생 안전망(Safe-nets)이다. Wee란 'Wee=We+education + emotional'로 우리들의 감성공간에서 잠재력을 발견하자는 의미이며, Wee 프로젝트의 궁극적인 목적은 위기학생 선도 · 학습부진 치유 · 진로개발 · 잠재력 발현을 통한 청소년의 전인적 성장의 도모이다.

Wee 프로젝트의 수행은 1차 Wee 클래스 안전망, 2차 Wee 센터 안전망, 3차 Wee 스쿨 안전망의 세 가지 수준으로 구성되어 있다.

① Wee 클래스

Wee 클래스는 단위학교 내 설치되며, 학교폭력 가능성이 있거나 학교적응이 어려운 학생을 조기에 발견 · 예방해서 학교 적응력 향상을 수행한다. 2차 수준의 Wee 센터나 지역사회유관기관에 의뢰 · 연계할 수 있다.

② Wee 센터

Wee 센터는 교육지원청 내 설치되며, 상담 희망학생이나 위기학생을 대상으로 진단-상담-치유의 서비스를 제공한다. 지역사회 내 유관기관과의 연계를 통한 경제적 · 사회적 문제해결을 지원하고, 교사 및 학부모를 대상으로 하는 교육 및 자문 서비스도 제공한다.

③ Wee 스쿨

Wee 스쿨은 고위험군 학생을 대상으로 기숙형 장기위탁 프로그램을 운영한다. 흔히 Wee 클래스나 Wee 센터에서 의뢰한 학생 또는 학업 중단자를 대상으로 교과활동, 직업진로교육, 방과 후 활동, 상담치유활동 등의 프로그램을 운영한다.

Wee 프로젝트는 2007년 시작되어, 2013년 기준으로 전국 5,158개의 Wee 클래스와 171개의 Wee 센터, 7개의 Wee 스쿨이 운영되고 있다.

Wee 프로젝트 수행을 위해 유관기관과 연계하는데, 그 예로 보건의료기관(ONE-STOP 지원센터, 해바라기센터, 정신보건센터, 알코올상담센터), 문화기관(박물관, 미술관), 공공기관(경찰서, 보호관찰소), 복지기관(사회복지관), 보호기관(청소년 쉼터, 아동보호기관, 그룹홈), 청소년수련시설 및 청소년 관련 기관, 법률자문기관(가정지원센터, 법률지원센터), 자립자활기관, 자원봉사기관 등을 들 수 있다.

2012년 한국교육개발원 '학교폭력예방연구지원특임센터'가 교육과학기술부로부터 학교폭력 관련 연구와 사업을 위탁받아 학교폭력 예방 및 근절정책의 교육현장 정착을 지원하기 위한 종합적인 기능을 수행하게 되었다. 이 센터의 주요업무는 학교폭력 관련 기초 · 정책연구, 학교폭력 실태조사, 학교폭력 예방교육 프로그램 개발 및 운영, 학교폭력 현장점검 및 컨설팅 운영 등이다.

(2) CYS-Net

CYS-Net(Community Youth Safety Network : 지역사회청소년통합지원체계)란 여성가족부가 학교폭력을 비롯해서 가출, 인터넷 중독 등 위기 청소년에 대해 지역사회 내 활용 가능한 자원을 연계하여 상담, 보호, 교육, 자립 등 맞춤형 서비스를 제공함으로써 이들을 가정과 사회로의 복귀를 지원하는 연계망이다.

CYS-Net의 실제 서비스 제공 기관은 2013년 기준으로 전국 196개 청소년상담복지센터이며, 그 사업내용은 지역연계협력사업, 청소년상담 및 활동지원, 청소년전화 1388운영, 위기청소년 긴급구조활동, 일시보호시설 운영, 교육, 자립 등과 같은 맞춤형 서비스를 제공하는 일이다. CYS-Net의 분야별 서비스내용과 사업수행기관은 표 4-1과 같다.

표 4-1 CYS-Net의 분야별 서비스 내용과 사업수행기관

분야별	서비스내용	사업수행기관
상담	개인상담, 집단상담, 심리검사, 청소년동반자 파견 등	직접수행
보호	긴급구조, 일시보호, 귀가 지원, 식사 제공, 교통비 지원 청소년쉼터, 그룹홈 연계	직접수행 청소년쉼터, 그룹홈
교육	검정고시 응시지원, 대안교육 연계 등	직접수행, 대안학교
자립	직업 · 취업정보 제공, 취업 지원, 직업훈련 지원 등	직접수행, 고용지원센터
법률	조사동행, 변호 지원, 법률자문	1388 법률 지원단
문화	동아리활동 지원, 수련관 프로그램 안내 등	청소년수련관
건강	약품 지원, 건강진단, 치료 지원	지역의료원, 보건소, 1388 의료 지원단(약사회, 의사협회 등)

자료 : 여성가족부(2014). 홈페이지.

CYS-Net는 무엇보다 지역사회기관과의 연계가 중요하며, 연계절차는 위기청소년이 주로 각급 학교, 교육지원청, 청소년 전화 1388, 경찰관서 등에 발견되면, CYS-Net에 긴급구조로 청소년을 일시보호한 후 '사례판정회의'를 거쳐 심리검사 및 필요서비스를 받는다. 이때 의뢰된 해당 청소년을 청소년상담복지센터가 우선적 서비스를 제공하고, 이후 필요서비스에 따라 연계기관에 의뢰한다.

(3) 경찰청

경찰청은 학교폭력을 포함한 여성폭력 등 피해자에 대한 구조활동을 지원하기 위해 '안전 Dream'대책을 운영하고 있다. 학교폭력과 관련한 주요 안전 Dream 대책의 하나는 기존에 산재되어 있던 학교폭력 신고전화를 경찰청이 운영하는 학교폭력신고센터(117 센터)로 통합 · 운영되고 있다는 점이다. 그러나 최근 '117' 전화에 의한 신고 · 접수를 익명으로 할 수 있도록 실시간 상담 채팅 애플리케이션(앱) '117 챗(Chat)'이 도입되었다. '117 챗'은 카카오톡과 같은 스마트폰 앱으로 학생은 휴대전화를 활용해 24시간 어디서나 익명으로 자기 학교전담경찰관에게 학교폭력을 신고하고 상담을 요청할 수 있다.

또 다른 하나는 지역사회기관(예 : Wee 센터, CYS-Net 등)과 연계하여 청소년 심리상담을 지원하도록 하거나, 종교단체와 연계하여 종교체험을 통해 가 · 피해학생 회복을 돕도

그림 4-3 경찰청 '안전 Dream' 홈페이지

록 하는 것이다. 그밖에 지역사회 재능기부자를 활용한 청소년 문화활동을 통해 학생들의 문화적 소양, 상호존중과 배려의 인성, 팀워크를 길러주도록 하고 있다.

BOX 4-1 | 학교폭력 신고처벌의 근거

경찰청 '안전 Dream'대책 가운데 학교폭력 신고처벌근거를 중심으로 소개하면, 학교폭력은 「형법」, 「폭력행위 등 처벌에 관한 법률」을 비롯해서 「소년법」, 「학교폭력예방 및 대책에 관한 법률」, 「민법」 등이 적용된다. 학교폭력 피해자, 가해자, 학부모, 학교 및 교사 등에 대한 조치와 민·형사책임 등을 간략히 소개하면 다음과 같다.

1. 학교폭력 피해자 보호

- 학교폭력 피해학생은 「학교폭력예방 및 대책에 관한 법률」에 따라 심리상담 및 조언, 일시보호, 학급교체 및 전학 등의 조치를 받을 수 있다.
- 학교폭력의 피해학생은 가해학생, 그 감독의무자 및 학교 등을 상대로 손해(치료비 및 위자료 등)에 대한 배상을 청구할 수 있다.
- 일정한 범죄에 대해 유죄판결을 선고할 경우, 법원은 직권 또는 피해자의 신청에 따라 피고인에게 범죄로 인하여 발생한 직접적인 물적 피해, 치료비 및 위자료의 배상을 명할 수 있다.

2. 가해학생 및 학부모(감독의무자)의 책임

- 가해학생은 「학교폭력예방 및 대책에 관한 법률」에 따라 '학교폭력대책자치위원회'로부터 피해학생에 대한 서면사과, 피해학생에 대한 접촉 및 협박의 금지, 학급교체, 전학, 학교에서의 봉사, 사회봉사, 학교 내외의 전문가에 의한 특별교육 이수 또는 심리치료, 출석정지, 퇴학처분 등의 조치를 받을 수 있다.
- 가해학생은 '학교폭력대책자치위원회'로부터 조치와 징계를 받았다 하더라도 형사처벌을 받을 수 있다. 「형법」에 따라 상해죄, 폭행죄, 감금죄, 협박죄, 약취(略取)·유인죄, 명예훼손죄·모욕죄 및 공갈(恐喝)죄 등으로 처벌받을 수 있다. 단체나 다중의 위력으로서 또는 단체나 집단을 가장하여 위력을 보임으로써 폭행죄, 협박죄, 강요 및 공갈의 죄 등을 범한 자 또는 흉기 그 밖의 위험한 물건을 휴대하여 그 죄를 범한 자는 「폭력행위 등 처벌에 관한 법률」에 따라 처벌을 받을 수 있다.
- 가해학생이 만 14세 미만의 초등학생이나 중학생이면 형사 처벌을 받지는 않으나(「형법」 제9조), 「소년법」에 따른 보호처분 등을 받을 수 있다(「소년법」 제32조).

가해자 연령에 따른 처분내용	10세 미만	10세 이상~14세 미만	14세 이상
보호 처분	X	O	O
형사 처벌	X	X	O

- 학교폭력 피해자는 가해자에 대해 형사처벌 외에 민사소송을 통해 손해(치료비, 위자료 등)의 배상을 청구할 수 있다.
- 현실적으로 가해학생은 자력이 없는 경우가 대부분이므로 피해자는 가해학생의 감독의무자(부모 등 친권자)를 상대로 손해배상을 청구할 수 있다.

3. 교사 및 학교 등의 책임

학교폭력이 발생했을 때 교사 및 학교는 학교에서의 교육활동 및 이와 밀접한 불가분의 관계에 있는 학교생활, 가해자와 피해자의 관계 등을 통해 사고가 예측되거나 또는 예측가능성이 있는 경우에 보호·감독의무 위반에 대한 책임을 부담한다(「민법」 제755조제2항). (대법원 1981. 8. 11. 선고 81다298 판결). 이때 학교의 교사 및 교장 등이 감독의무를 해태(懈怠 = 태만)하지 않았음을 입증해야 한다(「민법」 제755조제1항).

자료 : 경찰청(2014). '안전 Dream' 홈페이지(www.safe182.go.kr).

(4) 청소년상담복지센터

청소년상담복지센터는 위기의 청소년들에게 상담 · 긴급구조 · 자활 지원 · 교육 등의 서비스를 제공해서 탈선을 방지하고 가정과 학교로 복귀하여 정상적인 학업을 하도록 도와주는 것이 목적이다. 청소년상담복지센터는 CYS-Net의 중심적 역할을 수행하고 있으며, 학교폭력인 경우 피해학생에 대해서는 보호와 신체 · 정신적인 치료를, 가해학생에 대해서는 상담과 재발방지에 역점을 두고 있다.

무엇보다 문제 예방의 중요성 때문에 청소년상담복지센터는 위기청소년을 조기에 포착하여 상담서비스를 제공하고 가출과 폭력 및 성매매 등으로 빠지지 않도록 유도한다. 일단 가출, 약물 중독, 성매매, 성폭력 등에 노출된 학생들을 24시간 구조를 하며, 나아가 이 학생들을 대안학교 위탁 및 직업알선, 사후관리 멘토링 등을 실시하는 원스톱 서비스를 제공하고 있다. 서울시 청소년상담복지센터의 주요 업무와 그 이용안내를 예로 들면 표 4-2와 같다.

표 4-2 | 서울시 청소년상담복지센터의 주요 업무

<table>
<tr><th>업 무</th><th colspan="3">센터 이용안내</th></tr>
<tr><td>개인상담</td><td>전화신청(02-2285-1318)
온라인신청(teen1318.or.kr)</td><td>상담자가 전화하여
상담시간 정함</td><td>내방</td></tr>
<tr><td>상담복지센터 내
집단상담</td><td>공문 및 대중매체를 통한 홍보
→ 집단상담 종류 및 시간 확인</td><td>전화신청
(02-2285-1318)
온라인신청
(teen1318.or.kr)</td><td>내방</td></tr>
<tr><td>푸른교실
(부적응학생의 적응력
향상을 위한 집단상담)</td><td>공문을 통한 홍보 →
내용(시기/프로그램 종류 확인)</td><td>학교담당자가 전화신청
(02-2285-1318)</td><td>상담자가 직접 학교
방문하여 프로그램
실시</td></tr>
<tr><td>심리검사</td><td>전화신청 및 검사시간 예약
(02-2285-1318)</td><td>검사 실시</td><td>해석상담</td></tr>
<tr><td>전화상담</td><td>02-2285-1318
안내방송 1번</td><td>사이버 상담</td><td>teen1318.or.kr
(공개상담/비밀상담)</td></tr>
<tr><td>긴급구조활동</td><td>긴급구조 요청(1388 전화, 청소년지원단, 경찰연계)</td><td>현장상담/내방상담</td><td>일시보호/의료/
교육/자립/법률/
귀가 지원 등</td></tr>
<tr><td>청소년동반자활동</td><td>긴급구조 요청(1388 전화, 청소년지원단, 경찰연계)</td><td>대상자와 연락 의사확인 및 지원내용 파악</td><td>청소년동반자활동</td></tr>
</table>

자료 : 서울시 청소년상담복지센터(2014). 홈페이지.

(5) 정신보건센터

정신보건(증진)센터는 지역주민들의 정신건강증진을 위해 다양한 측면, 예컨대 정신건강에 대한 인식 제고, 정신건강 예방증진활동, 정신장애인의 사회복귀 및 가족들의 삶의 질 향상 등 다양한 정신건강서비스를 제공한다. 최근 아동·청소년 정신질환에 대한 서비스 수요가 대폭 증가함에 따라 이들을 위한 학교 기반의 아동청소년 정신건강 문화조성의 일환으로 '학교정신건강 아카데미'를 운영하고 있으며, 학교를 기반으로 한 학생들 정신건

표 4-3 | 종로구 정신보건(증진)센터 주요 업무

주요사업	사업대상	사업내용
사례관리 사업	• 현재 정신과 치료를 받고 있는 주요 정신질환자 • 정신장애인으로 등록한 자 • 진단은 받지 않았으나 뚜렷한 정신질환이 의심되는 자	• 사례관리(상담을 통한 개인의 증상관리 및 치료기관 연계, 일상생활관리 및 사회기술 향상·약물교육 제공, 사회복귀시설·그룹홈 등 연계를 통한 취업, 주거 지원) • 응급 및 위기관리 • 가족 지원(가족교육·상담·야유회)
정신건강 증진사업	• 우울 및 자살, 알코올중독 정신건강 고위험군 및 치료대상자 • 학교, 관내 사회복지시설, 병의원, 동주민센터, 보건소, 지역민간단체, 관내사업장 등 • 지역주민	• 초기평가사업(우울조기검진, 알코올조기검진, 위기관리) • 정신건강 예방교육(우울, 알코올)
정신보건 환경 조성사업	• 지역 내 1차 관련 기관 인력, 관련 학과 학생 • 지역주민	인식개선사업 • 정신보건 관련 인력교육 실시 • 정신건강 행사 및 홍보(예 : 정신건강의 날, 복지박람회, 건강 한마당 등)
아동·청소년 사업	• 관내에 거주하는 취약계층 아동·청소년 • 관내 초중고 학생 • 가족, 교사 및 지역아동센터 등 관련 기관 실무자	• 통합적 사례관리(아동청소년 담당자에 의한 지속적인 부모, 대상자 상담 지원) • 의료비 지원(취약 계층 아동청소년 우선 지원, 관내 치료기관과의 정기적인 자문을 통하여 지원받는 대상자에 대한 정보공유 및 진행, 추후 사례관리 계획 공동논의) • 학교정신건강 아카데미(다양한 접근방법으로 정보 제공, 관내학교 및 정신과와 함께 교육 아카데미 설치 실시)
생명존중 사업	• 자살 고위험군 • 학교, 관내 사회복지시설, 병의원, 동주민센터, 지역민간단체, 관내사업장 등 • 지역주민	• 우울증 조기검진, 자살 예방 등 생명존중사업 • 자살시도자에 대한 응급개입 • 자살고위험군 발굴 • 생명지킴이 양성 확대(게이트키퍼 교육대상자 확대) • 게이트키퍼의 실질적인 활동 강화

자료 : 종로구 정신건강증진센터(2014). 홈페이지.

강관리를 위하여 교사전용 전화상담 서비스(School-Line) 또한 제공하고 있다. 지역마다 서비스의 차이가 다소 있으나 종로구에서는 표 4-3과 같은 사례관리, 정신건강증진, 정신보건 환경조성, 아동 · 청소년, 생명존중 등이 주요 사업이다.

(6) 건강가정지원센터

가족에게 필요한 다양한 상담, 복지, 교육을 지원하는 건강가정지원센터는 보건복지부가 그 주관 기관이며, 가족 관련 다양한 사업을 벌이고 있다. 가족교육, 생애주기별 가족생활교육, 아버지교육, 가족성장아카데미교육 등 4가지다. 이들 사업 중 '생애주기별 가족생활교육'에서 생애주기란 가정을 이룰 때 누구나 거치는 단계, 즉 결혼, 출산, 육아, 학령기 부모, 중년기 청소년자녀를 둔 부모, 중년기 성인자녀를 둔 부모, 자녀를 출가시킨 후 노년기 부부, 배우자의 사망으로 가정의 소멸 등의 단계를 말한다. 또, '가족성장 아카데미교육'이란 연령, 생활주기와 상관없이 모든 가족들이 가정생활 전체 틀과 생활의 방향을 인식하고 부부관계, 부모역할, 일 · 가정 균형, 가정경제, 가정관리 등 가정의 전반적인 내용들을 점검하고 진단할 수 있는 교육을 뜻한다.

(7) 청소년비행예방센터

청소년비행예방센터는 '대안교육센터'라는 대외적인 기관 명칭으로 운영되고 있다. 청소년비행예방센터는 법무부가 학교폭력 가해학생 등을 선도하고 청소년의 건전한 육성을 위해 지난 2007년 6개 지역에 설치 · 운영해 왔고, 2012년 범정부 차원의 '학교폭력근절 종합대책'을 계기로 4개 지역에 추가로 센터 문을 열었으며, 앞으로 더 설립할 예정이다.

청소년비행예방센터는 법원에서 대안교육명령 처분을 받은 청소년, 검찰에서 교육조건부 기소유예처분을 받은 청소년 및 학교에서 학교폭력 등으로 특별교육 이수 처분을 받은 학생에 대한 사회적응과 재비행 방지를 위한 대안교육을 담당하고 있다. 이러한 대안교육외 비행원인 진단, 청소년심리상담, 법교육, 보호자 교육, 가족솔루션캠프 등도 청소년비행예방센터의 주요 업무내용에 포함되어 있다.

(8) 여성 · 학교폭력피해자 ONE-STOP 지원센터

ONE-STOP 지원센터는 2001년부터 소규모로 시범 운영해오던 경찰병원 내 성폭력 의료지원센터를 개편하여 성폭력뿐만 아니라 학교폭력, 가정폭력 피해자, 성매매 피해여성 등에게 지원하고 있다. 지원업무는 24시간 의료 지원, 상담 지원, 수사에 필요한 진술 녹화 등 수사 지원, 법률 지원, NGO 연계 등 피해자를 위한 통합 지원을 한다. 이 센터는 그동안 피해자 보호시스템 부재로 인해 상담소, 병원과 경찰서 등을 전전하며 신분 노출, 반복 진술, 장시간 대기 등으로 고통받아온 여성, 학교폭력 피해자들을 위한 통합 지원의 필요성에서 비롯되었다.

(9) 해바라기 (여성)아동센터

해바라기 아동센터는 만 13세 미만의 성폭력 피해아동에게 도움을 주는 것이 목적이다. 아울러 과거의 성폭력 경험으로 고통받는 아이, 성폭력 피해를 입은 정신지체 장애인, 성폭력 피해아동의 가족에 대한 지원도 겸하고 있다. 해바라기 아동센터는 24시간 신고와 접수를 받으며 소아정신과, 외과, 비뇨기과, 항문외과 등의 진료를 담당하는 응급구조활동과 변호사 자문, 증거물 채취, 진술 녹화, 진단서 발급을 지원하는 법적 지원활동을 한다. 또한 약물치료, 놀이치료, 가족상담, 심리검사, 마술치료 등으로 아이와 가족의 후유증을 치료한다.

(10) 청소년폭력예방재단

청소년폭력예방재단(청예단)은 1995년 학교폭력의 피해로 16살의 외아들을 잃은 아버지가 사재를 털어서 학교폭력의 심각성을 알리고 그 예방과 치료를 위한 활동을 목적으로 설립한 비영리민간단체(NGO)이다.

대표적인 사업으로는 나눔 참여, 교육센터, 학교폭력 SOS지원단, 상담치료센터가 있다. 나눔 참여는 후원을 통해 청소년들의 안전한 학교생활을 지원하고, 교육센터는 학교폭력 예방교육을 목적으로 학생 · 학부모 · 교사 · 전문가 등을 대상으로 교육이나 연수를 실시하고 있다. 학교폭력 SOS지원단은 교육부의 지원을 받아 학교폭력 피해학생 및 학부모, 교사, 전문가들을 대상으로 상담서비스를 제공하고, 까다로운 학교폭력 사건 발생 시 각급

그림 4-4 위기 지원의 절차

학교와 연계하여 학교폭력대책자치위원회 자문 제공 및 분쟁조정을 지원 운영한다. 그리고 상담치료센터는 아동청소년과 가족의 심리적인 어려움에 대한 전문심리상담서비스를 제공한다.

현재 본부와 전국 지부에서 연간 2만 건이 넘는 위기상담과 긴급출동, 분쟁조정 등의 각종 지원을 해오고 있는 청소년폭력예방재단은 거리상담, 캠페인, 전시회 등의 학교폭력 예방 홍보사업을 실시하고 있다. 아울러 연구사업, 예컨대 상담 사례집 출간, 학교폭력 관련 자료 출판, 세미나 개최, 학교폭력 예방을 위한 교원연구회 등을 진행하고 있다.

그림 4-4는 학교폭력 SOS지원단에서 수행하는 위기 지원 절차이다. 위기지원은 전화상담을 통하여 접수 후 위기 지원 여부를 논의한 후 위기 지원이 결정되면 의뢰인이 있는 곳으로 가서 맞춤형 서비스를 제공하고 자치위원회 자문 및 법률 자문을 제공한다. 그리고 학교폭력으로 인한 민・형사적 과정의 고통 해소를 위해 갈등해결을 돕고 손해배상 및 화해를 중재하는 중재 개입을 실시한다. 마지막으로 학교폭력 2차 피해 예방 및 가정과 학교로의 안정된 복귀와 적응을 위한 사후관리를 실시한다.

(11) 자녀 안심하고 학교보내기운동 국민재단

자녀 안심하고 학교보내기운동 국민재단은 1999년 설립된 이래로 현재까지 법교육사업과 청소년 후원사업을 하고 있는 비영리민간단체이다. 여기서 법교육이란 법률가가 아닌 사람을 대상으로 법 관련 지식을 제공하여 합리적인 법률생활을 돕는 교육을 말한다. 이 재단의 소관부처는 법무부이며, 재단 내 부설로 '한국법교육센터'를 설립하여 청소년 생활법 경시대회, '학생자치 법정' 시범학교, 비행 예방을 위한 대상별 법교육사업 등 민주시민 양성을 위한 법교육 프로그램 및 행사를 진행해 왔고, 국민 법의식 향상을 위해 생활법 학습교재를 발간하고 있다. 그리고 청소년 장학 및 선도사업으로 장학금 지원사업과 청소년 문화체험 및 멘토 프로그램도 운영하고 있다.

(12) 해맑음센터

해맑음센터는 학교폭력 피해학생 및 학부모를 위한 전국단위의 심리예술 치유기관이다. 해맑은 미소처럼 숨겨진 자신을 회복하는 단계를 거쳐 자신만의 미래의 꿈을 마련한다는 의미를 지닌 '해맑음센터'는 대전시교육청과 학교폭력피해자가족협의회와의 업무협약을 통하여 위탁 운영되는 대안교육형 중 · 단기 위탁 프로그램을 운영하는 기숙형 종합 지원센터이다. 교육 대상으로는 학교폭력 피해학생 및 학교생활 부적응학생으로서 초 · 중 · 고 30명이 정원이고, 교육기간은 기본 2주 과정이며 3개월까지 가능하다. 해맑음센터의 프로그램은 전문가들의 맞춤형 심리상담과 음악 · 미술 · 연극 · 춤 등 예술치유 등으로 심리적 고통을 해소하고 자아존중감을 비롯하여 정서조절능력, 자기주장능력, 대인관계 및 의사소통기술 등을 갖추어 건강한 생활인이 되게 하는 데 초점을 두고 있다.

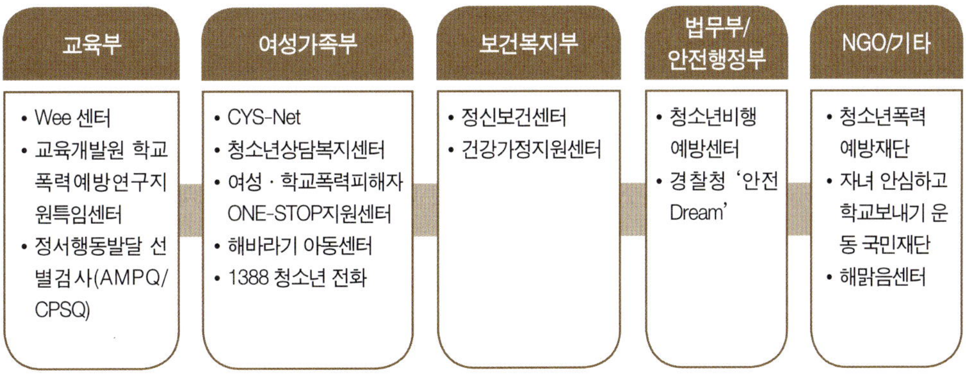

그림 4-5 범정부 · 지역사회 연계 주요체계 및 기관

CHAPTER 05

교사 및 교장의 학교폭력 대응관리

C H A P T E R

05 교사 및 교장의 학교폭력 대응관리

학교폭력에 대응하기 위한 관리는 사전관리, 발생 시 관리, 사후관리 등 3단계로 나눌 수 있다. 사전관리단계는 학교폭력의 발생을 사전에 예측하여 방지하기 위한 예방교육단계다. 발생 시 관리단계는 학교폭력 발생 직후의 피해 최소화, 신속한 해결, 안전상태로의 조기 회복 등이 포함되는 단계다. 사후관리단계는 2차 피해와 재발방지를 위한 대책을 수립하고, 위기교육활동을 하는 단계이다.

이 장은 교사의 역할이 강조되는 학교폭력 대응단계별 관리, 이 관리를 위한 학교장 책무를 중심으로 한 학교폭력 대응관리 기본지침, 학교폭력 사례별 대응법 등을 살펴볼 것이다. 이를 위해 「학교폭력예방 및 대책에 관한 법률」을 기초로 한 '학교폭력 예방(교사용)' 매뉴얼(법무부, 교육과학기술부, 2012b)을 중심으로 그 내용을 설명하거나 발췌 · 요약하였다. 「학교폭력예방 및 대책에 관한 법률」은 '법'으로도, 「학교폭력예방 및 대책에 관한 법률 시행령」은 '시행령'으로도 명기했다.

1. 학교폭력 대응 사전관리

1) 학교폭력 예방교육

학교폭력 사전관리는 예방교육을 통해 가능하다. 「학교폭력예방 및 대책에 관한 법률」 제15조제5항에 따른 학생과 교직원 및 학부모에 대한 학교폭력 예방교육은 표 5-1과 같다(시행령 제17조).

표 5-1과 같이 예방교육의 내용은 대상에 따라 다소 다르나, 그 핵심내용으로는 학교폭력은 범죄라는 사실, 폭력 발생 초기 피해학생의 적극적인 도움 요청, 학교폭력 목격자의 법률상 신고의무 등을 들 수 있다.

학교폭력 예방교육을 학기별로 반드시 1회 이상 실시하여야 하는데, 시간, 강사선정, 강사료, 강의방식 등은 학교 실정에 따라 결정하되, 전체 학생대상 특강방식을 지양하고 학급단위로 실질적인 교육이 이루어지도록 교육한다. 각 시 · 도 교육감은 각급 학교의 예방교육계획 및 실시 여부에 대해 확인 점검해야 한다.

표 5-1 | 학생과 교직원 및 학부모에 대한 학교폭력 예방교육[1]

구 분	학교폭력 예방교육 내용
학생교육	학기별 1회 이상 반드시 실시(학급단위로 실시 원칙, 다양한 자료나 프로그램 등을 활용하고, 강의, 토론, 역할 연기 등 다양한 방법 실시)
교직원교육	학기별 1회 이상 반드시 실시(교육내용 : 법령의 내용, 발생 시 대응요령, 학생 대상 예방 프로그램 운영방법 등)
학부모교육	학기별 1회 이상 반드시 실시(교육내용 : 학교폭력 징후 판별, 발생 시 대응요령, 가정에서의 인성교육 관련 사항 등)
학교의 장	학교폭력 예방교육 프로그램의 구성 및 그 운용 등을 전담기구와 협의해서 전문단체 또는 전문가에게 위탁
교육장	학교폭력 예방교육 프로그램의 구성과 운용계획을 학부모에게 홍보하기 위해 인터넷 홈페이지 게시

1) 학생, 교직원 및 학부모 대상 학교폭력 예방교육은 학기별 1회 이상 필수적으로 실시되어야 한다. 이는 「학교폭력예방 및 대책에 관한 법률」 에서 규정한 대로 학교의 사정이나 학교장의 결정과 같은 이유로 연기하거나 실시하지 않을 수 있는 사항이 아니다(교육과학기술부, 법무부, 2009).

실질적인 예방교육은 학생뿐만 아니라 학부모와 교사에게도 실시해야 하며, 특히 학부모들은 일과 후 저녁시간으로 계획하여 참여도를 높이고, 가정통신문과 이메일을 통한 간접교육도 병행한다. 교사의 경우는 교육청이 주관하는 직무연수에 참가하거나 학교 자체 연수를 실시한다.

2) 학교폭력 감지와 예방

최근의 심각한 학교폭력에 대응하기 위해서는 학기별 1회 이상의 집중적인 예방교육 이외에, 수시 혹은 주기적인 교육이 요구된다. 이러한 수시 혹은 주기적인 교육은 학교폭력 단서를 조기에 감지하고 적절하게 개입하는 예방적 교육을 말한다.

(1) 학교폭력 감지

학교폭력에 대한 감지는 교사가 학급의 분위기를 통해 알 수 있고, 곧이어 누가 피해 혹은 가해학생인지 감지할 수 있는 단서에 주의를 기울이도록 한다(손진희, 홍지영, 2008; 송재홍 외, 2012; 유형근 외, 2010; Olweus, 1999).

① 학급 분위기 감지 단서

- 발표를 할 때 어떤 아이에게는 집중을 하면서, 어떤 아이의 실수에는 비난이 쏟아진다.
- 인기가 유달리 많은 아이가 있다.
- 잘못을 했지만, 아이들로부터 문제 제기나 비난을 받지 않는 아이가 있다.
- 서로 잘못을 했는데, 꼭 먼저 사과를 하는 아이가 있다.
- 아이의 책상과 앉은 자리 주변이 항상 지저분하다.
- 비싼 옷, 게임기, 고가의 소지품, 운동화 등을 자주 잃어버리는 아이가 있다.
- 심부름을 도맡아 하는 아이가 있다.
- 종종 두통이나 복통 등 몸이 좋지 않다고 호소하며 집에 가고 싶어 하는 아이가 있다.
- 당번을 도맡아 하는 아이가 있다.
- 급식할 때 좋아하는 반찬을 빼앗기는 아이가 있다.
- 체육시간 등 수업시간에 짝을 정할 때 홀로 남겨지는 아이가 있다.

특히, 여자아이들이 보이는 특성은 다음과 같다.

- 그룹을 짓고 함께 다니는 아이들이 고정되거나, 어울려 다니는 아이가 자주 바뀐다.
- 밥을 먹거나 화장실에 다녀올 때, 집에 갈 때 등 주로 혼자 생활하는 아이가 있다.
- 친한 아이의 심부름을 대신 해주는 아이가 있다.
- 유난히 교사 주변을 빙빙 도는 아이가 있다.

② 피해학생 감지 단서

- 평소보다 표정이 어둡고 두려워하는 기색이 있거나 수업에 집중하지 못하고 멍하니 있는 등 고민거리가 있는 것처럼 보인다.
- 친구의 심부름을 자주 하거나 친구들과 어울리지 못하고 비웃음을 사는 등 친구와 대등한 관계에 있지 않다.
- 일기나 노트에 죽고 싶다거나 폭력적인 그림, 낙서 등이 발견된다.
- 조퇴나 결석이 잦아지고 성적이 큰 폭으로 급격히 떨어지는 등 학교생활에 흥미가 없다.
- 특별한 볼 일 없이 교무실, 교사 주위를 배회한다.
- 친구들로부터 이름보다는 주로 비하성 별명이나 욕으로 불린다.
- 전학을 요구하거나 전학에 관한 이야기를 한다.
- 갑자기 생긴 신체적 외상에 대한 설명을 피한다.

③ 가해학생 감지 단서

학교폭력 가해학생의 감지는 피해학생에 비해 대체로 쉽지 않다. 비행이나 불법행동이 드러나지 않는 경우, 이들은 학교도 그런 대로 잘 다니고 또래와의 관계에서도 특별한 문제가 없기 때문이다. 흔히 신체적인 힘이 우월하거나, 리더십이나 학업성적도 우수한 경우도 있다. 대체로 이들을 발견할 수 있는 단서들은 다음과 같다.

- 교사가 불러도 못 들은 척 피하는 등 교사 권위에 도전하는 행동을 한다.
- 교사가 질문할 때 다른 학생의 이름을 대며 그 학생이 대답하게끔 유도한다.
- 교실에서 큰 소리를 치고 거친 행동을 하는 등 험악한 분위기를 조성한다.
- 친구에게 물건 등을 자주 빌리고 책가방을 들어다 주는 친구나 후배가 있는 등 친구를 상하관계로 대한다.
- 형편에 비해 고급 의상을 착용하는 등 씀씀이가 헤프다.
- 하교 후 귀가하지 않고 학교 주변에서 자주 친구들과 서성인다.

(2) 학교폭력 단서 감지에 따른 예방적 개입

학교폭력 단서를 감지하게 되면, 그 단서행동이 확대되는 것을 막기 위해 예방적 개입의 절차, 즉 인식 및 탐색단계, 스크린 및 예방적 교육단계를 밟도록 한다(조정실, 차명호, 2010).

첫째, 인식 및 탐색단계에서 교사는 징후를 보이는 단서행동을 인식 · 관망하면서 더 이상 진행되지 않고 해결될 수 있는지에 대해 주의를 기울이는 탐색을 한다. 교사는 혹시 학교폭력이 발생한다면 이를 절대 용인하지 않을 '범죄'행동임을 알리고, 만약 피해학생이 있다면 피해학생에 대해서는 보호조치를 취할 것이라는 신뢰롭고도 단호한 의지를 보여 주는 것이 이 단계에서 필요하다.

둘째, 스크린 및 예방적 교육단계에서 교사는 단서행동의 변화 양상을 살펴보다가 학교폭력 사실을 확인한 후 예방 차원의 교육을 실시한다. 이때 '학급단위 중심 학교폭력 조기감지 질문지'나 '학급 카스트 조사'(Box 5-1, 5-2 참조)를 실시할 수 있다. 만약 학교폭력 사실이 확인되면, 교사는 그 용납이 불가하다는 것을 알리고 학교폭력 전담기구에 신고한 뒤 그 다음 절차를 따른다. 그런데 만약 가해행위로 인해 피해학생에게 신체 · 정신 또는 재산상의 피해가 있었다고 볼 객관적인 증거가 없고, 가해학생이 즉시 잘못을 인정하여 피해학생에게 화해를 요청하고 이에 대해 피해학생이 화해에 응하게 되면 이는 담임교사가 자체 해결할 수 있는 사안이라 할 수 있다. 이런 경우 또래 프로그램(또래상담, 또래중재 등)을 적용하거나 잠재적 피해학생의 적응문제나 잠재적 가해학생에 대한 선도를 위한 적절한 조치가 있어야 하고, 이들 학생의 부모에게 이 사실을 알리도록 한다. 특히, 잠재적 가해학생 및 학부모에게는 재발 방지 각서를 작성하게 한다. 이는 가해학생으로 하여금 심리적 부담을 가지고 책임감 있는 행동을 하게 하고, 부모에게는 자녀에 대한 철저한 관리 감독을 하게 하기 위함이다.

혹시 피해 단서를 발견한 사람이 학부모라면 자녀와 대화하면서 우선 자녀의 불안과 두려움을 이해 · 수용하도록 교사가 안내하도록 한다. 그런데 만약 자녀가 피해 사실을 부인하면 이를 일단 수용하면서, 있을 수 있는 폭력문제에 대한 학부모 자신의 적극적인 문제해결의 의지를 보여 주고, 피해사실이 분명한 경우라면 교사에게 알리거나 신고하도록 안내한다. 부모-자녀와의 대화에서 부모는 자녀를 위한 든든한 지지자나 지원자가 된다는 믿음을 갖도록 노력할 것을 교사가 당부한다. 스크린 및 예방적 교육단계는 이러한 개인적 차원의 지도 이외에 학급 전체 학생을 대상으로 한 예방교육이 이루어질 수 있다.

BOX 5–1 | 학급단위 중심 학교폭력 조기 감지 질문지

다음 질문 내용에 대해 해당하는 번호에 V표 하시오.

영 역	내 용	질문내용	조금 → 매우	개인	학급 평균	학년 평균	개인/평균
폭력적인 학교환경	신체폭력	우리 반에 친구를 때리는 아이가 있다.	⓪①②③④				
	따돌림	우리 반에 왕따가 있다.	⓪①②③④				
	언어폭력	• 나는 우리 반 친구에게 심한 욕이나 기분 나쁜 말을 한 적이 있다.	⓪①②③④				
		• 우리 반 친구가 듣기 싫어하는 별명을 부르거나 놀린 적이 있다.	⓪①②③④				
위험행동징후	불량서클 가입친구	• 친한 친구 중에 노는 아이가 있다.	⓪①②③④				
		• 다른 친구에게 돈을 뺏거나 괴롭히라고 시키는 친구가 있다.	⓪①②③④				
		• 약물(본드, 가스) 또는 담배나 술을 하는 친구가 있다.	⓪①②③④				
		• 무단결석하는 친구가 있다.	⓪①②③④				
	가해–피해 경험	• 나는 친구를 때린 적이 있다.	⓪①②③④				
		• 나는 친구에게 맞은 적이 있다.	⓪①②③④				
		• 나는 다른 아이를 따돌린 적이 있다.	⓪①②③④				
		• 나는 다른 아이에게서 따돌림을 받은 적이 있다.	⓪①②③④				
	인터넷 과다 사용	• 인터넷 때문에 숙제를 못한 적이 있다.	⓪①②③④				
		• 인터넷을 많이 해서 부모님에게 혼난 적이 있다.	⓪①②③④				
		• 인터넷을 많이 해서 손, 목, 어깨, 허리가 아프다.	⓪①②③④				
		• 인터넷 사용 때문에 친구와 약속을 어긴 적이 있다.	⓪①②③④				
	폭력 매체(영화·게임)	• 야한 영화, 동영상, 사진을 본 적이 있다.	⓪①②③④				
		• 내용이 좋은 영화보다 싸우고 부수고 스피디한 영화가 재미있다.	⓪①②③④				
성격문제	공격성 충동성 성향	• 나는 흥분을 잘한다.	⓪①②③④				
		• 나는 고칠 점을 지적받으면 짜증이 난다.	⓪①②③④				
		• 내가 잘하는 일에 대해 평가가 나쁘면 노발대발 한다.	⓪①②③④				
		• 나는 몹시 속상할 때면 누군가를 때리고 싶어진다.	⓪①②③④				

영 역	내 용	질문내용	조금 → 매우	개인	학급 평균	학년 평균	개인/ 평균
	스트레스	• 선생님에게 인정을 받지 못해서 스트레스를 받는다. • 공부한 만큼 성적이 나오지 않아서 스트레스를 받는다. • 학교에 있으면 스트레스를 받는다. • 친구들의 인정을 받지 못해서 스트레스를 받는다.	⓪①②③④ ⓪①②③④ ⓪①②③④ ⓪①②③④				
	합계 점수						
자아	자아 존중감	• 나는 나 자신을 사랑한다. • 나는 모든 일에 자신이 있는 편이다. • 나는 내가 할 수 있는 일에 최선을 다 한다. • 나는 친구들에게 인기가 있다.	⓪①②③④ ⓪①②③④ ⓪①②③④ ⓪①②③④				
교사 관계	교사의 지지도 및 교사 선호도	• 담임선생님이 나를 인정하고 신뢰한다고 느낀다. • 나는 어려운 일을 당하면 선생님에게 말하겠다. • 나는 담임선생님을 존경한다. • 담임선생님은 우리 반 아이들을 차별 없이 공평하게 대해 주신다.	⓪①②③④ ⓪①②③④ ⓪①②③④ ⓪①②③④				
가정	부모와의 관계	• 부모님은 나의 걱정이나 두려움을 함께 나누어 준다. • 나는 부모님과 사소한 일이라도 이야기를 자주 한다. • 부모님은 자신의 생각이나 느낌을 나에게 이야기하신다. • 나는 부모님을 존중한다.	⓪①②③④ ⓪①②③④ ⓪①②③④ ⓪①②③④				
교우 관계	사회적 기술	• 내가 먼저 말을 꺼내서 나는 친구를 쉽게 사귄다. • 나는 어려운 일이 있을 때 친구나 선생님에게 도움을 청한다. • 책상을 깨끗하고 단정하게 유지한다. • 학급회의에 적극적으로 참여한다.	⓪①②③④ ⓪①②③④ ⓪①②③④ ⓪①②③④				
	학급 선호도	• 즐겁게 느낀다. • 우리 반에 소속된 것을 만족하게 생각한다. • 우리 반 친구들은 내 이야기를 잘 들어준다. • 우리 반 친구들은 어려운 친구를 잘 도와준다.	⓪①②③④ ⓪①②③④ ⓪①②③④ ⓪①②③④				
	친한 친구 수	• 과학시간에 3명씩 조를 편성한다면 함께 조가 되고 싶은 친구 3명 이름을 쓰시오. • 내가 힘든 일을 당했을 때 말하고 싶은 친구는 몇 명인가?	_____ _____ _____ _____ 명				
	합계 점수						

* 학교폭력 발생의 직접적 요인 : 폭력적인 학교환경, 위험행동징후, 성격문제
  → 전체 합산점수가 높을수록 학교폭력 위험가능성이 높음
* 학교폭력 발생의 간접적 요인 : 자아, 교사관계, 가정, 교우관계
  → 전체 합산점수와 세부점수를 상담자료로 활용

자료 : 장맹배 (2006).

BOX 5-2 | 학급카스트 조사

담임교사는 학교폭력을 조기에 감지해야 하는데, 감지하는 방법의 하나가 학급카스트다. 학급카스트는 '학급피라미드 그리기'를 통해 그 파악이 가능한데, 전제 조건은 또래들끼리 함께 학교폭력문제를 반드시 해결해야 한다는 학급의 분위기 형성이 전제되어야 한다는 점이다. 학급카스트, 학급피라미드 그리기, 학교폭력 예방의 관련성을 살펴보자.

1. 학급의 권력구조인 학급카스트

요즘 학생들 사이에는 학급폭력의 토양이자 일종의 권력구조인 '학급카스트'라는 서열이 존재한다. 교실 내에 어떤 권력관계가 있는지 어느 중학생의 이야기를 직접 들어보자.

"권력구조는 크게 세 부류로 나눌 수 있습니다. 한 부류는 소위 '노는 아이들', 또 한 부류는 놀지 않고 '평범한 아이들', 그리고 마지막 부류는 소심하거나 많이 착하거나 또는 왕따 경험이 있는, 아이들의 표현을 빌리자면 '찌질한 아이들'로 나눌 수 있습니다. 노는 아이들은 또 다시 몇 가지 부류로 나눌 수 있습니다. 가장 중심이 되는 아이들이 있고, 그 아이들을 추종하는 아이들이 있고, 그 노는 아이들 그룹에 끼길 원하는 아이들이 있습니다."

2. 학급피라미드 그리기

학급피라미드 그리기는 학급카스트를 파악하는 방법이다. 이는 보통 3월 말~4월 초, 9월 말~10월 초 두 차례 정도 실시하여 학급카스트의 변화를 살피도록 한다. 그 절차는 다음과 같다.

- 학급에 존재하는 위계서열인 학급카스트 자체가 학교폭력을 가져오므로 불공평한 위계서열을 평등하게 만들기 위해서 실시한다는 것을 학생들에게 분명히 한다.
- 종이에 세모모양을 그리고, 가로로 여러 칸을 자신이 생각하는 대로 나누도록 한다. 피라미드의 위쪽에는 학급의 규칙을 어기며 다른 친구들을 괴롭히는 아이들을, 밑으로 갈수록 학급의 약속을 잘 지키고 다른 친구들을 괴롭히지 않는 아이들, 괴롭힘을 당하는 아이들의 이름을 쓴다. 이름 옆으로는 왜 그 위치에 해당하는지 구체적인 이유를 적도록 한다.
- 학급피라미드 결과를 공개하고 느낌을 나누도록 한다. 이때 학교폭력문제는 또래들끼리 함께 반드시 해결해야 하는 문제라는 학급의 분위기 형성이 전제되어야 한다.

3. 학급피라미드 공개와 학교폭력 예방

학급의 위계서열을 가장 잘 알고 있는 사람은 바로 아이들이다. 이미 모두가 알고 있는 사실을 공개하지 않는 것은 그러한 상황을 올바르게 인식하고 해결책을 모색하며 새로운 교실문화를 만드는 데 장애가 된다. 피라미드를 공개하면서, 특히 서열이 낮은 아이가 자기가 그린 피라미드를 직접 발표하고, 자신의 견해를 표현할 수 있다면 가장 바람직하다고 볼 수 있다. 서열이 낮은 아이들이 보복에 대한 두려움을 극복할 정도로 학급이 안전한 환경이 되었다는 것을 보여 주기 때문이다. 교사는 이러한 학급피라미드 공개를 통해, 필요한 경우, 이를 개별 상담자료로도 활용할 수 있다.

2. 학교폭력 발생 시 관리

학교폭력은 발생 이전에 예방이 최선책이다. 그러나 일단 발생하더라도 신속하고도 효과적인 대응을 한다면 그 후유증은 최소화될 수 있을 것이다. 그런데 다수의 학교에서는 학교폭력을 가능하면 숨기거나 은폐하려고 한다. 학교폭력 사건 처리건수에 따라 좋은 학교와 나쁜 학교를 선별하는 기준이 된다고 보는 부정적인 이미지 때문이다. 특히, 학교폭력자치위원회를 소집하게 되면 자치위원회의 외부위원에게 학교의 이미지가 손상되므로 학생선도위원회나 징계위원회를 열어 문제를 처리하려고 하는 경우가 있다. 그러나 이는 명백히 실정법을 위반하는 행위이므로 법적 절차에 따라 자치위원회를 열어서 사건을 처리해야 한다. 만약 진실규명이 어려운 경우에는 오히려 수사기관에 의뢰하여 학교폭력의 진상을 규명할 수도 있다.[1)]

1) 학교폭력 발생 사안 처리 절차

우선 학교폭력 발생 사안 처리 절차부터 요약하면 그림 5–1과 같다.

2) 학교폭력 발생 사안 관리내용

그림 5–1의 학교폭력 발생 사안 처리 절차에 따른 관련 관리내용은 규정된 일정한 지침에 따라야 한다. 이를 구체적으로 살펴보기로 하자.

(1) 학교폭력 사건발생 인지

사건현장 목격, 117신고센터의 통보, 신고 등을 통해 사건발생을 인지한 교사, 학생, 학

1) 학교폭력 관련 은폐 · 축소 · 부적절 화해종용 등 중요한 민원에 대한 신속한 해결을 위해 중앙 및 교육청 단위에 '학교폭력 민원신문고' 혹은 '특별점검단'을 운영한다(관계부처합동, 2013).

단 계	처리내용	비 고
① 폭력 사건 발생 인지	사건현장 목격, 117신고센터의 통보, 신고 등을 통해 사건발생을 인지한 교사, 학생, 학부모 등은 학교폭력 전담기구(책임교사 등)에 신고	
② 신고접수 및 학교장 보고	• 학교폭력 전담기구는 신고된 사안을 신고대장에 반드시 기록하고 학교장과 담임교사에게 보고하고, 가 · 피해학생 학부모 모두에게 통지 • 사안이 중대한 경우, 학교장 및 자치위원장에게 즉시 보고	학교폭력 전담기구
③ 즉시 조치	• 피해학생과 가해학생 즉시 격리 • 신고 · 고발한 학생도 피해학생의 수준에서 가해학생으로부터 보복행위를 당하지 않도록 조치 ▶ 피해학생 • 「아동 · 청소년 성보호에 관한 법률」에 따라 성폭행에 대해서는 반드시 수사기관에 신고하고, 성폭력 전문상담기관 및 병원을 지정하여 정신적 · 신체적 피해 치유 • 피해학생의 신체적 · 정신적 피해를 치유하기 위한 조치 실시 ▶ 가해학생 • 2인 이상의 학생이 고의적 · 지속적으로 폭력을 행사하는 경우 등에 해당하는 사안이라면 학교장은 가해학생에 대해 출석 정지 • 가해학생의 선도가 긴급한 경우, 「학교폭력예방 및 대책에 관한 법률」 제17조제4항에 따라 학교장은 가해학생에 대한 조치를 취한 후, 자치위원회에 즉시 보고하여 추인	학교장 학교폭력 전담기구 담임교사
④ 사안조사	• 학교폭력 전담기구에서 구체적인 사안조사 실시 • 가 · 피해학생 면담, 주변 학생 조사, 설문조사, 객관적인 입증자료 수집 등 • 가 · 피해학생 심층면담 • 조사한 결과를 바탕으로 가해자와 피해자 확정 • 성폭력의 경우 비밀유지에 유의	학교폭력 전담기구 담임교사
⑤ 가 · 피해 학생 부모 면담	조사결과에 대해 부모에게 알리고, 향후처리 절차 등에 대해 통보	학교폭력전담기구 담임교사
⑥ 처리 방향심의	자치위원회 또는 징계위원회 회부 여부 결정	학교폭력 전담기구
⑦ 처리 방향결정	전담기구의 심의결과를 바탕으로 자치위원회 개최 요구	학교장
⑧ 자치위원회 개최 및 조치	• 자치위원회를 개최하여 가 · 피해학생에 대한 조치결정 • 가해학생 및 보호자에게 의견진술의 기회를 부여하는 등 적절한 절차를 거쳐야 함	자치위원회

단계	내용	담당
⑨ 결정통보 및 재심안내	• 자치위원회의 결정을 가해자와 피해자 및 그 보호자에게 통보 • 통보 시 재심을 받을 수 있는 방법을 안내	학교장
⑩ 조치 실행 및 사후관리	• 학교장은 자치위원회의 조치 요청이 있는 경우, 14일 이내에 해당 조치를 해야 함 • 가해학생과 그 보호자가 조치를 거부하거나 회피하는 경우 관련 법령에 따라 징계 또는 재조치 • 교육감에게 조치 및 그 결과를 보고 (법 제19조) • 가 · 피해학생이 안정적인 학교생활을 할 수 있을 때까지 심리치료, 재활치료, 생활지도 등 실시 • 가 · 피해학생 소속 학급, 필요시 학생 전체를 대상으로 학교폭력 예방교육 실시	학교장 담임교사 전 교원

그림 5-1 학교폭력 발생 사안 처리 절차

부모 등은 학교폭력 전담기구에 신고한다.[2] 학교폭력 전담기구 신고는 원칙적으로는 정해진 서식에 따라 서면으로 하되, 긴급한 경우 전화나 구두로 먼저 보고하고 정식으로 신고할 수 있다.

학교폭력 신고 대표전화를 경찰청 '117'로 통합하여 24시간 운영하고, 1개소에 3~6명이 한 팀이 되어 상시 근무하여 학교폭력 신고접수 및 상담기관 연계 · 배분을 실시한다. 신고센터는 접수된 학교폭력 사안의 경중을 판단하여 경찰청 또는 학교폭력원스톱지원센터(Wee 센터, CYS-Net)로 사건을 이송한다.

경찰청 및 상담센터는 신고센터로부터 이송을 받은 사안의 최종처리 결과를 해당 학교 및 학교폭력신고센터에 통보한다. 통보를 받은 학교의 장은 학교폭력대책자치위원회를 소집하여 심의를 거쳐 사건을 종결한다. 여기서 경찰의 수사와 자치위원회의 개최는 별개라고 보아야 한다. 경찰의 수사는 형사 처벌 또는 소년보호처분 등을 목적으로 이루어지는 사법절차인 반면, 자치위원회는 가해학생을 교육 · 선도하기 위한 조치라서 서로 그 목적이 다르다. 경찰조사 결과 무혐의 처리되었다 하더라도 「학교폭력예방 및 대책에 관한 법률」상 학교폭력에 해당한다면 자치위원회에서 피해 · 가해학생에 대한 조치를 결정할 수 있다. 가해학생이 자치위원회 조치를 받고, 또 형사 처벌 혹은 소년보호처분을 받게 되더라도 이는 이중처벌에 해당하지 않는다.

2) 학생들이 SNS를 통한 사이버폭력 피해를 받는 경우 학교전담경찰관, 교내 상담인력 등을 대화방으로 초대하여 즉시 도움을 요청한다(관계부처합동, 2013).

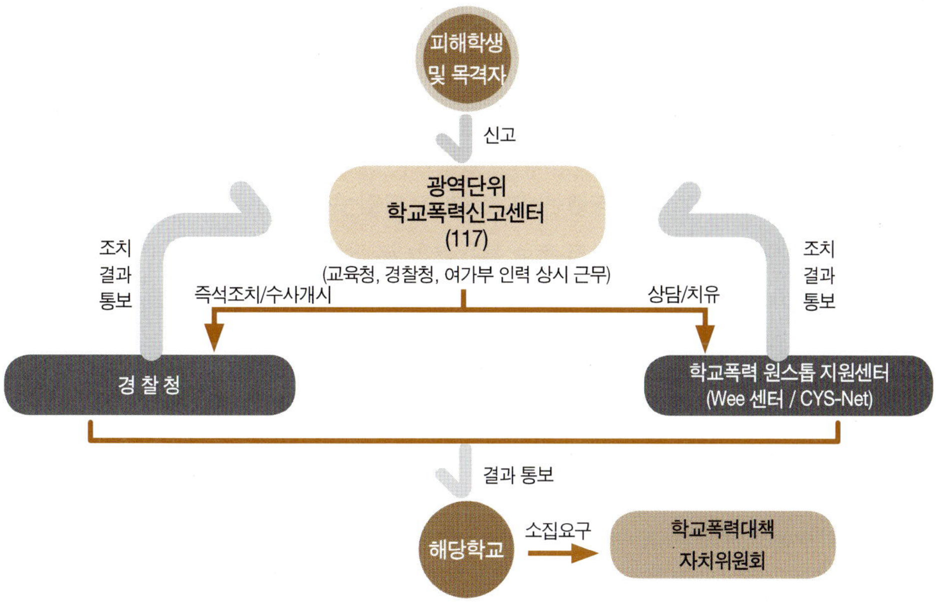

그림 5-2 117 학교폭력신고센터 운영체계도

(2) 신고접수 및 학교장 보고

학교폭력 전담기구는 신고된 사안을 신고대장에 반드시 기록하고 학교장과 담임교사에게 보고하며, 가·피해학생 학부모에게 통지한다. 사안이 중대한 경우, 학교장 및 자치위원장에게 즉시 보고를 한다.[3)]

(3) 즉시 조치

담임교사는 즉시 가해학생과 피해학생을 격리하고, 신고·고발한 학생도 피해학생 수준에서 보호한다. 피해학생 대상 성폭행인 경우 「아동·청소년 성보호에 관한 법률」에 따라 반드시 수사기관에 신고하고, 성폭력 전문상담기관 및 병원을 지정하여 정신적·신체적 피해 치유에 힘써야 한다. 또한 피해학생의 신체적·정신적 피해를 치유하기 위한 조치를 실시한다. 가해학생의 출석정지 사안의 경우, 학교장은 가해학생의 출석을 정지하고, 가

3) 학교폭력 신고 접수 시 시·도교육청(교육지원청)에 즉시 보고하도록 개선하고, 주요 처리단계별로 실시간 보고를 요한다(관계부처합동, 2013).

해학생 선도가 긴급한 경우 학교장은 가해학생에 대한 조치를 취한 후, 자치위원회에 즉시 보고하여 추인한다.

① 가 · 피해학생 즉시 격리

가해학생과 피해학생의 격리 목적은 가 · 피해학생 간 2차적인 폭력사태를 예방하고, 사안조사를 위해 가 · 피해학생의 심리적 · 신체적 상태를 회복하는 것이다.

격리의 방법은 사안조사 기간 중 가 · 피해학생이 서로 접촉하지 않을 수 있도록 학교 실정에 맞게 사전에 격리방안을 마련하고, 피해학생이 상담기관, 병원, 외부 쉼터, 자택에 머물게 되는 경우, 출석일수에 산입하며 평가 등에 있어서 불이익을 당하지 않도록 조치한다.

② 신속한 피해학생 · 신고학생 보호

피해학생 보호는 신속하게 보건교사에게 도움을 청하여 학생의 피해상태를 파악한 후 조치한다. 가벼운 상처의 경우 학교 보건실에서 1차 치료를 받도록 조치하고, 탈골, 기도 막힘, 기타 위급한 상황이라고 판단될 경우 즉시 119에 연락하여 도움을 청하도록 한다.

성폭력 피해학생은 신속하게 병원으로 이송하고, 증거를 보존하여 경찰에 신고한다. 성폭력의 경우 담임교사 혼자 증거를 파악, 보존하는 데 어려움이 있으므로 반드시 보건교사, 책임교사 등과 협조하여 처리해야 한다. 유의해야 할 점은 아동 · 청소년 대상 성범죄의 경우, 「아동 · 청소년의 성보호에 관한 법률」에 따라 강제추행 이상의 중대 사안은 경찰 등 수사기관에 반드시 신고해야 하고, 신고 의무를 위반하거나 거짓으로 신고 시 법률에 따라 300만 원 이하의 과태료가 부과된다.

신고학생의 보호는 가해학생으로부터 보복폭행을 당하지 않도록 하는 것이다. 신고학생의 신상이 조사과정 등에서 누설되지 않도록 비밀보장을 철저히 해서 사안 종료 시까지 신변의 안전을 도모할 수 있어야 한다.

③ 피해학생에 대한 보호조치

자치위원회는 피해학생의 보호를 위하여 필요하다고 인정하는 때에는 표 5–2에서 볼 수 있는 하나 또는 수 개의 조치를 병과할 것을 학교의 장에게 요청할 수 있다. 다만, 학교의 장은 피해학생의 보호를 위하여 긴급하다고 인정하거나 피해학생이 긴급보호의 요청을 하는 경우에는 자치위원회의 요청 전에 ①, ②, ⑤의 조치를 할 수 있다. 이 경우 자치위원회

표 5-2 | 피해학생에 대한 보호 및 긴급조치

보호조치	긴급조치	의 의
① 심리상담 및 조언	O	정신적 충격 극복 및 대인관계 향상
② 일시보호	O	지속적인 폭력이나 보복의 우려에서 일시적으로 보호시설 · 집 · 학교상담실 등에서 보호
③ 치료 및 치료를 위한 요양	X	의료기관 입원 혹은 통원치료하면서 심리적 · 신체적 진료나 치료
④ 학급교체	X	가 · 피해학생 격리를 위해 가해학생 학급교체와 함께 피해학생의 학급교체
⑤ 그밖에 피해학생의 보호를 위하여 필요한 조치	O	자치위원회에서 피해학생에게 필요한 다른 조치들도 규정

에 즉시 보고하여야 한다(법 제16조제1항).

피해학생의 조치에 따르는 결석은 교장이 인정하여 출석일수에 산입할 수 있고, 성적 평가에 있어 불이익을 주지 않도록 노력한다(법 제16조제4 · 5항).

④ 가해학생에 대한 선도조치

학교폭력전담기구를 통해 사안을 보고받은 즉시 사안의 경중을 판단하여 가해학생에 대한 선도가 긴급하다고 인정되는 경우 ①, ②, ③, ⑤, ⑥의 조치를 할 수 있고, ⑤와 ⑥은 병과 조치할 수 있다. 이 경우 자치위원회에 즉시 보고하여 추인을 받아야 한다(법 제17조제4항).

사전 선도조치 결정은 학교폭력전담기구와 협의를 거쳐 결정하되, 학교폭력사안의 심각성 · 지속성 · 고의성, 가해학생의 반성 정도 등을 고려한다(시행령 19조). 가해학생에 대한 선도조치가 긴급하지 않은 경우, 우선 가해학생과 피해학생의 격리조치를 취한 후 신고받은 후 7일 이내에 학교폭력대책자치위원회를 개최한다.[4]

⑤ 가해학생의 우선 출석정지

법 제17조제4항에 따라 학교의 장은 다음과 같은 경우 출석정지 조치를 할 수 있다(시행령 제21조).

---

4) 공정하고 객관적인 사안처리를 위해 시일이 소요되는 경우 피해학생 측이 원하는 경우에만 자치위원회 개최 시기를 탄력적으로 운영한다(신고 접수 후 7일 이내 → 14일 이내 연장 가능) (관계부처합동, 2013).

표 5-3 | 가해학생에 대한 징계 및 선도조치

<table>
<tr><th>징계조치</th><th>선도
조치</th><th>유의사항</th></tr>
<tr><td>① 피해학생에 대한 서면사과</td><td>O</td><td rowspan="3">• 평상시는 자치위원회 결정에 의한 처리
• 선도가 긴급한 경우 선 조치 후 자치위원회의 추인 처리 가능</td></tr>
<tr><td>② 피해학생 및 신고 · 고발학생에 대한 접촉, 협박 및 보복행위의 금지</td><td>O</td></tr>
<tr><td>③ 학교에서의 봉사</td><td>O</td></tr>
<tr><td>④ 사회봉사</td><td>X</td><td>자치위원회 결정에 의한 처리
(긴급 시에도 선조치 불가)</td></tr>
<tr><td>⑤ 학내외 전문가에 의한 특별교육이수 또는 심리치료</td><td>O</td><td rowspan="2">• ⑤와 ⑥은 병과조치 가능
• 평상시는 자치위원회 결정에 의한 처리
• 선도가 긴급한 경우 선 조치 후 자치위원회의 추인 처리 가능</td></tr>
<tr><td>⑥ 출석정지(기간제한 없음)</td><td>O</td></tr>
<tr><td>⑦ 학급교체</td><td>X</td><td rowspan="3">자치위원회 결정에 의한 처리
(긴급 시에도 선조치 불가)</td></tr>
<tr><td>⑧ 전학</td><td>X</td></tr>
<tr><td>⑨ 퇴학처분</td><td>X</td></tr>
</table>

* ⑨ 퇴학처분은 의무교육과정에 있는 가해학생에 대하여는 적용되지 아니한다.
* ②, ③, ④와 ⑥, ⑦, ⑧의 처분을 받은 가해학생은 특별교육을 이수하거나 심리치료를 받아야 한다.

- 2명 이상의 학생이 고의적 · 지속적으로 폭력을 행사한 경우
- 학교폭력을 행사하여 전치 2주 이상의 상해를 입힌 경우
- 학교폭력에 대한 신고, 진술, 자료 제공 등에 대한 보복을 목적으로 폭력을 행사한 경우
- 학교의 장이 피해학생을 가해학생으로부터 긴급하게 보호할 필요가 있다고 판단하는 경우

⑥ 그밖에 선도조치가 긴급한 경우

출석정지 이외 가해학생에 대한 긴급한 선도조치는 ①, ②, ③, ⑤이며, 이 경우 자치위원회에 즉시 보고하여 추인을 받아야 한다(법 제17조제4항).

(4) 사안조사

학교폭력전담기구와의 협의하에 진행한다. 폭력사안에 대한 조사는 객관적이고 중립적인 태도를 견지하면서, 심층적으로 자세하게 조사하도록 한다. 이때 가해 및 피해학생면담, 설문조사, 객관적인 입증자료 등을 수집한다. 객관적인 입증자료는 표 5-4와 같다. 무엇보다도 학교폭력의 분쟁 조정 또는 이후의 소송에 의하여 사건이 진행되는 경우 신속하

표 5-4 | 학교폭력 사안조사를 위한 객관적인 입증자료

구 분	학교폭력 사안조사를 위한 객관적인 입증자료
서면자료	피해에 대한 일체의 진술서, 피해학생 일기장, 주변 친구 진술서, 병원 진단서 등
사진자료	상처를 입증하기 위해 즉시 촬영한 자료
사이버자료	이메일, 채팅 내용, 게시판 글 등을 화면 캡처하거나 출력한 자료
녹취자료	목격자를 만나 진술을 듣고 녹음한 자료(녹음은 상대방의 동의가 없어도 합법임)
휴대폰자료	문자나 음성 메시지 자료

고 타당성 있는 해결을 하기 위해서는 증거 확보가 매우 중요하다. 물적 증거나 목격자 진술이 없고, 가해자와 피해자의 진술이 상반되더라도 피해자 진술내용에 신빙성이 있는 경우 피해자의 진술만으로도 현행법상으로는 가해자의 처벌이 가능하다.

피해학생과의 면담은 가해학생이나 다른 학생 모르게 진행하고, 피해학생이 솔직하게 이야기할 수 있는 분위기 속에서, 가치판단 없이 있는 그대로를 수용하는 자세로 듣고, 그 내용을 정리한다. 내용으로는 피해의 유형, 학교폭력의 구체적인 사실, 가해학생 명단 등 구체적인 증거를 확보해야 한다. 피해학생이 담임교사와 면담을 어려워하는 경우 전문상담교사의 지원을 받도록 한다.

가해학생과의 면담은 피해학생과의 면담과 구체적 증거 확보 후에 진행한다. 집단폭행을 조사한다면, 관련 학생 모두를 한꺼번에 불러 다른 장소에서 일제히 조사하여 상황을 조작하지 못하도록 해야 하며, 가해학생들끼리 서로 위협적인 상황 때문에 제대로 이야기를 할 수 없으면, 분리하여 조사한다. 그리고 피해학생을 보복할 경우에는 더 무거운 징계를 받을 수 있음을 주지시킨다.

(5) 가 · 피해학생 부모면담

해당 학부모면담은 사안조사를 마친 후 실시한다. 학부모면담은 면대면으로 1 : 1로 진행하는 것이 원칙이나, 경미한 사안이라면 전화면담도 가능하다. 면담일시, 면담내용은 기록으로 남기고, 그 결과는 학교폭력 전담기구에 통보한다. 유의해야 할 것은 학부모의 어려운 상황을 충분히 이해하고, 사실 위주로 이야기해야 한다는 점이고, 감정이나 판단이 들어가는 말은 자제하도록 한다.

표 5-5 | 피해 및 가해학생 부모면담 시 유의사항

구 분	유의사항
피해학생 학부모	• 피해학생 학부모의 아픈 심정을 충분히 공감하고, 사안해결의 의지를 보여 주어 담임교사를 신뢰할 수 있도록 하여, 피해학생 학부모의 격한 감정을 완화시키는 데 최선을 다함 • 피해 사실과 학교폭력대책자치위원회 개최 등 향후 조치계획을 설명하고, 피해학생이 신체적 · 정신적 피해를 신속히 치료할 수 있도록 병원과 상담기관 등을 안내함 • 필요에 따라 피해학생이 전문단체나 전문가로부터 심리상담 및 조언, 일시 보호, 치료를 위한 요양 등에 소요되는 비용은 「학교안전사고 예방 및 보상에 관한 법률」 제16조에 따라 학교안전공제회에서 우선 부담할 수 있음을 안내함 ※ 2012년 4월 1일 기준 학교폭력으로부터 피해를 받아 치료를 받고 있는 사람부터 적용
가해학생 학부모	피해학생에게 보복행위를 하지 않도록 알려주어야 함

(6) 처리방향 심의 · 결정, 자치위원회 개최 및 조치

학교폭력이 발생했다고 신고 · 보고가 되면, 학교폭력 전담기구에서 조사가 진행된 후에 심의를 하고 학교장은 학교폭력 전담기구의 심의 결과를 바탕으로 자치위원회 개최를 요구하는 것이 일반적이다. 자치위원회가 개최되면 가 · 피해학생에 대한 조치를 결정해야 하는데, 이때 가해학생 및 보호자에게 의견진술의 기회를 부여하는 등 적절한 절차를 거쳐야 한다.

자치위원회의 결정으로 피해학생 관계회복을 위한 '교우관계 회복 기간제'를 도입할 수 있으며, 그 절차와 내용은 그림 5-3과 같다(관계부처합동, 2013).

(7) 결정통보 및 재심안내, 조치실행 및 사후관리

자치위원회의 결정을 가해자와 피해자 및 그 보호자에게 통보하고, 통보 시 재심을 받을 수 있는 방법을 안내한다.

① 재심안내

자치위원회 또는 학교의 장이 내린 조치에 대하여 이의가 있는 피해학생 또는 그 보호자, 전학이나 퇴학처분에 대하여 이의가 있는 가해학생 또는 그 보호자는 그 조치를 받은 날로부터 15일 이내 전자(피해 측)는 지역위원회, 후자(가해 측)는 시 · 도학생징계조정위원회

1단계
- 자치위원회 개최(신고 후 7일 이내)

2단계
- 자치위원회 결정으로 '교우관계 회복기간' 부여(4주 내외)

※ 회복기간은 피해 · 가해 학생(학부모), 담임교사 등이 협의하여 결정

〈 아래 3가지 기준을 모두 충족 시 부여 〉

① 집단 따돌림, 사이버 따돌림 등 관계적 유형의 학교폭력일 것

※ 상해, 폭행, 감금, 협박, 약취 · 유인, 명예훼손 · 모욕, 공갈, 강요 · 강제적인 심부름, 성폭력 등 물리적 · 신체적 폭력은 적용 제외

② 피해학생 및 보호자와 가해학생 및 보호자 모두의 동의가 있을 것

③ 관계회복 프로그램을 운영할 교사(담임교사, 상담교사, 책임교사 등)의 동의가 있을 것

3단계
- 담임교사(상담교사, 학교폭력 책임교사 등)가 주재하여 교우관계 회복을 위한 다양한 활동을 실시

※ 회복기간 중 2차 피해 발생 시 담임교사 등은 즉시 자치위원회에 보고하여 회복기간 중지 요청 → 즉시 자치위원회 개최 및 조치 결정

〈 프로그램 예시 〉
- 또래조정, 또래상담, 학생자치법정 등 또래활동, 결연 프로그램, 사제동행 등 다양한 소통 · 공감 프로그램
- 어울림 프로그램 중 공감, 의사소통, 갈등해결 등 프로그램 활용

- 피해학생 자존감 회복을 위한 별도 치유 프로그램 적극 실시
- 학교장 및 교육청은 학급운영비, 학생자치활동 프로그램 등 적극 지원

4단계
- 자치위원회 개최 및 조치 결정
- 최종 조치 결정 시 피해 · 가해학생, 학부모, 담임교사의 의견을 종합적으로 고려하여 가해학생 조치 감경 처리가능(「학교폭력예방 및 대책에 관한 법률」 시행령 제19조)

그림 5-3 교우관계 회복 기간 운영(안)

에 재심을 청구할 수 있다(법 제17조의2제1 · 2항).

② 교내 분쟁조정

자치위원회는 피해학생이나 가해학생 측에서 분쟁조정을 요청하는 경우에는 그 분쟁을 조정할 수 있고 그 조정기간은 1개월을 넘지 못한다(법 제18조제1 · 2항). 학교폭력과 관련한 분쟁조정사항은 다음과 같다(법 제18조제3항). 만약 1개월 이내로 합의가 이루어지지

않으면 학교에서는 더 이상 분쟁조정을 할 수 없으며, 민사소송 등으로 해결하게 된다.

- 피해학생과 가해학생 간 또는 그 보호자 간의 손해배상에 관련된 합의조정
- 그 밖에 자치위원회가 필요하다고 인정하는 사항

(8) 조치실행 및 사후관리

학교장은 자치위원회의 조치 요청이 있는 경우, 14일 이내에 해당 조치를 실행하여야 하고(법 제17조제6항), 가해학생과 그 보호자가 조치를 거부하거나 회피하는 경우 징계 또는 재조치를 해야 한다(법 제17조제7 · 11항). 학교장은 교육감에게 조치 및 그 결과를 보고한다(법 제19조). 사후관리는 다음 '학교폭력 사후관리'에서 살펴보도록 하자.

3. 학교폭력 사후관리

사후관리단계는 2차 피해와 재발방지를 위한 대책을 수립하고, 위기교육활동을 하는 단계이다. 가 · 피해학생이 학교생활 적응을 도와주어야 하고, 가 · 피해학생 소속 학급이나 필요시 학생 전체를 대상으로 학교폭력 예방교육을 실시한다.

1) 가 · 피해학생의 학교생활 적응을 위한 사후관리

학교폭력의 사후관리는 가 · 피해학생이 안정적인 학교생활을 할 수 있을 때까지 심리치료, 재활치료, 생활지도 등을 실시함으로써 그 후유증을 최소화하는 것이다. 또한 사후관리는 학교폭력이 또 다시 발생하는 불상사를 예방하기 위하여 꼭 필요한 예방책이기도 하다. 피해학생의 경우, 학교폭력전담기구와 협의하여 신체적 · 정신적 피해가 조속히 치유될 수 있도록 최우선적으로 지원하도록 하고, 학교 내 전문상담교사 또는 외부상담전문가를 통해 정기적으로 상담할 수 있도록 지원한다.

가해학생이 학교폭력대책자치위원회의 조치를 이행하고 학교에 복귀한 경우라면 역시

BOX 5-3 | 가해학생에 대한 학교생활기록부

가해학생에 대한 학교폭력대책자치위원회의 조치사항은 학교생활기록부에 기재된다. 이는 다음 학년 담임교사에게 인계하여 누적적으로 기록 · 관리하여 생활지도에 활용하기 위함이다. 가해학생 학교생활기록부는 졸업 후 2년간 유지하되, 졸업사정위원회에서 기재사항 삭제 여부에 대해 심의를 요청하고, 학교폭력대책자치위원회에서 반성 정도, 긍정적 행동변화 등을 기준으로 최종 심의한다. 가해학생이 반성하고, 긍정적 행동변화를 보인 경우 졸업 후 즉시 삭제하고 행동변화가 없거나 학교폭력 재발 등 문제 발생 시 졸업 후 2년 뒤 삭제한다. 가해학생에 대한 학교생활기록부 기재의 예는 다음과 같다(경미한 사안은 별도 심의절차 없이 졸업 후 즉시 삭제).

[예] (인성요소) + 구체적인 활동사항 기재

(규칙준수) 2012년 3월「학교폭력예방 및 대책에 관한 법률」제17조제1항제5호에 의한 징계 조치를 받아 성실히 참여하였고, 특히 Wee 센터의 치유 · 상담 프로그램에 참여한 후 타인을 이해하고 규칙을 준수하는 생활태도를 갖게 되었다. 또한 급우 간의 학교폭력문제를 앞장서 해결하기 위해 또래상담활동에 적극 참여하고 중재역할을 모범적으로 수행하여 급우 간의 신망이 높다(봉사시간 10시간).

세심한 관리가 필요하다. 가해학생이 진심으로 반성하고 새롭게 시작할 수 있도록 정기적으로 상담을 실시한다. 가해학생에 대한 학교폭력대책자치위원회의 조치사항이 학교생활기록부에 기재되므로, 학생에 대한 세심한 관심을 가지고 긍정적 변화행동을 관찰하여 '봉사활동', '창의적 체험활동 상황', '행동발달 및 종합의견'란 등에 충분히 기록한다. 이때 유의할 사항은 학교폭력 가 · 피해학생의 학교폭력 관련 사실, 상담, 치료 등에 관련 사항을 개인별로 누적 · 관리하고, 생활지도에 활용하는 것이다(Box 5-3 참조).

피해학생을 위한 프로그램으로는 '수호천사' 프로그램, 등 · 하교 함께하기, 전문상담기관 소개 등이 있다. '수호천사' 프로그램은 수호천사인 동급생이나 상급생이 피해학생과 짝지어 항상 피해학생을 챙겨줄 수 있도록 하는 방법이다. 등 · 하교 함께하기는 학부모나 교사, 수호천사가 직접 등하교를 시켜주는 것을 말하고, 또한 전문상담기관을 소개시켜 주어 학교폭력으로 받은 정신적인 문제를 해결할 수 있도록 도와줄 수도 있다.

가해학생의 경우, '지역인사 멘토제', '사제동행 등산', '학부모 봉사', '운동팀 구성' 등과

표 5-6 | 피 · 가해학생을 위한 학교생활 적응 프로그램

피해학생	가해학생
• 수호천사 • 등하교 함께하기 • 전문상담기관 소개 	• 지역인사 멘토제 • 사제동행 등산 • 학부모 봉사 • 운동팀 구성 

같은 프로그램을 통해 학교생활의 적응을 도울 수 있다. 지역인사 멘토제는 가까운 곳에서 항상 지켜보며 가해학생을 발전적인 방향으로 이끌어 줄 수 있는 지역인사를 선정해 주는 방법이다. 사제동행 등산은 가해학생과 교사 사이의 친밀감을 유지하고 관계를 돈독히 함으로써 행동을 수정할 수 있도록 유도하는 방법이다. 학부모 봉사는 가해학생이 처벌로 사회봉사 등을 명령받았을 때, 가해학생의 부모도 봉사활동에 함께 참여하도록 하는 것이다. 깊게 참회하는 부모의 모습으로부터 아이들도 반성하기 시작하기 때문이다. 또 가해학생 및 선도가 필요한 학생을 모아 운동팀을 구성하여 교내외 경기에 출전시키는 것도 좋은 방법이다. 운동을 통해 스트레스를 발산하고, 규칙 준수와 소속감, 애교심을 고양시켜 학교생활에 충실히 임할 수 있도록 유도할 수 있다.

2) 학교폭력 예방교육 실시

학교폭력에 대한 사안 처리 도중이나 완료 후, 가 · 피해학생 소속 학급, 필요시 학생 전체를 대상으로 학교폭력 예방교육을 실시하도록 한다. 학교폭력 사안에 대해 생각해 보면서 이는 가해학생과 피해학생만의 문제가 아니라 학급구성원, 혹은 전체 학생들 모두의 문제임을 인식할 수 있도록 한다. 학교 내 전문상담교사 또는 외부 전문가의 도움을 받아 교육 프로그램을 구성한 후 담임교사가 직접 실시할 수 있다.

담임교사는 학교폭력 관련 정보보안에 관한 책임을 준수해야 한다. 학교폭력 관련 업무로 인하여 알게 된 비밀 또는 가해학생 · 피해학생 및 제20조(학교폭력의 신고의무)에 따른 신고자 · 고발자와 관련된 자료를 누설할 경우 300만 원 이하의 벌금이 부과됨에 유의하여야 한다(법 제21조제1항, 법 제22조제2항).

4. 학교폭력 대응관리 기본지침

앞서 교사의 역할이 강조되는 학교폭력 대응단계별 관리에 대해 살펴보았고, 여기서는 이러한 관리를 위한 학교장의 책무를 중심으로 한 기본 지침을 제시할 것이다(법무부, 교육과학기술부, 2012b).

1) 학교폭력 발생 사안별 기본 대응

학교장은 신고받은 학교폭력 사안에 대하여 상황을 신속하게 파악하고, 학교폭력 전담기구와 협의하여 필요한 조치를 신속하게 처리해야 한다.

(1) 가해학생에 대한 '즉시 출석정지'를 해야 하는 사안

① 적용 대상

다음의 학교폭력 사안에 대해서는 학교장은 법 제17조제4항에 따라 가해학생에 대한 '출석정지' 조치를 반드시 실시해야 한다(시행령 제21조).

- 2명 이상의 학생이 고의적 · 지속적으로 폭력을 행사한 경우
- 학교폭력을 행사하여 전치 2주 이상의 상해를 입힌 경우
- 학교폭력에 대한 신고, 진술, 자료 제공 등에 대한 보복을 목적으로 폭력을 행사한 경우
- 학교의 장이 피해학생을 가해학생으로부터 긴급하게 보호할 필요가 있다고 판단하는 경우

② 조치 방안

담임교사는 이상과 같은 사안을 인지하면 우선 학교폭력 전담기구에 신고하고, 학교폭력 전담기구 소속교사와 함께 초기 사안조사를 실시한 후 학교장에게 신속하게 보고하여 '즉시 출석정지'를 하도록 해야 한다.

출석정지 기간은 학교 실정에 맞게 구체적으로 기준을 정하고, 출석정지 기간 중에는 학교 내 상담실 또는 Wee 클래스에서 특별교육을 실시한다. 특별교육은 상담교사 주관으로

상담하되 교과 자율학습을 포함하여 학교 자체에서 운영하는 것을 원칙으로 한다. 가해학생에 대한 긴급조치 후, 신속하게 학교폭력대책자치위원회를 소집하여 피해학생에 대한 보호 조치를 실시해야 한다.

(2) 담임교사가 자체 해결할 수 있는 사안

① 판단의 기준

- 가해행위로 인해 피해학생에게 신체 · 정신 또는 재산상의 피해가 있었다고 볼 객관적인 증거가 없고,
- 가해학생이 즉시 잘못을 인정하여 피해학생에게 화해를 요청하고 이에 대해 피해학생이 화해에 응하는 경우에 해당하는 사안

② 조치방안

이러한 사안에 대한 조치는 또래상담, 또래중재, 학생자치법정, 학급총회 등 학생들이 스스로 문제를 해결할 수 있는 또래 프로그램을 활용할 수 있도록 여건을 마련해야 한다. 학교실정에 맞는 또래 프로그램을 도입하고, 이를 운영할 수 있도록 담임교사의 전문성 향상

표 5-7 | 또래 프로그램의 개요

구 분	프로그램 특징
또래상담	• 또래가 상담자가 되어 동료학생의 눈높이에서 고민을 상담하고 함께 문제해결 • 갈등의 이상 징후 발견 및 예방에 초점 ※ 서울 신연중 : 또래상담반 운영결과 폭력 발생 건수가 절반 이하로 감소
또래중재	• 학급에서 신뢰(추천 등)받는 학생이 훈련을 통해 중재자가 되어 학생 간 문제를 해소하고 교사 · 전문상담사 등 갈등조정전문가는 이를 지원 • 갈등 발생 후 조정 및 화해에 초점 ※ 인천 연수초 : '갈등 윈윈 프로젝트' 운영 결과 학생 간 갈등문제해결
학급총회	갈등상황 발생 시 담임선생님을 중심으로 학급 학생 모두가 참여하여 토론을 통해 갈등해결 모색(소규모 학교의 경우 학년총회 운영 가능) ※ 노르웨이 : 학급총회가 중심이 되는 '올베우스 프로그램'을 통해 학교폭력 60% 이상 감소
학생자치법정	학생들이 경미한 학칙위반 등의 사안에 대해 상 · 벌점제와 연계하여 학생 스스로 변론하고 자율적 징계 실시 ※ 경기 행신고 : 자체 학생 변호인단 조직 등 '행신 로스쿨' 운영을 통해 학생들의 교칙에 대한 이해도 제고 및 발표력 · 논리력 향상의 긍정적 효과 발생

을 위한 연수를 지원하도록 한다.

담임교사가 자체 해결한 사안인 경우에도 사안 발생 사실과 담임교사의 조치사항에 대해 학교폭력전담기구에 알리고 사건을 종료한다. 만약 담임교사가 사안 인지 후 7일 이내에 해결하지 못하는 경우에는, 일반적인 절차를 거쳐야 하는 사안으로 처리한다. 담임교사가 적용할 수 있는 또래 프로그램은 표 5-7과 같다.

(3) 일반적인 절차를 거쳐야 하는 사안

① 적용 대상

- 가해학생에 대한 '즉시 출석정지' 조치 대상이 아닌 폭력사안
- 담임교사가 자체 해결할 수 없는 폭력 사안

② 조치방안

이러한 사안에 대한 조치방안으로는 학교폭력전담기구를 통해 사안을 보고받은 즉시, 사안의 경중을 판단하여 가해학생에 대한 선도가 긴급하다고 인정되는 경우에는 「학교폭력예방 및 대책에 관한 법률」 제17조제4항에 따라 선도 조치를 실시하고, 학교폭력대책자치위원회에 즉시 보고하여 추인을 받아야 한다. 선도가 긴급한 경우의 선(先)조치는 다음과 같다.

- 피해학생에 대한 서면 사과
- 피해학생 및 신고·고발학생에 대한 접촉, 협박 및 보복행위의 금지
- 학교에서의 봉사
- 학내외 전문가에 의한 특별교육 이수 또는 심리치료
- 출석정지(기간 제한 없음)

사전 선도조치 결정은 학교폭력전담기구와 협의를 거쳐 결정하되, 학교폭력사안의 심각성, 가해학생의 태도, 가해행위의 지속성 등을 고려한다. 가해학생에 대한 선도조치가 긴급하지 않은 경우, 우선 가해학생과 피해학생의 격리조치를 취한 후 신고받은 후 7일 이내에 학교폭력대책자치위원회를 개최한다.

2) 학교폭력 발생 사안에 대한 조치

학교장은 학교폭력대책자치위원회에서 피해학생의 보호 또는 가해학생에 대한 조치를 요청받은 때에는 14일 이내에 해당 조치를 하여야 한다(법 제17조제6항).

(1) 피해학생에 대한 보호조치 및 피해보상

자치위원회 개최 전

- 심리상담
- 신체적 피해의 치유

→

자치위원회 개최 후

- 「학교폭력예방 및 대책에 관한 법률」 제16조에 따른 보호조치의 실행
- 심리상담 및 조언, 일시보호, 치료를 위한 요양 등에 소요되는 비용의 보상

그림 5-4 자치위원회 개최 전 · 후 피해학생 보호조치

① 피해학생 보호 조치 시 유의사항(법 제16조제2 · 3 · 4 · 5항)

학교장은 피해학생의 보호자의 동의를 받은 후 보호조치해야 하고, 피해학생의 보호자가 다른 조치를 요구하는 경우, 재심의 절차에 의해 보호조치를 실행할 수 있다.

보호조치에 필요한 결석을 출석일수에 산입하고, 성적 등을 평가함에 있어 학생에게 불이익을 주지 않도록 노력하여야 한다. 피해학생이 장 · 단기 결석을 하게 되는 경우 학습권 보호를 위해 가정학습에 대한 지원 등 교육상 필요한 조치를 취해야 한다.

등 · 하교 시 보호, 전문상담기관 연계치료 등 피해학생이 안정된 학교생활을 할 수 있을 때까지 학교 차원에서 지속적인 관심과 노력을 기울여야 한다.

② 피해학생의 심리상담 등에 소요되는 비용의 부담(법 제16조제6 · 7 · 8항)

피해학생이 전문단체나 전문가로부터 심리상담 및 조언, 일시보호, 치료를 위한 요양 등에 소요되는 비용은 가해학생이 부담하여야 한다.

다만, 피해학생의 신속한 치료를 위하여 학교장 또는 피해학생의 보호자가 원하는 경우에는 「학교안전사고예방 및 보상에 관한 법률」 제15조에 따라 학교안전공제회 또는 시 · 도교육청이 부담 후, 구상권 행사가 가능하다.

- 2012년 4월 1일 기준 학교폭력으로부터 피해를 받아 치료를 받고 있는 사람부터 적용한다.
- 학교안전공제회 또는 시 · 도교육청의 비용부담 관련 지원범위, 구상범위, 지급절차 등에 필요한 사항은 별도 안내한다.

③ 상급학교 진학 시 가해학생과 같은 학교에 배정되지 않도록 조치(시행령 제20조)

학교장은 자치위원회에서 조치를 받은 사안과 관련하여, 피해학생이 가해학생과 상급학교에 배정되지 않는 것을 희망하는 경우 시 · 도교육감 또는 교육장에게 통보하여야 한다.

시 · 도교육감 또는 교육장은 통보를 받은 사안에 대하여 피해학생이 가해학생과 동일한 학교에 배정되지 않도록 조치하게 된다.

(2) 가해학생에 대한 조치 및 재활치료

자치위원회 개최 전

- 가해학생의 선도가 긴급한 경우, 「학교폭력예방 및 대책에 관한 법률」 제17조 제4항에 따른 조치
- 중대한 사안의 학교장은 가해학생에 대해 즉시 출석정지

→

자치위원회 개최 후

- 조치의 엄정한 시행
- 가해학생 재활치료 지원
- 조치사항의 학교생활기록부 기록 등 사후 생활지도

그림 5-5 자치위원회 개최 전 · 후 가해학생 조치

① 가해학생의 특별교육 이수(법 제17조제3항)

자치위원회로부터 다음의 조치를 받은 가해학생은 교육감이 정한 기관에서 자치위원회가 정한 기간 동안 특별교육을 이수하거나 심리치료를 받아야 한다.

- 피해학생에 대한 접촉, 협박 및 보복행위의 금지
- 학교에서의 봉사
- 사회봉사
- 출석정지(기간제한 없음)
- 학급교체
- 전학

특별교육 프로그램의 기간과 내용은 학교폭력 사안의 경중 및 가해학생의 상황을 고려하여 결정한다. 특별교육은 상호존중과 관계능력향상을 위한 소통의 기술, 분노조절방법 등을 배울 수 있도록 하고, 심각한 정서장애의 경우 병원과 연계하여 치료하도록 한다. 특별교육 실시 중 가해학생이 학습에 있어서 다른 학생에 뒤처지지 않도록 배려한다.

학교장은 가해학생이 자치위원회의 조치를 이행한 후 학교에 복귀하여 정상적인 학교생활을 할 수 있도록 지원한다. 특별 진로교육을 포함하여 가해학생들이 자신의 꿈을 찾아 새로운 길을 모색할 수 있도록 한다.

② 가해학생 보호자(학부모)에 대한 특별교육 실시(법 제17조제9항)

학교장은 가해학생에 대한 특별교육 이수 조치를 실시할 경우, 교육감이 지정한 기관에서 그 학생의 보호자도 특별교육을 이수하도록 통보한다. 만약 학부모가 특별교육에 불응할 경우, 학교장은 법률에 의하여 과태료가 부과됨을 안내하고 특별교육을 이수할 것을 재통보한다. 재통보 시에도 불응하는 경우, 학교장은 학부모명단을 교육감에게 통보하여 과태료 부과 절차를 진행한다.

※ 특별교육 불응 시, 시 · 도교육감에게 보고하여야 하며 시 · 도교육감은 「학교폭력예방 및 대책에 관한 법률」 제22조제2항에 따라 300만 원 이하의 과태료를 부과한다.

③ 가해학생의 '전학' 조치(「초 · 중등교육법 시행령」 제21조의2, 제73조의2, 제89조의3)

학교장은 자치위원회에서 '전학' 조치를 받은 학생의 명단을 시 · 도교육감(고등학생) 또는 교육장(초등학생, 중학생)에게 통보한다.

- 시 · 도교육감 또는 교육장은 학교구 또는 행정구역과 관계없이 피해학생 보호에 충분한 거리를 두어 전학 조치를 실시한다(가해학생 학부모 동의 불필요). 이후, 가해학생이 다시 피해학생이 있는 학교로 재전학하는 것은 금지한다.

④ 가해학생과 그 보호자의 조치 거부 및 회피에 대한 처리(법 제17조제7 · 11항)

가해학생과 그 보호자가 「학교폭력예방 및 대책에 관한 법률」 제17조제1항에 따른 조치를 거부하거나 회피하는 경우는 표 5–8과 같이 처리한다.

표 5-8 | 가해학생과 그 보호자의 조치 거부 및 회피에 대한 처리방법

조치별	처리방법
제1호 (서면사과)	거부 및 회피를 하는 경우 재심 절차 없이,「초 · 중등교육법」 제18조에 따라 징계
제2~7호	거부 및 회피를 하는 경우 재심 절차 없이, ①「초 · 중등교육법」 제18조에 따른 징계를 하거나, ② 자치위원회가 다른 조치를 할 것을 학교장에게 요청할 수 있음
제8호(전학) 제9호(퇴학)	시 · 도학생징계조정위원회의 재심, 행정심판의 절차를 거친 후, ①「초 · 중등교육법」 제18조에 따른 징계를 하거나, ② 자치위원회가 다른 조치를 할 것을 학교장에게 요청할 수 있음

(3) 학교폭력 사안의 실태조사를 위한 조치

학교장은 학교폭력 전담기구 소속 교원의 사안조사의 전문성 향상을 위해 필요한 연수를 적극 지원해야 한다.

학교장은 조사 대상 학교폭력 사안에 대해 객관적이고 정확한 실태파악이 필요한 경우, 시 · 도교육청에 학교폭력 전문조사관의 파견을 요청할 수 있다.

※ 학교폭력 전문조사관은 시 · 도별로 4~5월 중 지정될 예정이며, 가해학생 또는 가해학생의 보호자가 가해행위를 부인하거나 조사에 불응하는 등 조사에 어려움이 있는 경우 적극 활용한다.

조사 대상 학교폭력 사안에 대한 정확한 실태파악을 위해, 필요시 경찰청 또는 경찰서에 관련 정보를 요청할 수 있다(법 제11조의3).

3) 학교폭력 사안 대응체계 구축

학교장은 학교폭력 예방 및 대책에 관련된 사항을 심의하기 위해 학교폭력대책자치위원회를 설치, 구성, 운영한다. 그리고 학교폭력문제를 전담하는 기구, 즉 학교폭력 전담기구를 구성하여 상시 운영하여야 한다.

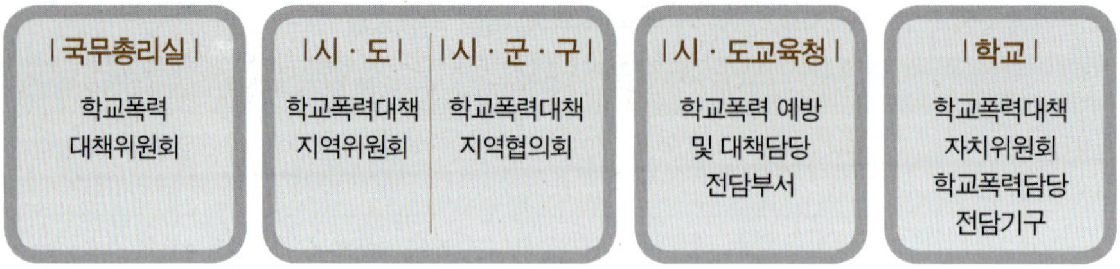

그림 5-6 학교폭력 예방법상 설치기구

(1) 학교폭력대책자치위원회의 설치, 구성, 운영(법 제12조, 제13조)

자치위원회의 설치, 구성, 운영은 이 책의 제2장을 참고하기 바란다(「학교폭력예방 및 대책에 관한 법률」 제12조, 제13조 참조).

(2) 학교폭력 전담기구의 구성 및 운영(법 제14조)

학교장은 교감, 전문상담교사,[5] 보건교사 및 책임교사(학교폭력문제를 담당하는 교사) 등으로 학교폭력문제를 전담하는 기구(이하 전담기구)를 구성 · 상시 운영해야 한다. 전담기구의 사안조사, 사무 처리를 위해 별도의 사무실, 운영비 등을 지원한다. 전담기구의 기능은 학교폭력과 관련한 신고 접수, 사안조사, 실태조사, 학교폭력 예방 등의 업무를 전담하며, 그 세부적 기능은 표 5-9, 5-10과 같다.

표 5-9 | 학교폭력 사안 발생 시 처리과정

구 분	내 용
학교폭력 신고 접수 및 피해학생 학부모에게 통보	• 전담기구는 학교폭력 신고 접수대장을 비치하고 117신고센터, 학교장, 교사, 학생, 학부모, 외부인으로부터 신고받은 사안에 대해 기록 · 관리한다(비공개). • 학교폭력 신고 접수대장은 학교장, 교원의 학교폭력 은폐 여부를 판단하는 중요한 기초자료로 활용되므로, 사소한 폭력이라도 신고한 것은 접수하여야 한다. • 접수한 사안에 대해서는 즉시 피해학생 학부모에게 통보하고, 통보일자, 통보방법 등 통보 사실을 기록한다.

(계속)

5) 학교에 따라 전문상담교사가 없을 수 있다. 여기서는 전문상담교사를 전문상담순회교사 혹은 학생상담에 대해 어느 정도 전문성이나 경험을 가지고 있는 다른 교사 등을 포함하는 넓은 의미로 해석해야 한다(교육과학기술부, 법무부, 2009).

구 분	내 용
학교폭력 사안조사	• 학교폭력 사태를 인지한 경우 가해 및 피해사실 여부에 대해 조사하여야 한다. 이 경우, 담임교사의 협조를 구할 수 있다. • 책임교사 : 사안의 조사 방향을 정하고, 조사를 총괄하며, 조사한 결과를 학교장 및 자치위원회에 보고한다. • 보건교사 : 피해 · 가해학생의 신체적 · 정신적 상황을 파악하고, 피해학생을 신속하게 응급조치한 후 전문기관에 의뢰. 긴급한 사안의 경우 119에 연락하고 피해학생 병원 이송 시 동승한다. • 전문상담교사(전문상담사) : 피해 · 가해학생과 상담을 의무적으로 실시하여 학생의 상태에 대한 소견을 제시한다.
학교폭력대책자치위원회 개최 전 사전 심의	신고된 학교폭력 사안에 대해 사전 심의를 실시하고, 심의 내용을 상황보고서로 작성하여 학교장 및 자치위원장에게 보고한다.
집중보호 또는 관찰대상 학생에 대한 생활지도	해당 학생 담임교사와 함께 생활지도 누가기록카드 등을 활용하여 지속적인 생활지도를 수행한다.

표 5-10 | **학교폭력 예방활동**

구 분	내 용
학교폭력 실태조사	연 2회 이상 정기적으로 학교폭력에 대한 실태조사를 실시하여 학교폭력 사안처리의 기초자료로 활용하고, 학교폭력 예방계획 수립에 반영한다.
학교폭력 예방교육	학생, 교직원, 학부모에게 시행할 예방교육 프로그램 계획을 수립하고 운영 · 학교폭력 예방교육 계획 수립 시 자치위원회의 심의를 거치도록 한다(필요시 외부전문기관의 자문 실시).

4) 학교폭력 예방체계 구축(법 제15조)

(1) 학교폭력 예방교육의 수립

① 기본 원칙

- 학교장은 학교폭력 전담기구의 실태조사 결과를 토대로 매년 학교폭력 예방교육을 수립하도록 하고, 이를 연간 학교교육계획에 반영하여야 한다.
- 학생의 육체적 · 정신적 보호와 학교폭력의 예방을 위한 학생들에 대한 교육(학교폭력의 개념, 실태, 대처방안 등 포함)을 학기별로 1회 이상 실시한다.
- 학교폭력의 예방 및 대책 등을 위한 교직원 교육을 학기별로 1회 이상 실시한다.

- 학교설명회 등을 통해 학부모에게 학교폭력 징후 감지 및 학부모 지도요령 등에 대해 연 2회 이상 학부모교육을 실시한다.
- 학교폭력 예방교육은 연중 다양한 방법으로 실시하되, 학교폭력이 다수 발생하는 학기 초에 집중적으로 실시한다.
- 학교폭력 예방교육 프로그램 운영계획을 학부모들이 쉽게 확인할 수 있도록 학교 홈페이지에 게시하는 등 다양한 방법으로 알린다.

② 예방교육 프로그램의 구성 · 운영

- 학교의 학교폭력 실태, 학교의 여건 등을 고려하여 자율적으로 예방교육 프로그램을 구성 · 운영한다.
- 단순 집합식 교육이 아니라 UCC(User Created Contents)경진대회, 학급회의, 역할극 등 체험적인 방법을 활용하여야 한다.
- 국어, 도덕, 사회, 예술, 체육 등 인성교육 관련 교과의 정규수업시간에 학교폭력 예방 관련 주제로 프로젝트형 인성교육을 실시한다.
- 학교폭력 발생단계에 이르기 전에 학교 내 갈등과 문제를 학생 스스로 해결하는 건전한 또래문화 조성을 위해, 학교실정에 맞게 또래상담, 또래중재, 학급총회, 학생자치법정 등의 또래 프로그램을 운영한다.

(2) 학생정신건강서비스 지원체계 구축

학생들을 대상으로 정서 · 행동특성검사를 실시하고, 검사결과를 토대로 학교폭력이나 주요 정신건강문제를 조기에 발견해서 예방적 조치를 시행한다.

① 실시 대상과 검사종류 (Box 5-4 참조)

- 초등학교 1, 4학년 학생의 학부모를 대상으로 CPSQ와 K-ARS를 실시한다.
- 중 · 고등학생은 1학년 대상으로 AMPQ II 와 BDI를 실시한다.

② 유의사항

- 선별검사 결과에 따라 가 · 피해 징후학생에 대한 예방적 조치를 체계적으로 실시할 수 있도록 보건실, 상담실(Wee 클래스), 외부 전문기관과의 연계체제를 사전에 구축한다.

BOX 5-4 | 아동 및 청소년용 정서 · 행동발달 선별검사

아동 및 청소년용 정서 · 행동발달 선별검사의 결과는 특정의 문제가 있다고 확정하는 진단용 검사가 아니다. 선별검사의 성격을 가진 이 검사결과를 기준으로 하여 전문기관에서 개별상담 및 검사를 통해 심층평가를 받도록 안내하게 된다. 다음 검사지들은 '학생 정서 · 행동특성검사 및 관리매뉴얼'(교육부, 2013)에서 발췌했다.

1. CPSQ와 K-ARS : 초등학교 1, 4학년 학생의 학부모 대상 실시

• CPSQ(Child Problem-Behavior Screening Questionnaire : 아동 정서 · 행동발달 검사)

내재화 문제(불안, 우울, 스트레스, 교우관계 등), 외현화 문제(주의력결핍과잉행동장애(ADHD), 반항적 행동장애, 품행장애 등), 인지적 문제(학습 등), 오남용 문제(약물, 인터넷), 정신 · 신체화 문제(경련, 틱, 식이장애 등), 폭력피해 징후 : 총 29문항

지난 한 달 동안 부모가 관찰한 자녀의 행동에 대해 해당란에 ∨표를 한다.

번호	문 항	전혀 없음(0)	약간 있음(1)	상당히 있음(2)	아주 심함(3)
1	너무 말랐거나 혹은 너무 뚱뚱하다.				
2	꼼지락거리거나 가만히 앉아있지 못한다.				
3	도벽이 있거나 거짓말을 자주 한다.				
4	우울한 기분으로 생활하는 일이 많다.				
5	정신을 잃고 쓰러진 적이 있다.				
6	성질이 급하고 참을성이 부족하다.				
7	지능이 낮다.				
8	무단결석 혹은 가출을 한 적이 있다.				
9	매사에 의욕이 없어 보인다.				
10	다른 아이들과 주먹질을 하며 싸운다.				
11	술 혹은 담배로 인해 문제를 일으킨 적이 있다.				
12	어른(부모 혹은 교사)에게 반항적이거나 도전적이다.				
13	대소변 가리기에 문제가 있다.				
14	불만이 많고 쉽게 화를 낸다.				
15	양보심이 부족하다.				
16	불안하거나 긴장된 표정을 보인다.				
17	여기저기 자주 아프다(예 : 두통, 복통 등).				
18	또래에 비해 읽기, 쓰기, 셈하기를 잘 못한다.				

번호	문 항	전혀 없음(0)	약간 있음(1)	상당히 있음(2)	아주 심함(3)
19	언어발달이 늦어 대화에 지장이 있다.				
20	자신감이 부족하다.				
21	잘 먹지 않는다.				
22	컴퓨터(혹은 인터넷)를 너무 사용하여 생활에 문제가 있다.				
23	집중력이 짧고 주의가 산만하다.				
24	다른 아이들과 잘 어울리지 못한다.				
25	신경이 날카롭고 신경질적이다.				
26	틱(눈 깜박거림, 킁킁 소리 내기, 어깨 으쓱거리기 등)이 있다.				
별도 문항	누군가로부터 신체적 · 언어적 폭력을 당한 적이 있다.				
	친구들이 괴롭히거나 따돌림을 당한 적이 있다.				
	나를 괴롭히는 친구가 있다.				

• K-ARS(K-ADHD Rating Scale : **한국어판 주의력결핍과잉행동장애 평정척도**)

(문항구성) 부주의성 9개 문항, 과잉활동충동성 9개 문항 : 총 18문항

지난 1주일 동안 부모가 관찰한 자녀의 행동에 대해 해당란에 ∨표를 한다.

번호	문 항	전혀 그렇지 않다(매우 드물다)	약간 혹은 가끔 그렇다	상당히 혹은 자주 그렇다	매우 자주 그렇다
1	학교 수업이나 일, 혹은 다른 활동을 할 때, 주의집중을 하지 않고 부주의해서 실수를 많이 한다.	0	1	2	3
2	가만히 앉아 있지를 못하고 손발을 계속 움직이거나 몸을 꿈틀거린다.	0	1	2	3
3	과제나 놀이를 할 때 지속적으로 주의집중하는 데 어려움이 있다.	0	1	2	3
4	수업시간이나 가만히 앉아 있어야 하는 상황에서 자리에서 일어나 돌아다닌다.	0	1	2	3
5	다른 사람의 이야기를 잘 귀 기울여 듣지 않는 것처럼 보인다.	0	1	2	3
6	상황에 맞지 않게 과도하게 뛰어다니거나 기어오른다.	0	1	2	3
7	지시에 따라서 학업이나 집안일이나 자신이 해야 할 일을 끝마치지 못한다.	0	1	2	3
8	조용히 하는 놀이나 오락활동에 참여하는 데 어려움이 있다.	0	1	2	3
9	과제나 활동을 체계적으로 하는 데 어려움이 있다.	0	1	2	3

번호	문 항	전혀 그렇지 않다(매우 드물다)	약간 혹은 가끔 그렇다	상당히 혹은 자주 그렇다	매우 자주 그렇다
10	항상 끊임없이 움직이거나 마치 모터가 달려서 움직이는 것처럼 행동한다.	0	1	2	3
11	공부나 숙제 등 지속적으로 정신적 노력이 필요한 일이나 활동을 피하거나 싫어하고 하기를 꺼려한다.	0	1	2	3
12	말을 너무 많이 한다.	0	1	2	3
13	과제나 활동을 하는 데 필요한 것들(장난감, 숙제, 연필 등)을 잃어버린다.	0	1	2	3
14	질문을 끝까지 듣지 않고 대답한다.	0	1	2	3
15	외부자극에 의해 쉽게 산만해진다.	0	1	2	3
16	자기 순서를 기다리지 못한다.	0	1	2	3
17	일상적인 활동을 잊어버린다(예 : 숙제를 잊어버리거나 도시락을 두고 학교에 간다).	0	1	2	3
18	다른 사람을 방해하고 간섭한다.	0	1	2	3

2. AMPQ II 와 BDI : 중 · 고등학생 1학년 대상 실시

- AMPQ II (Adolescent Mental-Health Problem-Behavior Questionnaire II: 청소년 정서 · 행동발달검사)

(측정요인) 걱정 및 생각, 기분 및 자살, 학습 및 인터넷, 친구문제, 규칙위반(가해) 등 총 다섯 가지 요인

지난 한 달간 자기 자신에게 해당된다고 생각하는 문항번호에 O표를 한다.

번호	문 항	전혀 아니다	조금 그렇다	그렇다	매우 그렇다
1	집중을 해야 할 때(수업시간, 공부, 책 읽기) 집중을 못하고 딴 짓을 한다.	0	1	2	3
2	인터넷이나 게임으로 인해 일상생활에 어려움이(부모와의 갈등, 학교생활에 지장 등) 있다.	0	1	2	3
3	원치 않는 생각이나 장면이 자꾸 떠오른다.	0	1	2	3
4	잠들기 어렵거나 깊이 자지 못하고 자주 깬다.	0	1	2	3
5	화가 나면 참기 어렵다.	0	1	2	3
6	단식, 운동, 약물을 사용하여 단기간에 무리하게 체중을 줄이려 한 적이 있다.	0	1	2	3
7	지속적으로 자살을 생각하거나 구체적인 계획을 세운 적이 있다.	0	1	2	3
8	누군가로부터 신체적 · 언어적 폭력을 당한 적이 있다.	0	1	2	3
9	만사가 귀찮고 재미가 없다.	0	1	2	3

번호	문 항	전혀 아니다	조금 그렇다	그렇다	매우 그렇다
10	부모님이나 선생님의 지시에 거부감이 생겨 잘 따르지 않는 편이다.	0	1	2	3
11	친구들이 괴롭히거나 따돌림을 당한 적이 있다.	0	1	2	3
12	수업시간에 배우는 내용을 이해하기 어렵다.	0	1	2	3
13	사람들이 나를 감시하거나 해칠 것 같다 .	0	1	2	3
14	성에 대하여 지나치게 많이 생각한다.	0	1	2	3
15	뚜렷한 이유 없이 자주 여기저기 아프고 불편하다. (예 : 두통, 복통, 구토, 메스꺼움, 어지러움 등)	0	1	2	3
16	학생에게 금지된 약물을 사용한다(예 : 담배, 술, 본드, 엑스터시 등).	0	1	2	3
17	내 생각을 다른 사람들이 다 알고 있는 것 같다.	0	1	2	3
18	나를 괴롭히는 친구가 있다.	0	1	2	3
19	경련을 일으키거나 정신을 잃고 쓰러진 적이 있다.	0	1	2	3
20	나는 남보다 열등감이 많다.	0	1	2	3
21	우리 집은 가족 간의 갈등이 있다.	0	1	2	3
22	심각한 규칙 위반을 하게 된다(예 : 무단결석, 가출, 유흥업소 출입 등).	0	1	2	3
23	이유 없이 기분이 며칠간 들뜬 적이 있거나 기분이 자주 변하는 편이다.	0	1	2	3
24	성적인 충동을 자제하기 어렵다(예 : 자위행위, 야동, 야설 등).	0	1	2	3
25	기다리지 못하고 생각보다 행동이 앞선다.	0	1	2	3
26	다른 사람의 물건을 부수거나 빼앗거나 훔치게 된다.	0	1	2	3
27	다른 사람들이 나에 대해 수군거리는 것 같다.	0	1	2	3
28	가만히 앉아있지 못하고 손이나 발을 계속 꼼지락거린다.	0	1	2	3
29	원치 않는 행동을 자꾸 반복하게 된다. (예 : 손 씻기, 확인하는 행동, 숫자 세기 등)	0	1	2	3
30	사람이나 동물을 괴롭히거나 폭력을 휘두른다.	0	1	2	3
31	이유 없이 일주일 이상 우울하거나 짜증이 난다.	0	1	2	3
32	친구 사귀기가 어렵거나 친한 친구가 없다.	0	1	2	3
33	다른 사람이 듣지 못 하는 말소리 같은 것이 들린다.	0	1	2	3
34	사람들 앞에서 말하기가 두렵다.	0	1	2	3
35	누군가로 인해 성적 수치심을 느낀 적이 있다.	0	1	2	3
36	거짓말을 자주 한다.	0	1	2	3
37	토할 정도로 단시간에 폭식한 적이 있다.	0	1	2	3
38	쓸데없는 걱정을 한다.	0	1	2	3

• BDI(Beck Depression Inventory : 우울척도)

(문항구성) 우울의 정서적 · 인지적 · 동기적 · 생리적 증상영역을 포함하는 총 21문항

현재(오늘을 포함하여 지난 일주일 동안)의 자신을 가장 잘 나타낸다고 생각되는 문장 하나를 선택한다.

번 호	문 항	표 시
1	나는 슬프지 않다.	0
	나는 슬프다.	1
	나는 항상 슬프고 기운을 낼 수 없다.	2
	나는 너무나 슬프고 불행해서 도저히 견딜 수 없다.	3
2	나는 앞날에 대해서 별로 낙담하지 않는다.	0
	나는 앞날에 대한 용기가 나지 않는다.	1
	나는 앞날에 대해 기대할 것이 아무것도 없다고 느낀다.	2
	나의 앞날은 아주 절망적이고 나아질 가망이 없다고 느낀다.	3
3	나는 실패자라고 느끼지 않는다.	0
	나는 보통 사람보다 더 많이 실패한 것 같다.	1
	내가 살아온 과거를 뒤돌아보면 실패 투성이인 것 같다.	2
	나는 인간으로서 완전한 실패자라고 느낀다.	3
4	나는 전과 같이 일상생활에 만족하고 있다.	0
	나의 일상생활은 예전처럼 즐겁지가 않다.	1
	나는 요즘에는 어떤 것에서도 별로 만족을 얻지 못한다.	2
	나는 모든 것이 다 불만스럽고 싫증난다.	3
5	나는 특별히 죄책감을 느끼지 않는다.	0
	나는 죄책감을 느낄 때가 많다.	1
	나는 죄책감을 느낄 때가 아주 많다.	2
	나는 항상 죄책감에 시달리고 있다.	3
6	나는 벌을 받고 있다고 느끼지 않는다.	0
	나는 어쩌면 벌을 받을지도 모른다는 느낌이 든다.	1
	나는 벌을 받을 것 같다.	2
	나는 지금 벌을 받고 있다고 느낀다.	3
7	나는 나 자신에게 실망하지 않는다.	0
	나는 나 자신에게 실망하고 있다.	1
	나는 나 자신에게 화가 난다.	2
	나는 나 자신을 증오한다.	3
8	내가 다른 사람보다 못한 것 같지는 않다.	0
	나는 나의 약점이나 실수에 대해서 나 자신을 탓하는 편이다.	1
	내가 한 일이 잘못되었을 때는 언제나 나를 탓한다.	2
	일어나는 모든 나쁜 일들은 모두 내 탓이다.	3
9	나는 자살 같은 것은 생각하지 않는다.	0
	나는 자살할 생각을 가끔 하지만 실제로 하지는 않을 것이다.	1
	자살하고 싶은 생각이 자주 든다.	2
	나는 기회만 있으면 자살하겠다.	3

번 호	문 항	표 시
10	나는 평소보다 더 울지는 않는다.	0
	나는 전보다 더 많이 운다.	1
	나는 요즈음 항상 운다.	2
	나는 전에는 울고 싶을 때 울 수 있었지만 요즈음은 울래야 울 기력조차 없다.	3
11	나는 요즈음 평소보다 더 짜증을 내는 편이 아니다.	0
	나는 전보다 더 쉽게 짜증이 나고 귀찮아진다.	1
	나는 요즈음 항상 짜증을 내고 있다.	2
	전에는 짜증스럽던 일이 요즈음은 너무 지쳐서 짜증조차 나지 않는다.	3
12	나는 다른 사람들에 대한 관심을 잃지 않고 있다.	0
	나는 전보다 사람들에 대한 관심이 줄었다.	1
	나는 사람들에 대한 관심이 거의 없어졌다.	2
	나는 사람들에 대한 관심이 완전히 없어졌다.	3
13	나는 평소처럼 결정을 잘 내린다.	0
	나는 결정을 미루는 때가 전보다 더 많다.	1
	나는 전에 비해 결정내리는 데 더 큰 어려움을 느낀다.	2
	나는 더 이상 아무 결정도 내릴 수 없다.	3
14	나는 전보다 내 모습이 나빠졌다고 느끼지 않는다.	0
	나는 매력 없어 보일까봐 걱정한다.	1
	나는 내 모습이 매력 없이 변해버린 것 같은 느낌이 든다.	2
	나는 내가 추하게 보인다고 믿는다.	3
15	나는 전처럼 일을 할 수 있다.	0
	어떤 일을 시작하는 데 전보다 더 많은 노력이 든다.	1
	무슨 일이든 하려면 나 자신을 매우 심하게 채찍질해야만 한다.	2
	나는 전혀 아무 일도 할 수가 없다.	3
16	나는 평소처럼 잠을 잘 수 있다.	0
	나는 전에 만큼 잠을 자지는 못한다.	1
	나는 전보다 일찍 깨고 다시 잠들기 어렵다.	2
	나는 평소보다 몇 시간이나 일찍 깨고 한번 깨면 다시 잠들 수 없다.	3
17	나는 평소보다 더 피곤하지는 않다.	0
	나는 전보다 더 쉽게 피곤해진다.	1
	나는 무엇을 해도 피곤해진다.	2
	나는 너무나 피곤해서 아무 일도 할 수 없다.	3
18	내 식욕은 평소와 다름없다.	0
	나는 요즈음 전보다 식욕이 좋지 않다.	1
	나는 요즈음 식욕이 많이 떨어졌다.	2
	요즈음에는 전혀 식욕이 없다.	3

번 호	문 항		표 시
19	요즈음 체중이 별로 줄지 않았다.		0
	전보다 몸무게가 2kg가량 줄었다.		1
	전보다 몸무게가 5kg가량 줄었다.		2
	전보다 몸무게가 7kg가량 줄었다.		3
	나는 현재 음식조절로 체중을 줄이고 있는 중이다.	예	1
		아니오	0
20	나는 건강에 대해 전보다 더 염려하고 있지는 않다.		0
	나는 여러 가지 통증, 소화불량, 변비 등과 같은 신체적 문제로 걱정하고 있다.		1
	나는 건강이 너무 염려되어 다른 일을 생각하기 힘들다.		2
	나는 건강이 너무 염려되어 다른 일을 아무것도 생각할 수 없다.		3
21	나는 요즈음 성(sex)에 대한 관심에 별다른 변화가 없다.		0
	나는 전보다 성(sex)에 대한 관심이 줄었다.		1
	나는 전보다 성(sex)에 대한 관심이 상당히 줄었다.		2
	나는 성(sex)에 대한 관심을 완전히 잃었다.		3

(3) 담임교사의 생활지도를 강화할 수 있는 여건 조성

- 학기 초에 담임교사의 집중적인 학생 · 학부모상담, 담임교사가 주도하는 창의적 체험활동 등을 실시할 수 있도록 학교교육계획을 수립한다.
- 담임교사가 조례 및 종례시간, 창의적 체험활동시간 등을 활용하여 학생들의 문제를 조기에 발견하고 개인면담 등을 통해 사전 조치할 수 있도록 지원한다.
- 담임교사가 매 학기 1회 이상 학생과 1 : 1 면담을 실시하고, 면담 결과를 학부모에게 통지(이메일, 문자 등 다양한 방법 활용)하도록 지도한다.
- 학생 수가 일정규모 이상인 학급이거나, 생활지도를 위해 특별한 필요가 있는 경우 담임교사를 추가로 배치한다.
- 담임이 생활지도에 필요한 경비를 지원하기 위해 단위학교 운영비 중에서 학급 생활지도비를 편성한다.
- 그밖에 담임교사의 생활지도 역량을 강화할 수 있도록 다양한 방안을 강구한다.

5) 기타 학교장의 의무

(1) 학교폭력 사안 보고(법 제19조)

학교장은 교육감에게 학교폭력이 발생한 사실 및 법 제16조(피해학생 보호), 제16조의2(장애학생의 보호), 제17조(가해학생에 대한 조치), 제17조의2(재심청구), 제18조(분쟁조정)에 따른 조치 및 그 결과를 보고하여야 한다.

(2) 학교폭력단체 결성 예방 및 해체(법 제19조)

학교장은 관계기관과 협력하여 교내 학교폭력단체의 결성 예방 및 해체에 노력하여야 한다. 신고, 전수실태조사 등을 통해 학교폭력단체 결성의 징후가 파악되어 시·도교육청, 경찰 등에서 해당 학교폭력단체 해체를 위한 협조를 요청하는 경우 적극 협력한다.

(3) 학교폭력 사안처리 관련 비밀누설 금지(법 제21조)

「학교폭력예방 및 대책에 관한 법률」에 따라 학교폭력의 예방 및 대책과 관련된 업무를 수행하거나 수행하였던 자는 그 직무로 인하여 알게 된 비밀 또는 가해학생·피해학생 및 제20조(학교폭력의 신고의무)에 따른 신고자·고발자와 관련된 자료를 누설하여서는 아니 된다.

5. 학교폭력 사례별 대응법

학교폭력 사례별로 적절한 대응을 하기 위해 핵심대응, 핵심대응분석, 생활지도 Tip 등을 구체적으로 살펴보도록 하자(김규태 외, 2013; 김진한 외, 2013).

Case 1

실제 폭행이 없었으며, 말다툼인 사례

학생 A는 학생 B가 말다툼 도중에 때리려고 했다는 이유로 117 학교폭력 신고센터에 학교폭력으로 신고하였다. 신고를 받은 경찰이 학교로 출동하였고, 학교폭력신고가 들어왔으니 학교에서 처리해달라며 통보를 하고 돌아갔다. 이후 담임교사가 사실을 확인해보니 실제 폭행이 일어나지도 않았고 단순한 말다툼인 것으로 확인되었다. 단순한 말다툼이지만 경찰에 신고까지 된 사안인 경우 담임교사는 어떻게 처리해야 할까?

핵심대응

경찰 신고 여부와 관계없이 담임교사는 동 말다툼이 학교폭력 사안인지를 확인하여 자체 종결하거나, 전담기구 소속교사에게 학교폭력 발생 사실을 보고해야 한다.

만약 단순한 말다툼이 아니라 욕설 등 언어폭력이 있었다면 학교폭력사안이므로 담임교사가 종결할 수 없음을 유의한다.

핵심대응분석

117에 신고되어 경찰이 학교에 출동·통보한 사안이라 하더라도, 동 사안이 단순한 말다툼으로 두 학생 간 화해한 경우라면 담임교사가 종결할 수 있는 사안에 해당되므로 담임교사가 사건을 처리하고 그 조치사항에 대하여 학교폭력 전담기구에 알리고 종결하면 된다.

그런데 만약 이 같은 말다툼이 단순한 말다툼이 아니라 욕설 등 언어폭력이 있어 피해학생이 모욕을 느끼는 등 심리적 고통을 호소하는 경우 명백한 학교폭력사안이므로 담임교사는 자체 종결하지 못하고 전담기구 소속교사에게 사실을 알려 학교폭력사안조사를 진행해야 한다.

또한 담임교사가 종결한 사안이라 할지라도 이후에 피해학생 및 그 보호자가 자치위원회 개최를 요구할 경우 자치위원회를 개최해야 한다(법 제13조제2항 참조).

생활지도 Tip

동 사안의 경우 담임교사가 종결할 수 있는 사안에 해당하여 담임교사가 종결 처리하는 경우 반드시 가해학생 및 피해학생의 보호자를 만나 화해 및 재발방지에 대한 약속을 하고, 필요한 경우 확인서를 작성하도록 하여 향후 이차분쟁이 발생하지 않도록 한다.

또한 담임교사가 종결한 사안인 경우에도 반드시 학교폭력 전담기구에 보고하여 담임이 자체 종결한 사안을 학교가 인지할 수 있도록 해야 한다.

Case 2

학생의 하의를 벗기고 동영상을 촬영하고 유포한 사례

학생 A는 학생 B의 하의를 벗긴 후 동영상을 찍어서 반 전체 학생들에게 유포하였다.

B의 보호자는 이 사실을 알고 학교 측에 학교폭력사안으로 신고했으나, A는 B의 동의하에 행한 장난이라고 주장하면서 고의가 아니었음을 강조하고 있다. 이 경우도 학교폭력에 해당할까?

핵심대응

학교폭력의 유형 중 성폭력, 사이버폭력에 해당하므로 자치위원회를 개최하여 처리해야 할 사안이다.

핵심대응분석

가해학생은 피해학생의 동의하에 행한 장난이라고 주장하고 있으나, 가해학생의 주장만으로 이를 학교폭력이 아니라 단정할 수 없으며, 피해학생과 그 보호자, 목격자 등의 진술 등을 종합적으로 고려하여 학교폭력 여부를 판단해야 할 것이다.

신체 일부, 특히 하의를 벗겨 촬영한 후 이를 유포하여 B학생이 정신적 피해를 느끼는 경우 학교폭력 중 성폭력에 해당한다. 또한 동영상을 찍어 반 전체 학생들에게 유포하는 등 가해학생이 정보통신망을 통해 피해학생과 관련된 개인정보를 유포하였으므로 사이버폭력에도 해당한다.

생활지도 Tip

성폭력이 발생한 후 처벌은 이미 피해학생에게는 엄청난 고통이 수반되기 때문에 예방 교육이 매우 중요하다.

Case 3

경찰에서 동일 사건으로 수사가 진행되고 있는 사례

남학생들 간 집단싸움 도중 A학생이 중상해를 입었다.

이후 A학생의 보호자가 상대학생들을 고소하여 현재 경찰에서 수사가 진행 중인데, 자치위원회를 개최해야 할까?

핵심대응

학교폭력사안으로 인정되는 경우에는 경찰의 수사 진행 여부와 상관없이 자치위원회를 개최하여야 한다.

핵심대응분석

경찰의 수사는 형사처벌 또는 소년보호처분 등을 목적으로 이루어지는 사법절차로서 자치위원회에서 가해학생을 교육·선도하기 위한 조치와는 별개의 절차이다.

따라서 경찰에서 수가가 진행 중이라고 하더라도 학교폭력사안의 경우에는 자치위원회를 개최해야 하며, 자치위원회 개최를 미루거나 연기할 수 없다.

가해학생이 자치위원회 조치를 받은 후 형사처벌 또는 소년보호처분을 받게 되더라도 이는 이중처벌에 해당하지 않는다.

생활지도 Tip

경찰의 조치는 범죄의 처벌을 위한 사법적 조치이며, 자치위원회의 조치는 피해학생의 보호와 가해학생의 선도를 위한 교육적 조치이므로 별개의 절차임을 안내해야 한다.

또한 경찰 조사결과 '무혐의' 처리되었다 하더라도 「학교폭력예방과 대책에 관한 법률」상 학교폭력에 해당하는 경우 자치위원회에서 피해학생 및 가해학생에 대한 조치를 결정할 수 있음을 알려야 한다.

Case 4

가해학생이 학교폭력 가해사실을 부인하는 사례

급우들이 바이러스에 감염된다고 하면서 학생 A의 책에 세정제를 발라두고, 쉬는 시간에는 A의 책상을 치워버리고, 어떨 때는 A를 마구 때리기도 하였다. A의 보호자는 학생 B를 가해자로 신고하였고 학교 측에서 보기에도 학생 B가 주도적으로 나서서 학생 A를 괴롭힌 것으로 짐작은 되지만, B는 가해사실을 강력히 부인하고 있다. B의 사실을 확인할 만한 분명한 근거자료도 없는 상황인데, 어떻게 해야 할까?

핵심대응

학교의 장은 자치위원회 개최 이전 A학생을 즉시 보호조치할 수 있다.

학교의 장은 긴급하다고 인정할 경우 B학생에게 서면사과, 접촉금지, 교내봉사, 특별교육, 출석정지 조치를 할 수 있다.

또한 담임교사는 전담기구에 동 사안을 알려 신속하고 정확한 사안조사를 통해 학교폭력 가해 및 피해 사실 여부를 확인한 후, 자치위원회를 개최하여 A학생을 신속히 보호해야 한다.

핵심대응분석

① 가해학생이 가해사실을 부인하는 경우

가해학생의 주장만으로 이를 학교폭력이 아니라 단정할 수 없으며, 피해학생과 그 보호자, 목격자 등의 진술 등을 종합적으로 고려하여 학교폭력 여부를 판단해야 한다.

따라서 피해학생과 목격학생의 진술로 가해사실을 인정하는 것도 가능하다.

② 피해학생에 대한 보호조치

동 사안과 같이 지속적이고 집단적인 학교폭력으로 피해학생을 보호할 긴급한 사유가 있다고 판단하는 경우 자치위원회 개최 이전 심리상담 및 조언, 일시보호, 치료 및 치료를 위한 요양 등 보호조치를 할 수 있다.

이 경우 학교의 장은 자치위원회에 즉시 보고해야 한다(법 제16조제1항).

③ 가해학생 선도조치

2명 이상의 학생이 고의적 · 지속적인 폭력을 행사한 경우 학교의 장은 가해학생에 대한 우선 출석정지조치를 할 수 있다.

동 사안의 경우 다수의 학생이 고의적이며 지속적으로 A학생을 폭행하고, 모욕하는 등 학교폭력을 행사한 사례로 보이며, 학교의 장은 B학생뿐 아니라 다른 가해학생의 선도가 긴급하다고 인정하는 경우 즉시 출석정지조치를 할 수 있다(「학교폭력예방과 대책에 관한 법률」시행령 제21조제1항).

Case 5

보호자 간 합의를 이유로 자치위원회 개최를 반대하는 사례

학생 2명이 서로 싸움을 하다가 학생 A가 골절 등의 상해를 입은 폭력사안이 발생하였다. 학교폭력 발생 직후 보호자 간 원만한 합의가 이루어져서 양측 모두 학교의 어떠한 조치도 원하지 않는다면서 「학교폭력예방과 대책에 관한 법률」에 따른 사안처리를 매우 반대하고 있다. 학교는 어떻게 대응해야 할까?

핵심대응

학생 A가 골절 이상의 상해를 입은 것은 담임교사가 종결 처리할 수 있는 경미한 사안이 아니므로 자치위원회를 개최해야 한다.

다만, 자치위원회에서 학생 A, B가 화해가 이루어진 사정을 고려하여 학생 A, B에 대한 조치를 결정할 수 있다(「학교폭력예방과 대책에 관한 법률 시행령」 제19조).

핵심대응분석

학교폭력에 해당하는 가해행위로 인한 경미한 사안이 아니라, 피해자가 골절 등의 심각한 상해를 입었으므로 가해행위로 인한 신체 · 정신 또는 재산상의 피해가 있었음이 명백하다.

따라서 당사자 간 합의가 이루어졌더라도 담임교사가 종결처리할 수 없으며, 자치위원회를 개최하여야 한다.

생활지도 Tip

① 학생 A의 피해 정도가 경미하지 않다면 자치위원회 개최 안내

학생 A의 피해가 심각한 상황이므로 담임교사가 자체 종결할 수 없으며,「학교폭력예방과 대책에 관한 법률」에 의거하여 반드시 자치위원회를 개최하여 처리해야 함을 정확히 설명해야 한다.

다만, 자치위원회 심의과정에서 양측이 합의한 사정을 고려하여 조치하는 것이 바람직하다.

학교는 법률에 근거한 명확한 설명과 더불어 학부모의 일방적인 요구에 끌려가지 않도록 학교의 일관된 방침을 세워야 하며, 학부모 상담창구를 일원화하여 상담과정에서 학교 방침에 어긋나지 않도록 유의해야 한다.

② 쌍방폭행의 경우 두 학생 모두 피해자이면서 가해자로서의 조치

학생 A, B가 서로 다투는 과정에서 서로에게 피해를 입힌 경우 두 학생이 모두 가해학생이면서 피해학생이기 때문에 자치위원회에서는 두 학생에게 가해학생 조치 및 피해학생 보호조치를 동시에 결정해야 한다.

③ 가해학생에 대한 '우선 출석정지' 및 특별교육 실시

학생 A, B가 고의적 · 지속적인 폭력을 행사한 경우, 폭력을 행사하여 전치 2주 이상의 상해를 입힌 경우, 학교폭력에 대한 신고, 진술, 자료 제공 등에 대한 보복을 목적으로 폭력을 행사한 경우 등은 우선 출석정지가 가능하고 출석정지기간 중에는 학교 내 상담실 또는 Wee 클래스에서 상담교사 주관으로 상담, 교과자율학습을 포함하여 특별교육을 실시해야 한다.

Case 6

다수의 학생이 특정 학생을 대상으로 집단 따돌림을 한 사례

매우 소극적인 성격의 학생 A가 혼잣말을 하거나 자신의 의견을 명확히 말하지 못하고 웅얼웅얼거리는 모습을 못마땅하게 여기는 학생 2, 3명이 주도적으로 A학생을 따돌리게 되었는데, 급기야 이런 일이 자주 생기면서 점점 그 범위가 확대되어 학급 전체 학생들이 A학생을 싫어하고 야유를 하는 등 집단 따돌림을 하였다.

피해학생 A의 학부모가 이 사실을 알고 자치위원회를 열어달라고 요구하였는데, 이 경우 가해학생은 누구를 대상으로 해야 할까?

핵심대응

집단 따돌림의 형태로 나타나도 가해학생별로 가해행위가 특정되어야 한다.

전담기구의 조사결과가 집단 따돌림에 해당하는 가해행위를 한 것으로 확인되는 학생들에 대해서는「학교폭력예방과 대책에 관한 법률」에 따른 조치가 필요하다.

핵심대응분석 1

한 학생을 대상으로 학급의 모든 학생이 괴롭히거나 괴롭힘에 동조하는 집단 따돌림의 경우 담임교사는 학생들이 개입한 구체적인 정황이나 근거가 있는지를 파악하고 대상의 범위를 정해야 한다. 집단 따돌림의 경우 학생 수가 많더라도 모두 가해대상이 된다.

핵심대응분석 2

담임교사로서 학교폭력에 해당하는 가해 및 피해 사실이 있었는지 여부를 확인하여야 할 경우, 조사 · 확인의 대상이 되는 특정 가해학생의 가해사실 및 특정 피해학생의 피해사실이 특정되어야 한다.

단순히 '같은 반 학생 전체가 과거 몇 달 동안 학생 A를 따돌리는 행위를 하였다'는 정도의 추상적 사실만으로는 학교폭력에 해당하는 사실로서의 가해 · 피해 사실을 확인하였다고 말할 수 없다.

집단 따돌림에 해당하는 어떠한 가해행위가 있었다고 특정된다는 것은 '언제, 어디서, 누가, 무엇을, 어떻게 하였다'라는 형식에 들어맞는 구체적인 사실을 의미하는데, 특정되는 가해행위에 가담한 학생들 모두가 집단 따돌림 행위의 가해학생이 될 수 있다.

생활지도 Tip

학교폭력 유형에 적합한 프로그램을 가 · 피해학생을 대상으로 실시한다.

① 집단 따돌림 피해학생

직접적인 상해를 입히지 않더라도 피해학생은 자기존중감이 저하되고 대인기피, 우울증, 등교 거부 등 심한 정신적 타격을 입을 수 있으므로 이에 대한 적절한 지도가 필요하다.

집단 따돌림 피해학생은 사회관계기술이 부족한 경우가 많으므로 상담을 통해 대인관계기술을 향상시키도록 한다.

② 집단 따돌림 가해학생

가해학생들이 학급 전체인 경우 반드시 학교폭력 유형에 적합한 학급집단상담을 실시하여 피해학생의 아픔을 공감하도록 한다.

Case 7

다수의 학생이 특정 학생을 대상으로 사이버상에서 따돌림을 한 사례

학생 A와 B는 친한 친구였으나 사이가 나빠지자, A가 자신의 블로그에 B를 험담하는 글을 올렸고 다음 날 이를 알게 된 B가 항의하자 A는 B를 혼내주자며 채팅방을 개설하여 20여 명의 친구들과 B를 '찐따'라고 험담하고 심지어 학생 B의 사진을 탑재하여 다른 친구들과 함께 사이버 따돌림을 하였다. 학생 B의 신고로 자치위원회를 개최하려 하자 20여 명은 자신들은 채팅방에 들어가서 대화만 나누었을 뿐이라며 항의하였다. 이럴 때 과연 채팅방에 들어와 함께 모의한 친구들도 가해자가 될까?

핵심대응

본 사례는 학교폭력 유형 중 사이버 따돌림에 해당하고, 이에 가담한 학생들은 모두 자치위원회를 개최하여 적법하게 처리해야 할 사안이다.

핵심대응분석

학생 A가 자신의 블로그에 학생 B를 험담하는 내용을 올린 행위, 채팅방에서 다른 친구들과 학생 B를 험담하고 B의 사진을 올린 행위, 학생 A의 다른 친구들이 A가 개설한 채팅방에서 A와 함께 B를 험담한 행위 모두가 사이버 따돌림으로 학교폭력에 해당한다.

학생 A와 그 친구들이 인터넷 게시판이 아닌 자신의 블로그에 글을 올렸고, 자신들만의 폐쇄적인 채팅방에서 험담을 하거나 B의 사진을 올린 것일 뿐, 직접적으로 B의 미니홈피를 방문하거나 B가 속해 있는 인터넷 공간에서 욕설을 하거나 험담을 하여 B를 공격한 것이 아니므로 학교폭력이 아니라고 주장하여도 어떤 경로를 통해서든 피해학생이 사이버상에서 이루어진 따돌림을 알게 되어 고통을 느끼게 되면 학교폭력에 해당한다. 요약하면, 해당 학생들이 자신들의 블로그에서 단지 채팅만 했을 뿐이라며 학교폭력대상이 아니라고 해도, 사이버상에서 한 학생을 험담하였기 때문에 대화에 가담한 모든 학생들은 자치위원회를 개최하여 조치해야 한다.

참고로, 개인정보 또는 허위사실을 유포하여 피해학생이 고통을 느끼게 되었거나, 또 이미 알려진 사실이거나 듣는 사람이 이미 알고 있는 사실이어서 새로울 것이 없다고 하더라도 사이버 따돌림이 된다.

생활지도 Tip

① 사이버 따돌림 예방교육

카톡, 블로그 등에 악플이나 언어폭력을 통한 사이버 따돌림, 피해학생을 괴롭히기 위한 동영상을 블로그에 올려 유포하는 것은 피해학생으로 하여금 마음의 상처를 받게 하기 때문에 단순가담일지라도 학교폭력의 대상이 된다는 사실을 학생들에게 인지시켜야 한다.

- 예방교육 1 : 핸드폰 문자로 욕설이나 협박성 문자가 오면 어떠한 응답도 하지 않는다.
- 예방교육 2 : 인터넷의 게시판이나 안티카페 등에서 공개적인 비방 및 욕설의 내용은 그 자체로 저장한다.
- 예방교육 3 : 모든 자료는 증거확보를 위해 저장한다.

사이버 따돌림은 친한 학생들 간에 이루어지므로 발견하기 어려워 학교 자체로 학생들을 중심으로 한 사이버수사대 등을 조직하여 사이버상에서 발생하는 학교폭력을 인지하는 것도 필요하다.

② 피해학생에 대한 보호조치

불특정 다수에게 공개되는 사이버폭력으로 인해 피해학생은 명예훼손, 모함, 비방 등을 당하여 심각한 정신적 피해를 입을 수 있다. 그러므로 피해학생을 상담교사나 상담센터와 연계하여 반드시 상담을 받는다.

③ 가해학생 조치

교사가 증거를 철저하게 확보한 후, 사이버폭력을 지속하지 않도록 지도한다. 피해학생에게 사이버상에서 공개 사과한다.

Case 8

실제 폭행하지는 않았으나 집단폭행에 가담한 사례

3학년 학생 7명이 2학년 후배 5명을 지하주차장으로 집합시켜 겁을 주던 중, 3학년 학생 3명이 후배 5명을 주먹과 발로 폭행하고, 나머지 3학년 학생 4명은 옆에서 이를 지켜보고 있었다.

피해학생 측 학부모들은 직접 때린 3학년 학생 3명과 함께 이를 지켜본 4명에 대해서도 처벌할 것을 요구하고, 방관학생 학부모들은 "단지 옆에서 구경하고 있었는데 왜 범죄자로 몰고 가느냐? 불이익을 주면 가만있지 않겠다."며 강력히 반발한다.

학교에서는 어떻게 대응해야 할까?

핵심대응

물리적 폭력을 행사한 3학년 학생 3명뿐만 아니라 이를 지켜본 3학년 학생 4명 모두 가해학생이므로 필요한 조치를 해야 한다.

핵심대응분석

학생들을 주먹과 발로 때린 학생 3명이 학교폭력의 가해학생이고 나머지 4명의 학생들은 가해학생 3명처럼 직접 폭력행위에 가담하지는 않고 지켜보았지만, 겁을 주는 행위를 하였기 때문에 학교폭력 가해학생이다.

폭력행위 당시 옆에서 피해학생을 지켜보는 행위도 피해학생들이 학교폭력현장을 빠져나가지 못하도록 감시하는 역할을 하였기 때문에, 지켜보는 가해학생이라 할 수 있다(단, 가해학생들이 학교폭력을 행사하는 장소를 우연히 지나가다가 구경하는 '방관자'는 자신이 직접 학교폭력을 하겠다는 의사 자체가 없기 때문에, 가해학생으로 볼 수 없다).

생활지도 Tip

① 정확한 사안조사 필요

피해학생들의 진술에 기초하여 직접폭행을 한 학생과 지켜본 학생을 구분할 수 있는 정확한 사실조사를 해야 한다.

조사과정이나 자치위원회 심의과정에서 가해자 부모들의 피해자 측에 대한 협박성 발언 등, 심한 저항을 예상하여 충분한 설명과 함께 대응자세를 확고히 해야 하며, 법률에 위배

되는 사항에 대해 억지를 부릴 경우 단호히 대처하고, 자칫 본질과 벗어난 감정싸움이 될 수 있으므로 사실만을 강조하여야 한다.

② 사안조사 완료 후 적법한 절차에 따라 자치위원회 개최

자치위원회를 개최하여 심의과정에서 직접 폭행 가해학생 3명과 지켜본 가해학생 4명에 대한 합당한 조치가 각각 이루어지도록 신중을 기해야 한다.

③ 조치결과 거부 및 회피 시 가중조치 가능

지켜본 가해학생 및 보호자가 자치위원회의 조치를 따르지 않고 거부 · 회피할 경우 추가로 다른 조치를 할 것을 학교장에게 요청할 수 있는 등 조치내용을 가중할 수 있다(「학교폭력예방 및 대책에 관한 법률」 제17조제2항).

* 조치 거부 및 회피 시 징계 내용

- 학교 내의 봉사
- 사회봉사
- 특별교육 이수
- 1회 10일 이내, 연간 30일 이내의 출석정지
- 퇴학처분에 따라 징계하여야 한다(「초 · 중등교육법 시행령」 제31조).

Case 9

B학생 부모가 수업 중인 A학생 폭행

ㅇㅇ중학교 학생회장 선거 전날 선거운동원인 A학생이 B학생(학생회장 후보)의 피켓을 파손함으로써 선거운동원들 간에 다툼이 일어났다.

학생부장교사는 방과 후, 관련 학생들을 불러 건전한 선거운동을 하도록 지도하였으나, 하교 후, A학생은 세이클럽에 접속하여 B학생에게 욕설을 하고, 이 사실을 B학생 부모가 알게 되었다.

선거 당일 오전, B학생 부모는 학교출입증 없이 학교에 들어와서, 학생부장교사를 만나러 왔다고 하며 수업 중인 A학생을 불러내었고, A학생은 교사의 제지에도 불구하고 순순히 따라 나갔다.

학생부장교사가 면담실에서 B학생 부모에게 경위를 묻던 중 B학생 부모는 A학생을 폭행했다. 학생부장교사와 교사가 임장했음에도 B학생 부모는 면담실에 온 A학생 선거운동원들을 다시 폭행하고, 처벌은 원치 않는다며 돌아갔다.

B학생 부모로부터 폭행당한 A학생이 점심시간에 치아의 통증을 호소하여 A, B학생 부모에게 알리고 병원으로 이송했다.

학생부장교사는 선거 업무를 추진하고, 교장과 교감은 공무로 회의 참석을 위해 출장을 간 상태여서 언론 취재 요청에 학생부장교사가 응하게 되었다.

다음날 B학생 부모로부터 폭행을 당한 A학생 선거운동원들은 병원에 입원하였고, A학생 부모들은 학교를 방문하여 그 사실에 대해 항의하였다.

자료 : 김규태 외 (2013).

핵심내용

학생회장 선거운동 과열로 선거운동원인 A학생이 학생회장 후보인 B학생의 피켓을 파손하고 사이버 언어폭력을 하여, B학생 부모가 무단으로 학교에 출입하여 수업 중인 A학생을 비롯하여 A학생 선거운동원들을 폭행했고, A학생은 치아 통증으로 병원으로 이송되었다.

핵심대응

폭행 당한 A학생 및 A학생 선거운동원들을 즉시 보호조치 후 사안조사를 하고, 사안조사 완료 후 적법한 절차에 따라 자치위원회를 개최해야 한다. A학생에 대한 B학생 학부모의 폭력행위는 고발대상이다.

핵심대응분석

수업 도중 B학생 부모가 교실에 무단으로 난입하는 위기상황에 교사는 당황·동요하지 말고 부모를 면담실로 안내하여 학생들의 학습권을 보호하여야 한다. 아울러 교사는 신속하게 학교관리자(학교폭력전담기구 책임교사, 교감, 교장)에게 신고하고, 즉각 학생들을 보호조치하여야 한다. 교사의 학생보호·감독의무 소홀은 책임을 면하기 어렵다.

B학생 부모에게 폭행 당해 치아통증을 호소하는 A학생에 대해서는 즉시 보건실에서 응급치료를 받도록 하고, 병원 이송이 필요한 경우 A, B학생 부모에게 알리고 담임교사나 보건교사가 병원에 동행·이송해야 한다.

이상과 같은 즉시 보호조치 후 사안조사를 하고, 사안조사 완료 후 적법한 절차에 따라 자치위원회를 개최한다. A학생에 대한 B학생 학부모의 폭력행위는 고발대상이기도 하다.

생활지도 Tip

학생회장 선거와 같이 학생들이 많이 모이는 집회나 행사는 지도교사가 임장하여 지도해야 한다.

피켓 파손 사건을 파악하고 관련 학생들을 불러 교사가 지도한 것은 바람직했으나, 학부모에게 이 사실을 정확하게 전달하고 교육적 협조를 구하는 소통절차가 없었다. 학교에 대한 신뢰감과 생활지도의 효과를 높이기 위해서는 학부모에게 사실을 정확하게 전달하고 교육적 이해와 협조를 구하는 가정과의 연계 지도가 필요하다.

B학생 부모가 학교장의 허락도 없이 학교를 무단으로 출입하는 것을 통제하기 위해서는 학교전담경찰관의 활동이 강화되어야 할 것이다. 아울러 방문증이 없는 외부인이 교내를 출입할 경우 학교에 적극 신고하도록 학생들을 지도해야 한다.

B학생 부모와 A학생 직접 대면은 금지되어야 한다. 교사가 사건 경위를 파악하고자 B학생 부모와 A학생을 대면시킨 자리에 학생부장교사와 교사가 임장했음에도 불구하고 B학생 부모가 A학생을 폭행한 사건이 발생했다. 따라서 교사는 B학생 부모를 면담실로 안내하여 학교방문 경위를 경청하고, A, B학생들에 대한 보호 및 지도조치를 하겠다는 성의 있는 태도를 보여 주어 학부모를 안정시켜야 한다.

사안이 심각했음에도 적절한 조치를 취하지 않은 채 학생부장교사는 선거업무를 계속 추진하였고 교장과 교감은 출장으로 부재중이었다. 이러한 상황에서 긴급대책회의를 소집하여 상황을 정확하게 파악하고, 역할분담을 통해 적절한 대응책을 마련해야 한다.

학교 관리자가 공무로 부재중이어서 매스컴 취재 요청에 학생부장교사가 응하는 경우 취재 창구를 일원화하여 억측이나 소문을 예방하고 일관성 있게 대처해야 한다. 이를 위해 사안에 대한 내용을 정확하게 파악한 후에 대답해야 한다.

BOX 5-5 | 통고제

당해 학교에 학적을 둔 10세 이상 14세 미만의 소년이 법령에 저촉되는 고위험 행위를 한 경우, 학교장 등은 관할 법원 소년부에 통고처분을 의뢰할 수 있다. 통고제의 처리절차와 통고에 적합한 유형은 다음과 같다(「소년법」 제4조제3항, 제32조; 김진한 외, 2013 재인용).

1. 통고제의 처리절차

통고제란 보호자 또는 학교·사회복지시설·보호관찰소의 장이 경찰, 검찰 등 수사기관을 거치지 않고 직접 사건을 법원에 접수시키는 절차이다(「소년법」 제4조제3항). 이는 수사기관의 수사를 받게 하는 부담을 주지 않고, 범죄경력조회나 수사자료표에 기재되는 등 불이익을 입지 않을 수 있으며, 법원의 개입을 통해 신속하게 조사하고 보호조치할 수 있는 장점이 있다. 통고제 절차는 다음과 같다.

- 사건수리 : 학교장 등으로부터 통고를 받으면 소년보호사건으로 접수
- 조사 : 생활환경, 비행내용 등 소년에 대한 보호의 필요성에 관한 자료를 수집하고 분석하는 것으로 조사는 전문조사관, 정신과의사 등 전문가가 담당
- 심리개시결정 : 소년부판사는 조사관의 조사보고 등을 검토하여 심리개시 결정을 하고, 그 사유의 요지 등을 소년과 보호자에게 통지
- 심리 : 소년은 법원에서 정한 심리기일에 보호자와 함께 출석하여 비공개로 재판을 받음
- 보호처분결정 : 소년부판사가 「소년법」 제32조가 정한 10가지 보호처분[6] 중에서 소년에 맞는 처분을 선택하여 보호처분을 결정함

2. 통고에 적합한 유형

통고에 적합한 유형으로는 다음 몇 가지 경우이다.

① 학교장의 지도 범위에 있는 학생이 형벌법규에 저촉되는 행위를 하였음에도 교사나 학교장의 지도에 따르지 않거나 학생의 성향과 태도로 볼 때 향후 재범가능성이 농후한 경우이다.

- 형벌법규에 저촉되는 비행으로는 폭행, 상해, 절도, 금품갈취, 강요(셔틀, 싸움강요, 갈취교사), 명예훼손, 모욕, 협박, 집단따돌림, 업무방해, 본드흡입, 성희롱, 교권침해사례 등을 들 수 있다.
- 다음과 같은 교권침해 사례는 모욕, 폭행, 협박, 명예훼손, 업무방해(또는 공무집행방해) 등에 해당하고 통고의 대상이 될 수 있다.

6) 보호자 또는 보호자를 대신하여 소년을 보호할 수 있는 자에게 감호 위탁, 수강명령, 사회봉사명령, 보호관찰관의 단기(短期) 보호관찰, 보호관찰관의 장기(長期) 보호관찰, 「아동복지법」에 따른 아동복지시설이나 그 밖의 소년보호시설에 감호 위탁, 병원, 요양소 또는 「보호소년 등의 처우에 관한 법률」에 따른 소년의료보호시설에 위탁, 1개월 이내의 소년원 송치, 단기 소년원 송치, 장기 소년원 송치 등 10가지

- 흡연학생을 적발해 지도하자 '밤길 조심하라'고 함
- 여교사의 치마 아래에서 휴대폰으로 동영상을 찍어 유포
- 교사지도에 반발하여 '교육청 홈페이지에 올리겠다'고 함
- 기물을 파손하고 휴대폰 게임을 계속하며 수업을 방해하므로 학생을 벌 세웠는데 보호자가 학교에 와서 거친 욕을 하며 교사를 폭행함

② 가해학생 혹은 그 보호자가 학교장이나 학교폭력대책자치위원회(이하 '자치위원회'), 교사를 상대로 욕설, 폭행을 하는 등 폭력적인 양상을 띠고 있어 자치위원회 개최 자체가 어렵거나 정상적인 운영이 되지 않고 있는 경우이다.

- 가해학생이나 보호자에게 휘둘리면서 사건처리가 지연될 뿐 아니라, 무엇보다 피해학생 보호나 가해학생 선도가 어렵게 되어 후에 자치위원회가 열려 필요한 조치를 하더라도 때를 놓치게 되는 것이 문제라고 할 것이다.
- 학교의 장은 우선 「학교폭력예방 및 대책에 관한 법률」제17조제4항에 기하여 필요한 긴급조치를 취함과 동시에 통고로서 사건을 법원으로 접수하고, 자치위원회를 열어 필요한 조치를 취함이 상당하다.

③ 가해학생이 자치위원회의 조치를 거부하거나 기피하는 경우이다.

- 「학교폭력예방 및 대책에 관한 법률」제17조11항, 동법 시행령 제22조에 의하여 추가로 다른 조치를 할 수 있으나 추가적인 조치로도 상황이 개선될 여지가 없다고 판단된다면 우선 통고를 하고, 추가적인 조치를 하는 것이 필요하다.
- 자치위원회의 틀 안에서 문제해결이 어렵고 분쟁이 장기화할 여지가 있다고 판단되는 경우이다.

④ 피해학생이나 보호자가 가해학생에 대한 처벌을 원하지 않고 있으나 피해학생이 입은 손해가 커서 손해보상이 쟁점이 되고 있는데, 쌍방이 생각하는 손해액에 차이가 커서 합의에 이르지 못하는 경우이다.

⑤ 가해학생에 정신적인 문제가 있거나 심리상태가 불안정하여 전문상담사나 정신과 의사 등 전문가의 진단이 우선되어야 하는 경우이다.

- 이 경우 가해학생에게는 치료 내지 상담이 우선되어야 한다. 치료 없이 자치위원회의 조치 내지 기타 선도조치만으로는 가해학생의 성행개선이 이루어질 수 없기 때문이다. 따라서 가해학생 보호자가 적극적으로 진단 및 치료에 협조하지 않는 경우라면 법원에 통고를 고려할 수 있다.
- 법원에서는 전문가 진단 및 심리상담조사를 활용하여 가해학생에 대한 정확한 진단을 마친 후 알맞은 처분을 하게 된다.

CHAPTER 06

학교폭력상담

C H A P T E R

06 학교폭력상담

학교폭력에 대응하기 위한 관리에는 상담활동이 중요한 역할을 한다. 학교폭력 발생 이전에 예방 차원의 상담을 실시하게 되면 문제의 발생을 미리 막을 수 있고, 학교폭력 발생 이후라도 징계와 처벌 위주의 조치보다는 상담을 통해 학생의 심리적 · 정서적 문제에 접근하여 학생 스스로 자신의 행동 변화를 이끌어 낼 수 있다. 이러한 상담활동은 문제의 근원적인 해결을 가능하게 하여 차후에 또 다른 문제의 발생을 막을 수 있다는 점에서 최선의 학교폭력 대응관리방법이 될 수 있으리라 본다.

이 장에서는 학교폭력 학생상담과 성공적인 학생상담을 위한 학부모상담에 대해 살펴볼 것이다.

1. 학교폭력 학생상담

우선 학교폭력상담의 기본원리부터 살펴보자. 학교폭력상담의 기본원리는 일반 심리상담의 원리와 크게 다르지 않다. 다만, 학교폭력 사안마다 다양성과 복잡성으로 인해 보다 융통성 있는 접근이 요구된다. 학교폭력의 원인, 종류와 특성, 상황적 조건 등 여러 가지 요소들을 종합적으로 이해하고, 피해학생 · 피해학부모 · 가해학생 · 가해학부모 · 동조자와 방관자 등 모든 관련자 각자의 개별적 특성에 따른 상담이 필요하다. 우선 학교폭력상담의 대표적인 기본 원리부터 살펴보면 다음과 같다(송재홍 외, 2012; 임재연, 2012).

첫째, 학교폭력상담은 '인간은 기본적인 가치와 존엄성을 인정받아야 한다.'라는 기본적인 가정에서 출발한다.

둘째, 학교폭력상담의 궁극적인 목표는 사건처리가 아니라 피해학생, 가해학생, 주변학생 등 관련된 사람들 간의 관계회복을 통한 건강한 성장의 모색이다. 따라서 학교폭력상담은 문제 확대나 재발 방지 위주의 예방 차원의 성격을 지닌다.

셋째, 학교폭력상담은 신속한 개입, 피 · 가해학생에 대한 중립성, 추수상담 지원 등이 요구된다. 학교폭력 발생 즉시 피해학생의 후유증이 심각해지기 전에, 그리고 가해학생의 죄의식이나 자기책임감이 소멸되기 전에 즉각적으로 진행되어야 한다. 또 상담종료 후에도 추수상담을 통해 학생의 적응력 향상을 도와주어야 한다.

넷째, 학교폭력상담은 무엇보다 학부모의 적극적인 협조를 통해 자녀의 학교생활적응을 도울 수 있어야 한다.

다섯째, 상담자료를 문서화 · 보관하여 추후 발생 가능한 위기상황과 법률적 민원에 대비하도록 한다. 이때 개인정보를 노출하지 않도록 유의한다.

1) 학교폭력 피해학생상담

일반적으로 학교폭력 피해학생은 신체적 허약, 대처기술의 부족, 낮은 자존감 등과 같은 특성을 지닌 것으로 보고되며, 가해학생은 공격성, 충동성, 낮은 자존감, 문제해결능력 부족, 욕구불만 누적과 같은 심리적 특성을 보이는 경우가 많다. 피 · 가해학생 모두 상담을 통해 이들 문제들을 치유함으로써 이후에 반복적으로 발생할 수 있는 학교폭력문제를 막아야 한다.

피해학생은 학교폭력 관련자들 중 가장 주된 상담대상이다. 피해학생은 심리적으로 위축되고 불안하며, 자신의 피해 사실을 이야기했을 때 보복을 당하지 않을까 두려워한다. 이러한 학생과의 상담은 안전하게 느낄 수 있는 장소에서 학생의 마음을 헤아리며 정서적인 안정에 초점을 두고 다른 친구들을 사귀고 안정적인 학교생활을 할 때까지 보호하며 도와줄 것임을 확실히 알려준다. 피해사실과 고민을 이야기하는 것이 문제를 해결하는 데 매우 중요함을 강조하면서 피해 사실 일지를 작성하도록 한다. 피해학생상담에서 유의해야 할 사항을 초기, 중기, 종결의 단계별로 정리하면 다음과 같다.

(1) 초기단계

상담에 들어가기 전, 학교폭력 전담기구를 통해 사건의 내용을 확인한다. 혹시 전담기구를 거치지 않고 직접 상담실을 찾은 학생에 대해서는 신속히 담임교사나 전담기구에서 사안에 대해 의논하도록 지도한다. 위기상황에 있는 학생인 경우, 최우선적으로 안전을 확인하고, 신체적 고통이나 정신적 충격에 대한 조치를 위해 전문기관에 연계·의뢰할 수 있다.

적절한 위로와 더불어 비밀을 최대한 보장한다는 약속을 한다. 특히, 따돌림 사건인 경우, 가해학생을 바로 불러 야단치는 경우가 있는데, 이는 고자질했다는 빌미를 제공하여 피해학생을 더욱 심하게 괴롭힐 수 있다. 교사는 무엇보다 피해학생을 보호하고 지원하려는 목적에서 전체 급우들 앞에서 피해사실을 공개할 수도 있는데, 이는 피해학생에게 당혹감이나 모멸감 혹은 자존감 저하를 불러올 수 있어 위험한 처사라 할 수 있다. 반드시 공개 여부에 대해 미리 피해학생으로부터 동의를 받도록 한다. 또한 전체 급우들 앞에서 피·가해학생 모두를 지목하여 훈계하는 것도, 강제로 피·가해학생들을 한 자리에 모아 화해시키거나 오해를 풀도록 하는 것도 적절한 방법이 아니다.

피해학생의 인적 사항과 피해 유형·피해 지속기간·피해 장소·심신의 피해상황 등 사건의 객관적인 정보를 최대한 구체적으로 수집·파악한다. 이 모든 것은 상담일지에 기록·보관해서, 혹시 발생할 수 있는 학부모의 민원 제기나 민·형사소송에 대비하도록 한다. 아울러 피해학생이 원하는 문제해결의 방법도 파악해두도록 한다.

피해학생과 가해학생의 보호자에게 폭력사안 발생에 대해 통보한다. 가정에서 피해학생을 위로하고 격려하며, 가해학생의 경우에는 자신의 행동에 대해 반성하고 피해학생에게 사과할 수 있는 방법을 찾도록 한다. 또한 이후 폭력사안에 대해 어떤 과정의 절차가 진행되는지에 대해서도 안내하도록 한다.

필요한 경우라면, 심리검사를 실시하여 피해학생의 심리상태를 파악하도록 한다.

이상의 과정에서 교사는 피해학생의 마음을 최대한 공감하여 안정감과 신뢰감을 줄 수 있는 라포가 형성되도록 노력한다.

(2) 중기단계

학교폭력으로 인한 후유증을 최소화하기 위해 학생이 지닌 마음의 상처를 치유하고 심리적 성장의 기반을 구축하는 데 주력해야 한다. 피해학생의 상담에서 유념해야 할 점들은 다음과 같다.

첫째, 초기단계도 중기단계도 피해학생의 심한 스트레스, 불안, 심리적인 모멸감 등을 최대한 공감하는 상담자의 정서적 지지를 통해 안정감과 신뢰감을 가질 수 있는 라포가 형성되도록 하는 것이 매우 중요하다.

둘째, 학교폭력 피해경험으로 인해 그동안 쌓아둔 부정적 감정, 특히 분노를 적절하게 표출하도록 하고, 자기에 대한 인식을 긍정적으로 변화시키며, 대인관계능력을 회복시켜 학교 재적응을 가능하게 해야 한다.

셋째, 피해학생의 학교적응을 지원하기 위한 다양한 프로그램을 적용하면서 학부모상담도 함께 진행하여 피해학생의 심리적 지지를 위한 협조를 구한다. 피해학생 지원을 위한 주된 상담 프로그램으로 자기주장 훈련, 대인관계능력의 회복, 지나친 수줍음의 해결, 자기존중감 향상, 용서능력 신장 등이 있다.

(3) 종결단계

① 상담 사후관리

피해학생이 상담 이후에도 친구관계 등 학교생활에 잘 적응하고 있는지, 혹은 또 다른 폭력이나 보복의 두려움에 불안해하고 있는지에 대해 관심을 가지고 살펴보고, 필요하다면 추수상담을 계획해서 진행하도록 한다.

② 다면적 통합지원

피해학생상담을 통해 학생 개인의 문제에 초점을 두고 변화를 모색하는 것은 어느 정도 한계를 지닌다. 학교폭력의 문제는 다차원적인 요인들이 원인으로 작용하기 때문에 학생의 적응력 강화를 위해 다양한 전략을 수립 · 지원해 주도록 한다. 예컨대, '수호천사' 프로그램, 등·하교 함께하기, 전문상담기관 소개 등이 있으며, 관련 내용은 제5장을 참조하도록 하고, 그밖에 학급활동이나 학교 행사와 연계하여 전체 학교문화를 개선하는 방법도 있다.

2) 학교폭력 가해학생상담

가해학생이 자신의 학교폭력에 대한 잘못을 인정하고 피해학생이 이를 용서한다면 문제해결은 용이하다. 하지만 많은 가해학생들은 가해사실을 피해자가 생각하는 것만큼 인정하지 않으며, 가해학생이 집단이라면 더욱 인정하지 않고 합리화하려 한다. 하지만 가해학생도 겉으로는 아무렇지 않은 듯 행동하지만 속으로는 주변의 반응과 앞으로 닥쳐올 일에 대한 불안감으로 두려워할 수 있다. 따라서 상담은 가해학생의 감정을 수용하고 마음을 달래주면서 그를 변화시킬 수 있는 전략이 필요하다. 하지만 어떠한 경우에도 학교폭력은 결코 용서받을 수 없는 행동임을 인식시켜야 한다. 가해학생상담에서 유의해야 할 사항을 초기, 중기, 종결의 단계별로 정리하면 다음과 같다.

(1) 초기단계

가능하다면 상담 시작 이전에 학교폭력이 발생한 구체적인 정황에 대해 육하원칙에 의해 파악해둔다.

가해학생에게 상담의 의도를 전달하고, 상담자가 폭력 사실을 인지하고 있음을 알리고, 사소한 폭력도 범죄행위라는 것을 알고 있는지 확인한다. 학교폭력 처리과정과 절차도 설명하고, 앞으로 가해학생이 받을 수 있는 예상되는 처벌에 대해서도 이야기한다.

가해학생의 인적 사항과 급우관계, 폭력경험, 징계경험·형태·기간의 이력, 폭력상황 등 사건의 객관적인 정보가 포함될 수 있는 항목이 들어 있는 상담일지를 작성하도록 한다. 가해학생이 원하는 문제해결의 방법에 대해서도 파악해두도록 한다.

만약 가해학생이 여러 명일 경우 서로 정보를 공유하지 못하도록 동시에 다른 장소에서 상담일지를 작성하도록 해야 한다. 이 상담일지를 바탕으로 개별상담을 진행하고 주도한 학생을 알고 있다면 그 학생을 먼저 상담하고 동조학생들을 곧바로 상담한다.

필요한 경우라면, 심리검사를 실시하여 가해학생의 심리상태를 파악하도록 한다.

이상의 과정에서 가해학생에게 안정감과 신뢰감을 줄 수 있는 라포를 형성하고자 하는 교사의 태도와 함께, 폭력행위 관련 처리 절차나 예상되는 처벌 등에 대한 사실적인 설명은 부드러우면서도 단호한 어조를 적절히 사용하도록 유의한다.

(2) 중기단계

학교폭력경험 학생들 가운데 다섯 명 중의 한 명은 가해자와 피해자 경험을 동시에 가지고 있다고 한다. 교육적 차원에서 보면, 가해와 피해를 구분짓기보다는 모두 상담을 통해 건강한 적응과 발달을 도와야 하고, 특히 가해학생은 처벌에만 초점을 두기보다는 재발방지를 위한 폭력 예방상담에 관심을 두어야 한다. 가해학생의 상담에서 유념해야 할 점들은 다음과 같다.

첫째, 폭력을 한 원인을 자세하게 탐색한다. 이때 학생의 생각과 감정을 수용하고 공감해야지 훈계 위주의 이야기는 역효과를 가져온다. 수용과 공감을 통한 신뢰로운 관계형성은 가해학생 자신의 문제나 감정을 토로 · 해방하게 하여 새로운 모습의 변화를 시작하는 계기가 된다.

둘째, 피해학생이 당한 피해상황, 입장, 충격 등에 대해 탐색하면서 가해학생 자신의 잘못된 행동에 대해 스스로 깨닫도록 해서 반성하도록 한다.

셋째, 폭력행동의 긍정적인 변화를 위한 상담 프로그램을 적용하면서 학부모상담도 함께 진행하도록 학부모 협조를 구한다. 가해학생 지원을 위한 주된 상담 프로그램이나 상담 기법으로 공감훈련, 분노조절훈련, 배려 품성의 계발, 자기존중감 향상, 역할극 등이 있다.

(3) 종결단계

① 상담 사후관리

가해학생이 상담 이후에도 친구관계 등 학교생활에 문제가 없는지 관심을 가지고 살펴보고, 필요하다면 추수상담을 계획해서 진행하도록 한다.

② 다면적 통합지원

가해학생상담을 통해 학생 개인의 문제에 초점을 두고 변화를 모색하는 것은 한계를 지니므로 다양한 전략을 수립 · 지원해 줄 수 있어야 한다. 예를 들어, '지역인사 멘토제', '사제동행 등산', '학부모 봉사', '운동팀 구성' 등과 같은 프로그램을 들 수 있다(제5장 참조).

3) 피해 및 가해학생을 위한 상담 프로그램

피해학생의 학교적응 지원과 가해학생의 긍정적인 변화를 위한 프로그램을 적용하면서, 학부모 협조를 구해 학부모상담도 함께 진행하도록 한다. 피해학생 지원을 위한 주된 상담 프로그램이나 상담방법으로는 자기주장훈련, 대인관계능력 회복, 지나친 수줍음의 해결, 자기존중감 향상, 용서능력 신장 등이 있고, 가해학생을 위해서는 공감훈련, 분노조절훈련, 배려 품성의 계발, 자기존중감 향상, 역할극 등이 있다. 여기서는 대인관계능력 회복, 지나친 수줍음 해결, 용서능력 신장, 공감훈련, 분노조절훈련, 배려 품성의 계발, 역할극 등을 다루고자 하며, 이들 상담 프로그램을 폭력상황이나 가해 및 피해학생에 따라 융통성 있게 활용하기 바란다. 자기주장훈련과 자기존중감 향상은 제9장, 제10장을 참고한다.

(1) 대인관계능력 회복

학교폭력 피해학생의 대인관계 회복을 목표로 한 상담 모델을 소개하면 그림 6-1과 같다(김혜령, 2009).

그림 6-1에서 볼 수 있듯이, 1단계에서는 '안전의 확립과 협력관계 수립하기'가 목적이다. 학교폭력 피해학생은 가해학생의 처벌 및 중재를 통해 신체적인 안전을 확보하고, 상담자를 비롯한 주변 사람들과의 협력관계를 수립하여 피해의 확대 없이 심리적 지지를 구축하여 심리적 안정성을 확보한다. 상담자와 학생과의 라포형성, 학생의 강점 찾기 도와주기, 학생의 강점 칭찬 · 지지하기 등을 통해 피해학생이 무기력감이나 열등의식에서 벗어나도록 한다.

2단계에서는 '외상의 기억과 애도를 위한 복합적인 정서에 반응하기'가 상담의 목적이

1단계 : 안전의 확립/협력관계 수립하기

가해학생의 처벌 및 중재로 신체적 안전 확보/
상담자와 학생의 라포형성/ 학생의 강점 찾기
(칭찬과 공감, 지지치료 중심)

**2단계 : 외상의 기억과 애도/
복합적인 정서에 반응하기**

학교폭력 피해경험의 재진술과 통합, 핵심감정 찾기
상담자는 학생이 감정을 표현할 수 있도록 수용하고 공감하기
(감정에 반응하기)

↓

**3단계 : 새로운 관계모색/
대인대처전략의 이해와 적용**

고립감, 무력감의 탈피와 타인과의 신뢰를 회복하는 첫걸음
상담자와 자신이 과거에 맺었던 관계 패턴이 아닌 새로운 대인대처전략을 연습하도록 함

↓

가족상담적 개입

상담과정에서 상담자와 맺은 새로운 관계 패턴을 부모 등 가족관계 속에서 연습
(가족 내 의사소통 유형의 변화)

↓

**또래관계로의 확장
단절된 관계의 연결**

적응적이고 유연한 또래관계의 형성

그림 6-1 학교폭력 피해학생의 대인관계능력 회복을 위한 상담 모델

자료 : 김혜령(2009).

다. 1단계에서 피해학생이 물리적 · 심리적으로 안정감을 느끼게 되면, 상담자는 피해상황을 재경험하도록 유도하면서 그동안의 심리적 외상, 즉 분노를 비롯한 두려움, 수치감, 열등감 등을 표현하게 한다. 상담자는 이러한 감정을 표현할 수 있도록 수용하고 공감함으로써 학생은 자신의 감정을 정리 · 통합하여 주변상황에 대처 · 변화할 수 있는 내적인 힘을 얻게 된다.

3단계에서는 '새로운 관계모색과 대인대처전략의 이해와 적용하기'가 목적이다. 3단계는 지금까지의 대인대처전략을 검토하고 새로운 대인관계를 모색하며 실생활에 적용한다. 처음에는 상담자와의 관계에서 대인대처전략을 이해 · 연습하고, 그 다음 상담자와 새롭게 맺은 관계 패턴을 부모 등 가족관계 속에서 연습하고, 결국엔 또래관계 속에서 연습 · 확장함으로써 학교에 재적응하게 된다. 이렇게 새로운 관계 패턴은 반복해서 여러 장면에서 경험해야 친구들과 어울릴 수 있고 재발을 방지할 수 있게 된다.

(2) 지나친 수줍음 해결

사람마다 정도의 차이는 있지만 수줍음을 느낀다. 하지만 거의 모든 상황에서 수줍음을 느껴 사회적 상호작용을 회피하고 사회적 상황에 적절히 참여하지 못하는 지나친 수줍음을 지닌 피해학생은 인간관계에 문제가 될 수 있다. 지나친 수줍음의 대처방안은 다음과 같다.

첫째, 자신의 증상에 대해 우선 이해한다. 현재의 수줍음의 원인이 과거 초기경험들이었다는 것을 충분히 이해하고 통찰한다면 지금의 수줍음에서 자유로워질 수 있다. 수줍음의 원인은 대체로 어린 시기에 형성된 열등감이나 외상경험이다. 열등감은 부모의 권위적이고 지시적인 양육방식, 형제간의 경쟁, 학교 또래와의 비교 등을 통해 형성되고, 외상경험은 부모의 과도한 체벌, 교사의 심한 질책, 왕따 사건 등을 들 수 있다.

둘째, 완벽하려는 비합리적인 신념에서 벗어나도록 노력한다. 사람들은 좋은 사람으로 인정받고 싶어 한다. 그래서 흠 잡히지 않는 완벽한 모습만 보여야 한다는 비합리적인 신념을 가지게 되는데, 여기에는 마음속 깊이 자리 잡은 열등감이 작용하는 경우가 많다. 완벽해야 한다고 생각할수록 그만큼 자신의 능력을 과소평가하게 되고 사회적 관계에서 많은 부담을 느끼게 된다. 이러한 자기 과소평가와 사회적 부담은 어떤 상황에 직면하기도 전에 막연하게 걱정과 불안에 휩싸이게 하고 실제 상황에서는 더욱 긴장된 어색한 행동을 초래하게 만든다. 따라서 이러한 완벽해야 한다는 비합리적인 신념에서 벗어나는 노력을 하도록 한다. 예컨대 "앞에 서서 발표하려고 하니 많이 떨리네요."라고 자신의 긴장과 불안을 알리는 것도 좋은 방법이다.

셋째, 소집단 내에서 자아존중감을 향상시키고 사회적 기술을 습득한다. 예컨대, 장점

발표하기, 칭찬이나 격려와 같은 상호 긍정적 피드백 주고받기 등을 통해 자아존중감을 향상시킬 수 있고, 이완훈련에 의한 긴장 해소하기, 질문하고 대답하기, 함께 참여해서 놀기, 협동 활동하기 등과 같은 사회적 관계활동을 통해 사회적 기술을 배울 수 있다(이태연 외, 2006).

(3) 용서능력 신장

학교폭력의 피해학생은 가해학생을 용서함으로써 상처나 고통이 완전히 치유된다. 따라서 피해학생에게 용서할 수 있는 능력을 신장시켜주어야 하는데, 그것이 쉽지 않다. 나에게 상처와 고통을 가져다 준 가해학생에 대해 오히려 복수가 정당하고 당연한 것이라 여겨질 수 있다. 용서는 공평하지 못하다는 것이다. 그런데 복수한다고 해서 피해학생의 마음이 편해지는 것도 아니다. 잠시는 마음의 상처나 고통에서 벗어날 수 있겠으나 복수는 복수를 낳게 되어 악순환이 되풀이 될 수 있다. 가해학생의 입장에서 보면 이들도 어쩌면 가정폭력을 경험했거나 또래로부터 폭력의 피해자일 수 있다. 진정한 용서란 가해학생의 입장에서 가해학생을 이해함으로써 가해학생에 대한 부정적인 감정을 긍정적인 것으로 전환시키는 것이라 할 수 있다. 그래야만 피해학생의 상처나 고통이 완화되고 지워질 수 있어 치유가 가능해진다. 용서하기 능력을 신장시키기 위한 과정은 다음과 같다(김광수, 2012).

첫째, 상대방에게 자신의 마음을 노출한다. 고통 준 상황을 재연하고 분노를 표출하며 수치감을 표현하는 편지를 쓰고 이를 발표한다.

둘째, 용서를 다짐하고 결심하는 글을 쓰고 이를 발표한다.

셋째, 상대방의 입장에서 자신에게 편지를 쓰고 이를 발표한다. 편지에는 상대방 입장을 공감하는 내용이 포함되도록 한다.

넷째, 용서과정을 통해 성숙해진 나를 발견하고 삶의 의미를 깨닫는다. 변화된 자신의 모습에 대해 동정 혹은 칭찬하는 글을 쓰고, 이를 발표한다.

이러한 용서의 과정을 정리하면 표 6-1과 같다.

표 6-1 | 용서과정의 단계

단 계	단계별 특징	전략 및 훈련활동
노출과정	재연하기, 분노 표출하기, 수치감 표현하기 등	상대방에게 보내지 않는 편지 쓰기 및 발표하기
결정과정	용서 결심하기	용서다짐 쓰기 및 발표하기
작업과정	공감적 이해하기	• 상대방 입장에서 자신에게 편지 쓰기 및 발표하기 • 상대방 입장에서 자신에게 쓴 편지에 대해 공감하는 편지 쓰기 및 발표하기 • 용서의 선물 주기
심화과정	성숙한 자신 발견하기 삶의 의미 깨닫기	나의 변화 살피기, 동정/칭찬하는 글쓰기 및 발표하기

(4) 공감훈련

공감훈련이란 학생 자신의 틀이나 기준에 따른 판단이나 감정은 유보한 채 상대방의 입장이 되어 상대방의 생각과 감정을 이해하고 느낀 바를 다시 전달해주는 훈련을 말한다. 공감은 감정이입능력, 즉 상대방의 표면적인 말이나 행동(예 : 목소리, 억양, 태도 등) 이면의 생각이나 감정들의 의미를 포착하는 능력이 매우 중요하다. 학교폭력의 가해학생은 피해학생이 겪을 수 있는 모멸감이나 수치심 등 마음의 고통을 공감하는 능력이 매우 낮고, 자신의 폭력행동을 '장난'이나 '있을 수 있는 일'로 합리화한다. 가해학생을 대상으로 하는 공감훈련에서 유의점은 다음과 같다.

첫째, 가해학생이 자신의 감정을 인식하고 표현하도록 돕는다. 가해학생들은 평소 자신의 감정에 대해 잘 느끼고 표현할 기회가 거의 없기 때문에 상대방의 감정도 이해하기 어려운 것이다. 따라서 가해학생을 대상으로 하는 공감훈련은 우선 가해학생 자신의 감정을 파악하고 표현하는 훈련부터 시작해야 할 것이다. 예컨대, 일기를 쓰되 자신의 감정을 생생하게 표현하게 하거나, 감정카드를 가지고 해당 감정을 느꼈던 시기와 상황을 이야기하면서 자신의 감정을 되살려 표현해보도록 한다. 이렇게 감정을 표현하면 그 해소가 가능한 것은 물론이고 감정을 불러온 문제상황을 잘 인지할 수 있어 그 대처가 가능해진다.

둘째, 상대방의 감정을 인지하고 공감반응을 보이도록 돕는다. 예컨대, "정호 얼굴을 본 적이 있지? 네가 그렇게 말할 때 정호가 어떻게 느낄 것 같니?" 혹은 "민수 어깨 늘어진 모습 봤지? 그 아이 마음이 어떠했을 것 같니?" 등과 같이 타인의 감정을 인지하고 공감을 표현하도록 유도한다. 공감의 절차나 공감의 효과에 대해서는 제9장을 참고하기 바란다.

(5) 분노조절훈련

학교폭력은 학생 자신의 분노를 잘 통제하지 못하여 발생하는 경우가 빈번하다. 분노란 모든 인간이 표현하는 보편적인 일상 감정이다. 심리적인 관점에서 분노는 욕구좌절로 인해 생기며, 분노는 적당하게 방출될 때 개인의 심리적 건강이 유지되며 파괴적인 행동을 방지할 수 있게 된다. 따라서 분노조절훈련은 분노감정을 느끼지 않도록 하는 것이 아니라 분노를 적절하게 표현하도록 하는 데 있다. 여기서 분노를 적절하게 표현한다는 것은 사회적으로 용인되는 방식으로 표현한다는 것이다. 분노조절훈련의 방법을 간단히 소개하면 다음과 같고(박성희 외, 2012), 분노조절에 대한 보다 폭넓은 이해는 제11장을 참고하기 바란다.

첫째, 분노 표현이 가져오는 결과에 대해 토의한다. 학급 친구들이나 교사에게 분노를 심하게 표출하면 앞으로도 급우들과의 관계가 어떻게 될지 이야기해 본다.

둘째, 분노 표현에 관한 실제 사례를 찾아보고 토의한다. 친구, 유명인, 연예인 중에서 화를 잘 못 다스려 상황을 나쁘게 만든 사례와 반대로 화를 잘 다스려 존경받는 사례를 찾아보고 그 차이를 이야기해본다.

셋째, 흥분이 시작되는 신체적 경고 신호를 인식하고 느낌을 알아차린다. 화가 날 때 가슴이 두근거리고, 얼굴이 붉어지고, 심장이 뛰는 등의 증상이 나타나면 아래 행동 한 가지를 취함으로써 폭력에서 벗어나도록 한다. 그런데 분노의 감정은 때로는 매우 강렬해서 한창 치솟을 때에는 적절한 표현방식을 잘 찾지 못할 수도 있다. 따라서 지속적인 훈련을 통해 분노조절이 습관화되는 것이 중요하다. 분노조절훈련은 화날 때 학생 자신에게 일어나는 변화를 인식하고, 분노조절방법을 다음과 같이 익히도록 한다.

- 자리를 뜬다.
- 숫자를 센다(예 : 잠1, 2, 3).
- 정지하고 천천히 열까지 세고, 현재 기분을 이야기한다.
- 구체적인 수단(예 : 폭력방지 팔찌)을 잡고 폭력행동이 가져올 결과에 대해 생각한다.
- 심호흡에 집중하여 흥분했던 마음을 가라앉힌다.

- 가능하면 근육이완을 실시한다.
- 눈을 감고 긍정적 심상을 활용한다.
- 행동결과에 대해 미리 생각하고 행동한다.
- 평소 폭력 발산 스포츠(예 : 스포츠 정신도 배우는 태권도), 취미활동을 통해 자신의 감정을 다스린다.

(6) 배려 품성의 계발

가해학생의 폭력행동은 상대방에 대한 배려가 부족하기 때문에 발생하게 된다. 배려란 상대방에 대해 관심을 가지고 마음을 쓰거나 도와주는 것이다. 이러한 배려 품성의 계발은 집단 따돌림과 같은 사례를 가지고 역할극을 해보고 학생 스스로 배려 품성을 내면화하도록 할 수 있다. 한국청소년상담원에서는 학생 스스로 내면화한 배려 품성을 생활 속에서 적용할 수 있도록 다음과 같은 절차를 개발하였다(김진희, 김은영, 양미진, 2000).

첫째, 우선 신체를 활용한 게임 등을 통해 긴장이완과 집단에 몰입할 수 있는 분위기를 조성한다. 그리고 배려와 관련 있는 대표적 사례인 집단 따돌림 사례를 예시한다.

둘째, 소집단으로 구성하여 역할을 선정하고 시나리오를 구성한다.

셋째, 집단 따돌림 역할극을 수행하고, 토의과정을 통해 왕따를 도울 수 있는 방안을 탐색한다.

넷째, 왕따를 돕는 방안을 상징화하여 왕따에게 전하는 활동을 수행한다.

마지막으로 지금까지 수행과정에 대해 느낀 점, 깨달은 점을 명료화하고 정리한다.

(7) 역할극

역할극이란 피해학생과 가해학생이 서로 상대방의 입장과 태도에 대해 공감하고 반성할 수 있는 기회를 제공하는 방법으로, 흔히 활용되는 빈의자기법과 포럼연극(Forum Theatre)을 소개하면 다음과 같다.

빈의자기법은 가해학생이나 피해학생이 반대편에 있는 빈의자를 대상으로 자신이 하고 싶은 감정표현을 하게 함으로써 그동안 억눌러왔던 감정상태를 표현해 보거나 미처 깨닫지 못했던 상대의 마음을 알아차리게 하는 기법이다.

포럼연극은 방청객이 주체적인 행동을 통해 그들의 의견을 직접 실행해 볼 수 있는 연극을 말한다. 예컨대, 우선 역할극 대본을 직접 학생들이 작성해서 피해학생, 가해학생, 방관학생의 입장을 반성적으로 역할해 본 후, 이에 대해 방청객이 극 속의 인물이 되는 주체가 되어 새로운 대사나 행동으로 그 후속활동을 직접 시연해 봄으로써 해결점을 모색하게 된다. 이런 과정의 공연을 통해 자연스럽게 학교현장에서 일어나는 폭력적인 상황에 어떻게 행동해야 할지를 깊게 고민하게 되고 함께 해결하며 방법을 찾게 된다. 더 이상 타인의 문제가 아닌 우리의 문제로 그 인식을 개선한다는 것이다.

이상의 피해 및 가해학생 상담치료전략을 단계별로 비교 정리하면 표 6-2와 같다.

표 6-2 | 피해 및 가해학생 단계별 상담치료전략

단 계	전 략	세부전략	
		피해상담	가해상담
초기 단계	사건의 정황파악	• 피해학생 인적 사항 파악하기 • 사건의 객관적인 정보 수집하기	• 가해학생 인적 사항 파악하기 • 사건의 객관적인 정보 수집하기
	사안처리	자치위원회 및 전문기관 연계를 통한 사안처리	자치위원회 및 전문기관 연계를 통한 사안처리
	초기면접	심리진단 및 평가(피해가능성 평가척도)	심리진단 및 평가(가해가능성 평가척도)
중기 단계	개인상담	피해학생이 신변보호 및 심리상담(예 : 대인관계회복, 자존감 향상, 자기주장 표현)	가해학생에 대한 심리상담(예 : 공감훈련, 분노조절, 배려 품성의 계발 등)
	관련 전문 기관연계	의료적 서비스 · 중재전문기관 · 형사 및 민사 소송 관련 기관 연계	• 특별이수교육 및 예방교육 • 의료적 서비스 · 중재전문기관 형사 및 민사 소송 관련 기관 연계
종결 단계	사후관리	추수상담 및 사후관리 프로그램 연계	추수상담 및 사후관리 프로그램 연계
	다면적 통합지원	학교 · 가정 · 지역자원 차원의 지원	학교 · 가정 · 지역자원 차원의 지원

경미(예방적 개입) | **심각(단기, 2주 이상)** | **심각(장기, 3개월 이상)**

Wee 클래스
- 초기 신속한 심리상담 및 치료 지원
- 학생진단 및 치료기관 안내

피해학생전담치료기관
- 전문의, 임상심리사, 상담사 등 전문 치유
- 사이코드라마, 가족힐링캠프

해맑음센터 등 장기위탁기관
- 장기 기숙형 위탁 프로그램 운영
- 피해학생 보호자 치유 프로그램 운영
- 가족힐링캠프, 대학생 멘토링 등

피해학생 문제 유형별 지역사회 연계체계 구축
- (성폭력) 원스톱지원센터, 해바라기 아동센터, 쉼터 등
- (사이버폭력/인터넷중독) 상설 인터넷 치유학교, 청소년상담복지센터, 인터넷중독대응센터
- (자살 충동 등 정신건강) 학생 정신건강증진센터, 국립정신병원 내 피해 · 가해학생 전문치료센터
- (기타) 교육감 지정 전문 치료 기관, 병의원, 보건소, 피해학생을 위한 문화 · 예술 치유 프로그램 운영 기관

찾아가는 상담 · 치유 서비스
- 이동이 어려운 피해학생을 직접 찾아가는 '우리아이 행복 프로젝트'

그림 6-2 피해학생 맞춤형 종합 지원체계

교육감 지정 특별교육기관

경미(1차) | **위기(2차, 1~2주)** | **심각(3차, 3개월 이상)**

Wee 클래스
- 초기 신속한 심리상담 및 치료 지원
- 학생진단 및 재발방지교육 실시

Wee 센터
- 심층심리검사
- 문제 유형별 행동교정 치료

Wee 스쿨 또는 대안교육기관
- 장기 위탁교육 프로그램 운영
- 체험 위주 다양한 대안교육 실시

가해학생 특별교육 지역사회 연계체계 구축
- 청소년 단체, 청소년복지상담센터, 청소년비행예방센터, 종교계, 산림휴양림, 대안교육 위탁기관 등

가족단위 특별교육 프로그램 확대
- 가해학생과 학부모가 함께하는 "부자일체 공감 프로젝트"

그림 6-3 가해학생 맞춤형 특별교육 지원체계

그림 6-2와 그림 6-3은 정부가 제시한 '현장 중심 학교폭력대책'(관계부처합동, 2013) 가운데 피해 및 가해학생의 지원체계를 나타낸 것이다. 그림 6-2는 피해학생 진단 및 피해 정도에 따른 맞춤형 종합지원체계를 구축한 내용이고, 그림 6-3은 가해학생의 위기 정도에 따른 특별교육 프로그램 지원체계를 구축한 내용이다.

2. 학교폭력 학부모상담

학교폭력 관련 학생들이 학교생활에 적응할 수 있는 변화를 이끌어 내기 위해서는 학부모의 역할이 매우 중요하다. 학교폭력 원인의 주된 요인 가운데 학부모의 자녀에 대한 무관심, 정서적 지원의 결핍, 감독과 점검의 부재 등의 자녀양육방식이 포함되기 때문이다. 온정적이고 관심어린 태도로 대하지 않는 부모, 어떤 행동이 수용되고 수용되지 않는지 명확한 규칙을 설정하지 않는 부모, 자녀의 공격적 행동을 묵인하는 부모, 그리고 자주 체벌과 같은 물리적 방법을 사용하는 부모 등은 자녀를 충동적이고 공격적이게 할 위험성이나 학교폭력 가해자가 되게 하는 위험성을 증진시킨다. 또한 과잉보호적인 부모의 자녀는 학교폭력의 피해학생이 되거나 자기주장적 기술을 발달시키지 못하는 경향이 있다(Bowers, Smith & Binney, 1992; Olweus, 1999; Sullivan, 2000). 따라서 학교폭력 사안은 단위학교뿐만이 아니라 학부모의 적극적인 협조하에 학부모교육이나 상담을 통해 청소년기 자녀를 이해하고 이들의 정서적 안정과 행동의 변화와 수정을 지원하는 노력이 요구된다.

1) 학부모상담의 사전 준비

(1) 학생의 변화를 위한 학부모 협조의 중요성

교사는 학생의 학교생활 적응과 성장을 위해 학부모야말로 자신과 더불어 노력하지 않으면 안 되는 중요한 동료라는 점을 인식하고 있어야 한다. 그런데 학생도 독립적인 개인으로 인정받고 싶어 하는 발달적 시기의 청소년이라서 초등학교 때와는 달리 부모의 개입을 불편해하는 경향이 크고, 학부모 역시 학교폭력 등 비행자녀를 둔 경우라면 상담에 부정적인 태도를 지니고 협조적이지 않을 가능성이 높다. 따라서 이러한 학부모에 대해 교사는 학부모의 입장에서 학부모를 공감하는 자세로 대해야 하고, 학생의 잘못을 지적 · 강조하여 학부모가 교사로부터 질책을 받는 느낌을 받지 않도록 조심해야 한다. 물론 이러한 교사의 공감에 대한 학부모의 수용과 협조는 평소 문제 발생 이전에 학부모와의 좋은 관계가 중요하게 작용한다. 여기서 좋은 관계란 그동안 자녀에 대한 교사의 애정 어린 관심으로 인해 고마운 마음을 학부모가 평소에 지니고 있는 경우가 될 것이다. 교사는 또한 학부모의 협조를 위해 상담하기 이전 해당 학생의 평소 학교생활에 대한 부정적인 자료 이외에 긍정적인 것도 준비해서 상담에 임하는 세심한 배려와 "부모님이 협조하면 자녀가 좋아진다!"라는 말을 잊지 않도록 한다.

(2) 학부모의 상담 준비도 유형

학부모의 개별적인 특성에 의한 상담에 대한 준비도를 기준으로 방문객형, 불평자형, 고객형으로 분류할 수 있다(김계현 외, 2009). 이들 유형에 따라 상담 시 반응이 다르기 때문에 미리 숙지해 둘 필요가 있다.

방문객형이란 교사의 요청으로 마지못해 방문한 학부모이다. 이런 학부모들은 내가 문제가 있어서 왔다고 생각하기보다는 남의 의도에 맞추어 왔다고 생각하기 때문에 문제에 대한 인식이나 상담목표에 대한 분명한 생각이 별로 없다. 그러나 이런 유형의 학부모들도 심리적 좌절감, 자녀교육에 대한 무관심이나 무력감 등을 느끼는 고통받는 학부모임을 교사는 인식하고 이들을 이해하는 자세를 가지도록 한다. 부모 자신의 삶에서 좌절이 지나치게 커서 자녀교육에 무관심해졌거나 자녀에 대한 거듭되는 지난 노력의 실패로 인하여 지쳐버린 학부모야말로 무조건적으로 존중하고 공감하는 태도를 지녀야 할 것이다. 부모 자신의 문제가 해결됨으로써 자연스럽게 자녀의 문제도 해결될 수 있으므로 학생이 가진 문제만 집중하지 말고 부모가 가진 문제에 대해서도 관심을 기울이는 것이 필요하다.

불평자형이란 상대에 대한 불평만을 늘어놓는 학부모이다. 이런 학부모들은 자신이 호소하는 문제에 대한 인식이 부족하고 스스로 달라지는 것에 별로 관심이 없다. 특히, 자녀의 잘못은 곧 부모역할을 잘못했음을 뜻하는 것으로 인식하는 경향이 강한 한국사회에서는 자녀의 잘못한 사실, 예컨대 학교폭력과 관련하여 자신의 자녀가 가해를 했다는 사실을 쉽게 인정할 수 없는 것이다. 따라서 학부모의 이러한 마음 이면의 불편하고 불안한 감정을 공감하고 수용하는 태도로 학부모를 이해하려고 노력해야 하고, 자녀의 잘못에 대해 학부모를 비난하는 듯한 어투나 태도를 삼가도록 극히 조심해야 한다. 청소년은 성장하는 과정에 있기 때문에 실수도 부적절한 행동도 할 수 있지만 앞으로 자녀 성장을 위해 학부모와 함께 머리를 맞대고 해결하자는 진정한 관심과 사랑의 마음을 전달하여야 한다. 아울러 학교생활에서 보인 작은 성취라도 학부모에게 제시하게 되면 더욱 효과적이다.

고객형은 교사가 가장 원하는 유형의 학부모이다. 이들은 자신에게 문제가 있다는 것을 알고, 자신이 달라질 필요가 있다고 생각한다. 이런 고객형 학부모는 평소 자녀교육에 대한 많은 관심과 노력을 기울여 왔기 때문에 학교폭력 관련 상담에 매우 협조적이다. 학교폭력문제로 상담하는 학부모의 경우를 예로 든다면, 집에서는 너무나 모범적으로 행동하는데, 학교에서는 왜 이런 일이 발생했는지 모르겠다고 하는 학부모, 자녀의 문제점을 평소에 많이 느끼면서 다양한 해결책을 시도·노력하던 중 갑자기 학교폭력문제에 연루되어 상담하는 학부모 등이다. 이들의 경우에 교사는 우선 자녀교육에 대한 열의와 노력을 인정하고 격려해 주는 것을 통해 신뢰관계 형성을 시도하면서 학부모가 자녀에 대해 평소 느끼고 있었던 문제에 대해 경청한다. 그리고 학교에서 교사 자신이 관찰하고 느끼는 학생의 특징이나 평소 생활상의 문제점에 대해 의견을 전달한다. 그 다음 학부모의 다양한 노력들에 대해 구체적으로 분석한 후 좀 더 효율적이고 합리적인 방법이나 프로그램을 제안해 볼 수 있다.

2) 학교폭력 학부모상담의 목표와 내용

학교폭력과 관련하여 진행되는 학부모상담은 일반상담과는 다소 다르다. 학교폭력 관련 학부모상담의 목표(김진한 외, 2013; 김혜숙, 최동욱, 2013)와 내용은 다음과 같다.

(1) 학교폭력 학부모상담의 목표

- 학부모와 교사가 자녀의 교육과 성장을 위해서 서로 존중하고 협조하는 관계를 형성한다.

- 학부모와 교사가 자녀에 대해 보다 객관적이고 합의 가능한 평가를 도출해낸다.
- 학부모와 교사의 협조적 관계 속에서 자녀의 장점을 더욱 발전시키고 문제행동은 수정할 수 있는 방안을 고안해서 공동의 노력을 기울인다.
- 문제해결 후에도 앞으로 생길 수 있는 문제를 예방하고 성장을 촉진하기 위한 협조적 의사소통을 학부모와 교사가 지속하도록 한다.

(2) 학교폭력 학부모상담의 내용

학교폭력 학부모교육에서는 학교폭력의 개념, 학교폭력 예방법과 폭력사건의 처리, 자녀 진단, 대처방법을 다루면 되고, 학부모상담에서 다루어야 할 핵심내용으로는 자녀를 위한 감정코칭, 자녀와의 효과적인 의사소통 기술 등이 될 수 있다.

① 자녀를 위한 감정코칭

감정코칭이론에서는 부모의 유형을 네 가지로 나눈다. 즉, 자녀의 감정을 대수롭지 않게 여기는 축소전환형 부모, 부정적인 감정을 억압·비판하는 억압형 부모, 어떤 감정도 관대하게 받아주기만 하는 방임형 부모, 감정을 존중하고 받아주되 행동의 한계를 정해 주는 감정코치형 부모이다. 아이와 부모가 함께 행복해지는 가장 바람직한 부모는 감정코칭형 부모이며, 감정코칭형 부모가 되기 위한 5단계는 다음과 같다(Gottman, Katz & Hooven, 1997).

- 1단계(아이의 감정 포착하기) : 자녀의 감정이 아주 사소한 것일지라도 재빨리 알아차린다. 특히, 언어적 표현보다는 비언어적 표현 속에 숨겨진 다양한 감정을 느끼고 반응할 수 있어야 한다. 그런데 자녀의 감정을 구체적으로 인식하기 어렵다면 "지금 네 마음에 무언가 불편함이 느껴지는데, 그게 무엇일까?"라는 질문을 던지는 것도 좋은 방법이다.
- 2단계(감정적 순간을 좋은 기회로 삼기) : 긍정 혹은 부정의 감정적 순간을 포착하면 놓치지 말고 자녀와 부모가 서로 소통할 수 있는 좋은 기회라고 생각하고 적극적으로 의사소통하도록 한다. 특히, 부정적 감정은 이야기하고 이름 붙이고 이해받았다고 느껴야 사라진다. 감정이 고조되어 격렬해지기 전에 표현할 수 있도록 돕는다면 감정을 일으킨 상황의 문제를 해결할 수 있는 기술을 익히는 좋은 기회가 될 수 있다.
- 3단계(자녀의 감정을 인정·공감해주기) : 긍정 혹은 부정의 감정 모두를 충분히 들어주면서

인정 · 공감한다. 자녀가 "오늘 학교 복도에서 우리 반 애들 5명이 나를 둘러싸고 놀리는데, 정말 화가 나고 미칠 것만 같았어요."라는 말에 "네가 정말 화가 많이 났었구나. 미칠 정도였다니 얼마나 속상하고 힘들었을까."라고 공감해 주는 반응은 정서적 지지로 작용하게 된다. 그리하여 자녀는 오늘의 놀림 상황과 자신의 현재 감정상태에 대해 좀 더 자연스럽게 이야기할 수 있는 분위기에 접하게 된다.

- 4단계(아이가 감정을 표현하도록 도와주기) : 자녀가 스스로 자신의 감정상태에 대해 구체적으로 표현하도록 돕는다. 즉, 자녀가 이야기하는 동안 느끼는 불편한 감정에 대해 "화난, 괴로운, 두려운, 자괴감이 느껴지는" 등과 같은 단어를 부모가 제시하여 자녀가 자신의 감정을 정의내리고 표현해 봄으로써 그것을 자기감정의 일부분으로 받아들일 수 있도록 한다. 이 과정에서 자녀는 자신의 행동이나 감정을 객관화시켜 바라보게 되어 자녀 스스로 자기성찰하게 되고 동시에 문제해결의 실마리를 찾을 수 있게 된다.
- 5단계(아이 스스로 문제해결을 하도록 이끌어 주기) : 먼저 공감을 충분히 한 후 문제는 '감정'이 아니라 '잘못된 행동'임을 자녀가 깨닫도록 한다. 3단계의 예에서 자녀의 놀림 상황과 감정을 부모가 충분하게 수용하고 공감하게 되면 자녀는 좀 더 이야기하게 되고, 그 과정에서 자기 자신도 친구들에게 했던 말투나 표정이 반감을 불러일으켰을 수도 있었다는 성찰이 이루어질 수 있다. 그리하여 친구들과의 관계에 변화를 시도해 볼 것이라는 해결안을 스스로 찾아서 시도해 보게 된다. 이때 부모는 자녀의 자기성찰과 스스로 찾은 해결안을 짚어주고 지지하면서, 보다 합리적인 해결방안도 조언해 줄 수 있다. 실천과정에서 미비한 점은 스스로 재조정하도록 부모가 지원하면 될 것이다.

② 자녀와의 효과적인 의사소통

우리나라 가족들은 가족구성원들끼리, 특히 아버지와 자녀 사이에 서로 고민을 상담하는 충분한 역할을 제대로 하지 못하고 있다(통계청, 여성가족부, 2013). 효과적인 의사소통에 대한 내용은 제9장을 참조하기 바라고, 여기서 비폭력대화를 간단히 소개하면 다음과 같다(Rosenburg, 2011).

비폭력대화(NVC : Nonviolent Communication)란 비난이나 판단 대신 '관찰-느낌-욕구-부탁'이라는 대화 절차를 거침으로써 서로 간에 성숙하고도 친밀한 관계를 발전시켜 갈등, 고통, 폭력 등을 줄이고 원하는 바를 평화롭게 충족할 수 있는 소통의 방식을 말한다. 나-메시지(제9장 참조)와 비폭력대화를 구성 요소별로 예를 들어 비교하면 다음과 같다.

- 나-메시지 세 가지 구성 요소 : '과제물을 매번 늦게 제출하는 학생'에 대한 교사의 나-메시지 구성 요소
  - 너의 행동 : 과제물 제출이 늦을까
  - 나의 감정 : 걱정이 되네.
  - 구체적인 영향 : 그것도 성적에 반영되는데…
- 비폭력대화 네 가지 구성 요소 : '양말을 벗으면 여기저기에 그대로 던져두는 자녀'에 대한 부모의 비폭력대화 구성 요소
  - 관찰 : 네가 벗은 양말이 방에도 거실에도 소파 위에도 있으니까

    (→ 관찰에 의한 있는 그대로의 사실을 구체적으로 말하는 것은 자녀가 부모 말의 뜻을 이해하려는 마음을 가지게 되나, '네가 벗은 양말은 맨날 이리저리 굴러다닌다.'와 같은 비난투의 말은 저항감을 갖게 된다)
  - 느낌 : 엄마는 짜증이 난다.

    (→ 자녀는 부모도 자신과 비슷한 느낌을 지닐 수 있는 인간적인 존재로 보이면 부모를 솔직하고도 진정한 한 인간으로 바라보게 되어 친밀감을 느끼게 되나, '넌 어쩌면 그러니?'와 같은 상대방을 향한 화살처럼 자신을 꾸짖거나 비난하는 소리로 들리면 이를 먼저 방어하려는 마음을 갖게 되고 방어반응을 취하려고 한다)
  - 욕구 : 식구들 모두가 함께 쓰는 공간은 정돈되어 있었으면 하기 때문이야.

    (→ 부모의 느낌에 따른 구체적인 욕구의 이유를 확신하게 되면 자녀는 이를 수용하려 하고 행동수정으로 이어지게 된다)
  - 부탁 : 벗은 양말들을 세탁기나 빨래 통에 넣어둘 수 있겠니.

    (→ 부모의 명확하고도 구체적인 부탁은 명령처럼 들리지 않고 내면의 혼란을 줄일 수 있다)

이상과 같이 '나-메시지'와 '비폭력대화'는 매우 유사하고, 다만 비폭력대화에서 '부탁'의 절차가 포함될 뿐이다. 상황에 따라 둘 중 어느 하나의 대화방법을 선택하면 될 것이다.

또한 의사소통방식을 전반적으로 부정적인 방식과 효율적인 방식으로 대별해서 비교하면 표 6-3과 같다.

이상의 학교폭력 학부모상담의 내용을 기초로 학부모 집단상담 프로그램을 예로 제시하면 표 6-4와 같다.

표 6-3 | 부정적인 의사소통방식과 효율적인 의사소통방식의 비교

부정적인 의사소통방식	효율적인 의사소통방식
• 상대방을 비난하는 방식	• 상대방의 입장을 이해하는 방식
• 내 잘못을 방어하는 방식	• 내 잘못을 인정하는 방식
• 중간에 말 가로막기	• 상대의 말을 끝까지 들어주기
• 설교하거나 훈계하기	• 내 입장을 설명하는 방식으로 말하기
• 조소하는 투로 말하기	• 진실함을 가지고 말하기
• 눈을 맞추지 않고 말하기	• 눈을 맞추고 천천히 말하기
• 말할 때 찡그리거나 부산하게 말하기	• 차분한 태도로 온화하게 말하기
• 상대방 마음을 다 읽을 수 있는 것처럼 말하기	• 상대방의 입장을 이해하려는 자세 보이기
• 주제에서 벗어나기	• 주제에서 벗어나지 않고 이야기하기
• 지시하고 명령하거나 위협하기	• 지시나 명령어는 사용하지 않기
• 과거의 일 들추기	• 현재의 일에만 제한해서 이야기하기
• 대화를 독점하기	• 상대가 말할 수 있는 시간 충분히 주기
• 현학적으로 말하기	• 주제에 대해 쉽게 이야기하기
• 언어적 표현과 비언어적 표현의 불일치	• 언어적 표현과 비언어적 표현의 일치
• 반응 없이 가만히 있기	• 상대의 말에 반응해 주기
• 너-메시지	• 나-메시지, 비폭력대화

자료 : 김진한 외 (2013).

표 6-4 | 학교폭력 학부모 집단상담 프로그램

영 역	회 기	프로그램	활동주제	활동내용
나의 이해	1	서로 인사하기	옆 가족 소개	• 친밀감 형성을 위한 신체활동을 한다. • 간단한 설문으로 옆 사람에 대해 탐색한 후 발표한다.
	2	나의 원 가족과 양육방식	나의 부모 형제간의 관계, 나의 양육방식	• 나의 원가족의 관계를 탐색한 후 현재의 가족관계와 비교하고, 나의 양육방식을 점검한다. • 나의 양육방식이 어떤 유형인지 알아본다.
자녀 이해	3	내 자녀의 특징	내 자녀의 단점과 장점	• 내 자녀의 장점과 단점을 파악한다. • 다른 자녀의 장점, 단점들과 비교한다.
	4	내 자녀의 공부와 진로	내 자녀의 효율적인 공부지도법과 진로탐색	• 내 자녀의 학습목표 달성을 위한 효율적인 공부습관 형성 전략을 세운다. • 내 자녀의 진로고민, 진로탐색, 진로 지도 등에 대해 이야기 나눈다.
좋은 관계	5	자녀와의 대화법 1	감정코칭	• 감정코치 5단계를 설명한다. • 감정코치 5단계를 연습한다.
	6	자녀와의 대화법 2	효율적인 의사소통방식	• 경청, 공감, 자기주장, 자존감 향상에 대해 설명한다. • 나-메시지 전달(혹은 비폭력대화)을 연습한다.

(계속)

영 역	회 기	프로그램	활동주제	활동내용
나의 역할	7	학교폭력과 학부모역할	학교폭력과 학부모/좋은 부모역할이란	• 학교폭력 예방을 위한 부모역할을 점검한다. • 학교폭력 감지나 발생 시 부모역할을 점검한다. • 우리 가족의 미래상을 그려본다.

(3) 학교폭력 학부모상담의 과정

① 피해학생 학부모상담의 과정

피해학생의 학부모는 자녀의 피해 사실에 대해 분노가 매우 크고, 신체적 외상이 클 경우 분노에 불안이 더해져 정서적 충격에 빠질 수 있다. 따라서 피해학생 학부모와의 대면에서 가장 중요한 것은 정서적 공감이다. 이러한 공감을 바탕으로 교사는 학부모에게 함께 문제를 해결하기 위해 노력해야 효과가 있으며, 분노 대신 이성적인 해결을 위한 노력을 당부한다. 가해학생에 대한 조치는 그 방안이 여러 가지 있을 수 있으나 교육적으로 반성할 수 있는 해결책을 먼저 생각해 보고 그것이 불가능할 경우에 다른 방법을 선택하는 것이 어떤지 생각을 물어보도록 한다. 심리적 충격으로 상담이 불가능하다면 전문적인 상담을 권유하여 학부모가 선택하도록 도와주어야 한다. 피해학생 학부모상담과정에서 유념해야 할 점을 정리하면 다음과 같다.

- 상황을 간략히 이야기한 후 부모에게 학교로 와줄 것을 요청한다.
- 부모의 정서적 충격에 공감한다.
- 피해학생의 상태에 대해 질문한다.
- 부모에게 정서적 지지를 보낸다.
- 진심 어린 사과와 유감을 표현한다.
- 부모의 요구사항을 파악한다.
- 피해학생의 보호를 위해 노력할 것을 약속한다.
- 진실과 사실에 근거하여 문제를 해결할 것을 분명히 한다.
- 학교의 계획을 밝힌다.
- 부모와 협력방안을 논의한다.

② 가해학생 학부모상담의 과정

가해학생 학부모는 자녀의 가해행위를 축소하기도 하고, "어렸을 때는 그럴 수도 있지 않느냐"는 적반하장의 반응을 보이기도 하며, 피해학생이 단서를 만들어 주었기에 발생한 폭력이므로 자녀의 가해학생 취급을 억울해하면서 가해행위를 정당화하려고도 한다. 특히, 폭행이 집단적으로 이루어졌을 경우에는 집단행동에 대해 합리화하며 개인의 행위에 대한 책임을 최소화하려 하고 피해학생 측의 요구조건을 인정하려 하지 않으려 한다. 이럴 때 학생이 직접 쓴 자필 진술서는 부모가 상황을 빨리 이해하고, 받아들이는 데 도움을 준다. 가해학생 부모상담과정에서 유념해야 할 사항은 다음과 같다.

- 상황을 간략히 이야기한 후 부모에게 학교로 와줄 것을 요청한다.
- 부모 입장을 충분히 경청하고, 자녀에 대한 부모의 불만 등 감정을 이해 · 공감 · 수용한다.
- 피해학생의 피해 정도를 정확하게 알려준다.
- 폭력은 절대 용납할 수 없음을 밝힌다.
- 가해학생 지도방안에 대해 협의한다.
- 가해학생에 대한 기대감을 전한다.
- 진심 어린 사과의 중요성을 인지시킨다.
- 앞으로의 계획을 이야기한다.

가해학생 학부모상담에서는 자녀의 폭력 재발방지의 중요성을 언급하고, 가정에서도 자녀교육에 대한 부모 자신의 양육태도를 점검해 보도록 하며, 필요하면 전문기관에 의뢰할 수 있다.

(4) 학교폭력 중재의 상담과정

학교폭력상담에서 중요한 기술 중 하나가 중재기술이다. 피해학생과 학부모, 가해학생과 학부모 등 학교폭력 관련자들은 그들이 처한 입장에 따라 각기 다른 바람(want)을 가지고 있어 지혜롭게 중재할 수 있는 기술은 매우 중요하다. 문제 발생 초기에 가해학생의 진심어린 사과 한 마디로 해결될 수 있는 문제가 감정적으로 점점 격화되면서 법적인 문제로 비화될 수 있기 때문이다. 교사의 이러한 문제 확대를 막기 위해 각 입장에서의 바람이 무엇인지 판단하고, 서로의 입장을 좁혀 가면서 조속히 문제를 해결할 수 있도록 적절한 중재에 힘써야 한다(이규미, 2012).

적절한 중재를 위해서는 우선 가해학생 및 피해학생에 대한 체계적인 사정을 통해 사건 발생 원인과 상황을 이해하고, 증거자료를 확보하는 철저한 준비를 한다. 해결의 실마리를 찾기 위해 피해학생과 학부모, 가해학생과 학부모 각자의 바람을 파악하고, 이를 기초로 중재의 방향을 정한다. 이 준비과정부터 상담 시 유의사항은 학생에게 정서적 신뢰감과 안정감을 주는 라포를 형성하는 일이고, 서로의 감정이 가라앉기를 기다리면서 서로의 입장을 바꾸어 생각할 기회를 제공하는 일이다. 무엇보다 피해학생 부모와 가해학생 부모 중에 어느 편을 들고 있다는 인상을 주지 않도록 유의한다. 만약 교사가 감당할 수 없는 심각한 수준의 문제라면, Wee 센터, CYS-Net와 같은 전문상담기관의 도움을 통해 상담을 진행하거가 전문상담기관에 아예 위탁을 할 수도 있다.

학생과 학부모를 상대로 본격적인 중재 상담 시점에 이르면 피해 및 가해학생과 학부모의 마음과 입장을 이해하고 교사는 제3자의 중재자로서 상호 만족할 만한 합의에 도달하도록 도와야 한다. 이때 이들의 심리적 안정을 도와주고, 상황에 맞는 해결방안을 제시하는 중재를 통해 합리적이고 효과적인 합의에 이를 수 있도록 한다. 합의에 이르지 못하면 경찰 신고 및 법적 소송을 안내할 수 있다(이은정, 2007).

(5) 학교폭력 처리 및 상담과정에서의 교사 후유증

학교폭력 사안 처리과정이나 상담과정에서 담임교사나 상담교사는 많은 스트레스를 갖는다. 학생과 학부모의 비난과 위협, 학교관리자의 무시, 경찰이나 언론의 개입으로 인한 조사과정 등으로 신체적 · 정신적으로 에너지를 소진하게 되고, 이로 인해 무능력감, 죄책감, 우울, 불면 등의 심리적 증상까지 경험할 수 있다(방기연, 2011; 송재홍, 2012 재인용). 따라서 교사도 이를 최소화시킬 수 있는 노력이 요구된다. 무엇보다 학교폭력 처리와 상담의 능력을 증진시키는 노력이 필요하고, 자기명상이나 자기위로능력과 같은 스트레스 대처법, 자기분석을 통한 심리치료 등이 필요하다.

* 교사의 언어폭력

교사에 의한 언어폭력의 빈도가 높은 학교인 경우, 학생 간 폭력의 빈도가 높다. 이는 학교폭력과 교사에 의한 학생폭력이 무관하지 않음을 뜻하고, 이러한 관점에서 교사폭력에 대해서도 간단히 짚어볼 필요가 있다.

대체로 교사폭력은 신체적 체벌(예 : 발로 차기, 주먹이나 손바닥으로 때리기, 밀치기 등), 감정적 폭력 혹은 언어폭력(예 : 인격 비하하기, 협박적 발언하기, 욕설하기, 험담하기 등), 성적 폭력(예 : 성적 발언하기, 성적으로 추파 던지기, 성적인 접촉하기 등)으로 나누어진다. 최근 학생인권보호를 위해 「학생인권조례안」의 공포로, 체벌이 힘들어지면서 학급 통제의 어려움으로 인한 스트레스나 교사 자신도 모르는 습관적인 학생훈계 등으로 교사 언어폭력의 빈도와 강도가 높아지고 있고, 상급학년에는 언어폭력에 성폭력의 내용까지도 포함되는 경우가 있다. 이러한 교사의 언어폭력은 신체적 체벌이나 성폭력과 같이 법정 공방의 대상이 되고 있지는 않지만 학생의 학교적응장애나 자존감 저하 등을 가져올 수 있다. 교사에게 폭언을 들은 학생은 강한 불쾌감이나 분노, 혹은 슬픔을 가지게 되고, 또 다른 학우들에게 교사처럼 무시당할 수 있어 학교생활 전반에 어려움을 겪을 수 있다. 한편, 교사도 자신의 언어폭력 정도가 심하면 교사로서의 품위유지 위반에 해당하여 징계를 받으며, 학부모에게 명예훼손을 당할 수 있다.

* 학생과 학부모의 교권침해

「학생인권조례안」의 공포는 교사의 언어폭력 가능성의 증가뿐만 아니라 학생이나 학부모의 교사 권리 침해, 즉 교권침해 증가로 이어지고 있다. 그 예로, 학생의 수업준비나 태도의 불량, 교사지도에 불응, 학교기물의 파손, 교원평가 벼르기, 무단결석 및 조퇴, 잘못에 대한 반성보다는 신고하겠다고 협박하기, 신체적 위협을 가하는 행위 등이다. 요즘 사이버 공간에서의 교권침해는 사이버 공간이라는 특성으로 인해 비방이나 욕설이 지나치게 과장되거나 사실무근인 경우도 있고, 심지어 형사상 피해를 입게 되는 경우도 있어 심각하다. 교권침해는 교사의 사기저하와 학생의 문제행동에 대한 방치로 연결될 수 있어 학교붕괴현상까지 초래하는 지경에 이를 수도 있다.

학교에서 교권의 존재 의의는 학생의 학습권 보장과 학부모의 자기자녀에 대한 교육권 실현에 있다. 교사의 교권보장을 통해 어떠한 외부의 간섭이나 압력 없이 학생의 개성과 잠재력이 최대한 발휘될 수 있도록 교육할 수 있어야 한다. 「초·중등교육법 시행령」 제31조제7항에서 학생을 지도할 때는 교육상 불가피한 경우를 제외하고는 신체적 고통을 가하지 아니하는 훈육, 훈계 등의 방법으로 지도하여야 한다고 규정하여, 교육상 불가피한 경우에 한하여 예외적으로 체벌을 인정하고 있다. 그리하여 학생인권조례안을 최초로 공포했던 교육청이 먼저 '교권보호와 교육활동 지원에 관한 조례안'(서울시교육청, 2012)을 발표하는 상황을 맞이하고 있다.

* 학교폭력문화 근절을 위한 의사소통

학교 공동체는 교사·학생·학부모의 원만한 의사소통을 통해 학교폭력문화를 근절해야 한다. 교육장면에서 일어나는 이들 서로 간의 갈등은 법적 해결보다는 교육적으로 해결되어야 한다. 교사의 언어폭력과 같은 교권남용과 학생이나 학부모의 교권침해를 통해 학생들은 무엇을 배우겠는가.

인생 초반부에 해당하는 초중고교 시절 10여년은 학생들의 인성을 형성하는 중요한 시기이다. 이 시기에 배운 것들은 그 나머지 인생 중·후반기에 영향을 미친다. 서로 간에 갈등이 발생하기 이전에 학생이 주도하고 참여하는 학생 중심의 민주적 교육을 지향하는 학교공동체를 만들어 나가야 할 것이다. 이러한 학교공동체를 형성하기 위해서는 교사·학생·학부모가 합심하는 의사소통의 노력이 필요하고, 그리고 그 중심엔 교사가 있어야 한다.

자료 : 송재홍 외 (2012).

학교폭력의 이해와 대책(1~6장) 연습과제

앞의 1~6장에 걸쳐 학교폭력에 대한 전반적인 이해와 그 대책에 대해 다루었다.

1장은 학교폭력의 현실, 개념과 유형, 최근 경향, 학교폭력의 원인에 대해 우선 살펴보았고,
2장은 학교폭력 관련 법규,
3장은 국가 차원의 정책,
4장은 학교폭력 관련 지역사회 연계체계 및 기관,
5장은 학교폭력에 대응관리를 위한 교사 및 학교장의 역할,
6장은 학교폭력 관련 학생과 학부모를 대상으로 하는 상담
등에 대해 다루었다. 이들 1~6장 내용과 관련된 연습과제를 제시하면 다음과 같다.

- 최근에 나타나고 있는 학교폭력 경향과 그 대응 방안에 대해 토론해 보자.
- 「학교폭력예방 및 대책에 관한 법률」을 이해하고 적용하는 사안들을 검토 · 연습해 보자.
- 최근 달라진 법규나 국가 정책이 있으면 소개하고, 이에 대해 서로 의견을 나누어 보자.
- 학교폭력 관련 지역사회 연계체계 및 기관에 대해 문제점이 있다면, 그 문제점이 무엇이고 그 해결방안에 대해서도 이야기 나누어 보자.
- 교사나 학교장의 학교폭력 대응관리를 위한 역할과 상담에서 보완하거나 개선해야 할 점이 있다면, 이에 대해 서로 의견을 나누어 보자.

P A R T T W O

2

학교폭력의 예방

CHAPTER 07

민주적인 학급 운영

1. 모든 학생이 주인공인 수업
2. 학생들의 자치활동 강화
3. 학생을 향한 교사와 학부모의 존중 마인드

C H A P T E R

07 민주적인 학급 운영

학교폭력은 학생들 모두가 학교생활이 즐겁고 행복하다고 느껴질 때 그 설자리를 잃게 된다. 즐겁고 행복한 학교생활은 어떻게 이루어질 수 있을까. 학생들이 서로를 존중하고 배려하며, 토론하고 협력하는 공동체의식을 지닌 민주적인 학급에서 그 해법을 찾을 수 있을 것이다.

이 장에서는 공동체의식을 지닌 민주적인 학급 운영을 위한 방안들, 즉 모든 학생이 수업의 주인공인 수업, 학생들의 자치활동 강화, 학생들을 향한 교사와 학부모의 존중 마인드 등에 대해 살펴볼 것이다.

1. 모든 학생이 주인공인 수업

학교 가는 가장 큰 즐거움 중의 하나가 수업에 재미를 느끼는 것이다. 그러나 실제 수업현장은 그러하지 못하다. 학생들은 수업에 관심이 없고, 교사 역시 이러한 학생들의 수업태도를 못마땅하게 여기며 야단치거나 혹은 견디고 참아야 한다고 여기는 경우가 적지 않다. 10년 동안 학교 수업현장을 들여다보고 '배움의 공동체'를 통해 학교개혁을 추진하고 있는 손우정(2012)은 모든 학생이 교실의 주인공이 된다면 그 해결이 가능하다고 보았다.

1) 수업에 주체적인 학생

다음은 우리나라 중학교 2학년 어느 반 교사가 자기 학급 32명 학생들의 수업 모습을 담아 본 내용이다.

- 잠자는 학생 7명
- 아무 생각 없이 앉아 있는 학생 7명
- 살살 눈치 보면서 끊임없이 잡담하는 학생 3명
- 열심히 듣는 것 같지만 내용을 이해하지 못하는 학생 10명
- 제대로 따라오면서 질문하고 답하며 내용을 잘 이해하는 학생 5명(손우정, 2012 : 31)

이처럼 수업은 진행되고 있지만 수업을 포기한 학생은 절반이 넘는다. 이러한 교실상황은 이 교실뿐이겠는가. 우리나라 수많은 학교에서 흔히 볼 수 있는 교실장면이다. 학생도 교사도 수업시간이 즐거울 리 없다. 열심히 가르치면 아이들은 열심히 배우는 것으로 알고 있었는데, 그게 아닌 것이다. 이유는 무엇인가. 문제의 근원은 바로 교사의 일방적인 가르침이다. 교사가 아무리 열정적으로 가르쳐도 어떤 학생은 딴 생각하고 있고, 어떤 학생은 열심히 듣기는 하나 흘려 버리고, 어떤 학생은 엎드려 잔다. 위 수업장면에서 언급되었듯이, 제대로 수업에 임하는 5명을 제외한 27명 모두가 수업에 참여하여 배움을 가능하게 하려면 교사의 일방적인 가르침에서 벗어나야 한다. 교사 대신 학생이 수업에 참여해서 주체적인 수업경험을 가져야 한다. 그래야 학생들이 교실 수업의 구경꾼이 아닌 주인공이 되어 수업에 재미를 느낄 것이고, 그리하여 학교 가는 것이 즐겁고 행복할 것이다.

2) 서로 배우는 협동학습

능동적이고 주체적인 수업경험은 잘하는 아이와 못하는 아이가 함께 성장할 수 있는 소집단 협동학습에서 찾아볼 수 있다. 먼저 수준별 수업부터 살펴보자.

(1) 수준별 수업

수준별 수업이란 잘하는 아이와 못하는 아이를 섞어놓으면 잘하는 아이가 손해를 본다고 보기 때문에 수월성 교육이 어렵다는 전제하에 해왔던 수업이다. 그런데 그동안 수준별 수업에 대한 교육적 효과에 대한 의문이 제기되면서 이에 대한 연구가 진행되었고, 그 결과는 부정적이었다. 초등학교와 중학교에서 수준별 수업에 의해 학력이 향상된 사례는 없다는 것이다. 수준별 수업의 문제는 잘하는 아이들은 수준별 수업이 가능한 반면, 못하는 아이들은 스스로 아무것도 할 수 없고 서로 도움이 안 되니까 도움을 청할 생각조차 못하고 그냥 무기력하게 시간만 보낸다는 것이다. 이에 대한 대안으로 제시할 수 있는 것이 바로 소집단 협동학습이다.

(2) 소집단 협동학습

소집단 협동학습이란 수준에 관계없이 잘하는 아이와 못하는 아이가 함께 소집단을 이루어 학습하여 서로 성장할 수 있도록 한다는 점에서 바람직한 학습으로 여겨지고 있다. 소집단 협동학습을 위한 가장 이상적인 규모는 4명 정도의 짝수 모둠이다. 의견교류가 쉽기 때문이다. 초등학교 1, 2학년은 짝 활동이 효과적이고, 초등학교 3학년 이후 고등학교까지 4명의 모둠구성이 좋다. 남녀공학이라면 남녀 각각 2명씩 구성하고 동성은 대각선으로, 이성은 마주보도록 한다. 잘하는 아이가 포함된 이질적 소집단 속에서 자신과 비슷하거나 조금이라도 잘하는 친구로부터 배울 수 있는 기회를 갖는 것은 매우 중요하다. 못하는 아이들은 이런 친구의 말에 귀 기울이고 의존하는 경향이 있기 때문이다. 아주 잘하는 아이가 설명해주면 잘 못 알아들을 수 있고, 그래서 잘하는 아이에게는 질문도 하지 않는다.

흔히 잘하는 아이가 소집단 협동학습에서 손해 보는 게 아니냐고 의문을 가질 수 있다. 하지만 소집단 협동학습은 못하는 아이뿐만 아니라 잘하는 아이 역시 도움을 받는다. 못하는 아이의 질문을 설명하기 위해 더 정확하고도 깊이 있게 이해해야 하기 때문이다. 남을 가르치기 위해서는 자기 나름의 정리를 해야 하고 아는 것도 다시 확실히 해야 한다. 남을 도와준다고 해서 결코 손해 보는 것이 아니다. 그래서 소집단 협동학습을 통해 서로 도움이 되는 학습이 일어나는 것이다.

(3) 대안교실의 운영

학생의 능력, 적성, 희망, 진로 등을 고려하여 다양하고 특별한 교육이 필요한 학생을 대상으로 하는 대안교실의 운영은 다양한 대안교육 기회를 제공함으로써 학생들의 꿈과 끼를 살릴 수 있을 뿐만 아니라 중장기적인 차원에서 직 · 간접적으로 학교폭력의 발생 가능성을 줄일 수 있다. 예컨대, 개별 학생들의 특성과 수요를 고려하여 작업장 학교형, 명상 · 힐링형, 인성 · 체험형, 교육 · 상담형 등 다양한 대안교육 프로그램을 운영할 수 있다.

Case

학교폭력 없는 행복한 대안교실

대구의 매호중학교 학생들은 매일 오전 1, 2교시에 잠시 '공부'에서 해방된다. 교내 '위(Wee) 클래스'에서 '셀프리더십 집단상담', '푸드테라피', '보컬 음악치료', '도자기 미술치료', '독서치료 감수성훈련' 등 월~금요일 각 분야 전문가들과 다양한 내용을 배운다. 원래 교실로 돌아가는 것은 3교시 이후다. 행복교실을 하면서 아이들의 표정이 밝아진 것이 가장 큰 변화다.

매호중학교 행복교실 프로그램은 심리 정서적 위기학생을 대상으로 위 클래스의 전문상담교사, 특수교사, 치료전문가 등 전문가가 팀티칭을 이뤄 학생의 긍정적 자아상 회복과 학교 적응력을 강화하기 위한 교육적 배려 프로그램이다. 가출, 등교 거부, 수업 거부 등 학교적응에 어려움을 겪는 남녀 1~3학년생 10명이 자발적으로 참가했다.

행복교실은 학생과 학부모가 모두 참가 동의를 한 경우에만 참여할 수 있으며, 행복교실 참여로 빠진 수업에 대해서는 교과별 학습지 등으로 보충을 진행한다. 행복교실 프로그램에 참여한 매호중 2학년 김ㅇㅇ 군은 "평소 학교생활에는 수업시간에 교실에만 있고 온종일 의자에만 있으니까, 답답하고 구속돼 있는 느낌을 받았는데, 행복교실에 참여하면서 자유롭고 재미있는 것도 많이 해서 좋은 것 같다."고 소감을 털어놨다. 프로그램 도입 후, 올해 교내 자체 평가에서 학교폭력문제는 거의 발생하지 않았고 고위험군 학생들의 학칙 위반 사례와 교사 및 다른 학생들과의 갈등 사례도 줄어든 것으로 나타났다.

대구의 매호중학교 '행복교실' 프로그램에서 학생들이 만든 도자기 찻잔과 접시(왼쪽), 학생들이 만들고 있는 모습(오른쪽).

자료 : 학교폭력예방포털사이트(www.stopbullying.or.kr) '이달의 우수 사례'에서 발췌(2013. 6).

BOX 7-1 | 꿈과 끼를 살리는 교육과정 운영 및 대안교육 활성화

정부는 '현장 중심 학교폭력 대책'(2013)에서 꿈과 끼를 살리는 교육과정 운영 및 대안교육 활성화를 위해 기존의 '학교폭력근절 종합대책(2012)'을 보완하여 다음과 같이 제시하였다.

1. (확대 1) 자유학기제, 인성교육, 예술 · 체육교육, 맞춤형 진로 설계, 교원업무경감 등 교육정상화 과제 추진

- 자유학기제 도입 : 과도한 학업부담에서 벗어나 학생이 자신의 적성과 소질을 찾고 미래를 설계할 수 있도록 중학교 과정 중 한 학기를 '자유학기'로 선택(예 : 1학년 2학기 또는 2학년 1학기)해서 현행 교육과정의 기본 틀 내에서 문화 · 예술 · 체육 · 진로 프로그램의 운영이 가능하도록 자율성을 확대한다. 조사 · 발표 · 토론 · 실습 · 프로젝트 수행 등 학생 참여 중심의 수업방식을 활용하고, 다양한 학습활동의 '과정과 결과'가 충분히 반영되도록 학생 평가방법을 개선한다. 이러한 자유학기제 도입은 2016년에 전면 실시할 것으로 예정되어 있다.
- 학생 맞춤형 진로설계 지원 : 학생 개개인의 소질과 끼를 찾아내서 키워주고 저마다의 꿈을 이뤄나가도록 진로교육도 더욱 강화한다. 일반 교과를 통해서도 진로와 직업 이해교육이 이뤄지도록 교과 간 협력 활성화를 지원하고, 체험 중심 진로교육 운영을 위해 학교와 지역단체 · 기관을 연결해 주는 '직업체험매칭시스템'을 운영한다.
- 체 · 덕 · 지의 균형발달을 위한 학교체육 활성화 : 인성교육을 실천하는 '1학생 1스포츠' 문화 조성을 위해 학교스포츠클럽 운영을 2013년 3,000팀에서 2014년 4,000팀으로 확대해 나갈 예정이다. 특히, 여학생들이 선호하는 스포츠클럽을 확대 · 운영하고, 모든 교육지원청별로 3종목 이상 스포츠클럽 리그를 운영할 계획이다. 탈의실 설치 등 여학생 체육 활성화의 기반 마련을 추진한다.

2. (확대 2) 학업중단 청소년 통합 지원 프로그램 확대

학교폭력 등으로 인한 학업중단 청소년을 대상으로 검정고시, 자격증 취득 등 청소년상담복지센터 프로그램을 확대한다.

3. (신규) 대안교실 확산 등 학교 중심 대안교육체계 마련

- 기존 학교 내에 별도의 대안적 정규 프로그램 운영

> (대전 법동중) 상설 대안학급인 드림 클래스를 설치하여 감성, 성장, 진로, 자치활동 등 4개 영역의 특성화 교육 프로그램을 운영
> (경남 교육청) 관내 모든 학교에 학교 내 대안교실 '꿈 키움 교실' 운영. 다양한 체험교육(뮤지컬, 애완견 키우기, 연극 관람 등)을 통해 학생들의 정서 순화 도모

- 공립 대안학교를 단계적으로 확대하여 1시 · 도 1교 설립을 추진하고 희망하는 공 · 사립학교의 대안학교 전환을 지원한다. 대학, 전문대학 등의 대안교육기관 또는 프로그램 설치 · 운영의 근거를 마련하고, 지역사회기관(공공기관, 평생교육시설, 직업훈련기관, 산업체(현장실습), 문화예술기관 등)을 위탁교육기관으로 적극 활용한다.

자료 : 관계부처합동 (2013). 현장 중심 학교폭력 대책.

Case

아이들의 마음을 흔드는 치유의 교실

불로초등학교 서준호 선생님의 교실은 '치유의 교실'이라 일컬어진다. 아이들의 문제행동 내에 자리 잡고 있는 경직되고 응어리진 마음을 어루만져주는 서준호 선생님의 '마음 흔들기' 작업이 아이들에게 새로운 삶, 즐겁고 행복한 삶을 심어주고 있기 때문이다. 이 교실은 2011년 EBS의 '선생님, 선생님, 우리 선생님' 제7편에 소개된 바 있다.

운영방법 : 교사–학생, 학생–학부모, 학부모–교사의 관계 속에서 서로의 감정까지도 소통할 수 있도록 재미있는 교실놀이, 체험 위주 수업활동, 교육연극활동, 학부모와의 의사소통활동 등을 운영

재미있는 교실놀이 : 책을 펼쳐라!, 돼지 피구, 한걸음씩 앞으로!, 맨발의 트위스트, 너를 칭찬해! 등 다양한 관계형성 프로그램을 관련 교과시간이나 재량시간, 틈새 시간을 활용하여 운영함으로써 서로 간의 친밀감이나 유대감이 형성되어 즐거운 학급분위기 형성

체험 위주 수업활동 : 국어와 도덕 수업의 교과내용 관련 부분을 활동 중심의 재미있는 역할극으로 재구성 · 운영하여 교과내용의 이해와 아이들의 생활태도에 긍정적인 영향

교육연극활동 : 수업시간이나 창의활동시간을 확보하여 최면술 놀이, 막대와 함께 조각상 이어가기 등 다양한 연극 기법을 활용하여 자기이해, 상호 협력하는 태도, 타인이해의 기회를 제공

학부모와의 의사소통활동 : 학부모들과 함께 간단한 연극을 만들어 이를 토대로 문제해결책 찾아보기 활동. 가족 조각과 심리극, 감정 만나기, 자녀와 자리 바꾸기 등과 활동으로 학부모와 자녀들의 관계 개선

('가면과 속마음' 활동 예 : 사람들은 타인과의 관계 속에서 좋은 이미지를 주고자 가면을 쓰고 살아가는 경우가 많은데, 이 활동을 통해 가면 뒤의 진짜 자기 자신을 인식하게 됨으로써 자기이해와 자기통찰의 기회를 가질 수 있다. 하회탈과 같은 가면도구에 겉은 평소 자신이 사람들에게 보여 주려고 했던 이미지에 해당하는 단어들을 적고, 안쪽에는 사람들에게 말할 수 없었던 자신에 대한 단어들을 적어 색칠해 본 뒤, 자신의 서로 다른 겉모습과 속마음을 친구들과 비교하면서 비슷한 점을 찾아본다)

의의 : 서준호 선생님의 다양한 교육활동은 아이들 스스로 자존감을 높이고, 아이들 간에 서로 이해하고 협력하는 것을 배우며, 부모–자녀 간에 깊은 이해와 사랑을 나누게 되어 학교폭력은 물론이고 여러 발생 가능한 문제를 예방할 수 있다는 점에서 의의를 찾을 수 있다.

자료 : 서준호(2013). 서준호 선생님의 마음 흔들기. 지식프레임.

2. 학생들의 자치활동 강화

학기 초 대개 첫 만남을 시점으로 해서 첫 한 달 동안 교사는 1년간의 학생자치활동을 위한 오리엔테이션을 실시할 수 있다. 오리엔테이션에 포함될 수 있는 내용은 자기소개활동, 바른생활규칙의 제정 및 실천, 학생자치법정 운영, 또래상담 · 또래중재 · 학급총회 운영 등이다. 이들 활동을 통해 학생들 간의 존중과 배려, 토론과 협력의 공동체의식을 지니게 되면 학생들 간의 많은 갈등이나 문제행동을 사전에 예방할 수 있을 것이다.

1) 자기소개활동

학기 초 학생–학생, 학생–교사의 첫 만남의 방식은 서로 간의 관계형성이나 향후 자치활동을 위한 좋은 계기가 될 수 있다. 따라서 교사는 학생들에게 감동을 줄 수 있는 자기소개를 먼저하고, 학생들이 독특하면서도 재미있게 자기 자신을 소개하도록 격려한다.

(1) 교사의 감동적인 자기소개

학생과의 만남의 첫 단계로 교실 문 앞에서 학생들을 일일이 악수하면서 1년 동안 잘 지내보자는 말과 함께 웃음으로 맞이하도록 한다. 첫인상이 오래 남듯이, 교사와 첫 만남에서 감동을 받으면 교사에 대한 긍정적인 기대와 친밀감을 형성하기 쉽다. 그리고 교사는 자신의 교육관이나 교육철학에 따른 학급 운영 원칙을 설명하도록 하고 추후에 바른생활규칙의 제정 및 실천방안, 학생자치법정 운영방안 등에 대해 이야기 나눌 것이라 전한다.

(2) 학생들의 재미있는 자기소개

학생들의 자신 소개는 여러 방법이 있을 수 있는데, 두 가지만 소개하자.

첫째, 학생들 스스로 자기소개서를 작성한 후 이를 발표하고 전시하도록 한다. 자기소개서를 쓸 때는 자기 자신을 생각해볼 수 있는 시간을 주고 자기의 강점이나 특징을 그림이나 사진으로 꾸며 그 내용을 재미있고 돋보이게 만들도록 교사가 지도한다. 그리고 자기소개서를 일정 시간, 예컨대 조회나 종례시간에 짬을 내어 며칠 동안 발표하도록 하고 학생들끼리 긍정적 피드백을 주도록 한다. 이렇게 만든 자기소개서는 게시판에 '우리 반 친구들' 혹은 '만남의 광장'과 같은 제목 아래 전시하도록 한다. 이는 자존감 향상, 또래 간 긍정적 관계형성 등에 도움을 줄 수 있다.

둘째, 매일 당번하는 학생을 그 전날 무작위로 뽑아 '오늘의 당번'으로 정하고 당번 임무를 수행한 후 종례시간에 학생들로부터 피드백을 받도록 해서 서로에 대해 관심을 가지도록 한다. 이 경우도 교사가 모든 학생들에게는 개인차가 있고 각자 독특한 강점이 있음을 강조하면서, 반 학생들이 오늘의 당번에 대한 강점을 이야기하게 한다. 그리고 당번 학생은 학생들의 이야기 내용을 기초로 '오늘의 당번, ○○○'라는 게시판의 제목 아래 재미있는 자기소개 글이나 그림을 전시할 수 있을 것이다.

이렇게 자기소개의 첫째 방법이 학생들 스스로 자기소개서를 작성하는 것이라면, 두 번째 방법은 자신의 강점에 대한 다른 학생의 피드백이 주된 내용이 될 수 있다.

2) 바른생활규칙 제정 및 실천

학급의 질서를 세우고 이를 유지하는 일은 학교폭력을 예방하는 첩경이다. 학급의 규칙은 무엇보다 학기가 시작하는 학기 초에 정해져야 한다. 학생들 간의 관계에서 폭력이 개입할 여지를 남겨두지 않기 위함이다.

(1) 바른생활규칙 제정

각 학급 학생들이 지켜야 하는 바른생활 규칙 제정은 교사가 일방적으로 정해 학생들에게 제시하기보다 교사가 안내하고 학생들끼리 서로 토론을 통해 결정하도록 한다. 학급토론에 참여한 만큼 규칙에 대한 애정을 가지게 되고, 자부심과 책임감도 느끼게 된다. '학교폭력근절 종합대책'(관계부처합동, 2012)에 따르면, 학생과 교사 이외에 학부모 또한 생활규칙 제정에 참여할 것을 강조하면서, 형식적인 생활규칙 제정 · 운영에 대한 개선안을 제시하고 있다(Box 7-2 참조).

학생토론에서 다룰 수 있는 주제는 다음과 같다.

BOX 7-2 | 학생-학부모-교사가 함께 학생생활규칙을 통해 인성교육 실천

정부는 '학교폭력근절 종합대책'(관계부처합동, 2012)에서 형식적으로 제정·운영되는 학생생활 규칙을 개선하고자 다음과 같은 내실화 방안을 제시하였다.

구분	현행		개선 방향
의견수렴	학생의 의견 청취	→	학생, 학부모의 의견 청취
규칙에 대한 명시적 동의	없음	→	입학단계 또는 매학년 초기 학생·학부모의 동의서 제출
규칙 운영 단위	학교 단위	→	학교실정에 맞게 학교, 학년, 학급 단위로 운영
규칙의 내용	규정이 많고 복잡	→	반드시 지켜야 할 핵심사항 위주로 단순화
규칙의 성격	징계 등 학생 선도	→	규칙 준수 체득을 위한 인성교육

- 교사, 학생, 학부모의 충분한 협의과정을 거쳐 학교생활규칙을 정하고, 이에 따르는 과정을 통해 규율 준수의 중요성을 체득하는 실천적 인성교육을 추진한다.
- 학생과 학부모는 학생생활규칙에 동의서를 제출하고, 동의서에 기반하여 교사는 학생생활지도를 위한 권한과 책무성을 확보한다.

  ※ 학부모 동의서 작성·제출과정을 학생지도 및 인성교육에 있어서 학부모로서의 책임과 의무를 인식하는 계기가 될 수 있도록 운영
- 형식적·백화점식 규율의 나열이 아니라 학생·교사·학부모가 명확히 인지하고, 반드시 지킬 핵심사항 위주로 학생생활규칙을 작성한다.
- 학교여건에 따라 학생생활규칙 운영단위를 학급, 학년, 학교전체 등 탄력적으로 운영한다.
- 벌칙 부과절차는 학생자치법정, 학생벌칙자율선택제 등 학교 실정에 맞는 프로그램을 선택하여 실시한다.
- 어린이 법제관'(초 4~6) 프로그램을 중학교(청소년 법제관)까지 확대하여 학

학교폭력 예방 포스터

자료 : 교육부

교생활규칙 제·개정 과정에 활용한다.

*** 올베우스 4대 규칙**

학교폭력을 저지하는 문화를 확산시키기 위하여 노르웨이에서 시작된 올베우스 프로그램에서 추천하는 학교폭력 대처 4대 규칙은 다음과 같다.

- 우리는 다른 친구들을 괴롭히지 않을 것이다.
- 우리는 괴롭힘을 당하는 친구들을 도울 것이다.
- 우리는 혼자 있는 친구들과 함께할 것이다.
- 만약 누군가가 괴롭힘을 당하게 된다는 것을 알면, 우리는 학교나 집의 어른들에게 이야기할 것이다.

- 좋은(혹은 나쁜) 학급이란 어떤 학급인가?
- 좋은(혹은 나쁜) 학급분위기란 무엇을 뜻하는가?
- 좋은 학급, 좋은 학급분위기를 만들기 위해 학생들 각자의 의무와 책임은 무엇인가?
- 학생들이 원하는 생활규칙은(폭력 없는 평화로운 학급을 위한 규칙 내용도 포함) 무엇인가?
- 학생들이 규칙을 잘 지켰을 때 무엇을 할 것인가?

생활규칙을 정하기 위한 토론 발언은 바람직하지 못한 행위를 하지 말라는 식의 발언이 아니라 바람직한 건설적인 행위를 하라는 식의 발언을 하도록 지도해서 지켜야 할 행위의 정확성을 기하도록 한다. 토론의 진행방식은 브레인스토밍방법을 활용하도록 하고, 마지막으로 결정된 규칙은 그 수가 적고, 간단명료하도록 한다. 길고 복잡하면 혼란스러워 지키기 어렵기 때문이다. 정해진 규칙은 보드지에 적어 학생이 잘 보이도록 교실 앞에 걸어두고 조례 혹은 종례시간에 반복 상기하도록 한다. 규칙 준수에 대한 학급전체 보상(예 : 재미있는 교육용 비디오 보기)은 교사가 미리 생각해 두었다가 토론에 반영하면 규칙 준수를 위한 동기유발이 생길 수 있을 것이다.

(2) 바른생활규칙의 실천

바른생활규칙을 제정하고 이를 일관되게 적용·실천하는 교사의 확고함은 매우 중요하다. 예컨대, 조례와 종례시간, 수업시간, 쉬는 시간, 점심시간 등 학교생활을 하는 동안 내

표 7-1 | 우리 반 친구들의 바른생활규칙 실천을 위한 노력

구 분	4월 학급규칙 실천 정도																			
학교생활	월	화	수	목	금	월	화	수	목	금	월	화	수	목	금	월	화	수	목	금
조례시간																				
수업시간																				
쉬는 시간																				
점심시간																				
종례시간																				
기타																				

내 적용 · 실천할 수 있도록 지속적으로 지도하는 것이 필요하다. 표 7-1과 같은 바른생활규칙 실천 점검일지를 만들어 하루 일과가 끝난 다음, 당번이 1(매우 낮은 실천 정도)~5점(매우 높은 실천 정도) 사이의 점수를 매기도록 하고 학생들로부터 그 점수의 타당함을 인정받도록 하는 것도 한 가지 방법이 될 수 있다. 일정 점수 이상을 받으면 학급 차원의 보상을 계획 · 실천할 수 있다.

생활규칙을 학급 전체가 공유하고 실천하기 위한 교사의 지도방식과 태도는 학생의 마음을 움직이는 열쇠가 된다. 자칫 규칙에 대한 엄격함만을 유지하다 보면 두렵거나 위협적인 존재가 되어 학생들의 반발을 살 위험이 크다. 교사가 학생들을 존중하는 마음을 가지고 우리가 지켜야 할 규칙의 세부적인 내용에 대해 충분히 설명해 주고, 이를 확고하고 일관되게 실행에 옮기도록 열성적으로 지도하는 교사는 학생들로부터 그 열정을 인정받고 존경받는 교사가 된다. 특히, 규칙 제정 후 이를 실천하는 과정에서 겪게 되는 시행착오는 한 달 정도 걸리게 되므로 그 동안 계속적으로 잘 실행되고 있는지 점검 · 검토하도록 하고, 그 이후에도 일정 간격으로 규칙 준수를 일깨워 주어야 한다.

(3) 학생생활평점제(그린마일리지) 운영

학교 차원에서 바른생활규칙을 위반하는 기준, 즉 교칙 위반사항을 제정하고 이를 학교 전체 학생들에게 일관되게 적용 · 실천하는 학생생활평점제(그린마일리지)를 운영할 수 있다. 교칙 위반 항목마다 벌점을 정하고(표 7-2), 일정기준 이상의 누적벌점에 이르면 학

표 7-2 | 학생생활평점제 : 벌점 항목 (예)

구분	위반항목	벌점	구분	위반항목	벌점
용의	단정치 못한 두발(규정 위반)	3	교내외 준법	기초예절 부족	2
	무스, 젤, 헤어로션 사용	3		휴대폰(음향 및 영상기기) 소지 및 사용	2
	줄인 바지, 염색, 혐오감을 주는 두발	5		보행 중 음식물 취식	1
	목걸이, 반지 착용	2		월담, 슬리퍼 착용 위반	1~3
복장	교복 미착용	5		실내외 쓰레기, 휴지 무단 투기	2
	속옷, 와이셔츠 미착용	2		수돗물 장난	1
	명찰(학생증), 배지, 허리띠 미착용	1		낙서행위	1
	원색신발 착용	1		껌을 씹고 함부로 버리는 행위	2
수업태도	수업 또는 타인 수업방해	3		교실, 복도에서의 소란행위	2
	수업준비태도 불량	2		학교단체행사 불참	2
	불량서적 소지 및 탐독	3		청소, 주번활동 시 기본의무 태반	2
	위험물 소지 및 사용	1~3		흡연 및 담배 소지 또는 음주	5
출결	무단결석	5		교내에서 불건전 오락 또는 도박행위	2~3
	무단외출	3		불량 비디오 테이프 소지 및 시청	3
교권	수업 중 교사에게 불손한 언동과 소란 행위	징계		학생 출입 금지 장소 출입	10
	교사의 정당한 교육적 지시 거부	징계		교내외에서 무단 침 뱉기	2
	학생지도 중인 교사에게 폭언	징계		오토바이 등 불법차량 편승	5

생자치법정에 회부될 수 있다. 그러면 어떻게 하더라도 상한의 누적벌점을 받지 않으려고 노력할 것이고, 그러다 보면 규칙 위반행동은 줄어들 것이다. 항상 자신의 벌점을 볼 수 있는 벌점카드(예 : '아름다운 우리 학급! 우리가 힘을 합쳐요'와 같은 카드명)를 책상에 붙여 교사의 지적이 있을 때마다 해당 학생 자신이 표시하게 하면 표시할 때마다 자극을 받을 것이다.

3) 학생자치법정 운영

학생자치법정이란 교칙을 위반해서 누적벌점을 초과한 학생들을 대상으로 학생들이 재판부(배심원, 판사, 검사, 변호사 등)를 구성하여 토론, 변호, 판결 등을 통해 문제를 해결함으로써 갈등과 문제를 학생들 스스로 해결하는 법교육 프로그램이다. 학생자치법정은 미

그림 7-1 학생자치법정 5단계

국에서 시행되던 '청소년 법정(teen court)'의 한국형 모델로, 기존의 교사의 일방적인 지도나 훈계 혹은 처벌 위주의 학생지도방식에서 벗어나 법정 구성원인 친구들이나 선·후배에 의한 선도 위주의 긍정적인 지도를 경험하는 방식(예 : 학교봉사, 사회봉사, 기타 선도 교육 프로그램 등)이라 할 수 있다.

학생자치법정 운영은 학생들의 자치능력 향상, 사회적 책임감 제고, 법적 사고력 및 문제해결능력 향상 등에 효과적이며, 교사의 체벌에 대한 효과적 대체수단 등으로 긍정적 평가를 받고 있다. 학생자치법정 참고 사이트는 사이버법교육센터(http://www.lawedu.go.kr)이며, 한국법교육센터에서 모니터링단을 구성하여 운영 전반을 지원하고 있다.

4) 또래상담 · 또래중재 · 학급총회의 운영

또래상담이란 훈련을 받은 또래가 상담자가 되어 고민이나 어려움을 호소하는 또래친구를 동료 또래의 눈높이에서 지지하고 지원하는 과정을 통해 문제해결을 돕는 또래친구를 통한 상담 프로그램이다. 또래상담은 도움이 필요한 청소년과 돕는 청소년 모두가 성장하는 프로그램으로, Solve(해결하다)+ian(사람)의 뜻을 지닌 솔리언또래상담이라고도 일컫는다. 또래상담은 갈등의 이상 징후 발견 및 예방에 초점을 두며, 다음 세 가지 정신을 지닌다. 첫째, 우정(friendship)이며, 먼저 다가가 친한 친구가 되어준다는 것을 의미한다. 이 정신에는 진정한 친구의 의미 찾기, 관계증진기술 등이 포함된다.

둘째, 상담정신(counselorship)이며, 친구의 고민을 진심으로 들어주고 대화하는 것을 말한다. 이 정신에는 어기역차 전략[1), 잠하둘셋 전략[2), 원무지계 전략[3) 등이 포함된다.

셋째, 리더십(leadership)이며, 이 정신은 자기리더십, 공동체리더십을 발휘하여 친구를 돕는 것을 말하며, 자기관리법 · 다양한 문제해결 전략 등이 포함된다.

또래중재(또래조정)란 학생들 사이에서 발생하는 갈등을 또래 학생이 훈련을 통해 중재자가 되어 대화를 통해 해결하도록 돕는 과정 · 활동 프로그램이다. 또래중재는 갈등 발생 후 조정 및 화해에 초점을 두며, 학교폭력 예방에 기여하는 프로그램이다.

학급총회 역시 갈등상황 발생 시 갈등해결을 모색하는 방법 중 하나이나, 담임선생님을 중심으로 학급 학생 모두가 참여하여 토론을 통해 해결을 모색한다는 점에서 또래중재와 다르다.

5) 학급 및 학교 차원의 학생자치모둠활동

학교폭력은 학생들 간의 존중과 배려, 그리고 토론과 협력을 바탕으로 하는 공동체의식의 부족에서 비롯된 결과라 할 수 있다. 공동체의식은 앞서 소개한 소집단 협동학습에서도 길러질 수 있지만 각종 자치모둠활동을 통해 함양될 수 있다. 학생자치모둠활동은 모둠구성원들끼리 공동체적 활동과 생활을 함께 함으로써 서로에 대한 이해와 협력을 증진시키고, 장차 사회 속에서의 역할을 찾는 안목과 수행능력을 길러준다.

(1) 학급 내 학생자치모둠활동

학기 초 교사는 학생들의 욕구, 적성, 흥미 등과 같은 자신의 조건을 기초로 학생들에게

---

1) '어기역차' 전략이란 '어떤 이야기인지 들어주고, 기분을 이해해주고, 역지사지 하고, 생각의 차이를 인정하자'는 전략으로 상대의 말을 적극적으로 경청하고 공감하는 것을 말한다.

2) '잠하나둘셋' 전략은 '잠깐 멈춰서 하나 둘 셋 심호흡하라'는 전략으로 상대에게 화가 날 때 분노를 가라앉히는 것을 말한다.

3) '원무지계' 전략은 '원하는 것이 무엇인지, 무엇을 해보았는지, 지금부터 무엇을 해야 할지, 계획을 세워보자'는 전략이다.

자율적으로 모둠을 만들게 할 수도 있고, 혹은 교사가 학급운영의 목표에 맞는 모둠의 유형들을 제시하고 참여하고 싶은 모둠에 지원하게 할 수도 있다. 교사는 모둠이 형성되기 이전에 학생의 성격(예 : 소극적인 학생, 적극적인 학생)이나 활동성(산만한 학생, 침착한 학생)을 고려하도록 하고, 어느 한 모둠에 유사한 성격의 학생들이 집중되지 않도록 안내한다. 모둠의 유형을 예로 들자면, 오락모둠, 독서모둠, 미술모둠, 체육모둠, 음악모둠 등을 들 수 있고 그 크기는 모둠 유형에 따라 다르겠지만 4~6명 정도가 적당하다.

모둠편성이 끝나면 모둠원들끼리 이해와 협력, 즉 공동체의식을 증진시키기 위해서 모둠의 체제를 갖추도록 해야 한다. 이를 위한 고려사항은 다음과 같다.

첫째, 모둠별로 자리를 배치하고, 모둠의 리더를 선출하되 돌아가면서 해당 모둠의 모든 학생들이 리더가 될 수 있는 기회를 가지도록 한다. 그리고 모둠원 각자의 역할을 정하도록 하되, 모둠활동을 요약·기록하는 학생이 포함되도록 한다. 이는 어느 특정 모둠원이 집단을 지배하거나 아무런 참여도 하지 않는 역기능의 발생을 막아 상호의존성을 촉진시키기 위함이다.

둘째, 교사는 모둠에게 학급운영의 모든 것을 떠넘겨서도 모둠활동을 일일이 간섭통제해서도 안 된다. 모둠 스스로 활동을 끌어갈 수 있는 재량을 갖도록 안내·지도하고 격려하는 역할을 하도록 한다(Kagan, 1992).

(2) 학교 차원 학생자치모둠활동

학교 차원의 학생자치모둠활동은 일반적으로 특기적성 혹은 동아리활동(CA : Club Activity)이라고 일컫는다. 학년이나 학기가 시작되면서 학교 차원에서 활동의 유형들을 다양하게 제시하고 참여하고 싶은 활동에 지원하게 한다. 전 학년으로 확대하거나 같은 학년으로 제한하여 모둠을 형성할 수 있는데, 전 학년을 대상으로 활동하는 경우, 선후배 간의 위계질서로 갈등을 일으킬 수도 있다는 점에 유의해야 한다. 학교 차원의 학생자치모둠활동 역시 위에서 제시한 학급 내 학생자치모둠활동을 위한 고려사항을 참고하면 된다. 무엇보다 관심 분야의 능력 향상도 중요하지만 공동체적 활동을 하면서 서로에 대한 이해와 협력을 증진시키는 일에 주된 목적을 두어야 한다. 그밖에 자존감, 소속감, 책임감 등도 모둠활동을 통해 키울 수 있음을 인식해야 한다.

이상의 학급 내 학생자치모둠활동이든 학교 차원 학생자치모둠활동이든 학생들이 모둠을 형성할 때 여러 요인을 고려해야 한다. 연령, 가치관, 학업에 대한 열정, 취미나 여가활동, 음식에 대한 기호 등이 비슷한 경우에 심리적인 편안함을 주어 갈등을 줄이고, 자기존재에 대한 정당성을 제공해 주는 것으로 알려져 있다. 그런데 성격 측면에서는 반대인 경우에 자기의 부족한 점을 보완해 주기 때문에 서로를 선호한다. 예컨대, 편협적인 사람은 융통성 있는 사람, 화끈한 사람은 소심한 사람, 지배적인 사람은 복종적인 사람과 잘 어울릴 수 있다.

6) 학생이 참여하는 조례 · 종례 · 학급회의 활동

학급 운영의 핵심활동은 조례와 종례시간에 이루어진다. 그런데 조례와 종례시간은 대체로 교사에 의해 일방적으로 운영되고 있다. 조례는 인사, 출결석, 해결해야 하는 당면문제, 전달사항 등의 내용으로 구성되고, 종례는 하루의 반성, 내일의 준비 등으로 구성된다. 최근 학생이 참여하는 자율적 성격의 조례나 종례가 시도되고 있어 몇 가지 소개하면 다음과 같다.

(1) 조례시간

- 역사조회(교사가 역사적 사건이 있었던 날 아침에 역사적 사건과 관련된 감동적 이야기를 들려주고 이에 대해 학생의 느낌 말하기), 시사조회(교사가 칼럼, 논평, 신문논설 등 기사를 학생에게 설명하면 이를 중심으로 학생들이 토론하기) 등은 세상을 보는 시각을 넓혀준다.
- 시 감상하기, 음악 감상, 노래 부르기 등은 감정 순화하기, 스트레스 해소 등에 효과가 있다.
- 학생 각자 돌아가면서 마음에 새겨두면 좋을 것 같은 교훈, 격언, 시구 등을 들려주는 것은 교육적 효과를 지닌다.
- 학생 자신의 언어습관을 돌아보는 '나쁜 말 버리기'와 타인의 언어습관을 관찰하는 '칭찬릴레이'를 실시하여 바른 언어생활 정착을 도와준다.

(2) 종례시간

- 칭찬하고 싶은 일, 사과할 일, 학급 전체에게 하고 싶은 말 등을 돌아가면서 자유롭게 이야기하게 되면 소외된 아이들의 자아존중감을 회복시킨다.
- 하루에 한 학생이 주인공이 되어 그날 학급에서 일어난 일들에 대해 자신의 감정을 표현하고 친구들이 공감해주면 자기가치감, 카타르시스 등을 경험하게 된다.

종례시간이 끝나면 학생들은 집에 빨리 가고 싶어 하므로 혼란스런 종례시간이 되기 쉽다. 종례의 교육적 효과를 거두기 위해서는 학교 전체 수업시간표에 종례시간이 할당 · 포함되어 의당 참여하여야 할 시간으로 정해놓아야 할 것이다.

(3) 학급회의시간

조례나 종례 이외 정기적인 회의, 긴급한 상황이 발생하여 열리는 긴급회의 등과 같은 학급회의도 교사 중심의 운영보다는 학생 중심의 참여방식으로 진행하는 기회를 주도록 한다. 학급회의 시간을 확보해서 담임교사와 학생, 학생 상호 간 소통 · 공감(고민 토해내기 → 고민 들어주기 → 고민 해결하기)의 시간을 마련할 수도 있다.

- (강원 모산초) 매주(월) 아침 조회시간에 자기소개, 가족소개, 친구소개, 주제발표, 선행사례, 미담사례 등을 발표하여 학생들 간 정기적인 소통의 장 마련
- (대구 함지초) 매주 2회 희망학생을 대상으로 '마음빼기' 프로그램을 운영하여 가족과 교우관계 회복 효과를 거둠
- (대구 교육청) 정규교과시간 내 매주 1시간을 확보하여 '사제동행 행복시간'을 운영하고 전 학교에 학급운영비 지원

7) 등 · 하교 시 학교폭력 예방 홍보와 캠페인 전개

등 · 하교 시 학생들의 캠페인 피켓 운동과 아울러 등교시간과 점심시간, 청소시간, 하교시간 등을 이용해서 학교폭력 예방 및 신고방법에 대한 홍보 방송을 실시한다. 이는 또래 학생들의 캠페인 피켓 운동을 직접 보기도 하고 계도 방송을 들음으로써 학교폭력 예방에

그림 7-2 학교폭력 예방 홍보와 캠페인을 벌이는 학생들

큰 효과를 보인다.

8) 블루밴드 캠페인

블루밴드 캠페인이란 학교폭력 예방을 실천하겠다는 서약을 온 · 오프라인으로 진행하는 교육부 주관의 캠페인이다. 여기서 블루밴드란 블루(청소년의 미래, 희망, 꿈)+밴드(하나로 연결하기, 감싸주기)를 의미하며, 이 캠페인에 참여하여 학교폭력 예방 실천을 약속하면 추첨을 통해 블루밴드와 문화상품권을 제공한다. 이 캠페인의 목적은 "친구야 사랑해!", "I'm not a Bully"가 프린트 된 블루밴드를 착용함으로써 학교폭력에 대한 인식을 제고하자는 것이다.

캠페인 참여방법은 ① stopbullying 메인 홈페이지에서 [서약하기] 클릭 → ② 이름, 학교 등 입력 후 [실천 약속하기] 클릭 → ③ 서약서를 출력해서 책상 앞에 붙여놓고 매일 실천하기의 순서로 참여하되, 학생과 학부모가 직접 참여하도록 되어 있다. 다시 말해, 이는 학교폭력 예방을 위한 실천을 학생과 학부모가 서약하는 교육부의 캠페인이다.

9) 그린 I-net 캠페인

'그린 I-net' 캠페인이란 인터넷의 유해한 정보로부터 청소년을 보호하기 위해 방송통신심의위원회가 추진하는 캠페인을 말한다. 방송통신심의위원회는 지난 2009년부터 '그린

BOX 7-3 | 학교폭력 예방교육 : 학생대상

학교폭력에 대해 학생을 대상으로 공개적으로 교육시키기 위해 반드시 알려야 할 내용은 다음과 같다.

- 학교폭력은 범죄행위임을 알린다. 학교폭력은 어떤 이유로든 나쁘고, 학교폭력으로 인한 피해의 심각성, 즉 그것이 학급이나 개개인의 삶에 미치는 파괴적 결과에 대해 교육하고, 폭력은 다른 학생의 행복권을 파괴하는 범죄행위임을 인식하도록 한다. 이러한 교육은 사전에 사건을 예방하고 학교폭력 대처능력을 향상시킬 수 있다.
- 학교폭력이 혹시 발생했다면 초기에 적극적으로 도움을 요청할 것을 알린다. 참고 있다고 학교폭력이 없어지지 않는다. 폭력을 당하는 처음부터 적극적으로 가해학생을 처벌할 수 있다는 의시표시, 즉 "너의 행동은 범죄행동이고, 넌 법적으로도 처벌받는다."고 분명히 전달하도록 한다. 또한 주변의 학생이 이를 목격한 경우가 있다면 법률상 신고의무가 있음을 알린다.
- 평소 친구끼리 예절을 지키면서 상대방을 존중하는 행동을 보이도록 한다. 친구들의 의견을 경청하고 무시하지 않으며 친절하게 고운 말로 응대하고, 친구와 말다툼이 있어도 한 번 더 생각하고 대화하는 습관을 가지며, 소극적인 친구를 차별하고 않고 배려하는 등 서로간에 이해와 예절, 그리고 존중의 행동을 실천하도록 한다.
- 나와 남은 서로 다르다는 것을 인식하도록 한다. 학생들 사이에서 나와 다른 점이나 특이한 점(예 : 잘난 척 예쁜 척 하는 행동, 느리거나 어눌한 말과 행동, 어딘가 취약한 모습 등)을 무시하거나 배척하고 나쁘게 보는 태도가 학교폭력이나 따돌림의 주요 이유가 된다. 따라서 인간은 서로 다르고, 다르다는 것이 틀리거나 나쁜 것이 아니라는 점을 인정하도록 하며, 나와 다른 점을 수용해야 다른 사람과 원만한 관계를 맺고 살아갈 수 있음을 지도하도록 한다.
- 학교폭력 예방에 힘을 실을 수 있는 행사, 예컨대 학급 학생들 스스로 학교폭력 추방의 날 행사를 하도록 도와준다. 글짓기, 표어나 포스터 그리기, 학교폭력 SOS 지원단 및 학교폭력 자진 신고기간에 대한 홍보 캠페인 등 다양한 행사를 하는 것이다. 특히, 학생들의 관계가 형성되기 시작하는 학기 초에 입학식, 오리엔테이션을 활용하여 예방교육, 서약식 등을 적극 실시하도록 한다.

(창원 반송초) 신학기 초 '학교폭력 추방의 날'을 운영하여, 학생들이 자율적으로 학급별 '학교폭력 예방 서약식' 실시

I-net'(www.greeninet.or.kr)을 구축하고 청소년 유해정보 필터링, 인터넷 정보이용 시간 관리, 사이버권리침해 예방 교육홍보, 방송 프로그램 등급표시제 활용 등 다양한 캠페인을 전개하고 있다. 그린 I-net 캠페인을 범국민적으로 활성화하기 위해 교육부와 협력해 그린 i 패밀리자원봉사단을 전국적으로 모집하고 거리캠페인, 필터링 S/W 설치 도우미, 건전한 인터넷 · 스마트폰 사용 관련 아이디어 알림이 활동 등 보다 다양한 캠페인 · 봉사활동을 펼치는 것으로 알려져 있다.

10) 학생모니터단 운영

학교폭력 실태, 학교폭력 근절대책, 민주적인 학생자치활동 운영 등 학생과 밀접한 주요 교육정책의 수요 및 효과에 대해 온라인을 통해 자율적으로 의견을 개진하고 대안을 제시하는 것을 말한다. 이러한 모니터링 실시의 효과는 교육정책에 대한 학생들의 관심과 인식을 제고하고, 정책 효과를 분석하여 향후 정책 수립의 기초자료로 활용하는 것이다. 모니터단 참여 학생은 학교단위에서 활동계획서(지원서 기재)를 시교육청 학생모니터단 운영협의체[4]에서 제출받아 추천 · 선발하며 학생회 임원 등이 우선 선발된다.

11) 학생들의 아주 사소한 고백

아주 사소한 고백이란 학교폭력 예방 프로젝트로, 하고 싶은 말은 많지만 털어놓을 곳이 없는 청소년에게 자신의 고민을 드러낼 수 있는 기회를 제공해서 소통과 공감의 장을 마련하는 게 목적이다. 그 방법은 고백엽서와 SNS를 통해 아이들이 익명으로 글을 써서 우체통에 넣기만 하면 된다. 엽서에는 '내가 ____________에게 가장 듣고(하고) 싶은 말은 ____________이다'의 양식으로 한다.

---

4) 학생모니터단 운영협의체란 시교육청 장학사와 교사로 구성되어 지역별 학생모니터단을 관리하여 모니터의 역량 및 참여율을 제고한다. 주된 역할은 모니터단을 선발하고, 멘토링, 오프라인 간담회 등을 통해 활동을 점검하며, 모니터단 활동 평가를 통해 우수 활동자를 선발하는 일이다.

[예]

내가 '엄마'에게 가장 듣고 싶은 말은 '너와 영원히 같이 살거야' 이다.
내가 '친구'에게 가장 듣고 싶은 말은 '나의 본명'이다.
내가 '다른 사람'에게 가장 하고 싶은 말은 '날 좀 내버려둬' 이다.
내가 '나'에게 가장 하고 싶은 말은 '너는 무한한 가능성이 있구나' 이다.

이 프로젝트는 청소년학교폭력예방재단(청예단)이 운영하고, 교육부-현대해상-청예단이 공동 주최하고 있으며, 고백엽서와 SNS를 통한 사연 공모, 라디오 프로그램 등과 연계 운영하고 있으며, 연 4회 학교폭력 카운슬링 토크 콘서트도 진행한다.

3. 학생을 향한 교사와 학부모의 존중 마인드

1) 학생을 향한 교사의 진솔성

모든 학생들이 수업의 주인공인 교실, 학생들의 학교생활이 평화롭고 행복하도록 하기 위해서는 무엇보다 교사의 역할이 중요하다. 이는 우선 학생들이 마음의 문을 열 수 있도록 교사가 목소리를 낮추고 그들의 말에 귀 기울이는 것부터 시작해야 할 것이다. 학생을 향한 관심과 그들과 함께 한다는 진솔한 마음이 전달되어야 한다. 이를 학생의 입장으로 간단하게 표현한다면, '대접받는 느낌'이 들도록 하면 된다는 것이다. 지금까지 누구한테도 받은 적이 별로 없는 이런 느낌을 받도록 교사가 학생을 대접해주면 그들은 그 응답으로 교사가 원하는 학생, 즉 배우는 학생이 되기 위해 노력하게 된다. 몇 년 전 필자의 수업인 교생실습을 다녀 온 예비교사 학생들과 피드백 시간을 가졌는데, 어떤 예비교사가 자신이 담당한 학급의 학생들에 대한 경험담을 다음과 같이 얘기한 적이 있었다.

"제가 맡은 학급은 담임교사도 어떻게 할 수 없는 학생들이었습니다. 말 안 듣기로 유명하고 가르치기도 무척 힘든 반이었지요. 그래서 어쩌나 하고 걱정이 되고 겁도 났었습니다. 예비교사인 나에게는 진짜 눈길 한번 제대로 주는 아이가 없었습니다. 고민 끝에 저는 학교출근을 20분

정도 앞당겼고, 교실 입구에서 등교하는 학생 한명 한명에게 아무 말 없이 차를 대접했습니다. 며칠이 지나자 어떤 학생이 선생님도 드시라고 차를 가져다주었습니다. 속으로 너무 기뻤지요. 그런 후 일주일 정도 지나자 아이들이 제게 말을 붙여주더군요. 그 이후로 학생들과 잘 지냈고, 처음 겁나고 걱정했던 걸 생각하면 지금도 뿌듯한 마음입니다. 실습이 끝난 후 방과 후 수업에 학생들을 지도해달라는 부탁까지 받았습니다."

대접받는 느낌은 선생님에 대한 신뢰로 연결될 수 있고, 신뢰할 수 있으면 이야기를 하게 되며, 이러한 관계 속에서는 바람직한 배움의 관계가 쉽게 만들어질 수 있다. 선생님에 대한 신뢰는 이러한 배우고 싶은 관계를 만들 뿐만 아니라 어렵고 힘들 때 도움을 요청할 수 있는 관계로 발전된다. 학교폭력 사건이 발생해도 자신을 지켜줄 선생님을 떠올리지 못한다는 것은 그동안 선생님과 마음의 문을 닫고 지냈다는 것을 여실히 보여준 것이라 할 수 있다. 즉, 교사의 학생을 향한 진솔한 마음이 없어 학생은 자신이 대접받는다는 느낌이나 교사를 신뢰하는 마음을 가지지 못한 것이다.

보다 구체적인 의사소통기술, 즉 상담기술은 표 7–3과 같다(김환, 이장호, 2009).

표 7-3 | 구체적인 의사소통기술

상담기술	내 용
경청하기	학생의 말을 집중해서 듣고, 소리나 몸동작의 비언어적 표현까지도 민감하게 관찰하는 기술이다. 이때 교사는 답답하더라도 섣불리 교사 자신의 생각을 개입시키지 않도록 주의한다.
공감하기	학생의 말이나 비언어적 표현의 내부에 숨어 있는 생각이나 감정을 교사가 학생의 입장에서 느끼고 생각하는 기술이다. 이때 교사는 자신의 틀이나 기준에 얽매임이 없도록 주의한다.
반영하기	학생 자신이 이해받고 있다는 느낌이 들도록 교사가 학생의 마음을 거울처럼 되돌려 주는 기술이다. 교사의 반영으로 학생이 자신의 감정을 다시 경험하게 되면 카타르시스를 느끼고, 그 감정에서 벗어나는 것이 용이해진다.
명료화하기	학생이 전달하고자 하는 내용을 교사가 간략하게 분명히 정리하는 기술이다. 명료화기술에 의해 학생의 다소 혼란스런 이야기가 그 흐름의 방향을 짓게 된다.
요약하기	학생의 이야기가 주변을 맴돌거나, 침묵이 지속되면 교사는 학생 이야기 내용을 차근차근 짚어주는 요약을 하게 되면, 학생은 이야기의 방향을 잡거나 침묵에 대처할 이야기를 할 수 있게 된다. 이때 교사가 침묵의 어색함에 불편을 느껴 섣불리 딴 이야기를 꺼내게 되면 학생은 현재의 이야기 내용에서 벗어나게 된다.
질문하기	교사는 폐쇄적인 질문(예 : 그런 상황에서 암담한 생각이 들었지?)보다는 개방적인 질문(예 : 이번 시험이 끝나고 기분이 어떤지 궁금하네)을 함으로써 학생이 주도적으로 더 많은 이야기를 하도록 하는 기술이다.

BOX 7-4 | 청소년의 교사와의 관계

청소년 시기 청소년은 교사와의 관계에서 커다란 변화를 이룬다. 아주 어린 시절 영아의 교사는 제2의 부모처럼 여겨지고, 유치원과 초등학교 저학년 시절에는 무조건 믿고 따르며 교사의 지시에 대해 순종하는 절대적인 존재가 되나, 초등학교 고학년이 되면 점차 비판의 대상으로 탈바꿈하기 시작하여 중등학생이 되면서 커다란 관계변화를 이루게 된다. 즉, 지금까지 거의 수직적인 교사–학생의 관계는 수평적인 관계로 바뀌어 교사에 대해 평가 · 비판하고 반항까지 하는 부정적인 태도가 확연해진다. 이러한 관계 변화는 학생이 성장하면서 자의식과 독립적 욕구가 강해지면서 나타나는 발달적 현상에 따른 것이다. 학생과 좋은 관계를 맺기 위한 방법은 다음과 같다(김계현 외, 2009).

첫째, 교사는 인생의 선배로서 청소년의 기대에 부응하여 인간 대 인간으로서 여러 역할을 하도록 한다. 제2의 부모, 학생들의 본보기가 되는 신뢰와 존경의 인물, 불만과 비판의 대상, 다정한 친구 등이 되어 적절하게 학생의 삶을 안내하고 지도하는 역할을 수행할 수 있다.

둘째, 교사는 학생들 서로를 신뢰하는 학급분위기를 만들도록 한다. 편애가 교사–학생, 학생–학생관계의 갈등의 주된 원인이므로 교사는 공정하게 학급 일을 처리하고, 불필요한 비교를 피하도록 한다. 학생들 각자의 개인차를 인정하고 각자가 할 수 있는 영역을 인정 · 존중하며 자신의 자원을 계발 · 향상시킬 기회를 주도록 한다. 또한 학생들 사이에 소문이 있더라도 즉각적인 반응은 피하고, 지켜보고 해결방안을 강구한다.

셋째, 교사가 먼저 폭넓은 대화를 시도하여 학생의 마음을 열도록 해야 한다. 학기 초반부터 학급의 학생 모두를 대상으로 몇 명씩 모둠을 만들어 적절한 주제를 중심으로 집단상담을 하거나 한 명씩 일정한 시간적 간격을 두고 불러내어 호출 상담을 활용하는 것은 갈등을 사전에 막기 위한 훌륭한 방법이 될 수 있다.

교사는 이러한 상담기술을 활용한 면대면 개별적 의사소통 이외에도 이메일, 핸드폰 메시지, 쪽지 등과 같은 다양한 의사소통 수단을 열어놓고 반 전체 아이들과 원활하게 대화해야 한다. 이를 통해 전체 학급의 분위기나 선도가 필요한 학생들의 파악이 가능하게 된다.

2) 자녀 존중을 위한 학부모의 협조적 마인드

모든 학생이 수업시간의 주인공이 되고, 다양한 학생자치활동에 참여하면서 존중과 배려, 토론과 협력의 공동체의식을 지닌 민주적인 학급 분위기를 체험하게 되면 학교생활이 즐거울 것이고, 그리하여 학급의 문화는 개인 중심에서 공동체 중심으로 변하게 된다. 학교폭력은 그 설자리를 잃게 되고 학급 학생들 모두가 성장을 도모하게 된다. 그런데 여기에는 자녀 존중을 위한 학부모의 협조가 중요하게 작용한다는 것을 염두에 두어야 한다.

학기 초 학급전체 학부모를 대상으로 교사가 인사장을 보내는 것은 일 년 동안 학급을 맡는 담임교사로서 반드시 필요한 절차이다. 학생-학부모-교사가 삼위일체가 될 때 교육적 효력이 나타난다는 것은 두말할 필요가 없다. 인사장에는 학업지도 이외 생활지도사항들(예 : 학기 초에 나타난 학생의 학교생활 면모, 학급 운영 오리엔테이션 실시, 바른생활규칙 내용, 학교폭력의 심각성 등)이 포함되도록 하고, 자녀가 반듯하게 성장할 수 있도록 학부모의 협조가 반드시 필요함을 주지시킨다. 무엇보다 청소년의 원만한 친구관계는 학교생활의 큰 즐거움이 된다는 것도 명기하도록 한다. 이러한 가정통신문 형태로 손수 작성한 편지나 이메일은 한 학기에 두세 번 정도 학생의 변화된 모습을 담아 학부모가 받아볼 수 있도록 한다면 바람직할 것이다.

학부모와의 대화는 가정통신문뿐만 아니라 학부모회의와 같은 만남을 통해 이루어질 수 있다. 학부모회의에서 다룰 수 있는 주제는 우선 학부모들의 관심을 반영하고, 건강한 학교생활을 이끄는 데 도움을 줄 수 있으며 학급 운영 방침과 바른생활규칙, 청소년의 또래관계, 생활습관, 진로, 학교폭력 없는 안전한 학교생활(가정에서 발견할 수 있는 학교폭력 관련 단서 포함), 부모의 양육태도 등에 대한 정보를 제공해서 자녀교육에 도움을 주도록 한다. 이렇게 전체 부모를 대상으로 학부모회의를 진행함과 동시에 학부모 소집단을 만들어 자녀문제를 공개 토론하여 도움을 받도록 할 수도 있다. 학생마다 문제는 다소 다르겠지만 일반적으로 학부모-자녀 간에 공통적으로 겪게 되는 갈등(예 : 귀가시간, 핸드폰이나 컴퓨터 사용, 집안 일, 친구관계, 부모의 기대, 용돈 사용, 건강, 청결 등)이 있다(Arnett, 2007). 같은 연령의 자녀를 둔 입장이라면 학부모들끼리 서로 토론하다 보면 현실적인 정보를 얻어 문제해결방안을 찾을 수 있을 것이다.

이들 학부모와의 대화는 가정통신문이든 학부모회의든 학기 초에 학생들의 문제가 발생되기 전에 시행되도록 한다. 학생을 중심으로 한 교사-학부모의 협력관계형성은 앞으로 발생할 수 있는 학교폭력과 같은 학생들의 문제를 사전에 예방할 수 있는 계기가 된다.

CHAPTER 08

청소년의 발달과제 지도

C H A P T E R

08 청소년의 발달과제 지도

학교폭력을 예방하기 위해서는 우선 청소년의 발달과제를 이해하고 지도하는 일이다. 예컨대, 청소년의 대표적인 발달적 특징이라 할 수 있는 사회성발달은 이전 아동기 시절 부모와의 관계로부터 점차 친구와의 관계로 확장하면서 또래집단과의 교류를 중요시한다는 것이다. 따라서 친구사회에 속하는 것, 친구와 원만하게 생활하는 것, 친구의 지지를 얻는 것 등은 이들의 중요한 발달과제가 될 수 있으며, 이러한 청소년의 발달과제를 중심으로 적절하게 지도하는 일은 무엇보다 중요하다.

이 장에서는 청소년의 신체적 · 성적 · 인지적 · 사회적 · 정서적 발달과제별 지도방안을 제시하고자 한다.

1. 청소년의 체력강화 및 성문제지도

청소년기는 아동기와 성인기 사이의 발달의 기간으로, 약 10~13세 사춘기를 시작으로 해서 약 18~21세의 성인기 시작까지 지속되며, 그 발달이 아동기와 성인기와는 뚜렷이 구별된다. 사춘기 청소년들(남아는 12~13세, 여아는 10~11세)의 신체발달의 주된 특징은 신장의 급격한 증가와 곧이어 나타나는 성적 성숙이다. 이러한 신체발달은 인체의 호르몬의 변화로 이루어진다.

1) 청소년의 체력 강화

체력이란 정상적인 정신상태와 신체조절능력을 갖추어 일상적인 삶의 영위는 물론이고 장기적인 작업에도 능률의 저하가 없는 안정된 능력을 말한다. '건강한 신체에 건강한 정신'이 깃든다고 했듯이, 체력은 바른 인성을 함양하고 정신집중력이나 학습능력과도 밀접하여 청소년의 학교생활 적응에 기여하는 중요 요인이다. 독일에서는 체육교과가 독일어와 수학 다음의 중요 교과목임을 강조하고 학교폭력 예방 프로그램에도 체력강화를 필수로 꼽고 있다고 한다. 최근 우리 학교들도 그동안 도외시 해왔던 청소년들의 체력 저하 문제를 해결하고자 다양한 프로그램, 예컨대 아침 수업 이전 운동장 뛰면서 돌기, 하교 시 운동장에서 구기 운동하기 등과 같은 청소년 체력단련 프로그램을 도입하여 그 긍정적인 효과를 보고하고 있다. 학교폭력근절 종합대책(2012)에서는 학교폭력근절 근본 대책으로 교육 전반에 걸친 인성교육의 실천을 강조하면서 '중학교 체육활동 대폭 확대'를 그 대표적인 방안으로 들고 있다(Box 8-1 참조).

BOX 8-1 | 중학교 체육활동 대폭 확대

1. 체육수업시수 확대

신체활동 욕구가 왕성하고, 자기정체성 확립 시기인 중학생 체육활동을 대폭 확대하여 체·덕·지를 겸비한 인재를 육성한다.

- 체육수업시수를 주당 2~3시간에서 주당 4시간으로 50% 증대(3년간 총 8시간 → 12시간) 하고, 체육교사 및 스포츠 강사 증원을 추진한다.
  ※ 현행 체육교과 외에 '학교스포츠클럽' 과목(예 : 축구, 농구, 태권도, 테니스, 수영, 댄스스포츠, 요가 등)을 '교양 필수과목'으로 이수
- 규칙을 존중하고, 절제력, 단결력을 배울 수 있는 체육교육과정을 운영한다.

2. 교내 스포츠 활동 확대

방과 후 시간, 점심시간, 토요일 등을 활용하여 학급 및 학교스포츠클럽 대항 교내 스포츠 리그를 활성화한다.

- 모든 중학생이 학교스포츠클럽 1개 이상 가입한다.
- 학교스포츠클럽 전담교사를 모든 중학교에 1명씩 지정하여 학교스포츠클럽 리그 기획, 상담활동 등을 지원한다.
- 학생의 학교스포츠클럽 활동내용을 자기주도학습전형 실시 고교 입학전형에 반영 권장한다.

3. 교육지원청 단위 스포츠 리그 확대

주 5일제 수업 시행에 맞춰 학생들이 상시 참여할 수 있는 학교스포츠클럽 리그전을 대폭 확대한다.

4. 전국학교스포츠클럽대회를 학생축제로 발전

대회 종목을 확대하고, 스포츠와 인성교육을 접목하여 운영한다.

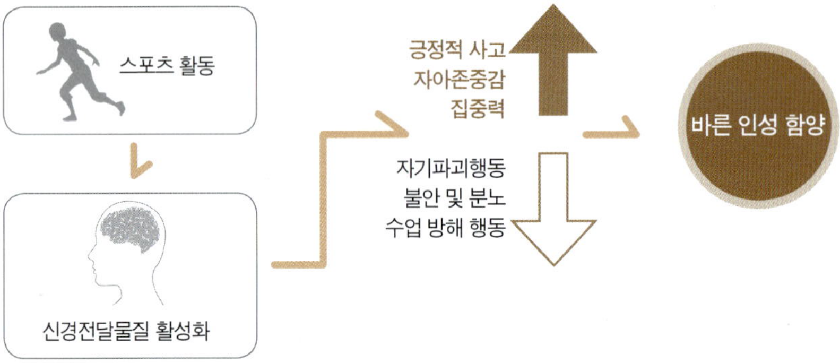

BOX 8-2 | 청소년의 신체관리방안

청소년 체력 강화와 더불어 청소년의 시력저하, 비만, 허리와 목의 통증, 아토피성 피부염, 청소년 여아의 생리통 등 허약한 신체적 조건을 예방·관리하는 것도 매우 중요하다. 그 원인과 관리방안을 살펴보면 다음과 같다(이명조, 김소아, 2009).

1. 시력

청소년들은 책 읽기뿐만 아니라 핸드폰이나 컴퓨터 사용으로 매일 눈을 혹사당하고 있어 그 보호가 반드시 필요하다. 시력을 보호하기 위한 관리는 다음과 같다.

- 핸드폰 사용이나 컴퓨터 게임에 빠져들지 않도록 그 위험성을 알려주도록 한다. TV도 최소 2.5m 이상 거리를 유지하고, 장시간 TV 시청을 금한다.

- 독서는 40분하면 휴식은 10분 정도 취하도록 하고, 자주 먼 곳에 있는 초록의 산을 바라보게 한다. 엎드리거나 누워서 책을 보거나, 지면반사가 많은 책이나 컴퓨터 화면, 활자의 크기가 작은 글씨를 보는 것도 시력저하를 가져올 수 있다.
- 방의 조명을 200룩스 이상으로 밝게 유지하고, 스탠드로 간접 조명을 해서 눈의 피로를 덜어준다. 그밖에 눈 건강을 위해 적절한 영양이나 숙면의 중요성도 일러준다.

2. 비만

초·중·고생의 비만도는 매년 증가추세에 있으며, 이는 치료가 필요한 만성질병이다. 비만은 다음과 같은 신체적 건강뿐만 아니라 정서적 문제까지 야기하므로, 그 관리가 필요하다.

- 외관상 뚱뚱하게 보이는 중등도 이상 비만아는 성인병, 즉 고지혈증, 지방간, 고혈압, 당뇨병, 심장병, 요통 등의 합병증의 위험이 크고, 실제로 소아비만 아동의 2/3가 성인병 증세를 보인다.
- 비만으로 인한 신체적 열등감은 스트레스로 작용해 정서불안과 우울 증세를 보일 수 있고, 또 낮은 자존감으로 이어져 친구나 이성관계에 악영향을 미칠 수 있다.
- 비만의 주된 원인은 첫째, 잘못된 식생활방식이다. 패스트푸드, 과자, 음료수 등의 고칼로리 음식 섭취, 영양 과잉 섭취, 당분의 과다 섭취, 여학생의 무리한 다이어트, 끼니를 거르거나 불규칙한 식사로 인한 영양 불균형 등의 식생활방식이 비만의 원인이 된다. 둘째, 신체활동의 부족이다. 꽉 짜인 학원 스케줄, 운동공간 미비, 입시와 무관한 체육시간의 단축, 장시간의 TV시청 및 컴퓨터 사용 등이 비만의 원인이 된다. 셋째, 정신적 스트레스의 증가이다. 학습에 대한 압력, 친구관계 및 가정문제 등 정신적 스트레스가 원인이 된다.

3. 허리와 목의 통증

최근 허리통증, 즉 요통(腰痛)이나 목이 뻣뻣한 통증을 호소하는 학생들이 늘고 있다. 심하면 목이 뻣뻣한 증세 이외에 팔이 저리다거나 어깨가 아프거나 손가락이 저리거나 팔이 안 올라가거나 옷을 입거나 벗을 때에 통증이 올 수도 있는데, 이 경우 상당수는 목디스크, 즉 경추디스크로 인해서 온 것이다. 그 원인과 관리사항은 다음과 같다.

- 허리를 앞으로 굽히거나 턱을 괴는 등 잘못된 자세가 요통의 원인이다. 잘못된 자세는 척추 주위 근육에 부담을 줘 통증을 일으킬 뿐만 아니라 허리디스크의 원인이 되는 등 척추 건강에 나쁜 영향을 미친다. 경추디스크의 원인 역시 자세가 나쁘거나, 컴퓨터를 하느라 고개를 내밀고 오래 앉아 있거나, 긴장된 생활을 많이 하거나, 화가 머리 쪽으로 많이 오르거나, 스트레스를 많이 받아서 오는 경우가 대부분이다.
- 허리와 목의 통증을 예방하기 위한 주의사항은 첫째, 높낮이가 조절될 수 있는 의자에 앉아 무릎이 90도 각도의 자세가 되도록 하고, 엉덩이를 바싹 뒤로 붙인 상태에서 허리를 곧게 펴 의자 등받이에 기댄다. 둘째, 고개는 20도 이상 숙여 공부하거나 고개를 앞으로 내밀

고 컴퓨터 작업을 하게 되면 목뼈 관절과 근육에 무리를 주어 결림과 통증이 온다. 꼿꼿이 앉되 턱을 몸 쪽으로 당겨 앉는 것이 좋다.

4. 아토피 피부염

우리나라 청소년 10명 중 1명이 아토피 피부염이라고 한다. 울긋불긋한 반점, 가려움증(특히, 수면 중), 진물 등을 동반하는 아토피 피부염은 아이들의 성장과 학습을 방해하고, 특히 외모에 신경 쓰는 사춘기에는 친구관계나 학교생활까지 영향을 미쳐 소극적인 성격으로 변화시킬 수도 있다. 아토피 피부염의 원인과 관리사항은 다음과 같다.

- 아토피성 피부염의 원인으로는 환경적인 요인, 특히 심리적 스트레스, 유해한 먹거리, 환경 속에 발생하는 유해물질과 환경호르몬[1] 등을 들 수 있다.
- 아토피 질환을 호전시키기 위한 방법을 제시하면, 첫째, 심리적인 스트레스가 만병의 근원이듯이 정신적인 안정을 취한다. 둘째, 먹거리와 관련된 식생활을 개선한다. 식품 첨가물이 포함된 각종 먹거리와 패스트푸드, 담배, 술 등을 금한다. 최대한 자연식을 하려고 노력하고, 채식 위주의 유기농산물을 이용하는 것이 좋다. 셋째, 규칙적으로 운동한다. 유산소 운동[2], 웨이트 운동[3] 등으로 혈액순환과 신진대사가 활발하도록 한다. 이는 몸의 노폐물을 분비시켜 건강한 피부를 가지도록 하기 때문이다. 넷째, 환경 속의 유해물질이나 환경호르몬으로부터 자신을 보호하기 위한 노력을 한다. 예컨대, 합성수지 바닥재, 잉크 · 광택제 · 합성풀 등이 내포된 벽지, 유해물질이 포함된 소파 · 카펫 · 장롱 · 드라이 클리닝한 옷, 오염된 공기와 물, 플라스틱 · 비닐 · 스티로폼 등과 같은 석유화학제품 등이 아토피 발생의 원인이 되고 있다. 항상 맑은 공기와 물을 섭취해서 몸을 정화시키는 일에 최대한의 노력을 기울여야 한다.

5. 청소년 여아들의 생리통

청소년 여아들의 1/3 이상이 심한 생리통으로 고생하고 있다. 이들 가운데 진통제를 항상 복용하는 상당수 학생들은 자궁내막증[4]에 걸려 있고, 이들의 혈액 · 소변검사에서 환경호르몬이

---

1) 환경호르몬이란 독성이 있는 유해화학물질이 체내로 유입되어 마치 호르몬처럼 작용한다 하여 붙여진 이름이다. 환경호르몬은 특히 생식능력에 치명적인 피해를 주는 것으로 알려져 있다.

2) 유산소운동은 걷기, 달리기, 자전거 타기 등 호흡을 자연스럽게 하면서 한 번에 5분 이상 장시간 연속운동을 하는 것으로 보통 심폐기능의 향상이나 체지방 감소의 목적으로 실시하는 운동을 말한다.

3) 웨이트 운동이란 점진적으로 무거운 무게의 기구를 이용하여 운동하는 것으로 근육증가, 근력, 근지구력 등을 향상시키는 목적으로 하는 운동이다.

4) 자궁내막증은 여성호르몬, 즉 에스트로겐의 과다분비로 자궁내막세포가 자궁내벽이나 난소와 같은 곳에 혹모양으로 자라는 질환으로 극심한 생리통과 불임을 유발하고 심하면 자궁을 드러내야 하는 경우도 있다. 자궁내막증의 원인은 환경호르몬인 것으로 추정되는데, 왜냐하면 환경호르몬에는 에스트로겐과 유사한 화학물질이 많기 때문이다.

검출됐다. 자궁내막증의 원인은 환경호르몬인 것으로 추정되는데, 왜냐하면 환경호르몬에는 자궁내막증을 일으키는 에스트로겐과 유사한 화학물질이 많기 때문이다. 결국 생리통이란 환경호르몬으로 인한 자궁내막증이 주원인이라 할 수 있다. 생활주변에서 이를 예방하기 위해 유의해야 할 점은 다음과 같다.

- 플라스틱, 비닐, 스티로폼 등과 같은 석유화학제품을 되도록이면 사용하지 않도록 한다. 특히, 플라스틱 용기에 먹거리를 담아 전자레인지에 돌리게 되면 환경호르몬이 나온다.
- 합성세제 대신 천연세제를 사용한다. 여의치 않다면 세탁물을 깨끗이 헹구어 합성세제에 포함된 환경호르몬이 피부를 통해 혈액으로 흡수되지 않도록 한다.
- 유기농 채소와 정수된 물을 많이 섭취한다.
- 원활한 혈액순환, 특히 신체 하반신의 보온과 통풍이 유지되도록 하고, 복부비만을 예방하기 위해 기름진 음식이나 인스턴트 음식을 피한다.

2) 2차 성징의 특징과 의의

사춘기가 되면 성호르몬의 분비가 왕성해져서 남자는 남자답게, 여자는 여자답게 성장하면서 나타나는 성적 특징을 2차 성징이라 한다. 이는 출생 때부터 구분되는 남녀의 외부 생식기의 차이, 즉 1차 성징과는 구별된다.

사춘기의 신체적 변화는 여러 가지 호르몬에 의해 초래된다. 호르몬의 종류 중에 남·여의 성징을 나타나게 하는 것이 성호르몬, 즉 남성호르몬, 여성호르몬이다. 사람은 태어날 때 남성호르몬, 여성호르몬 두 가지를 다 가지고 있어 남자와 여자의 차이가 없다가 10~15세경이 되면 남자는 남성호르몬이, 여자는 여성호르몬이 상대적으로 증가한다. 이러한 성호르몬의 증가가 남녀 신체의 성적 특성을 나타나게 한다.

여학생에게 있어서 두드러진 2차 성징은 몸에 피하지방이 증가하면서 골반이 커지고 엉덩이가 넓어지며 유방이 발육되고 음모가 생기며 그 다음 초경을 경험하게 된다. 초경은 여성의 성적 성숙의 대표적인 기준이 됨과 동시에 다른 어떤 성적 변화보다 가장 크게 심리적 동요를 가져온다.

남학생의 두드러진 2차 성징은 신장의 현저한 성장과 더불어 근육과 골격이 남자다워지고 음모, 액모, 턱수염이 나타나며 변성이 된다. 또한 음경과 고환이 커지고 부고환과 전립

선이 발육하면서 사정현상이 나타난다. 이러한 사정은 남성의 대표적인 2차 성징이라 할 수 있다. 흔히 청년기에 일어나는 몽정은 성적인 꿈을 통하여 사정하는 경우를 말하는데, 건강하다는 증거이므로 조금도 이상한 것이 아니다. 하지만 손으로 자극하여 사정하는 자위는 성적인 쾌감이 수반되기 때문에 습관화되기 쉬운 문제가 있고 자책감에 빠지는 경우가 있다. 남성의 2차 성징도 신체발달과 마찬가지로 개인차가 있다. 늦거나 빠른 차이에 대해 걱정할 필요가 없으며, 일반적으로 남성이 여성에 비하여 2년 정도 늦게 나타난다.

2차 성징은 인간의 성적 성숙의 발현이다. 남학생은 아버지, 여학생은 어머니가 될 준비가 시작되어 장차 자녀를 얻을 수 있음을 뜻하므로 인류생존에 기여한다는 대단한 의의를 지닌다. 이렇게 2차 성징의 의미를 건전한 방향으로 이해하고 적응하는 것이 중요하다. 청소년 자신의 신체를 소중히 여겨야 함은 두말할 필요가 없다. 신체적으로 정신적으로 건강해야 훌륭한 부모가 될 수 있고 훌륭한 자손들을 둘 수 있다. 프로이트(Freud)에 의하면 청소년 시기에 성적 욕구는 최고조에 달하지만 그 욕구의 충족은 현실적으로 불가능하므로 운동이나 독서 등을 통해 승화시켜야 한다고 보았다. 신체적 · 성적 성숙과 더불어 정신적인 성숙도 건강하게 이루도록 노력하는 것이 청소년의 최대의 과제라 할 수 있다.

3) 청소년의 성문제지도

성적 성숙이 최고조에 달하는 청소년은 성에 대한 호기심이나 성적 충동이 매우 크다. 성에 대한 올바른 지식과 가치관, 성에 대한 책임의식을 키우는 것은 청소년의 주요 발달과업의 하나라 할 수 있다(천성문 외, 2009).

(1) 신체의 성과 정신의 성

성이라 함은 대개 개인의 신체적인 성(sex)에 국한시키는 경향이 있지만, 성에는 마음이 포함된다. 신체와 마음은 하나이기 때문이다. 성문제에서도 개인의 성적 충동에 국한되지 않고 가정 내의 갈등과 같은 사회 · 심리적인 문제로부터 많은 영향을 받는다. 따라서 진정한 의미의 성이란 생물학적인 성(sex)과 사회 · 심리적인 성(gender)의 의미가 결합된 성(sexuality)을 말한다. 다시 말해, 신체의 성(sex)이면서 동시에 정신의 성(gender)이란 뜻이다. 신체의 성이란 선천적으로 남녀를 구분하는 성별을 의미하며, 구체적으로 성기 또는 성기의 접촉에 의한 행위도 포함되는 성이다. 정신의 성은 출생 이후 사회문화적 · 심리적 환경에 의해 후천적으로 학습된 남녀의 특성을 의미하는 성이다.

(2) 청소년 성문제 유형별 지도

① 급격한 성적 발달에 따른 성욕구문제

급격한 성적 발달에 따른 성욕구문제는 성교육, 즉 성 지식이나 정보를 통해 해결한다. 예컨대, 건강한 남학생이라면 성에 대한 호기심, 자위행위 등은 자연스런 현상이나 이들 성적 현상에 대한 생각으로 갇혀 있게 되면 학업이나 대인관계에 지장을 줄 수 있다. 따라서 친구들과 서로 이야기를 나누어 자신만의 문제가 아님을 확인하거나 독서, 운동, 예술 활동 등과 같은 흥미 있는 활동에 참여 · 승화하도록 유도한다. 그밖에 성희롱, 남녀 뇌의 차이, 남자 친구의 성관계 요구, 배란일과 임신의 관계, 피임약 사용 등에 대한 구체적이고도 정확한 성 지식이나 정보를 제공한다.

② 심리적인 문제와 관련된 성문제

심리적인 문제는 여러 형태의 성적 문제로 표출될 수 있다. 그 예로, 어린 시절 부모로부터 사랑의 욕구를 충족하지 못해 현재 이성친구와의 사귐이나 성관계에서 문제가 나타날 수 있다. 이를 치료하기 위해서는 우선적으로 성문제 발생을 일으킨 원인과 이와 관련된 심리적인 문제를 모두 다루어 해결해 나가는 성상담이 요구된다. 부정적인 경험에 대한 재인지화 및 정서 표출, 자기통찰 및 자기수용 등의 상담과정이 필요하다. 그밖에 성폭력 피해자인 경우 분노, 불안, 우울 등을 경험할 수 있어 성상담이 요구된다. 다음은 성상담자의 태도와 역할이다.

- 내담자가 호소하는 성문제는 심리적인 문제, 즉 성격과 정서문제와 관련된다. 성문제 자체에만 한정짓지 말고 성문제를 일으킨 원인과 심리적인 문제 모두를 다루는 것이 중요하다.
- 성상담을 위해 우선 상담의 원리, 즉 공감적 이해, 무조건적인 존중과 수용, 진솔성을 적용한다. 내담자가 상담하기로 결정한 것에 대한 어려움이나 용기에 대해 공감하며, 내담자가 비록 성문제를 지니고 있다 하더라도 온전한 한 인간으로 존중하고 진솔하게 대하는 자세를 지녀야 한다.

- 상담자 자신이 가진 가치관을 내담자에게 주입하려고 하지 않아야 한다. 또한 상담자 자신에게 해결되지 않은 성적인 문제가 있다면 전문가의 도움을 받도록 한다. 상담자 자신이 성에 대해 자연스럽고도 편안한 마음을 지녀야 성상담자로서 제대로의 역할을 할 수 있기 때문이다.

2. 청소년의 자기중심적 인지왜곡 및 도덕성발달 촉진방법

1) 청소년의 자기중심적 인지왜곡

피아제(Piaget)의 인지발달이론에 따르면, 청소년기는 인지발달의 4단계, 즉 감각운동기, 전조작기, 구체적 조작기, 형식적 조작기에서 최종단계인 형식적 조작기에 해당한다. 형식적 조작기 청소년들은 현재의 구체적 · 실제적 상황을 넘어 추상적 · 가설적 문제를 다룰 수 있는 최고의 인지발달 수준에 도달하지만, 동시에 청소년 나름의 다음과 같은 자기중심적 인지왜곡을 지니게 된다.

첫째, 청소년들은 현실과 다소 거리를 둔 이상주의자 혹은 급진주의자가 되어 기존의 권위에 대해 분노를 쉽게 느낀다.

둘째, 청소년들은 자기가 마치 무대 위의 배우가 된 것처럼 다른 사람들이 자신에게 집중적인 관심과 주의를 둔다고 믿는 경향인 상상 속의 관중(imaginary audience)이 될 수 있다. 자신이 상상 속의 관중이라고 느끼게 되면, 다른 사람들이 자신을 관찰한다고 생각하여 외모나 행동에 매우 신경 쓰게 되고 별것 아닌 실수나 행동에도 쉽게 당황하는 모습을 보이게 된다.

셋째, 청소년 자신이 마치 스타와 같이 특별하고 독특한 존재이므로 자기의 경험이나 감정 세계는 다른 사람과 근본적으로 달라 비상한 능력과 특권을 가지고 있다고 믿는 경향인 개인적 우화(personal fable)를 가지기도 하다. 개인적 우화는 청소년에게 자신감이나 성취지향적인 힘을 가지게 할 수 있는 반면, 위험하고 과격한 행동이나 무모하고 무책임한 행동을 저지르게 하여 사회적 규범을 어기게 할 수 있다. 예컨대, 사고의 위험이 큰 오토바이를 소리 내며 몰거나 중독될 수 있는 본드 흡입을 하는 것 등이다. 비행청소년들은 이러한 개인적 우화의 경향이 일반청소년에 비해 더 심하고 지속기간도 길며, 자신의 잘못된 행동을 다른 사람이나 사회의 탓으로 돌리면서 허세에 가득 찬 말들을 내뱉곤 한다.

이들 모두 이 시기 고유한 자기중심적 사고에서 비롯된 것이라 볼 수 있다. 그러나 성인기로 다가가면서 이들 청소년들의 자기중심적 사고는 현실을 동화시키고 조절하면서 평형을 이루게 되고 마침내 현실에 적응하는 삶을 살아가게 된다(이명조, 김소아, 2009).

2) 청소년의 도덕성발달 촉진방법

도덕성(morality)이란 옳고 그름에 대한 판단능력과 이를 기초로 인간관계에서 지켜야 할 규범을 따르는 능력이다. 따라서 도덕성을 지닌 인간, 다시 말해 도덕적 인간은 올바른 인간을 말하며, 이는 모든 인간 특성의 기초를 이루기 때문에 반드시 길러야 할 인간상이라 할 수 있다.

표 8-1 | 리코나의 도덕적 추론의 단계

도덕적 추론의 단계	선(善)해야 할 이유	콜버그의 도덕적 추론
출생~3세	행동의 한계와 지시사항을 따르면서 도덕적 학습을 할 수 있음. 이때 존중을 통한 긍정적 애착이 전제되어야 함	
자기중심적 추리 : 4세 정도	상을 받고 벌을 피하기 위함	1단계 : 처벌과 복종지향
무조건 복종 : 취학 이전의 5세 정도	괴로움을 당하지 않기 위해 무조건 복종	
이기적 공정성 : 초등학교 저학년	나에게 유리한 것을 찾기 위함	2단계 : 개인적 보상지향
타인과의 일치 : 초등학교 중·말기 및 중학생	다른 사람이 나를 알아주어야 하고(사회적 인정), 나 자신도 나를 좋게 생각하기 위함(자기 존중)	3단계 : 착한 소년-소녀 지향
사회체제에 대한 책임 : 고등학생 및 10대 말기	사회의 가치체계에 맞게 책임을 다해서 체제의 붕괴를 막아야 하고 자기존중도 유지하기 위함	4단계 : 사회질서와 권위지향
원리화된 양심 : 젊은 성인	모든 인간에 대한 존중의 원리에 맞추어 행동해야 할 양심의 의무를 가지고 있기 때문임	5단계 : 사회계약지향 6단계 : 보편적 윤리 지향

도덕성발달은 생후 첫 3년 동안 아기가 자신 행동의 한계와 지시사항을 따르면서 도덕성의 기초가 발달되기 시작한다. 이때부터 아기 신호에 대한 민감성과 신체적 접촉을 통한 긍정적 애착이 전제가 되는 아기 존중은 매우 중요한 요인이다. 표 8-1은 아주 어린 시기 이후 성인 초반부까지 지속되는 리코나(Lickona)와 콜버그(Kohlberg)의 도덕적 추론의 단계이며, 도덕성발달을 촉진시키기 위한 방법을 몇 가지 들어보도록 하자(Lickona, 1983; Kohlberg, 1975).

(1) 존중하고, 존중을 요구한다

도덕성을 기르기 위해서는 아이들을 존중하고 그 답례로 그들에게서 존중을 요구한다. 아이에 대한 존중은 그들을 권리를 가진 인간, 즉 인격체로 대하고, 그들의 수준을 고려하여 미숙함을 허용하며 그들의 의견과 감정을 존중하는 것이다. 이렇게 아이들이 존중을 받을 때 성인에 대한 존중은 자연스럽게 생겨나게 되는데, 이때 성인은 부모로서 혹은 교사로서 받아야 할 존중을 분명하게 요구해야 한다. 예의 바름, 약속 지키기, 의무와 책임을 가지기 등과 같은 도덕적 교훈을 받아들일 것을 요구해야 한다. 도덕성은 주는 것과 받는 것(give and take)이다.

(2) 도덕적 추론의 단계를 참고한다

도덕적 추론은 적절한 나이가 되고 적절한 도덕적 환경 속에서 발달한다. 리코나의 도덕적 추론의 단계를 콜버그의 도덕적 추론단계와 대략 비교한 표 8-2에서 알 수 있듯이, 아이들의 도덕적 추론은 연령에 따라 다르다. 따라서 아이들의 도덕적 추론단계에 맞지 않는 기대와 요구를 하지 않고 현재의 도덕적 추리를 일상적 도덕행동으로 적용하여 그 폭을 확대하며, 아울러 현재 추론방식을 발전시켜 다음 단계로 성장하게끔 도와줄 수 있다.

(3) 본보기를 보이고, 가르친다

도덕적 행동을 실천하도록 하는 가장 확실한 방법은 본보기를 보이는 것이다. 즉, 교사나 부모가 타인에 대한 존중을 실천하는 모습을 학생에게 보여 주는 것만큼 더 확실한 방법은 없다. 하지만 본을 보이는 것만으로 충분하지 않다. 아이들은 나쁜 환경에 둘러싸여 있기 때문에 성인의 이야기를 필요로 한다. 그런데 요즘 부모들은 과거와 달리 옳고 그름의 도덕적 가르침의 중요성을 망각하고 등한시하고 있다. 그 대신 TV, 영화, 광고, 또래집단 등이 뛰어들어 아이들에게 폭력과 범죄, 부패, 음주와 흡연, 성의 개방 등을 부추기고 있다. 성인들은 도덕 선생님으로서의 역할이라는 중대한 임무를 지닌 자로서 도덕적 가치를 이야기해야 한다. 그렇다고 성인들 자신이 아이들에게 아주 현명하고 완벽한 사람으로 비추어질 필요는 없다. "너도 알다시피, 나는 모든 것을 알지 못하고 실수를 한단다. 그러나 나는 내가 할 수 있는 한 최선을 다하고, 그리고 내가 배운 것을 너에게 말하고 싶다"고 말함으로써 아이들이 편안한 마음을 가지게 하면 된다. 또한 '소의 귀에 경읽기'처럼 보일 때 용기를 잃지 않아야 한다. 아이들은 성인의 이야기를 주의 깊게 생각하면서도 동시에 경청하지 않는 것이 그들이 지닌 독립심의 특성을 드러내고 있는 것이다.

(4) 스스로 생각하도록 가르친다

도덕적 발달을 위해서는 아이 스스로 생각할 시간을 가지도록 하는 것이다. 잘못한 행동에 대해 '만약 어떤 사람이 너에게 그렇게 한다면 너는 어떨 것 같으니?'와 같은 다른 사람의 입장이 되어보도록 격려 · 요구하거나, 발달에 적합한 도덕적 딜레마를 제시하고 토론해 보게 하는 것은 스스로 생각해 볼 수 있는 좋은 기회를 갖는 것이다.

(5) 책임감을 갖도록 도와준다

도덕적인 행동은 우선 자신에 대한 책임감 발달에서 시작된다. 예컨대, 자신의 신체 돌보기, 소유물 챙기기, 학교 과제물 하기, 약속 지키기 등은 자신에 대한 책임감을 발달시킬 수 있는 일일 것이다. 그런데 이러한 자신에 대한 책임감 이상으로 중요한 것은 타인 지향적인 책임이다. 식탁 정리하기, 농생 돌보기, 설거지하기, 양로원 노인 돌보기, 복지관에서 어린아이 돌보기 등과 같은 집안일을 비롯해서 지역사회 자원봉사하는 일에 이르기까지 사회구성원으로 책임감을 다하는 법을 배울 수 있다. 우리 사회가 자신의 권리만 주장하는 경향이 뿌리 깊은 것은 타인 지향의 책임감 발달을 위한 훈련이 미흡하기 때문이다.

(6) 독립과 규제가 조화를 이루도록 한다

도덕발달을 위해서는 독립과 규제 모두가 필요하고, 독립과 규제가 균형도 이루어야 한다. 아이들에게 독립만을 허용하는 것이 충분하지 않은 것은 아직 미성숙한 발달단계에 있기 때문이고, 규제만을 가하는 것이 충분하지 않은 것은 아이들이란 우리가 존중해야만 하는 권리를 지닌 인격체이기 때문이다. 특히, 청소년을 가르치는 교사나 부모들은 아이들을 그냥 내버려 두어야 부모–자녀, 교사–학생이 평화롭게 잘 지낼 수 있다고들 말한다. 그러나 아이러니하게도 어린 유아이든 10대 청소년이든 모두 통제를 어느 정도 요구한다는 것

Case

인성교육 인증제

송도고등학교는 학년 · 단계별 로드맵에 의거하여 매일 5교시 정규교육시간에 티타임을 갖고 주제별로 교사–학생 간 허물없는 대화를 통한 인성교육을 다음과 같이 실시하고 있다.

교육내용

윤리교육, 민주시민교육, 공동체교육, 기타교육 등으로 인성교육 인증영역을 나누고, 25개 주제(준법정신, 금연, 협동정신, 인터넷 중독예방, 애국심, 성윤리, 학교폭력 예방, 생명존중 등)가 내용의 중심이다.

진행 절차

일주일에 하나의 주제를 가지고 요일별로 활동한다. 화요일은 방송실에서 해당 주제에 대한 동영상 보기, 수 · 목요일에는 시청한 내용을 바탕으로 주제 토론하기, 금요일에는 동영상 내용과 토론 및 개별 정리한 것을 종합해 글을 쓰면서 자신의 생각 정리하기, 마지막 월요일은 평가 및 확인과정의 시간 가지기이다.

인성과 입시

지속적으로 이루어지는 학년 · 단계별 인성교육은 대입에 필요한 논술을 비롯해 면접과 구술고사를 자연스럽게 대비하게 되어 인성과 입시라는 두 마리 토끼를 잡을 수 있다.

인성교육인증제의 의의

이상과 같은 '인성교육 인증제'는 송도고등학교 전교 학생을 대상으로 재학 내내 이루어진다는 점, 대학입시라는 교육현실까지도 고려할 수 있다는 점에서 의의를 찾을 수 있다.

자료 : 오성삼(2013). '인성교육 인증제'로 인성 · 입시 다 잡는다. 대학저널, Nov., 102-103.

을 성인들은 인식해야 한다.

3. 청소년의 친구관계 및 정서 유능성 지도

1) 청소년의 친구관계

청소년들의 주된 인간관계는 이전 아동기 시절 부모와의 관계로부터 점차 친구와의 관계로 확장한다. 그리하여 이들은 부모나 교사보다 또래집단과의 교류를 중시 여긴다. 청소년 친구관계의 주된 특성과 친구 간의 갈등에 대해 살펴보도록 하자(김계현 외, 2009; 이태연 외, 2006).

(1) 친구관계의 특성

첫째, 친구는 정서적 공감자이자 지지자이고, 놀이 동반자이다. 같은 연령의 친구는 서로 공유할 수 있는 삶의 영역이 넓기 때문에 서로를 이해하고 공감할 수 있는 부분이 많을 뿐더러 사회 정서적으로 지지하는 관계에 놓이게 된다. 이러한 정서적 공감과 지지의 상호작용은 그 자체가 즐거움과 행복감을 가져다준다. 또한 같은 연령의 청소년들끼리는 적극적 · 활동적으로 놀이를 즐길 수 있어, 친밀한 친구관계 유지에도 도움을 준다.

둘째, 친구는 소속감 형성과 정체감 확립에 중요한 영향을 준다. 청소년들은 부모로부터 분리하는 과정에서 자신들의 주변적인 위치에서 오는 정체성 위기를 극복하기 위해 자신을 특정 친구 또래집단에 소속시키고자 하는 욕구가 강하다. 그리하여 친구사회에 속하는 것, 친구와 원만하게 생활하는 것, 그리고 친구의 지지를 얻는 것 등은 이들의 중요한 과업이 된다. 친구 또래집단은 자신을 비교 · 평가할 수 있는 중요한 준거가 되므로 자기성제삼 형성과정에서 그 영향 또한 절대적이다.

셋째, 드레이커스(Dreikurs)가 지적한 친구의 관심 끌기, 힘 추구, 복수하기, 부적절 등과 같은 파괴적 행동의 목적이 친구관계에 영향을 줄 수 있다(노안영 외, 2011).

- 관심 끌기 : 다른 사람들이 나를 알아주고 나에게 봉사할 때, 나는 정말 값어치가 있을 뿐이야.
- 힘의 추구 : 내가 원하는 것을 할 수 있는 힘이 있다는 것을 다른 사람들이 알 때, 나는 정말 값어치가 있을 뿐이야.
- 복수하기 : 나는 사랑받을 수 없어. 그러나 나는 다른 사람들을 해칠 수 있지. 그러면 그들은 내가 가치 있다는 것도 알거야.
- 부적절 : 나는 우둔하고 부적절하고 정말 희망이 없어. 나에게 어떤 것도 기대하지 마. 왜 노력을 해야 하지. 노력하는 것은 모든 사람에게 이를 알게 하는 것일 뿐이야.

이와 같은 목적들은 근본적으로 자기존재감과 관련된다. 즉, 폭력적 행동의 근원적인 목적은 자기존재감을 드러내기 위한 것이며, 그 구체적인 목적은 관심 끌기, 힘의 추구, 복수하기, 부적절이라는 것이다. 결국 학교폭력의 가해자는 폭력적이고 파괴적인 행동을 통해서라도 자기존재감을 드러내고자 한다는 것이다. 따라서 교사는 잘못된 폭력행동이 자기존재감 결핍에 따른 낙담(discouragement)을 밖으로 드러내는 표시일 수 있음을 인식하고, 이들에 대한 지도는 낙담의 반대인 격려(encouragement)를 강조하고, 이들을 지도하는 전 과정에서 일관성 있는 우호적인 마음과 이들에 대한 존중에 초점을 두어야 한다 (Sweeney, 1998).

(2) 친구 간의 갈등해결

'한 친구를 얻는 데는 오래 걸리지만 잃는 것은 잠시이다'라는 말처럼 친구 사이의 우정을 오래 유지시키는 일은 쉽지 않다. 친구 간의 갈등발생 원인과 해결에 대해 살펴보자(김계현 외, 2009; 남청, 2008; 이태연 외, 2006).

첫째, '있는 그대로'를 인정하지 못해 갈등이 발생한다. 친구의 '있는 그대로'를 인정하지 못하거나 나의 '있는 그대로'를 보여 주지 못하면 갈등이 생긴다. 사람마다 각자 집안 배경, 사고방식, 가치관, 생각 등 여러 차원에서 다르다. 친구 간에 있을 수 있는 개인차를 그대로 인정하지 않고 자기 기준에 맞추어 잘잘못을 가린다면 그 관계가 지속되기 어렵다. 친구의 취미나 가치관이 자기와 비슷하거나 성격적 특징 또한 나를 보완할 수 있는 점이 있다면 좋겠지만 이 세상에 내가 원하는 사람, 완전한 사람이란 거의 없다. 장점과 단점, 강점과 약점을 모두 지니는 존재가 바로 인간이다.

또한 상대방과 진실하고 친밀한 관계를 원한다면 있는 그대로의 나를 보여 주는 것이 중요하다. 그런데 흔히 나 본연의 모습보다는 가식적인 나를 보이는 경우가 많다. 이는 그대로의 나 자신이 부끄럽고 부적절하니까 상대방이 나를 싫어하거나 배척할 것 같은 생각이 들어 그대로의 나를 거부하고 방어하려고 한다. 이러한 생각의 근본적인 원인은 열등감이다. 내 마음속의 열등감이 본연의 나를 보여 주지 못하는 것이다. 인간이면 누구나 열등감은 있다. 좋은 친구관계를 만들기 위해서는 열등감을 벗어 던지고 정직하고 솔직한 자신의 있는 그대로를 보여 주어야 할 것이다. 그렇지 않으면 가식이 가식을 낳게 되어 친구관계의 의미가 사라지게 된다.

둘째, 자신의 단점이나 약점에 대해서는 관대하나 친구의 것들에 대해서는 지나치게 비판적이다. '내 눈의 들보(=대들보, 큰 기둥)는 보지 못하고 남의 눈의 티를 본다.'고 했듯이 자기가 저지른 큰 잘못은 보지 못하지만 남이 저지른 작은 잘못은 쉽게 눈에 띄는 법이다. 나와 친구 모두가 약점이나 단점을 지니고 있는 인간이라는 것을 이해하는 너그러운 마음은 좋은 친구관계를 유지하는 데 필수 요건이다. 만약 친구의 '있는 그대로'를 인정하지 못하고, 친구에 대해 지나치게 비판적이라면 이는 자신의 지나친 자기중심적 사고가 그 원인임을 인식할 필요가 있다.

셋째, 대가와 보상의 불공평에서 갈등이 생긴다. 모든 인간관계는 주고받는 것(give and take) 사이의 타협이라고 한다. 누구나 상대방에 지불한 대가(cost)만큼 보상(reward)받기를 원하는데, 보상보다 대가가 더 크다면 그 관계는 부담스럽고 불만과 갈등이 생긴다. 여기서 대가나 보상의 대상은 물질적인 것이나 심리적인 것 그 어떤 것도 포함될 수 있다. 예컨대, 함께한 식사비용 부담, 공동 과제물 작업을 위한 시간과 노력, 핸드폰 메시지 등 무수한 것들에 대해 주고받는 정도가 공평하지 않다면 갈등 발생의 소지는 충분하다.

(3) 청소년의 이성친구와의 관계지도

아동기 후반이 되면 지금까지 의존해 왔던 부모로부터 동성친구로 그 다음에는 이성친구로 향하게 된다. 초등학교 상급학년에서 시작되는 사춘기의 성호르몬 분비는 이성에 대한 호기심을 증가시켜 그 관심이 최고조에 이르고, 이성문제는 청소년에게 가장 민감한 문제 중 하나가 된다. 남녀공학이라면 학급생활이나 동아리활동을 하면서 서로 수용받고 인정해 주는 신뢰로운 관계나 심리적인 지지자로 바람직하게 나아가도록 유도할 수 있을 것이다. 하지만 이성에 대한 관심이나 막연한 호기심을 자연스럽게 충족하지 못하면 이성은 자칫 신비로운 존재로 남을 수 있고, 또 이성관계에 집착을 하는 경우라면 바람직하지 못한 부작용, 예컨대 학업소홀, 일상생활의 혼란과 무질서, 충동적인 육체관계 등과 같은 문제를 야기할 수도 있다. 청소년의 이성친구관계에 대한 지도에서 유의해야 할 점은 다음과 같다(김계현 외, 2009).

첫째, 이성에 대한 관심과 감정은 자연스럽고 당연한 현상임을 깨닫도록 한다. 대체로 청소년들은 이성에 대한 관심과 호기심을 바람직한 것으로 보지 않는 경향이 있다. 이성 관련 주제에 대한 서로의 생각이나 견해를 토론하거나, 성인들이 이를 자연스럽고도 당연한 발달적 현상임을 알려주게 되면 청소년 자신만의 특이하고도 비정상적인 생각이나 느낌에서 벗어날 수 있게 된다.

둘째, 이성교제는 집단적으로 유도해서 이성을 '있는 그대로' 이해하고 삶의 한 과정임을 알도록 한다. 청소년기에는 일대일의 이성관계보다는 여러 학생이 어울리는 집단적 활동을 통해 남녀 서로를 이해하도록 하는 게 낫다. 이때 이성교제 그 자체에 가치를 두기보다는 이성교제를 통해 이성을 이해할 수 있는 기회를 가지도록 도와주고 이성교제가 삶의 자연스런 한 과정임을 깨닫도록 지도한다. 물론 이성 간에 지켜야 할 예절이나 성역할을 지도하는 것도 필요하다.

셋째, 이성과의 교제를 통한 성적 충동을 조절하도록 한다. 어느 한 이성과의 교제가 점차 깊어지게 되면 성적 충동을 느끼게 되는데, 이는 어쩔 수 없는 생물학적 현상이다. 하지만 이를 실제로 행동으로 옮기면 실수나 심지어 범죄까지 저지를 수 있으므로, 성적 충동을 조절하는 힘을 가진다는 것은 인간 성숙을 위해 중요하다는 것을 일깨워야 주어야 한다. 청소년 시기는 성적 충동을 건전하게 발산시킬 수 있는 대안(예 : 운동, 독서, 취미활동 등)을 제시하고 지도하는 교사의 관심이 필요한 시기이다.

넷째, 이성문제 관련 고민은 교사나 상담전문가에게 도움을 요청할 수 있도록 안내한다. 교사는 평소 학생과 신뢰로운 관계를 형성하여 편안하게 이성 관련 고민까지도 이야기할 수 있는 상대자가 될 수 있어야 한다. 또한 주변의 전문상담기관을 알려주어 대처할 수 있도록 지도한다.

2) 청소년의 정서 유능성 지도

정서 유능성은 정서지능(emotional intelligence)과 관련된다. 정서지능이란 일반지능(intelligence)과 대비되는 개념으로, 높은 지능과 학업성취가 전적으로 개인의 성공적인 삶을 보장하지 않는다는 원인을 규명하는 과정에서 소개된 개념이다. 흔히 EQ(Emotional Quotient)로 알려져 있는 정서지수(감성지수)는 정서지능을 측정하기 위해 개발된 검사에서 산출된 점수이다.

정서지능은 개인의 심리적 안녕감(well-being)과 밀접하며, 대체로 세 가지 요소로 구성되어 있다. 즉, 자신의 감정 인식 · 표현 및 타인의 감정 이해하기, 감정 조절하기, 감정 활용하기(예 : 좋은 기분을 활용해서 자신감을 증가시키거나 어려운 장애나 고통스런 경험 극복하기) 등이다(Salovey, Mayer, 1990). 많은 학자들은 이러한 정서지능의 발달에 따른 정서적 유능성은 다음과 같은 지도를 통해 향상될 수 있다고 본다(이명조, 김소아, 2009).

(1) 교사는 학생들 감정에 민감해야 한다

학생들의 다양한 감정(예 : 분노, 불안, 실망, 걱정, 우울 등)에 민감하게 반응하기 위해 교사는 다음의 구체적인 방법을 사용하도록 한다.

- 감정의 변화가 크든 작든, 감정이 긍정적이든 부정적이든 모두에 주목한다. 학생의 감정변화가 클 때 뿐만 아니라 아주 작은 변화도 알아차리고, 감정이 긍정적일 때 뿐만 아니라 부정적인 감정도 주목하는 교사의 민감성이 필요하다. 대체로 기분이 좋을 때 교사는 반응하기 쉽고, 화, 슬픔, 공포 등과 같은 좋지 않은 기분일 때는 이를 피하거나 내버려 두는 경향이 있다. 하지만 그 이유를 물어보고 감정을 언어로 표현할 수 있도록 도울 때, 학생은 자신의 감정을 극복할 수 있는 용기를 가지는 동시에 이러한 감정들을 잘 관리할 수 있게 된다.
- 부정적 감정의 행동적 표현에 대해서는 제한적인 조건을 제시한다. 예컨대, "네가 민서 때문에 화를 내는 것은 괜찮아, 하지만 민서의 물건을 던지는 것은 옳지 않아"라고 말한다. 그런 다음 서로 잘 지낼 수 있는 방법을 찾도록 도와주어 문제를 해결하도록 한다. 이러한 해결방법이 습관화된다면 장차 보다 효율적으로 감정을 처리하고 행동할 수 있게 된다.

(2) 학생들이 자신의 감정을 인식하고 표현하도록 돕는다

학생들이 자신의 감정을 인식하고 표현하기 위해서는 우선 정서 관련 단어 자체와 정서에 담겨 있는 의미를 이야기 속에서나 실제 인물들을 통해 이해하는 것이 필요하다.

- 학생들 자신의 감정을 분명히 인식 · 표현하되, 이에 대해 설명하도록 한다. 감정카드 놀이를 예로 든다면, 빙 둘러앉아 차례로 카드를 뽑아 그 감정을 느꼈던 적이 언제인지에 관해 설명하도록 하고, 혹시 더 확실한 감정상태를 표현하는 감정단어가 있는지에 대해서도 학생들끼리 알아보도록 한다.
- 학생들 일기에는 사실적인 내용뿐만 아니라 자신의 감정에 대해서도 쓰도록 하고, 그 비밀은 지켜준다는 약속을 한다.

(3) 정서적 표현에 있어 문화적 차이를 인지하도록 돕는다

감정표현은 사람 · 가족 · 문화권에 따라 다소 차이가 있다. 학급 내 친구들끼리 그 차이를 인식함으로써 서로를 이해하고 자신을 이해하는 기회를 가진다.

- 학생들 각자 가족 성원들 사이에서 감정을 어떻게 나타내는지 이야기 나누도록 한다.
- 자신의 가족 성원들 간의 감정표현에 대해 다른 학생들은 어떻게 느끼는지 이야기 나누면서 감정표현의 차이를 인식하도록 하고, 자신의 가족이나 자신의 감정표현을 점검해보도록 한다.

(4) 학생들이 타인의 감정을 인지하도록 돕는다

타인의 감정을 인지하는 것은 공감을 위한 필수 조건이다. 이를 위해 다음과 같은 기회를 갖도록 한다.

- 타인의 감정을 인식하고 구분하기 위한 다양한 활동을 하도록 한다. 예컨대 독서활동, 영화관람, 역할 전도활동 등을 하면서 내용 속 인물들이 어떤 상황에서 어떤 감정을 가지고 있는지에 대해 서로 이야기 나누는 기회를 가지도록 한다.
- 적절한 기회에 교사는 학생에게 질문, 예컨대 “정호 얼굴을 봐라. 네가 그렇게 말할 때 정호가 어떻게 느낄 것 같니?”와 같은 질문은 상대방의 감정을 생각할 수 있는 좋은 기회를 가지게 된다.

(5) 학생들끼리 감정 관리를 위한 전략을 토의하도록 한다

감정을 관리하기 위해 다음과 같은 절차를 활용해서 실행하도록 하고, 교사가 평소에 감정 관리의 모델이 되도록 노력하면서 교사 자신의 감정을 어떻게 다루었는지 이야기하는 것도 좋은 방법이다.

- 학생의 기분상태(1~10 : 1은 기분이 가장 저조한 상태, 10은 기분이 가장 좋은 상태)를 이야기하도록 한다.
- 교사는 학생이 왜 그런 기분이 드는지에 관해 이야기 하게 한다. 이때 학생의 기분상태를 갖게 한 문제에 대해 말하는 것을 강요하지 않도록 유의한다.
- 학생–교사, 학생–학생 간의 상호작용을 통해 그러한 기분을 조절하고 관리할 수 있는 방안에 대해 이야기 나눈다.

(6) 교사가 감정조절방법을 가르친다

흔히 교실에서 발생하는 분노와 같은 감정적 충동조절을 위해 다음과 같은 방법을 활용할 수 있다. 이에 익숙하게 되면 정서적 유능성을 기를 수 있다.

- 자리를 뜬다.
- 숫자를 센다(예 : 잠 1, 2, 3).
- 정지하고 천천히 열까지 세고, 현재 기분을 이야기한다.
- 구체적인 수단(예 : 폭력 방지 팔찌)을 잡고 폭력행동이 가져올 결과에 대해 생각한다.
- 심호흡에 집중하여 흥분했던 마음을 가라앉힌다.
- 가능하면 근육이완을 실시한다.
- 눈을 감고 긍정적 심상을 활용한다.
- 행동결과에 대해 미리 생각하고 행동한다.
- 평소 폭력 발산 스포츠(예 : 스포츠 정신도 배우는 태권도), 취미활동을 통해 자신의 감정을 다스린다.

3) 청소년의 자아정체감 형성

(1) 청소년의 자아정체감

청소년기는 사회구성원으로서의 유능감이나 소속감 그리고 책임감을 형성하기 위한 기반을 다지기 시작하는 시기이다. 에릭슨(Erikson)에 의하면, 성격의 발달은 사회에 적응하고 기여하는 능력과 기술을 배우는 자아의 발달에 의한 것이라 보고, 특히 청소년기는 자기의 정체성을 파악하려고 노력하는 시기로 보았다. 즉, 자신이 누구인지, 자신의 가치와 능력은 어떠한지, 강점은 무엇인지, 앞으로 어떤 역할을 하면서 살아갈지, 자신이나 타인의 행동을 평가하기 위한 기준은 어떠해야 하는지 등에 대한 의문을 가지고 그 해답을 구하려 한다. 그런데 이러한 자신의 정체감을 형성하는 것이 결코 쉬운 일이 아니어서 충분하게 자기를 탐색할 수 있는 유예기간이 필요하고, 때로는 주변 성인의 지원도 필요하다. 그리하여 자기 존재, 자신의 가치와 능력과 강점, 자기의 역할, 행동의 기준 설정 등에 대한 확신을 얻어 해답을 찾으면 자아정체감(ego-identity)을 확립하게 된다. 하지만 그렇지 못할 경우 역할혼미라는 어려움에 빠질 수 있다. 그러나 역할혼미는 자신에 대한 보다 적극적인 조망을 통한 확신과 인생의 방향 설정을 통해 이를 극복할 수 있다.

(2) 청소년의 자아정체감 형성 지원

청소년들은 자아정체감 확립을 위해 그들 나름의 추구와 실험을 한다. 그러나 학업과 성적, 입시 경쟁, 전공 선택, 취업문제 등으로 인해 정체감 탐색의 기회를 방해받을 수도 있고, 혹은 우리 사회의 가치와 맞지 않는 일탈된 정체를 채택할 수도 있다. 청소년들의 자아정체감 형성을 위한 몇 가지 방안을 제시하면 다음과 같다.

- 학생의 모델이 될 수 있는 훌륭한 인물의 생애를 소개하고 삶을 조명해본다. 특히, 그들의 청소년 시절의 가치관, 직업관, 생활관, 꿈과 미래 등에 초점을 두고 토론한다.
- 학생들의 변화된 외모, 예컨대 특이한 옷차림이나 머리모양, 언어사용 등에 인내심을 보인다. 이는 청소년 집단 정체감을 형성시키는 방법의 일종이며, 청소년들에게 일시적으로 나타나는 현상이다.

- 청소년기 학생들의 내면적인 갈등을 이해하고 존중하면서, 동시에 올바른 가치와 행동을 이야기를 통해 확실하게 가르친다.
- 학생의 발달과 성장, 학생들이 바라는 행동변화나 문제해결은 집단상담을 통해 해결할 수 있도록 지원한다. 특히, 청소년은 자아정체감 형성과정에서 타인, 특히 또래에게 많은 영향을 받으므로 집단상담이 유용하다(제10장 참조).

CHAPTER 09

청소년의 공감과 소통 지도

1. 경청 2. 공감 3. 자기주장 4. 자기개방 5. 비언어적 행동
6. 직간접적인 친밀감 표현 7. 마음 주고받기 : 연습

C H A P T E R

09 청소년의 공감과 소통 지도

학교폭력의 많은 문제가 청소년의 미숙한 대인관계에서 비롯되고, 미숙한 대인관계는 흔히 상대방의 마음을 헤아리지 못하는 의사소통기술의 부족에서 기인한다. 이에 평소에 청소년의 의사소통기술 함양을 위한 관심과 지도는 무엇보다 중요하다.

이 장에서는 청소년의 공감을 소통을 위한 몇 가지 기술에 초점을 두고 그 지도방안을 알아보고, 실천적 지도를 위한 연습을 해보도록 하자.

1. 경 청

'사람의 마음을 움직이는 가장 중요한 무기는 입이 아니라 귀'라는 말이 있다. 이는 대인관계에서 중요한 것은 능숙한 화술이 아니라 상대방의 말을 주의 깊게 듣는 경청에 있다는 뜻이다. 경청이란 상대방의 말을 주의 깊게 들으면서 말 속에 숨어 있는 마음을 이해하는 것이다. 경청의 방법은 다음과 같다.

첫째, 상대방의 이야기에 주의를 기울이고, 그리고 주의를 기울이고 있음을 표현한다. 상대방의 이야기에 주의를 기울이게 되면 자연히 고개 끄덕이기, 몸 앞으로 구부리기, 미소 짓기, 얼굴 찡그리기 등 비언어적 행동이나 '음', '오!', '그렇구나!'와 같은 언어적 신호를 보내게 된다. 이러한 행동이나 신호의 표시는 상대방의 마음을 열게 하여 대화를 통하게 만든다.

둘째, 상대방이 충분히 이야기할 수 있는 시간적 여유를 주고 끼어들지 않는다. 이야기 도중에 상대방의 말이 자기의 생각과 다르면 자신도 모르게 끼어들고 싶은 때가 있다. 이것은 내 기준과 평가에 따른 것이고 절대적인 잣대에 의한 것이 아니다. 끼어드는 것은 상대방에 대한 예의가 아닐 뿐만 아니라 상대방을 깊게 이해하려는 마음도 없다는 것을 의미한다.

셋째, 물론 결정적인 순간에 말을 할 수 있다. 상대방이 한 말의 내용에 대해 정확하게 이해하지 못하거나 이유를 알고 싶을 때 솔직하게 물어볼 수 있고, 혹은 상대방이 장황하게 말을 늘어놓아 의미파악이 힘들 때 상대방 이야기를 간결하게 요약해 보고 그 내용이 맞는지 물어볼 수 있다. 상대방에 대한 배려와 예절을 갖춘 물어보기라면 상대방 역시 자기 생각을 정리할 수 있어 서로 도움을 줄 수 있다.

2. 공 감

학교폭력의 가해자는 피해자의 고통에 공감하는 마음이 부족하다. 가해학생들은 평소 자신의 감정에 대해 잘 느끼고 표현할 기회가 거의 없기 때문에 상대방의 감정도 이해하기 어려운 것이다. 따라서 학생들 모두 자신의 감정을 파악하고 표현하는 훈련과 타인의 마음을 공감하는 훈련이 학교폭력 예방을 위한 지름길이 될 수 있다.

공감은 상대방의 입장이 되어 상대방의 내면세계, 즉 생각과 감정을 이해하고 느낀 바를 다시 전달해 주는 것을 말한다. 여기서 감정이입능력, 즉 상대방의 표면적인 말이나 행동(예 : 목소리, 억양, 태도 등) 이면의 생각이나 감정들의 의미를 포착하는 능력은 매우 중요하다. 이를 위해 어떤 틀이나 기준, 가치판단에 얽매이지 말아야 하고, 인간의 감정에 대한 폭넓은 이해를 바탕으로 해서 상대방의 감정을 깊고 정확하게 경험하고 수용할 수 있어야 한다. 이렇게 상대방의 입장이 되어 그 표정이나 말 속에 감춰진 감정을 헤아리는 것은 대화의 수준을 한층 높이게 된다. 공감을 위한 효과적인 절차는 다음과 같다.

1) 공감의 절차

- 상대방의 말을 주의 깊게 듣는다.
- 상대방의 입장에서 생각과 감정을 이해하려고 노력한다. '내가 상대방과 같은 입장이라면 어떻게 느낄까?'라며 입장을 바꾸어 놓고 생각하면 이야기 내용뿐만 아니라 감정도 더 잘 이해할 수 있게 된다.
- 생각과 감정을 이해하면 이를 적절한 말로 표현하거나 공감적 질문을 통해 상대방이 자신의 감정이나 마음을 표현하도록 한다.

[예 1] "이번 기말시험에 갑자기 어머니가 쓰러지셔서 병원 다니느라 성적이 엉망이야."

(공감) "시험 치는 동안 어머니께서 쓰러지셔서 힘들었고, 시험성적으로도 속상하겠구나. 고등학교 들어와서 내내 성적 장학금 받아왔는데."

(공감적 질문) "시험 치는 동안 그런 일이 있었구나. 고등학교 들어와서 내내 성적 장학금 받아왔는데… 네 마음이 어떨까?"

[예 2] 독서능력이 다른 학생들에 비해 뒤처지고 과제물 해내는 것을 힘들어하는 학생의 말, 즉 "학기말 시험 언제 보나요?"

(공감) 학생이 시험을 걱정하고 있는 것으로 헤아려 이해하고 "시험이 곧 닥쳐 걱정이 되는구나!"

(공감적 질문) "네가 물어보는 이유가 있을 것 같은데, 궁금하다. 어때?"와 같은 공감적 질문을 던져 학생 스스로 생각이나 감정을 표현하도록 한다.

교실에서 실행하기 쉬운 방법은 하루에 한 명씩 돌아가며 주인공이 되어 종례시간에 그날 학급에서 일어난 일들에 대해 자신의 감정을 표현하고 친구들이 공감해 주는 연습을 하는 것이다. 이때 감정을 나타내는 다양한 어휘를 소개하고 자신의 내면에 있는 느낌을 정확하게 드러내는 어휘를 찾아 표현하도록 하는 연습도 포함되어야 한다.

2) 공감의 효과

공감과 공감적 질문의 효과를 살펴본다면 다음과 같다.

- 소외감을 줄여주고, 내 모습 있는 그대로가 가치 있다는 느낌을 가지도록 한다.
- 나에게 부여해 왔던 제한과 한계들로부터 자유로와 질 수 있다. 특히, 공감적 질문을 받아 내 마음이나 감정을 표현하게 되면 카타르시스를 느끼고 억압된 속마음에서 해방되어 후련해질 수 있다.

그리하여 스스로도 인식하지 못하고 인정하지 못했던 자신의 모습을 수용하게 되고 변화할 수 있는 동기를 가지게 된다. 그런데 예 2에서 만약 교사가 "넌 아직 학기말 시험 날짜도 모르니?"와 같은 반응을 한다면 이는 비공감적인 메시지가 될 것이고, 학생은 자신의 마음을 이해받지 못할 것이다.

3. 자기주장

자기주장기술은 상대방의 인격과 권리를 존중하면서도 자신의 감정과 생각을 정확하게 전달하는 언어표현의 기술이다. 원만한 인간관계를 위한 의사소통의 기본기술은 '무엇을 말하는가보다 어떻게 말하는가'가 중요한 것이다. 상대방의 마음을 거스르지 않고 하고 싶은 자기주장을 하기 위한 기술은 다음과 같다(Charles, 2002; Gordon, 2003; Rosenberg, 2011). 우선 Box 9-1에서 자기표현의 여러 방식부터 살펴보도록 하자.

1) '나-메시지' 활용

우리는 종종 누군가로부터 마음의 상처를 받아 속상해서 비난하고 싶을 때가 있다. 그러나 자기 주장하는 방법을 몰라서 용기가 나지 않거나, 자기주장의 방법은 알아도 상대방이 어떻게 반응할지 염려가 되고 불안해서 제대로 비난하지 못한다. 그런데 이를 억제하고 참으면 표정이나 몸짓과 같은 비언어적 표현으로, 혹은 우회적이거나 과격한 표현으로 은연중에 나타나기도 하고, 혹은 분노가 쌓여 마음의 병이 될 수도 있다. 상대방의 잘못에 대한 비난은 다음과 같이 상대방의 감정을 상하지 않으면서 자신의 마음을 전달하기 위한 '나-

BOX 9-1 | 자기표현의 방식

자기를 표현하는 방식은 사람마다 다르다. 대체로 소극적 표현, 공격적 표현, 자기주장적 표현, 부적절한 표현 등의 방식으로 나눌 수 있다.

첫째, 소극적 표현이다. 소극적 표현을 하는 사람은 상대방의 기분 맞추는 일에만 신경 쓰게 되어 자신의 생각과 감정을 제대로 말하지 못한다. 이들은 상대방에게 상처를 줄까봐, 상대방이 위협적으로 나올까봐 걱정되고 두렵기 때문이다. 혹은 자신을 항상 좋은 사람으로 보여야 하니까 화를 내는 것과 같은 자기표현은 나쁘다고 생각하기도 한다. 그래서 이들은 부탁을 거절하거나 부정적인 생각이나 감정을 말해야 할 때는 더 솔직하게 표현하는 것을 어려워한다. 이러한 소극적 표현은 자신 내면의 욕구나 감정을 무시하게 되어 자신에게는 좌절과 분노를 가져다 줄 수 있고, 타인들에게는 솔직하지 못하다는 인상을 줄 수 있다.

둘째, 공격적 표현이다. 상대방의 생각이나 감정에는 관심이 없고 자신의 욕구나 감정만을 앞세워 남에게 상처를 주는 공격적 표현을 하는 사람도 종종 있다. 이러한 공격적 표현을 하는 사람들에게 흔히 볼 수 있는 것은 타인을 주로 비판하고, 타인의 말을 주로 부정한다. 자기 말에만 집착하고 대화의 주도권을 계속 가지려 하며, 상대방의 말을 끝까지 듣지 않고 자주 중단시킨다. 저속한 비어를 사용하는 경우도 있다. 이러한 대화방식은 외적으로는 강하게 보이나 상대방의 욕구나 감정을 무시하게 되어 그 결과 자기 내적으로는 외롭고 패배자의 두려움을 가질 수 있다.

셋째, 자기주장적 표현이다. 자기주장이란 대인관계에서 상대방을 존중하면서 자신의 생각, 감정, 욕구, 권리 등을 솔직하게 직접적으로 표현하는 것을 말한다. 상대방 의사를 존중하고 수용하는 경청의 자세와 함께 자신의 의사도 분명히 밝히는 자기주장적 표현은 서로간에 생각과 감정을 교류할 수 있어 인간관계를 조화롭게 유지해 나가는 데 도움을 준다. 본문의 '자기주장기술'에 의한 표현이다.

넷째, 부적절한 표현이다. 지나치게 이성적이고 경직된 표현을 하는 사람도 있다. 이들은 감정표현 없이 논리적인 원칙론을 주장하기 때문에 유머감각이 부족하고, 어조가 단조로워 지루한 느낌을 준다. 상대방에 대해 별 관심 없이 자기 자존심과 책임감에 얽매여 외로움과 고립감을 느끼게 된다. 또한 초점 없이 말하는 사람도 있다. 이들은 생각이 자주 바뀌고 주제에 집중하기 어려워서 산만하거나 엉뚱한 말을 잘한다.

이와 같이 자기표현의 여러 방식 가운데 자기주장적 표현이 가장 바람직함에도 불구하고 이러한 표현을 어려워하는 이유는 무엇일까? 이는 부모의 권위적인 양육으로 인해 생각이나 감정표현을 억제하는 데 익숙할 수도, 부모 자신의 표현방식을 모방할 수도, 자기표현이 완벽해야 한다는 비합리적인 사고에 기인할 수도 있다. 자신의 자기표현방식을 파악하고 이를 교정하는 훈련이 필요할 것이다.

메시지'가 훌륭한 해결방안이 될 수 있다. 자칫 나 자신에 대한 이야기 없이 상대방만 겨냥하는 '너-메시지'를 보내기 쉬운데, 이는 금물이다. '나-메시지'와 '너-메시지'를 비교하고, '나-메시지'의 구성 요소를 예로 들어 설명해 보자.

- 과제물을 매번 늦게 제출하는 학생에 대한 너-메시지와 나-메시지의 비교

(너-메시지) "학생이 학교를 다니려면 마땅히 숙제를 먼저 끝내고 하고 싶은 것을 해야 하지 않니?"
(→ 말 속에 '너'가 들어 있음 : 일방적으로 강요하거나 공격하는 느낌을 주어 반감을 갖고 방어적으로 대처하거나 저항을 함)

(나-메시지) "① 숙제 제출이 늦을까 ② 걱정이 되네. ③ 늦게 제출하면 그것도 평가에 반영된다."
(→ 나-메시지의 세 가지 구성 요소 〈① 너의 행동 + ② 나의 감정 + ③ 구체적인 영향〉 포함 : 개방적이고 솔직하다는 인상을 주어 반발심을 느끼지 않으며, 교사가 곤란을 겪는다는 것을 전달받게 되어 자발적인 행동을 하도록 함)

이와 같이 나-메시지는 행동, 감정, 구체적인 영향 등 세 가지 요소가 포함된다.

BOX 9-2 | 소극적인 학생의 자기주장 연습

소극적인 학생은 사회적인 관계에서 자기를 제대로 드러내지 못한다. 이때 필요한 것이 자기주장기술이다. 그러나 처음부터 자기주장을 하기가 어려우므로 다음과 같은 절차를 밟도록 한다.

- 1단계 : 심리적으로 부담이 없는 가족끼리 '나-메시지'의 자기주장을 해보도록 과제를 내준다. 이 기술을 통해 언어구사력이나 가족구성원끼리의 배려나 유대감도 도모할 수 있다.
- 2단계 : 학급이 어느 정도 신뢰의 분위기, 즉 서로 도움을 주거나 마음을 열 수 있는 분위기가 형성되면 자기주장을 연습하도록 한다.
- 3단계 : 자신의 권리를 주장해야 하는 상황에서 자기주장을 하도록 한다. 자기 생각이나 감정 또는 권리를 주장하되 남을 배려하면서 표현하도록 주의시킨다. 이 단계에 이르면 다른 사람들과 오해나 갈등을 겪지 않으면서도 자기 권리를 찾는 일이 가능해진다.

학교폭력 피해학생들은 자신의 생각이나 감정을 말하지 않고도 상대방이 이해해주기를 바란다. 평소 자신의 권리침해에 대해 당당하게 '그만둬!', '그만해!', '싫어!'라는 말을 잘 할 수 있도록, 이상의 절차에 따라, 자기주장을 연습하도록 한다.

[예] "심부름 시키는 거… 그만해! 속상하고 힘들어… 네 행동은 범죄야. 법적으로 처벌할 수 있어!"

BOX 9-3 | 피해학생의 자기주장행동지도

피해학생을 대상으로 자기주장행동을 가르칠 때는 다음과 같은 점에서 유의해야 한다.

1. 정서적 동요 없이 반응하도록 한다

가해학생은 학교폭력을 행할 때 무엇보다 피해학생의 정서적 반응을 즐긴다. 피해학생이 감정적으로 반응할수록 더욱 심하게 괴롭힌다. 따라서 감정이 배제되고 짧고, 명확하게, 상대방 반응에 무심한 방식으로 의사표현을 하도록 지도한다.

[예] "이것이 나다!", "이것이 내가 생각하고 느끼는 것이다.", "이것이 내가 원하거나 기대하는 것이다."

2. 상충되는 부분을 동의하고 주장하도록 한다

가해학생이 원하는 것과 상충된다면, 어떤 것이든 동의하는 부분에 대해서는 언급하고 다시 자신의 주장을 말하도록 지도한다.

[예] "그래, 그 부분은 네가 맞아, 하지만 나는 여전히 ______ 을 원해."

3. 비언어적 표현이 자기주장 의사표현 이상으로 중요함을 인식 · 실행하도록 한다

상대와 적절한 거리에서 마주 대하면서 시선을 유지하고, 목소리는 감정이 배어 있지 않은 사실적인 어조로 필요한 것을 얻기 위한 자신의 판단을 강조하도록 지도한다.

4. 놀리는 말에 대해서는 단순히 멈출 것을 요구하고, 단순한 '그래서' 전략을 활용하도록 한다

"내 뒤통수치지 마, 그렇게 하는 것은 싫어"와 같은 말로 멈출 것을 요구한다. 이런 말로 쉽게 멈추지는 않겠지만 그래도 효과가 있다. 그리고 놀리는 말에 대해 '그래서' 혹은 '좋으실 대로'와 같은 말로 별다른 감정표현 없이 무뚝뚝하게 응수하고 그 자리를 떠나도록 지도한다.

5. 긍정적인 직면을 활용하도록 한다

긍정적인 언급부터 먼저 시작하는 것도 도움이 될 수 있다. "네가 어제 ㅇㅇ에게 한 말은 정말 멋지더라. 사람들을 놀리지 않는다면 훨씬 더 좋을 것 같다"처럼 우선 가해학생의 긍정적인 면을 말한 후 행동을 지적하는 긍정적인 직면을 하도록 지도한다.

자료 : Losey (2013).

2) 부탁과 거절을 위한 DESC기법

상대방에게 무엇인가를 부탁해야 하는 경우라면, 부탁을 들어줄 수 있는 상대방의 능력을 강조하면서 부탁하는 내용을 말하는 방법인 DESC기법(Bower & Bower, 1991)을 활용할 수 있다. 즉, 부탁을 요청하게 된 상황을 설명하고(Description), 도움의 절실함을 드러내고(Emotion), 원하는 구체적인 행동을 제시하며(Specification), 부탁을 들어주어 나타나는 긍정적인 결과를 강조한다(Consequence). 구하기 어려운 책을 빌려달라고 잘 모르는 친구에게 부탁하는 예를 들어 보자.

[예] "네가 ○○ 책 가지고 있는 걸 들었는데… 다음 주에 시험을 보려면 반드시 필요해… 며칠 동안 구하려고 했는데 귀한 책이어서 빌릴 수 없었어. 마침 ○○○로부터 너한테 있다는 말을 듣고 무척 반가웠어. 잘 보고 돌려줄게. 꼭 밥 한번 살게."

그런데 만약에 부탁을 거절해야 하는 경우라면 이는 부탁하는 것보다 더 어렵다. 상대방의 불쾌한 감정을 유발할 수 있기 때문에 상대방을 도와주고 싶은 마음과 더불어 자신이 도움을 줄 수 없는 상황을 납득이 되도록 잘 설명해야 한다. 위의 예의 경우 부탁을 들어줄 수 없다면 다음과 같이 말하면 될 것이다.

[예] "아, 그랬구나. 미안하다. 시험날짜도 얼마 남지 않아 상황이 급박한데 빌려줄 수 있으면 좋겠지만… 조금 전에 ○○가 마침 빌려달라고 해서 빌려주었는데… 빌려줄 수 없어 정말 미안해."

4. 자기개방

자기개방이란 있는 그대로의 자기 속마음을 누군가에게 털어놓는 것을 말한다. 자기개방은 좀 더 발전된 친밀한 인간관계 형성에 중요한 역할을 한다. 하지만 나와 상대방 간에 신뢰하는 마음이 전제되어야 한다는 점을 유의해야 한다. 상대방에 대한 신뢰도가 어느 정도인지를 생각하면서 자기의 속마음을 어떤 상황에서 얼마만큼 개방해야 하는가를 따져보아야 한다는 것이다. 그래서 자기개방은 조금씩 점진적으로 시도하는 것이 좋다.

만남의 초기 단계에서는 좋아하는 취미나 놀이, 과제물을 중심으로 개방하고, 서로의 관계를 발전시키기 위해서는 좀 더 사적인 문제나 감정에 대한 개방이 필요하다. 이는 문제에 대해 서로 해결책을 모색하면서 깊이 있는 상호 이해를 촉진시키고, 정서적 공감과 지지, 심리적 위안을 주고받으면서 더욱 친밀한 관계를 만들도록 한다. 지나치게 빠른 사적인 자기개방은 상대방에게 부담을 줄 수도, 혹은 자신에 대해 오해를 불러올 수도 있어 관계의 진전을 방해할 수 있기 때문에 주의해야 한다. 자기개방 대화의 단계를 제시한 그림 9-1은 인간관계의 단계라고도 한다(Adler, 1976).

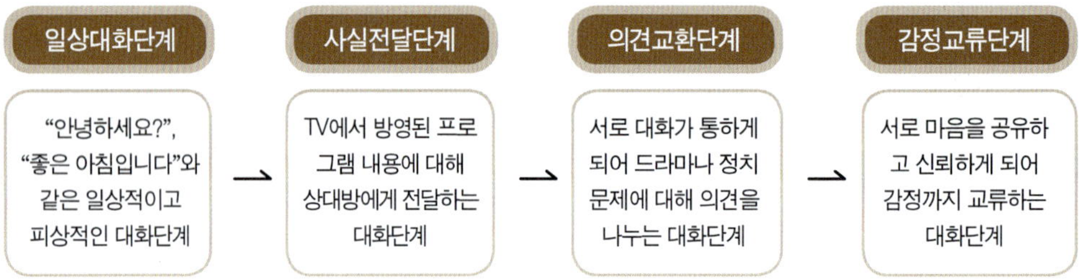

그림 9-1 자기개방 대화의 단계

5. 비언어적 행동

심리학자 앨버트 메러비언(Albert Mehrabian)은 잘 모르는 사람끼리 대화하는 경우, 전체 의사소통의 7%만이 대화내용을 통해 이루어지고, 38%는 음조, 억양, 말투, 속도 등 청각적 요소, 55%는 외모, 표정, 몸짓, 자세, 신체 접촉, 거리 등 시각적 요소를 통해 전달된다고 한다. 즉, 사람과 사람 사이의 소통은 언어적 요소는 7%에 불과하나, 비언어적 요소가 93%에 달한다는 것이다. 그러므로 상대방의 말에 들어 있는 마음까지 잘 이해하려면 무엇보다 비언어적 행동인 신체언어(body language)에 주의를 기울여야 한다. 신체언어는 오랜 동안 반복적으로 행해 와서 습관화된 것으로 언어적 메시지 이면에 숨겨진 심리를 그대로 반영한다. 주의해야 할 신체언어를 살펴보면 표 9-1과 같다.

표 9-1 | 비언어적 행동(신체 언어)의 주의점

신체언어	주의점
표정	인간의 다양한 감정은 얼굴 표정을 통해 나타난다. 얼굴 표정을 통해 언어 메시지 이면의 심리를 읽을 수 있다. 얼굴 표정을 잘 관리한다고 하더라도 쉽지 않다.
시선	대화를 할 때 상대방에 대한 생각이나 감정에 따라 눈의 시선이 달라질 수 있다. 눈을 위로 뜨면 상대방의 말에 관심이 없고, 아래로 뜨면 불편하고, 다른 곳을 쳐다보면 무시하는 것으로 의미가 전달된다. 서로가 눈을 바라보면서 대화를 나누는 것이 상대방에 대해 관심을 가지고 적극적으로 대화하고 있다는 뜻이다.
신체접촉	긍정적 차원의 신체접촉, 즉 스킨십은 사랑, 따뜻함, 격려, 지지 등과 같은 다양한 감정을 전달해 준다. 예컨대, 심리적으로 힘들어 하는 학생에게 등이나 어깨를 살짝 쓰다듬어 주거나 두드려 주는 것은 말보다 훨씬 더 강한 격려의 메시지가 된다.
손동작	무언가를 설명할 때 흔히 사용하는 손동작은 듣는 사람에게 산만한 느낌을 주고, 말의 내용보다는 손짓에 주의를 빼앗기게 한다. 손동작은 중요하고 강조되어야 할 내용을 말할 때 적절하게 사용하여 집중력을 높이도록 해야 할 것이다.
공간적 거리	사람은 친밀도에 따라 최적의 거리를 유지하고자 한다. 친밀도가 높을수록 상대방과의 거리를 가까이 하여 편안한 마음을 가지려 하고, 친밀도가 낮을수록 거리를 멀리하여 더 편안하게 느끼려 한다.
음성(말투)	대화를 할 때 말하는 사람의 매력은 얼굴 모습, 음성, 내용의 순이라고 한다. 무슨 내용을 말하는가보다 어떤 음성으로 말하는가가 더 중요하다는 뜻이다. 흔히 상냥한 사람, 친절한 사람, 가벼운 사람, 무뚝뚝한 사람, 차분한 사람 등과 같이 사람에 대한 인상을 말하게 되는데, 이는 음성이나 말투를 가지고 평가한 것이다.

6. 직간접적인 친밀감 표현

어떤 사람과 친해지고 싶어 자기의 생각이나 감정을 직접 말로 표현하는 것은 멋쩍기도 하고 부담을 주지 않을까 고민하게 된다. 하지만 용기를 내서 직접적으로 표현할 수도 혹은 말 대신 우회적으로도 친밀감을 표현할 수 있다.

첫째, 칭찬을 한다. 칭찬이란 어떤 일을 잘하거나 잘하고 있는 일을 계속해서 하기를 바랄 때 사용한다. 교사는 학생 두 명씩 짝을 지어 상대방의 칭찬거리를 찾아 칭찬을 주고받게 하고, 칭찬받은 경험에 대한 자신의 느낌이나 변화에 대해 발표하도록 한다. 유의점은 칭찬에는 진지하고 정중한 마음이 들어가야지 재미나 장난삼아 하는 게 아니라는 점과 칭찬에 대해서는 상대방이 감사의 표현을 해야 한다는 점을 지도한다.

둘째, 상대방에 대한 관심과 보살핌을 통해 좋아한다는 것을 알려야 한다. 상대방의 좋은 일에 대해 기쁨뿐만 아니라 '곤궁할 때의 친구가 참된 친구'라는 말처럼 불행이나 슬픔도 같이 나누는 관심과 보살핌의 표명은 친구관계를 형성하고 지속시키는 기본일 것이다. 식사를 함께 하거나 생일날과 같은 적합한 때를 골라 선물이나 카드를 주는 것도 만나거나 보고 싶었다거나 항상 생각하고 있었다는 마음을 자연스럽게 전달할 수 있는 흔한 방법이다. 인간의 심리는 자신을 좋아하는 사람을 좋아하게 된다. 혹시 거절당할까봐 망설일 수 있겠지만 더욱 돈독한 우정의 형성은 관심과 보살핌을 나타내는 솔직한 감정표현을 통해 얻을 수 있다.

셋째, 상대방이 원하는 것을 헤아려 먼저 해준다. 일반적으로 상대방이 나에게 어떻게 해주는지에 따라 내가 어떻게 할 것인가를 결정하는 경우가 많다. 이는 내가 주도적으로 친밀감을 형성하는 데는 적절한 방법이 되지 못한다. 상대방이 나에게 해주었으면 좋겠다는 것을 내가 먼저 상대방에게 해주는 존중의 마음을 가지는 것이 친밀감 형성에 절대적으로 중요하다. 이것이 바로 '다른 사람이 너에게 해주기를 바라는 것을 타인에게 해주라'는 존중의 황금률을 실천하는 것이다.

넷째, 서로 원하는 것을 요구하고 실행한다. 상업적 거래에서는 서로 터놓고 원하는 것을 요구하는 것을 당연한 것으로 여기나 친밀한 인간관계형성을 위해 서로의 요구사항을 이야기하는 것은 다소 어색하고 어려울 수 있다. 인간의 감정, 생각, 행동은 서로 연결된다. 서로 기대하는 행동을 요구하고 실행해보는 것은 관계를 더 친밀하게 만들 수 있다.

7. 마음 주고받기 : 연습

1) 공감기술

(1) 공감기술에 대한 설명

앞서 설명한 공감기술의 절차를 다시 요약하면 다음과 같다.

*** 공감의 절차**

① 상대방의 말을 주의 깊게 들으면서 상대방 입장에서 이해하려고 노력하고, 말 속에 포함된 생각이나 감정을 이해한다(나의 어떤 틀이나 기준, 가치판단에 얽매이지 않는다).

② 내가 상대방의 생각이나 감정을 표현하거나, 혹은 나의 공감적 질문으로 상대방이 자신의 생각이나 감정을 표현한다.

(2) 공감 연습활동

4~6명씩 모둠별로 학생 각자가 활동지 9-1에 요즘 고민하는 내용을 쓰게 해서 한 사람씩 돌아가면서 공감의 절차에 따라 반응하도록 하고 마지막에 서로의 생각과 느낌을 이야기한다. 다음은 구체적인 방법이다(천성문 외, 2011).

- 모둠별로 학생 각자 이름 대신 남이 모르는 자기만의 표시를 하고 자신의 고민을 적은 활동지 9-1을 빈 상자에 넣어 섞는다.
- 모둠별로 한 사람씩 돌아가면서 상자에서 활동지 한 장씩 무작위로 꺼내 고민을 소리 내어 읽으면 다른 모둠원들 모두 공감 절차에 따라 공감하거나 공감적 질문을 한다.
- 모둠원들끼리 공감이나 공감적 질문활동에 대한 생각과 느낌을 나누어본다.
- 모둠원 각자 미리 표시한 자기 활동지를 가져와 모둠원들로부터 공감받은 내용을 바탕으로 자신의 생각과 느낌을 적도록 한다.

활동지 9-1

1) 나의 고민은....

2) 나의 고민에 대해 친구들로부터 공감받은 후, 나의 생각과 느낌 적기

---

(3) 마무리

"여러분 각자 고민을 드러내고 친구들로부터 공감받았습니다. 어때요? 여러 친구들도 나와 비슷한 고민이 있다는 걸 알게 되니 어떤가요? 가깝게 느껴지나요? 또 자신의 고민에 대해 친

구들의 공감을 받으니 느낌이 어떠했나요? 내 모습 있는 그대로가 가치 있다는 느낌을 가지게 되었겠지요. 또 친구들로부터 지지받는다는 느낌이 들었을 겁니다. 마음도 다소 후련해졌을 거고요. 평소에도 친구들의 고민에 대해 공감을 하는 대화가 필요하겠지요."

2) 자기주장(나-메시지)기술

(1) 자기주장기술인 '나-메시지'방법에 대한 설명

앞서 설명한 '나-메시지'방법과 구성 요소를 다시 요약하면 다음과 같다.

*** 나-메시지의 개념**

어떤 상대방으로부터 마음이 상해서 비난하고 싶을 때 자기주장의 방법인 '나-메시지'를 사용하면, 상대방의 감정을 상하게 하지 않고 자신의 마음을 전달하게 되어 상대방도 나도 곤란 없이 마음을 주고받을 수 있다.

*** 나-메시지 세 가지 구성 요소**

'과제물을 매번 늦게 제출하는 학생'에 대한 교사의 나-메시지 구성 요소

- 너의 행동 : 과제물 제출이 늦을까
- 나의 감정 : 걱정이 되네.
- 구체적인 영향 : 그것도 성적에 반영되는데…

(2) '나-메시지' 연습활동

연습문제는 학급상황에 따라 교사가 적절한 내용을 제시하면 된다. 여기서 활동지 9-2를 가지고 연습한 후 학생들끼리 서로 느낌을 나누게 한다.

활동지 9-2

'나-메시지' 연습하기

1) 수업시간에 옆에 있는 친구가 계속 지분거려 선생님 말씀에 집중할 수 없는 경우

① 너의 행동 :

② 나의 감정 :

③ 구체적인 영향 :

2) 친구들과 친하게 지내는데, ㅇㅇㅇ라는 학생이 이간질하는 경우

① 너의 행동 :

② 나의 감정 :

③ 구체적인 영향 :

(3) 마무리

"자기주장을 위한 '나-메시지'에 대해 알아보고 연습도 해보았습니다. 이런 방법으로 서로의 마음을 주고받으면 즐거운 학교생활을 할 수 있겠지요. 이 방법을 잘 기억해 두었다가 학교뿐만 아니고 집에서도 활용한다면 더욱 행복한 생활을 할 수 있을 겁니다."

CHAPTER 10

청소년의 자기성장과 역량 강화방안

1. 청소년의 자기성장　2. 청소년의 역량 강화

C H A P T E R

10 청소년의 자기성장과 역량 강화방안

학교폭력의 예방을 위한 인성적 자질은 제8장과 제9장에서 살펴본 바와 같이 청소년의 발달과제를 해결하고 공감과 소통을 통해 의사소통을 증진하는 것 이외에 청소년의 자기성장과 역량 강화를 통해 함양될 수 있다.

이 장에서는 청소년 자기성장의 기초가 되는 자기이해 · 자기수용 · 자기개방에 대해 살펴보고, 자기이해 · 자기수용 · 자기개방에 유용한 학급 내 모둠단위 집단상담에 대한 설명과 함께 자기성장 집단상담 프로그램의 실제를 개관 · 연습하고자 한다. 또한 청소년의 내외적 역량을 강화하기 위한 전략들도 소개할 것이다.

1. 청소년의 자기성장

자기성장이란 자기가 원하는 바람직한 방향으로서 개인적 발전, 즉 최대한의 자기능력 발휘를 통해 궁극적으로 자신이 가진 잠재력을 실현하는 것을 의미한다. 심리학자들에 의하면, 성장과정에 있는 청소년의 자기성장, 특히 자아존중감과 자아정체감 형성을 도모하기 위해서는 자신의 있는 그대로를 이해하고 수용하고 개방하는 집단상담, 즉 자기성장 집단상담이 훌륭한 활동방안이라 본다(천성문 외, 2011).

1) 자기이해 · 자기수용 · 자기개방

자기성장 집단상담은 또래들끼리의 상호작용을 통해 자신을 보다 깊이 현실적으로 이해하고, 자신을 있는 그대로 수용 · 용납하며, 남에게 있는 그대로의 자신을 적절하게 개방함으로써 가능해진다. 이러한 자기이해, 자기수용, 자기개방은 자신의 말과 행동에 책임을 질 수 있도록 도와주고, 상호 간의 신뢰로운 진정한 인간관계를 경험하며 성장하게 함으로써 자기성장에 기여하게 된다는 것이다. 자기이해 · 자기수용 · 자기개방 각각에 대해 살펴보도록 하자.

(1) 자기이해

자기이해는 나의 몸과 마음, 대인관계, 가치관 등 있는 그대로의 나를 정확하게 이해하는 것을 말하고, 여기에는 자신의 긍정적인 면과 부정적인 면 모두가 포함된다.

자기에 대한 이해는 집단에서 서로 간의 상호작용을 통해 도움받게 되면 보다 객관적이고 정확하다. 이러한 자신에 대한 이해는 다른 사람에 대한 이해를 촉진시키게 되는데, 이는 인간이란 자신을 이해할 수 있는 범위에서 다른 사람을 이해할 수 있기 때문이다. 즉, 자신을 정확히 볼 수 있는 능력이 생길 때 다른 사람도 정확히 볼 수 있는 것이다.

- 자신을 돌아보고 자신의 있는 그대로를 탐색 · 이해한다.
- 자신의 생각, 정서, 행동에 대해 이해한다.

(2) 자기수용

자기수용은 자기 이해를 통해 발견된 자신의 태도나 행동을 조건 없이 있는 그대로, 장점이나 자원 혹은 단점을 막론하고, 솔직히 인정하고 받아들이는 것이다. 이는 자신에 대해 독립된 인간으로서의 존재가치를 인정하는 것이다. 또한 자기 됨됨이에 결정적인 영향을 미친 자기 가족까지도 받아들이는 것이다.

이러한 자기수용이야말로 자기실현을 성취한 사람들의 주된 특징 가운데 하나로 자기 변화의 시작이며 자기성장을 위한 시발점이 된다. 자기 자신의 여러 가지 조건들(예 : 신체적 조건이나 생리적 현상, 느낌, 생각, 행동 등)을 자기의 것으로 인정하고 책임지는 현실직면의 용기를 가지게 되면 자신에 대한 부정적인 태도를 감소시키고 긍정적인 태도를 증가시키게 되어 마침내 있는 그대로의 자기를 성장시키게 되어 자기실현하는 사람이 된다.

- 자기이해를 통해 발견된 있는 그대로의 나를 솔직하게 긍정적으로 인정 · 수용한다.
- 자기수용을 통해 자기변화, 자기성장을 도모한다.

(3) 자기개방

적절한 자기개방은 자신에 대해 이해하고 수용한 자신을 그대로 나타내 보이는 것이다. 나의 생각, 느낌, 선호, 사상 등 모든 것에 대해서 있는 그대로 솔직 · 용감하게 적절히 열어 보이는 것이다. 자기개방을 할 수 있게 되면 진실하고 일치된 인간이 된다. 그런데 만약 자신을 이해한 어떤 면을 완전히 수용하지 못하면 자기개방도 어렵다. 만약 자기개방을 하지 않고 억제하면 불필요한 찌꺼기를 몸에 지니고 있는 것과 같아서 정신적 고통의 원인이 되기도 한다. 예컨대, 불안, 긴장, 고독 등을 안고 살게 되어 귀중한 심리적 에너지를 낭비하게 된다. 반면에 적절한 자기개방은 자기 위선에 필요한 정신 에너지를 정말로 자기가 할 수 있고 하고 싶은 일에 사용하게 하며, 더 나아가 깊이 있는 인간관계를 갖게 함으로써 자기성장을 도모할 수 있게 한다. 자기개방은 집단원 상호 간의 이해의 폭을 넓히고 깊이를 더하게 하며 상호 신뢰감을 높여서 인간관계를 촉진시켜 성장하게 하는 것이다.

- 자신의 생각과 느낌을 효과적으로 나타낸다.
- 적절한 자기개방에 따른 상호 간의 이해와 심도 있는 인간관계를 통해 자기성장과 서로의 성장을 추구한다.

2) 학급 내 모둠단위 집단상담

학급 내 모둠단위 집단상담은 특정 학급의 교사 혹은 상담교사가 창의적 체험활동시간과 같은 1교시 정도의 교과시간을 이용해서 학급 전체 30~40명 정도의 학생들을 6명 정도의 모둠별로 나누어 동시에 진행할 수 있는 철저히 구조화된 집단상담이다. 자기성장 집단상담을 실행하려면 이러한 학급 내 모둠단위 집단상담의 형태로 이루어질 수 있다. 이는 일반적인 집단상담을 기초로 하되, 다음과 같은 학급 내 모둠단위 집단상담이 지닐 수 있는 제한점이나 특징을 잘 고려하여 운영하면 된다.

첫째, 교사는 우선 집단상담의 목표가 학급 학생들의 발달과 성장(예 : 자기존중감 증진)인지, 혹은 학생들이 바라는 행동변화나 문제해결(예 : 분노조절)인지 그 목표를 분명하게 정한다.

둘째, 정해진 상담목표에 도달하기 위해 교사는 해당 프로그램 활동집의 내용과 매뉴얼을 충분히 숙지한다. 필요한 경우 활동내용을 보완 · 수정하도록 해서 학급의 상황이나 학생의 특성을 고려하도록 한다.

셋째, 교사는 활동의 목표와 기대하는 효과를 학생에게 전달해야 한다. 집단상담활동이 활동으로 그치지 않고 활동의 목적에 도달하는 성과를 거두기 위해서는 활동이 가지는 의미와 의의를 정확하게 알고 이를 학생들에게 전달하는 것이 필요하다.

넷째, 청소년 대상의 집단상담은 학생들의 흥미를 끌 수 있는 활동이어야 한다. 학급 전체 학생이 참여하게 되므로 동기나 자발성이 낮을 수 있다는 제한점이 있기 때문이다. 지나치게 사고와 내면의 탐색을 유도하는 활동은 초중등학생에게 맞지 않으므로 활동과 학생들 사이에 상호작용을 최대로 할 수 있는 흥미 있는 활동을 선택하도록 한다.

다섯째, 학급단위 집단상담활동 진행 시 평소 일상적인 관계나 상호작용과는 구분지어 생각하도록 주지시킨다. 학급 학생들끼리는 서로 간에 어느 정도 알기 때문에 집단상담활동 그 자체에 몰입하는 데 방해를 줄 수 있다. 교사는 집단상담활동을 하는 동안 평소의 일상적인 관계나 상호작용과는 구분지어 활동하도록 충분히 주지시키도록 한다.

여섯째, 회기 시작 이전에 4~6명이 한 모둠이 되도록 하고, 그 날의 활동을 리더하는 이끔이, 그 날의 활동을 요약하는 기록이가 반드시 포함되도록 한다. 교사는 적당한 시기에 그 역할을 바꾸어 역할의 형평성을 유지하도록 주의한다.

일곱째, 매 회기마다 시작은 이전 회기를 간단하게 복습한 뒤, 활동의 내용과 목표를 소개하여 흥미나 동기를 북돋우도록 한다. 모둠별로 활동이 전개되므로 모둠별 교사 개입은 쉽지 않으므로 전체 학생들을 대상으로 골고루 살피면서 진행해야 한다. 활동방법에 대한 교사의 상세한 설명, 학생들의 적극적인 참여 격려, 학생들의 인정 욕구 충족을 위한 피드백, 긍정적인 활동에 대한 칭찬 등은 모둠원들끼리 풍부한 상호작용을 가져오게 하고 집단의 목표달성을 돕는다.

여덟째, 종결단계에서는 활동의 의미를 찾을 수 있도록 학생들 각자가 무엇을 배우고 느꼈는지 이야기하도록 한다. 종결단계가 흐지부지되면 학생들이 활동의 의미를 잊은 채 시간을 때우는 것으로 인식하게 된다. 따라서 교사는 활동의 의미를 각자가 찾을 수 있도록 격려하고, 학생의 이야기가 끝나면 마지막으로 정리해 주도록 한다.

3) 자기성장 집단상담 프로그램의 실제

본 프로그램은 청소년의 자기성장을 위한 학급 내 모둠단위 집단상담 프로그램으로, 차시별 주제, 목표, 활동내용은 표 10-1과 같고[1], 실제 집단상담을 위한 차시별 주제에 따른 목표, 진행절차와 내용, 활동지 등을 소개하고자 한다.

표 10-1 | 자기성장 집단상담 프로그램의 구성 개요

구분	차시	주제	목표	활동내용
도입	1	우리 친해 봐요	• 자기성장 프로그램의 목표를 이해한다. • 자신을 모둠원들에게 소개한다. • 친구들과의 친밀감과 신뢰감의 기반을 형성한다.	• 프로그램 소개 및 서약서 작성하기 • 자기 소개하기 • 난 누구일까?
전개	2	나를 찾아 떠나는 여행	• 자신에 대한 구체적인 탐색을 통해 자기를 이해하고 자기를 수용 · 용납한다. • 자기개방을 통해 친구들에게 수용되는 경험을 함으로써 안도감 및 동질감을 느낀다.	• 나를 상징하는 동물 그리기 • 내 인생에 가장 영향을 많이 준 세 사람 기억하기
	3	나의 느낌! 나의 감정!	• 인간에게 여러 가지 감정이 있음을 이해한다. • 자신의 감정을 명확하게 인식하고 표현한다.	• 자신의 경험과 감정단어 연결하기 • 주로 느끼는 감정 알기
	4	나의 장단점은?	자신의 장 · 단점을 있는 그대로 인정하고, 단점을 또 다른 가능성으로 받아들인다.	• 자신의 장점과 단점을 알고 인정하기
마무리	5	새로운 나와 너!	• 부정적인 나의 과거 모습과 집단상담을 통해 성장한 나의 모습을 통해 새로운 나의 모습을 설계한다. • 집단원 간에 강점을 피드백함으로써 자기수용 및 자기개방의 기쁨을 맛본다.	• 과거의 내 모습 버리기 • 새로운 내 모습 설계하기 • 친구에게 강점 전하기 • 프로그램 종결에 대한 소감 나누기

1) 자기성장 집단상담 프로그램의 실제는 천성문 외(2011)의 활동을 요약하거나 발췌한 내용이다.

1 우리 친해 봐요

목표 : • 프로그램의 목표를 이해한다.
• 자신을 모둠원들에게 소개한다.
• 친구들과의 친밀감과 신뢰감의 기반을 형성한다.

(1) 도입하기

① 학생들과 인사를 나누고, 프로그램의 목표와 내용을 소개하여 참여 동기를 높인다.

"오늘부터 자기성장 프로그램에 즐겁게 참여하여 자기가 어떤 사람인지 곰곰이 생각해보는 시간을 갖고자 합니다. 자기를 이해하고 자기 자신을 받아들이고 친구들에게 자신을 드러내면서 친구들을 서로 존중하고 친해짐으로써 우리 모두는 각자 원하는 자기성장을 추구해 갈 수 있게 됩니다."

② 프로그램 진행방식에 대해 설명하고 모둠을 만든다.

"본 프로그램은 총 5회기로 구성되어 있고, 1회기 활동시간은 45분(혹은 50분)입니다. 진행은 모둠(6명 정도)을 만들어 모둠별로 활동하고, 여러분은 각 모둠활동에서 친구들 말을 귀담아 듣고 발표하면서 적극적으로 참여하면 됩니다. 다시 강조하지만 처음부터 끝까지 자발적으로 그리고 적극적으로 참여해 더욱더 자신에 대해 알기 바랍니다."

③ 모둠별로 '나의 약속'(활동지 10-1)을 보면서 각자 서약하게 한다.

"오늘 활동을 시작하기 전에 먼저 해야 할 중요한 일이 있습니다. 그것은 앞으로 모둠별 활동을 하기 위한 서로 간에 지켜야 할 약속입니다. 활동지 10-1의 내용을 살펴본 후, 각자 서명하도록 합시다."(약속이 익숙해질 때까지 매 회기마다 상기되도록 한다)

(2) 자기 소개하기

① '별칭 짓기'를 통해 집단원끼리 기초적인 친밀감과 신뢰감을 형성한다.

"조금 전에 우리는 집단상담을 하기 위해 지켜야 할 약속을 서명했습니다. 이제 자기소개를 하겠는데, 여러분은 각자 자신을 잘 나타낼 수 있는 특징이나 장기, 성격, 되고 싶은 나 등을 나타내는 별칭을 지어보겠습니다. 별칭은 흔히 친구를 놀리기 위해 사용하는 별명과는 다릅니다. 먼저 저(선생님)부터 시작해서 순서대로 소개해보도록 하지요."

*** 별칭 짓기의 의의**

집단 내에서 자신에게 별칭을 붙인다는 것은 여태까지 자기 이름에 부여해 왔던 모든 일상의 인간관계와 사회적 역할을 내려놓기 위해서이다. 새로운 별칭에 의한 인간 본연의 자세로 돌아가 지금-여기서 너와 나의 서로 일체감을 가진 집단 내에서 지지, 격려 등과 같은 애착을 경험할 수 있다.

② 잠시 생각할 수 있는 시간을 주고 시작한다.

교사가 먼저 솔직하게 개방하여 모델이 된다. 예컨대,

"나는 항상 웃는 사람이 되고 싶어 '웃음이'라 별칭을 짓겠습니다."

③ 소개가 끝나면 자신이 소개할 때와 다른 친구의 소개를 들을 때 들었던 생각과 느낌을 서로 이야기한다.

(3) 난 누구일까?

① 구체적으로 자기소개를 하도록 한다.

"우리는 앞서 별칭짓기를 통해 친구의 간단한 특징을 알게 되었습니다. 그럼 이번에는 친구들에게 나는 어떤 사람인지 좀 더 자세히 구체적으로 소개해 보도록 합시다. 나는 어떤 사람인가요? 우선 활동지 10-2를 기록해 보겠습니다."

② 기록한 내용을 가지고 서로의 생각과 느낌을 나눈다.

"다 작성했으면, 옆 사람과 짝을 지어 서로 자신을 소개하고, 소개한 내용을 기억해서 서로가 상대방에 대해 다른 사람들에게 발표하도록 하지요. 그러니까 짝의 이야기를 잘 들어야겠지요. 그리고 모두들 서로에 대한 생각이나 깨달은 점, 느낀 점을 이야기하도록 합시다. 그래서 서로에 대한 이해를 더 해 가도록 합시다."[2)]

(4) 마무리

"오늘은 자기성장 프로그램의 첫 번째 시간이었어요. 집단상담을 하면서 지켜야 할 약속,

2) 혹시 자신을 감추고 사회적으로 바람직한 나의 모습만 드러내는 학생이 있다면, 그 자체가 그 학생의 특성이므로 그것대로 의미를 부여해 주고 나중에 기회가 있을 때 그 욕구를 다루면 된다. 자기소개내용에 대해 비난하지 않도록 유의한다.

자기소개, 내가 누구인지에 대해 친구들과 나누어 보았습니다. 어때요? 이제 여러분은 자기 자신에 대해 좀 알게 되지 않았나요. 세상에서 가장 소중하고 특별한 여러분 자신을 만나게 되길 바랍니다. 다음 시간에는 '나를 찾아 떠나는 여행'이란 주제로 내가 어떤 사람인가를 좀 더 깊게 알아보는 시간을 갖겠습니다."

활동지 10-1 나의 약속

나는 '자기성장 프로그램'에 참가하면서 다음과 같은 '나의 목표'를 세우고 '나의 약속'을 꼭 지키도록 노력하겠습니다. 밑줄 친 곳에 자기 나름의 목표나 약속을 기입해보기 바랍니다.

1. 나의 목표

첫째, 나는 내가 어떤 사람인지를 이해하고, 나를 받아들이고 나를 좋아한다.

둘째, 나는 나의 생각이나 느낌을 친구들 앞에서 적절하고도 자신 있게 이야기한다.

셋째, ____________________

2. 나의 약속

첫째, 친구가 이야기할 때 끼어들거나 방해하지 않고 친구들을 존중하며 귀 기울여 잘 듣는다.

둘째, 친구들의 말을 편견이나 비판 없이 있는 그대로 듣는다.

셋째, 나의 생각이나 느낌을 솔직하게 표현하되 감당할 수 있는 만큼만 적절하게 표현한다.

넷째, 친구들이 말한 개인적인 비밀을 꼭 지킨다.

다섯째, ____________________

________ 년 _____ 월 _____ 일

이름 ________ 서명 ________

활동지 10-2 난 누구일까?

내가 가장 잘하는 것은? ____________________

내가 가장 슬펐던 일은? ____________________

내가 가장 행복했던 일은? ____________________

내가 가장 듣고 싶은 말은? ____________________

내가 가장 사랑하고 소중히 여기는 것은? (사람, 좋아하는 일, 희망 등)

____

내 인생의 마지막에 대한 상상은? ____________________

---

2 나를 찾아 떠나는 여행

목표 : • 자신에 대한 구체적인 탐색을 통해 자기를 이해하고 자기를 수용 · 용납한다.
• 자기개방을 통해 친구들에게 수용되는 경험을 함으로써 안도감 및 동질감을 느낀다.

(1) 도입하기

지난 시간의 내용을 간단히 정리하고, 이번 시간 프로그램의 내용을 소개하여 참여 동기를 높인다.

"지난 시간에는 집단상담의 목표, 집단상담을 위해 지켜야 할 약속을 했고, 자신의 별칭도 짓고 자신에 대해 소개도 했었지요. 이번 시간에는 내가 누구인지를 좀 더 심층적으로 이해하고, 수용하며, 친구들에게 있는 그대로의 나를 개방할 것입니다. 있는 그대로의 나를 이해 · 수용 · 개방하는 일은 자기성장을 위한 기틀이 됩니다. 이제 여러분은 자신을 상징하는 동물을 생각해 보면서 자신의 특성에 대해 생각해 보는 시간을 갖겠습니다. 또 아주 어린 시절 기억나는 세 사람은 누구인지에 대해서도 생각해 볼 겁니다."

(2) 나를 상징하는 동물은?

① '나를 상징하는 동물은?'에 대해 설명한다.

"활동지 10-3을 보세요. 활동지에다 자신과 많이 닮았다고 생각하는 동물을 그릴 거예요. 자신의 이미지를 가장 잘 상징해 주는 동물은 어떤 동물일까요. (여기서 교사는 학생들에게 호흡이완법[3)]을 실시하도록 한다) 자, 눈을 뜨고 그려 봅시다. 동물을 잘 그리지 않아도 되니 신경 쓰지 않도록 합니다."

② 자신을 상징하는 동물이 왜 그 동물인지 돌아가면서 친구들과 이야기를 나눈다.

3) 호흡이완법 : 호흡을 집중 관찰함으로써 몸과 마음에 활력을 주는 이완법이다. 절차는 편안한 자세로 눈을 감고 교사의 멘트 – '들숨(5초)', '날숨(5초)'–에 따라 몇 번 반복해서 복식호흡을 하면서 호흡 자체를 집중 관찰한다. 이러한 호흡법은 쓸데없는 생각(예 : 후회스러운 과거나 미래에 대한 기대 등)으로 낭비하고 있는 분산된 마음의 에너지를 호흡에 집중함으로써 깊은 이완상태에 머물게 되어 안정과 평온을 갖게 된다. 그리하여 자기이해와 치유를 위한 긍정적인 에너지가 솟아나 몸과 마음에 활력을 회복하게 된다.

(3) 기억 속의 세 사람

*** 기억 속의 세 사람**

이 활동의 목표는 학생 자신의 어린 시절 기억을 탐색하고 자기를 이해 · 수용 · 개방하고자 함이다. 특히, 8세 이전의 초기기억은 지속적으로 기억에 남아 한 개인의 삶의 양식에서 잘 드러나므로, 내 인생에 가장 영향을 많이 준 것으로 기억되는 세 사람에 대해 이야기한다는 것은, 그것이 긍정적이든 부정적이든, 그 개인의 가족에 대한 지각, 심리적인 에너지의 향방, 현재 상태의 지각, 살아온 방식 등을 이해할 수 있는 소중한 정보가 된다. 또한 이에 대해 학생들끼리 서로 나눈다면 감정의 정화, 자신의 어려움에 대한 타인의 이해와 수용, 배려의 피드백, 다른 사람도 그런 문제를 함께 가지고 있다는 보편성과 동질감 등을 깨닫게 되고, 문제해결에 대한 도움 또한 경험하게 된다.

① '기억 속의 세 사람' 활동에 대해 설명한다.

"우리는 태어나서 지금까지 살아오면서 어떤 사람은 나에게 큰 힘이 되었고, 어떤 사람은 그러지 못해 방해가 된 적도 있었습니다. 긍정적이든 부정적이든 우리는 중요한 사람들의 영향을 받아왔습니다. 내 인생에 가장 영향을 많이 준 세 사람이 누구인지, 그리고 그 사람이 어떻게 내게 영향을 주었는지 생각해 봅시다. (여기서 호흡이완법을 실시해서 심도 깊게 생각하도록 유도한다. 또한 떠오르지 않는다는 학생에 대해서는 상담자가 떠올릴 수 있도록 격려한다) 이제 눈을 뜨고 내 인생에 가장 영향을 많이 주었던 세 사람에 대해 활동지 10-4에 적어봅시다."

② 한 사람씩 이야기 나누도록 한다. 혹시 학생의 이야기가 별 내용 없는 표면적인 이야기에 그치거나 숨기려고 한다면 공감적 질문을 통해 깊이 탐색하도록 해서 드러내도록 한다.

(4) 마무리

"오늘은 자기성장 프로그램의 두 번째 시간이었어요. '나를 상징하는 동물', '기억 속의 세 사람'을 통해 내가 어떤 사람인가를 경험해 보았을 겁니다. 나의 특성, 성격, 이미지를 깊게 생각해 보았고, 나에게 영향을 준 사람을 떠올리면서 지금까지 왜 미처 생각해 보지 못했는가 하는 마음도 있었을 겁니다. 또 이러한 경험을 친구들과 나누면서 자신에 대해 좀 더 분명하고도 깊이 있게 알게 되었을 것이고, 서로 간에 동질감이나 누구나 가질 수 있는 문제를 나도 가졌다고 하는 보편성도 인식하게 되었을 겁니다. 다음 시간에는 '나의 느낌, 나의 감정'이라는 주제를 다루면서 여러분 자신도 잘 모르는 나의 감정을 찾아보고 느껴보는 시간을 갖도록 하겠어요. 여러분, 수고했습니다."

활동지 10-3 **나를 상징하는 동물은?**

1) 나를 상징하는 동물을 그려 봅시다.

2) 나를 상징하는 동물을 그리면서 느낀 점, 새로운 생각, 깨닫게 된 점 등을 적어 봅시다.

활동지 10-4 **기억 속의 세 사람!**

1) 내 인생에 가장 영향을 많이 준 것으로 기억되는 세 사람을 들어보세요.

- 첫 번째로 기억나는 사람 ______________________

  어떻게 기억나는가? ______________________

- 두 번째로 기억나는 사람 ______________________

  어떻게 기억나는가? ______________________

- 세 번째로 기억나는 사람 ______________________

  어떻게 기억나는가? ______________________

2) 친구들과 이야기 나눈 후 느낌이 어떤가요? 깨닫게 된 점은 무엇인가요?

____

---

3 나의 느낌! 나의 감정!

목표 : • 인간에게 여러 가지 감정이 있음을 이해한다.
• 자신의 감정을 명확하게 인식하고 표현한다.

(1) 도입하기

지난 시간의 내용을 간단히 정리하고, 이번 시간 프로그램의 내용을 소개한다.

"지난 시간에는 '나를 상징하는 동물은?', '기억 속의 세 사람'을 통해 내가 누구인지를 깊게 생각해 보았고 친구들과 자신의 경험을 나누어 보기도 했지요."

"이번 시간에는 내가 어떤 느낌을 가지고 생활하는지 알아볼 겁니다. 어떤 때는 긍정적인, 어떤 때는 부정적인 감정을 느낄 때도 있고, 또 어떤 때는 정확하게 표현할 수 없는 애매한 감정을 느끼기도 합니다. 자신이 경험하는 감정을 분명하게 인식하는 것은 심리적 안녕감을 가져와 자기와 타인을 이해하고 생활 속의 문제를 해결해 나가는 데 큰 도움이 되지요. 여러분은 어때요? 자기 자신이 감정을 잘 느끼면서 생활하고 있나요?"

(2) 난 이런 땐 ○○ 감정

① '난 이런 땐 ○○ 감정' 활동에 대해 설명한다.

"자, 여러분! 여러분은 지금 어떤 감정을 느끼고 있나요? 즐거운가요? 화가 나 있나요? 불안한가요? 우리는 순간순간 느낌을 가지고 살고 있지요. 그런데 이러한 감정을 잘 인식하고 이를 잘 표현하기 위해서는 인간의 감정에는 어떤 것들이 있는지 알아야 하고, 각 감정마다 표현되는 단어를 알고 있어야겠지요. 활동지 10-5에 '○○○(자기 별칭)는 ~~~ 때 ○○ 감정을 느낍니다.'라고 돌아가면서 얘기하도록 해요. "

② 활동지 10-5의 첫째 줄의 감정들을 떠올리면서 관련 경험을 생각한 후 어느 한 가지 감정을 선택해서 어떤 때 이런 감정을 경험했는지 이야기한다. 모둠원들 모두 돌아가면서 이야기한 후 서로 소감을 나눈다. 또 다시 둘째 줄과 셋째 줄 감정에 대해서도 같은 방법으로 어떤 때 이런 감정을 경험했는지 모두 이야기한 후 소감을 나눈다.

(3) 나의 감정 쪽지

① '나의 감정 쪽지' 활동에 대해 설명한다.

우선 모둠원들 두 사람씩 짝을 지어 활동지 10-6의 첫 번째 활동, 즉 부모와 친구에게 평소 가장 자주 느끼는 감정이 무엇이고 어떤 경우에 왜 그런 감정을 느끼는지에 대해 이야기 나누도록 한다. 그 다음 두 번째 활동, 즉 자신이 소중하다고 여기는 대상(예 : 어머니, 아버지, 친구, 조부모, 동물 등)에게 감정단어를 사용하여 감정을 전달하는 간단한 글을 써보도록 한다.

② 자신이 소중히 여기는 대상에 대해 '나의 감정 쪽지' 글을 써보고 친구들과 비교하면서 이야기 나누도록 한다.

"조금 전 '난 이런 땐 ○○감정' 활동을 통해 친구들에게 다양한 감정이 있다는 것을 알게 되었고, 또 부모에 대해서도 감정이 어떤지 알게 되었죠. 이번에는 자신에게 소중한 대상에게 느끼는 감정을 쪽지 글로 써보겠습니다."

(4) 마무리

"오늘은 자기성장 프로그램의 세 번째 시간이었어요. '난 이런 땐 ○○ 감정'과 '나의 감정 쪽지'활동을 하면서 사람에게 다양한 감정이 있음을 알게 되었고, 자신이 주로 느끼는 감정에 대해서도 알 수 있었지요? 하루에도 수시로 바뀌는 나의 감정을 명확하게 인식하는 일은 매우 중요합니다. 이는 자신의 심리적 안녕감을 유도하며, 타인의 감정도 잘 느끼도록 합니다. 그리하여 타인과 서로 마음을 나누는 데 도움을 주지요. 그럼, 다음 시간에는 나의 장·단점에 대해 알아보기로 해요."

활동지 10-5 난 이런 땐 OO 감정

아래 감정 단어를 보고 나는 어떤 때 이런 감정 경험을 했나요?

① 행복하다 ② 신나다 ③ 기쁘다 ④ 뿌듯하다 ⑤ 편안하다 ⑥ 자랑스럽다

① 우울하다 ② 슬프다 ③ 화나다 ④ 두렵다 ⑤ 놀라다 ⑥ 불안하다

① 원망스럽다 ② 창피하다 ③ 얄밉다 ④ 실망스럽다 ⑤ 억울하다 ⑥ 걱정되다

활동지 10-6 '나의 감정 쪽지'

1) 다음 질문에 대해 감정단어로 표현해 보세요.

① 어머니와 함께 있을 때 가장 자주 느끼는 감정은?

② 아버지와 함께 있을 때 가장 자주 느끼는 감정은?

③ 친구와 함께 있을 때 가장 자주 느끼는 감정은?

2) 자신이 소중하다고 여기는 대상(예 : 어머니, 아버지, 친구, 조부모, 동물 등)에게 감정단어를 사용하여 감정을 전달하는 간단한 글을 써보세요.

---

4 나의 장 · 단점은?

목표 : 자신의 장 · 단점을 있는 그대로 인정하고, 단점은 다듬어야 하고 극복해야 하는 또 다른 가능성으로 받아들인다.

(1) 도입하기

지난 시간의 내용을 간단히 정리하고, 이번 시간 프로그램의 내용을 소개한다.

"지난 시간에는 '난 이런 땐 ㅇㅇ 감정'과 '나의 감정 쪽지'활동에 대해 생각나지요? 현재 나의 감정을 무엇인지 인식하고 표현하는 일, 나아가 감정을 조절하는 것은 자기와 타인을 이해하면서 생활 속의 문제를 해결해 나가는 데 큰 도움이 됩니다."

"오늘은 '나의 장점과 단점!'이라는 주제를 가지고 자신의 장점과 단점에 대해서도 생각해 볼 겁이다. 혹시 지금까지 자기 단점을 친구들이 알면 날 무시할까봐 조심스러워 하지 않았나요? 그런데 모든 사람이 장점도 단점도 다 가지고 있답니다. 단점을 숨기는 대신 드러내더라도 창피하거나 두려워할 이유가 없는 거지요. 모든 사람이 다 지니고 있으니까요. 단점은 장점과 더불어 잘 다듬어 나가야 할 나의 모습이고 이를 극복하여 잘 가꾸기만 한다면 장점 이상의 빛을 발할 수도 있습니다. 자, 오늘의 활동을 시작해 봅시다."

(2) 나의 장점과 단점

① '나의 장점과 단점'활동에 대해 설명한다.

"많은 사람들은 단점을 숨기고 장점만을 내세우는 경향이 있지요. 인간이라면 누구나 장점과 단점을 가지고 있는데, 이를 어떤 시각으로 보느냐가 중요하지요."

② 다음과 같이 '나의 장점과 단점'활동의 절차를 설명한다.

- 손그림 그리기 : 종이에 자신의 손바닥을 쫙 펴서 손가락 선을 그린다.
- 나의 장점 찾기 : 나의 장점 다섯 가지를 손가락 그림 위에 적어본다.
- 나의 단점 찾기 : 나의 단점 다섯 가지를 손가락 그림 위에 적어본다.
- 느낀 점을 나누어 보도록 한다.

"로마시대 유명한 웅변가인 데모스테네스는 말더듬이였다고 하고, 축구선수 박지성도 평발이라고 하지 않습니까. 모두 단점을 인정 · 수용하고 이를 다듬고 극복하여 자신의 성장 에너지로 키워간거죠."

③ 활동지 10-7의 3)을 스스로 생각하고 적어보는 시간을 준다.

④ 활동지 10-7의 4)에 대해 생각하고 이야기 나눈다.

(3) 마무리

"이번 시간에는 우리 모두 장점도 단점도 모두 존재하는 나를 돌아보는 계기가 되었다고 봅니다. 이제 단점을 숨겨야 하고 없애야 하는 것으로 보지 않고 오히려 단점을 드러내고 자신의 또 다른 가능성이라 여기고 극복하려는 의지와 함께 도전 · 보완해 나가는 게 중요하다는 것을 알았겠지요. 다음 시간은 이번 프로그램의 마지막 시간으로 '새로운 나와 너!'라는 주제를 다루어 마무리를 짓도록 하겠습니다. 여러분 수고 많았어요. 다음 시간에 보지요."

활동지 10-7 **나의 장 · 단점은?**

1) 나의 장점을 손가락 그림 위에 적어보세요.

[예] 아침에 일찍 일어나서 운동하는 습관이 있다.

2) 나의 단점을 손가락 그림 위에 적어보세요.

[예] 엄마에게 화를 잘 낸다.

3) 나의 장단점에 대해 친구들과 이야기 나눈 후 느낌은 어떤가요?

4) 나의 단점을 보완 · 극복할 수 있는 방법은 어떤 것들이 있을까요?

---

5 새로운 나와 너!

목표 : • 집단상담에서 성장한 나의 모습을 통해 새로운 나의 모습을 설계한다.
• 집단원 간에 강점을 피드백 함으로써 자기수용 및 자기 개방의 기쁨을 맛본다.

(1) 도입하기

지난 시간의 내용을 간단히 정리하고, 이번 시간 프로그램의 내용을 소개한다.

"지난 시간에는 나 자신을 또 발견했지요? 장점도 단점도 모두 존재하는 나, 단점도 숨길 필요가 없는 나를 보았을 겁니다. 이제 장점은 더욱 키워나가고 단점은 내 성장에 필요한 에너지원이 되도록 변화시키길 바랍니다."

"그런데 이번 시간은 우리 이번 프로그램의 마지막 시간이라는 것 아시죠. 이번 프로그램을 통해 성장해온 나의 모습을 정리하려 합니다. 그리고 이번 활동을 하면서 보여준 친구들의 강점을 나누고 활동을 마무리 하고자 합니다."

(2) 새로운 나의 모습

① '새로운 나의 모습' 활동에 대해 설명한다.

"이제 새로운 사람으로 나는 어떻게 살고 싶으세요? 상상해 보세요! 그동안 자기성장 프로그램에 참여하면서 가장 기억에 남는 것은 무엇인지, 자신이 어떻게 변화 · 성장해 왔는지 자신의 표정과 모습, 생각, 느낌 등을 떠올리면서 되고 싶은 나의 멋진 모습을 보다 구체적으로 활동지 10-8에 적어 봅시다."

② 모둠원들 앞에서 새로운 자신의 모습을 밝힌다.

"모둠원들 앞에 일어서서 자신의 새로운 모습에 대해 목소리에 힘을 주어 선언하듯이 또박또박 크게 읽으세요. 다 읽으면 모둠원들은 지지하는 말, 박수치기, 안아주기 등으로 새로운 친구의 모습을 격려하도록 합니다."

"새로운 나의 모습을 설계하면서 어땠었나요? 자신의 삶을 되새기면서 지금까지 이루지 못해 다시 시도해 보고 싶은 것, 미래에 대한 원대한 목표, 구체적인 실행계획 등에 대한 생각으로 느낀 점도 많았을 겁니다. 오늘의 활동을 두고두고 기억해서 나의 삶에 지침이 되길 바랍니다."

(3) 강점 지지

① '강점 지지' 활동의 진행방식에 대해 설명한다.

"그동안 이루어 온 변화와 성장, 새로운 나의 모습을 나누고 격려했습니다. 지금부터는 친구의 강점을 돌아가면서 세 가지씩 적어주고 이야기해 주려 합니다."

다음은 활동 진행방법이다.

- 모둠별로 집단원 각자 활동지 10-9에 자기 이름을 적어 오른쪽 친구에게 돌린다.
- 활동지를 받은 사람은 적힌 이름을 확인하고, 그 친구의 강점을 구체적으로 적는다.
- [예] "너는 자신의 단점을 솔직하게 이야기해서 보기 좋았고, 친구가 말한 것에 대해 공감적 질문을 잘해서 상대방이 자신의 느낌을 잘 이야기하도록 하더라. 그리고 친구들과 서로 이야기 나눌 때 진지하게 말해서 진실한 친구인 것 같더라."
- 자기 것이 돌아오면 끝난다.
- 모둠원 모두 친구들로부터 받은 강점에 대한 피드백을 읽으면서 느낀 점이 무엇인지 자유롭게 이야기 나눈다.

② 강점 지지활동에 대해 정리한다.

"친구들이 써 준 강점을 보니 마음이 어떠세요? 자랑스럽고 뿌듯하고 흐뭇하고 벅찬 마음일 거예요. 그동안 집단상담이 진행되면서 여러분이 친구들에게 보여준 모습, 여러분의 참모습인 게지요. 지금 이순간의 감동을 오래 간직하며 당당하게 살아가길 바랍니다."

(4) 마무리

"이번 시간은 그동안 자기성장 프로그램을 통해 성장해온 나의 모습을 정리해 보았습니다. 그리고 친구들끼리 강점에 대한 피드백도 받았지요? 이렇게 해서 자신에 대해 당당함, 뿌듯함, 자랑스러움을 갖게 되었을 겁니다. 그동안 여러분이 프로그램에 열심히 참여하여 솔직하고 진실된 자기 모습을 보여 주었기 때문이라 봅니다."

"이제 이 시간으로 모든 자기성장 프로그램을 마치게 되었네요. 5회기 동안 열심히 참여해서 자신을 이해하고, 수용하고, 개방하여 여러 면에서 자신의 참된 모습을 보았을 겁니다. 앞으로의 삶에 지금까지 활동하며 생각하고 느꼈던 것들이 큰 힘이 되고 큰 보탬이 되기를 바랍니다."

"자, 그럼 지금까지 함께했던 모둠원들과 이별인사를 합시다. 한 사람씩 서로 안아주면서 못다한 강점이 있다면 피드백해 주도록 합시다. 여러분 그동안 수고 많았고, 나도 여러분과 함께 하면서 즐거웠습니다."(박수)

마지막으로 모둠원들끼리 개성 있는 포즈를 취하면서 사진을 찍는다.

활동지 10-8 **새로운 나의 모습**

1) 나의 과거 모습을 구체적으로 적어 봅시다.

2) 집단상담을 통해 나타난 나의 변화와 성장은?

3) 집단상담에 참여하면서 기억에 남는 잊지 못할 사건과 느낌은?

4) 새로운 내 인생을 어떻게 가꾸어 갈지 구체적으로 적어 봅시다.

활동지 10-9 **강점 지지**

강점 1)

강점 2)

강점 3)

별칭 ____________

2. 청소년의 역량 강화

앞서 소개한 자기성장 프로그램 외에 학교폭력 예방을 위한 청소년 내외적 역량 강화를 위한 전략들을 간단히 소개하고자 한다. 다음의 몇 가지 전략은 학생의 필요, 학생의 특성, 문제 가능성 유형 등에 따라 적절하게 보완하고, 앞의 자기성장 프로그램의 진행과정을 참고하면 집단상담내용으로도 활용될 수 있을 것이다.

1) 자기존중감 향상

자기존중감(자존감, self-esteem)이란 자기 자신에 대해 가치가 있다고 스스로 믿는 정도를 말한다. 자신의 가치를 높다고 판단하는 높은 자존감은 성격발달, 인간관계, 지적인 성취, 자기정체감 형성 등에 긍정적인 영향을 주는 것은 물론이고 적응상의 문제들을 예방하고 성장하게 하는 반면, 낮은 자존감은 그러하지 못하다. 자존감이 낮으면 보다 충동적이고,

타인에 대한 적대감이 높으며, 스트레스 상황에서 쉽게 우울해지고, 의사결정에서 의존적이며, 진로결정에서도 불확실한 경향이 있다. 그리하여 이들은 쉽게 좌절하고 좌절은 분노를 유발하게 되며, 분노는 결국 학교폭력행동으로 이어지게 된다.

자존감 형성은 타고난 기질을 포함한 유전적 특성과 환경적 요인들의 복합적인 영향을 받으며, 무엇보다 부모로부터의 인정과 사랑이 주는 영향이 크다. 교사 또한 학생을 인격적으로 존중하고, 학생 스스로 할 수 있도록 자유와 책임을 부여하며 지지해 주는 역할이 필요하다. 자존감 향상을 위한 방안은 다음과 같다(이정윤, 이동형, 고려진, 김혜원, 2013).

① 학생을 향한 따뜻하고 수용적인 태도가 중요하다

특히, 자존감이 낮은 학생의 경우, 스스로를 가치 있다고 느낄 수 있도록 따뜻하고 수용적인 태도로 대하는 것은 매우 중요하다. 학생의 행동에 대해 구체적이고 진정성 있는 관심을 보이는 것, 아낌없이 칭찬해 주는 것, 인내심을 가지고 끊임없이 격려해 주는 것 등은 교사가 반드시 유념해야 한다. '조금 못해도 괜찮아', '조금만 더하면 아주 잘하겠는걸!', '지금 잘하고 있어' 등과 같은 격려의 표현은 자존감을 키울 수 있는 훌륭한 표현이라 할 수 있다.

② 학생 각자의 잠재적 자원이나 강점을 인식할 수 있도록 도와주고 이를 계발하는 일에 관심을 둔다

대체로 성인들은 학생의 약점을 고치면 바르게 성장할 수 있을 것으로 보고 과거의 약점을 지적하고 수정하려 한다. 학생 역시 자신의 장점보다는 단점만 부각시켜 보는 경향이 있다. 이러한 사고는 강점 계발의 기회를 놓치는 결과를 가져온다. 모든 것을 다 잘하는 사람이 극히 드물지만 사람마다 한두 가지 강점은 있다. 교사는 평소 학생 각자의 강점을 유심히 관찰하고 학생에게 그것이 무엇인지 인식하도록 도와주는 것이 필요하다. 또 이를 계발할 수 있도록 애정 어린 관심과 지지를 보내는 것 역시 중요하다. 이는 학생 자신에 대한 스스로의 가치를 높일 것이고, 유능감을 기르는 데 큰 역할을 할 것이다. 이때 처음부터 다른 학생과 비교해서 우월한 강점을 찾으려고 시도하기보다는 사소한 잠재적 자원부터 발견하여 성공할 수 있는 기회를 주도록 한다. 교사는 다음과 같은 단계를 차근히 밟아 가면 될 것이다.

- 1단계 : 교사는 학생의 특성을 관찰하고 확인한다.
- 2단계 : 교사는 관찰하고 확인한 학생의 특성에서 강점을 발견한다.

- 3단계 : 교사는 발견한 강점을 학생이 인식할 수 있도록 도와준다.
- 4단계 : 학생 각자의 강점을 개발할 수 있도록 안내하고 도와준다. 교사는 학생의 강점 개발과정에서 긍정적 피드백을 주고 격려한다.
- 5단계 : 강점 개발의 결과물을 발표하고 전시한다.

③ 학급 일을 맡겨 자신이 중요한 사람이라고 느끼도록 도와준다

학급에서 특별한 역할이나 임무를 맡는 것은 자존감 향상에 기여한다. 맡은 임무를 처리하면서 자신감과 성취감을 얻게 되는 것은 물론이고, 자연스럽게 또래나 선생님과 어울림으로써 자신이 가치 있는 사람이라는 느낌을 가지게 된다.

④ 청소년의 중요한 발달과제인 친구관계형성을 도와주고 소속감을 갖도록 도와준다

청소년의 주된 발달적 관심사는 친구와의 친밀한 관계를 형성하고 또래집단 속에서 소속감을 가지는 것이다. 교사는 친구들끼리 자연스럽게 서로 어울릴 수 있도록 친구 사귀는 법 도움주기, 협동과제 수행이나 학급활동을 위한 모둠 편성 시 학생들의 발달적 관심사 반영하기, 협동과제 수행 시 서로 도움을 주고 기여한 바에 대한 칭찬 나누기 등은 친구관계형성과 소속감을 가질 수 있는 예가 될 수 있다.

⑤ 자존감 향상을 위해 부모의 도움을 구한다

자존감은 교사의 태도나 관심도 중요하나 가정에서 자존감 형성을 위한 노력을 더해 준다면 그 효과가 더욱 커진다. 교사는 우선 학교에서 향상된 학생의 모습을 가정에 알리고, 학교와 가정이 일관되게 지도한다면 아이가 더욱 발전할 수 있음을 강조하면서 부모 협조의 필요성을 당부한다. 아이 성장을 위한 자존감 향상은 부모의 긍정적 관심과 적절한 칭찬이 크게 작용하기 때문이다.

2) 의지계발

의지계발이란 현대 사회의 삶 속에서 청소년들이 크게 흔들림 없이 자기주도적으로 생활을 할 수 있게 하는 의지를 계발하는 것을 말한다. 갈수록 현대사회의 여러 가지 여건은 청소년 문제의 원인으로 작용하고 있다. 여성 취업에 따른 맞벌이 가정의 증가는 가족 간의 대화나 가정교육의 부재를 불러오고, 결손가정 증가는 청소년의 비행 증가로 연결되며, 저 출산으로 인한 부모의 자녀 과잉보호는 자녀와의 갈등을 낳고 있고, 빈부격차는 청소년들의 상대적 박탈감을 갖게 하는 등 현대사회의 다양한 측면이 청소년문제의 직·간접적인 원인이 되고 있다. 의지계발 훈련은 이와 같은 현대사회에서 청소년들이 자기주도적인 삶, 즉 자기 자신을 계발하여 자아실현적인 삶을 살 수 있는 바탕이 되는 의지를 계발하는 데 초점을 두는 일이 되어야 한다. 이를 위한 방안은 다음과 같다(이명조, 2012; 천성문외, 2011).

① 청소년 자신의 적성, 능력, 학업 등에 대한 이해와 다양한 직업에 대한 이해를 기초로 해서 진로를 탐색·계획하도록 하는 진로탐색 집단상담 프로그램을 우선 실시하도록 한다

진로탐색 프로그램의 주된 목적의 하나는 학생들의 진로 의사결정능력의 배양임을 염두에 두어야 한다. 이 프로그램을 통한 청소년들의 진로목표, 즉 꿈은 그들의 삶을 발전시켜 나가는 근본적인 동기가 되고 원동력이 된다. Box 10-1은 진로탐색 집단상담 프로그램의 내용이다.

② 청소년들의 진로목표나 꿈을 실천하기 위한 구체적인 방법에 대해 토론한다

청소년들이 지향해야 할 대표적인 덕목은 진로목표나 꿈을 지니고 추구하는 일이다. 이에 교사는 학생들을 위한 진로상담이나 교육을 실시하는 일에 게을리하지 말아야 하고, 진로목표나 꿈을 실천하기 위한 의지력 키우는 것을 도와주어야 할 것이다. 이때 생활 속에서 적용할 수 있는 구체적 행동방법을 학생들 각자 제시하면서 토론하는 기회를 가지면 좋은 아이디어가 도출될 것이다.

③ 학생의 요청에 대한 교사의 관심과 도움이 중요하다

학생 각자 스스로 기준을 세워 노력하는 과정에서 교사가 관심을 보여 주고, 학생이 어려움에 처했을 때 기꺼이 도움을 제공해주도록 한다. 여기에 학생의 자기평가와 자기강화는 동기유발에 보탬이 될 수 있을 것이다.

BOX 10-1 | 진로탐색 집단상담 프로그램의 내용

청소년기는 자신의 미래를 설계하고 이에 대한 구체적인 준비를 하는 시기이므로 이 시기의 진로탐색은 매우 중요하다. 학급 내 소집단을 구성해서 실행할 수 있는 '진로탐색 집단상담 프로그램'의 주된 내용을 소개하면 다음과 같다.

첫째, 학생들의 진로탐색에 대한 동기유발 내용을 프로그램 초반부에 소개한다. 일과 직업의 심리적, 사회적, 경제적 의미를 생각해 보게 하여 일과 직업이 단순히 돈을 벌기 위한 수단만이 아니라 사회적 지위 확보와 자아정체감을 달성하는 데 도움이 되고, 경제적인 안정을 위해 중요한 부분임을 인식하도록 한다. 아울러 행복한 직업생활을 위해 직업이 추구하는 가치와 자신의 직업가치관이 일치해야 한다는 것을 알게 하여 진로탐색의 동기를 높이도록 한다.

둘째, 자기 자신과 직업의 세계를 탐색한다. 자신의 흥미, 성격, 적성 등에 대해 통합적으로 이해하도록 하고, 또한 현대사회에 존재하는 복잡하고 다양한 직업세계, 직업정보 탐색방법, 미래 직업세계에 대한 전망 등을 제시하여 직업세계에 대한 이해를 증진하도록 한다.

셋째, 진로 의사결정의 기술을 습득해서 합리적인 결정을 내리도록 한다. 자기 자신과 직업의 세계를 잘 알아도 이를 적절히 활용해서 최선의 선택을 할 수 있는 의사결정기술이 없으면 올바른 진로결정을 하기가 어렵다. 진로를 결정하는 일은 개인의 일생을 통해서 성취해야 할 가장 중요한 과업 가운데 하나임에도 불구하고 자신과 직업의 세계에 대한 정확한 이해 없이 편견이나 부모의 요구, 선배나 친구의 권유 등에 의해 불합리한 결정을 내리는 경우가 많다. 이런 때 나타나는 부작용을 예방하기 위해 올바른 진로결정을 할 수 있도록 의사결정단계를 이해하도록 하여 '나의 진로 의사결정'을 작성하고 진로목표를 세우도록 한다.

자료 : 천성문 외(2011).

3) 스트레스 대처

스트레스란 자기에게 부과된 요구 수준과 이 요구에 부응할 수 있는 자신의 능력 간에 어떤 불균형감을 지각할 때 일어나는 생리적 · 심리적 반응을 말한다. 예를 들어, 평균 A학점을 받아야 장학금을 받는데, 동아리 일로 시험 준비를 제대로 못한 상황에서 시험 날짜는 얼마 남지 않아 불안하고 잠이 잘 오지 않는다면 스트레스를 받고 있는 것이다. 스트레스 대처 훈련은 일생생활의 스트레스에 적절히 대처할 수 있는 능력을 기르는 것에 초점을 둔다. 사람은 스트레스를 받으면 순간적으로 감정이 올라오며, 이러한 갑작스러운 감정의 변화는 인지적으로 영향을 미쳐 부정적인 생각으로 가득 차게 하고 신체적으로도 긴장하게 해서 더욱 스트레스를 악화시킨다. 학생 각자가 자신의 스트레스를 어떻게 인식하고 받아들이며 반응하느냐에 따라 적응에 영향을 미치므로, 스트레스 대처 훈련은 초기 스트레스 지각단계에서부터 개입해야 한다. 스트레스 대처 훈련은 다음과 같다(Cranwell-Ward, 1998).

① 자신의 스트레스에 대해 이해한다

스트레스의 주된 정서반응은 짜증과 불평불만, 불안감, 우울증이다. 이러한 정서를 일으키는 문제가 무엇인가를 안다는 것은 이미 반은 해결된 것과 같다. 즉, 자신의 주된 문제를 발견하면 과다한 긴장을 약화시킬 수 있는 다음 단계를 찾게 될 것이고 이렇게 되면 덜 정서적이 될 것이다. 우선 이와 같은 스트레스에 대한 일반적인 반응, 스트레스의 개념, 스트레스의 원인 등을 이해하도록 한다. 그 다음 학생 각자 자신의 스트레스를 어떤 상황에서 지각하고, 그리고 이에 대해 어떻게 대처하고 있는지 함께 토론하는 기회를 가진다.

② 스트레스 해소를 위한 이완훈련을 한다

스트레스로 인한 신체적인 긴장을 이완하는 훈련을 함으로써 스트레스 조절능력을 기른다. Box 10-2는 스트레스 해소를 위한 호흡이완법의 절차이다.

③ 스트레스를 생성하는 비합리적 사고를 점검한다

스트레스를 생성하는 개인 각자의 비합리적인 생각들을 비판적으로 검토 · 수정한다. 예컨대, 남들에게 평가받는 상황에서 불안을 크게 느끼며 스트레스를 받는 원인은 '좋은 평가를 받지 못하면 큰일이다.'라는 비합리적인 생각을 하기 때문이다. 그래서 불안을 치료하려면 생각을 좀 더 합리적으로 변화시켜야 한다. '좋은 평가를 받지 못할 가능성도 있지만 그렇다고 해서 그것으로 내 인생을 망치는 것은 아니다.'라는 생각으로 바꿀 수 있어도 불안은 감소된다. 이 방안은 스트레스 상황에서 감정적인 반응이 빠르거나 미래상황을 지나치게 염려하는 학생에게 도움이 된다.

④ 스트레스 대처를 위해 도움받을 수 있는 주변 자원을 찾도록 한다

자신을 정서적으로 지지해 주는 신뢰로운 사람을 만나 자신의 실제 모습을 수용 · 인정

BOX 10-2 | 호흡이완법

우리는 태어나서 죽는 순간까지 호흡을 하지만, 호흡곤란이 일어나지 않는 한, 호흡에 주의를 기울이는 일이 거의 없다. 그런데 호흡을 통한 이완이야말로 스트레스 해소를 위한 최적의 쉬운 방법이 될 수 있다. 그 이유는 첫째, 호흡이라는 생명의 기본리듬에 의식을 집중하면 주의를 모을 수 있다. 둘째, 호흡에 주의를 모으면 '지금(now) 여기(here)'의 알아차림을 할 수 있어 과거나 미래에 대한 오만가지 잡념, 즉 스트레스를 주는 생각으로부터 해방될 수 있다. 호흡이완법의 절차는 다음과 같다.

첫째, 가부좌나 반가부좌 자세로 편안하게 땅바닥에 앉아 두 눈을 지그시 감는다(침대에 눕거나 의자에 앉아서도 가능하다).

둘째, 호흡에 관심을 쏟는다. 들어 마시는 숨(들숨)과 내쉬는 숨(날숨)을 쉴 때마다 하나, 둘, 셋하고 센다. 즉, 들숨에서 하나, 둘, 셋(5초 내외)하고, 날숨에서 하나, 둘, 셋(5초 내외)하고 센다. 호흡은 깊고 편안하고 자연스럽게 한다. 이러한 방식으로 호흡에 관심을 두는 것을 호흡법이라 한다(익숙하면 복식호흡, 즉 아랫배가 부풀거나 줄어드는 호흡을 권한다) .

셋째, 근육에 관심을 기울인다. 처음에는 몸 전체 근육을 힘껏 조였다가 서서히 발가락에서 머리까지 차례차례 이완시켜 나간다. 즉, 다리근육(왼발의 발가락 → 발바닥 → 발꿈치 → 발등 → 발목 → 장딴지 → 관절 → 허벅지 → 골반 → 오른발의 발가락… 골반), 몸통(허리 → 배 → 등과 가슴 → 어깨), 양팔 근육(양손의 손가락 끝 → 양팔 → 양어깨), 얼굴과 머리(목과 목구멍 → 얼굴의 모든 부분 → 후두부 → 정수리)까지 이완시킨다.

넷째, 몸 전체가 이완되었으면 이완상태를 지속하면서 10~20분 동안 깊은 호흡을 계속한다.

다섯째, 눈을 뜨고 몇 분간 조용히 앉았다가 일어선다.

이때 주의할 점은 소화활동에 장애가 생기지 않는 식사 2시간 후, 가능한 방해받지 않는 조용한 환경에서 실시하되, 이완상태에 신경 쓰지 않는 수동적 자세를 취하도록 한다.

자료 : Kabat-Zinn(2010).

받게 되면 스트레스를 이기는 힘이 생긴다. 특히, 정서적 긴장감을 표출 · 해소하는 것은 매우 중요하다. 정서적 긴장을 표현하지 않고 억눌러 참게 되면 그 긴장이 사라지기는커녕 내면 깊숙이 숨어들어가 정신적 고통을 야기하여 정신건강을 해치게 된다. 예컨대, 무기력, 불안, 우울증, 심지어 자살까지 이어질 수도 있다.

4) 갈등해결

친구관계, 이성관계, 부모관계, 교사관계 등 다양한 인간관계에서 갈등을 피하기란 어렵다. 하지만 갈등을 어떻게 다루느냐에 따라 쉽게 해결되기도 하고 심화되기도 한다. 갈등을 효과적으로 다루기 위한 지도는 다음과 같다(이명조, 2012).

① 갈등을 발생 초기에 해결한다

갈등은 대체로 사소한 의견 차에 따른 불만에서 시작되지만 갈등을 해결하지 않은 채 미루면 그 골이 깊어지게 된다. 점점 갈등을 일으킨 사건 자체보다는 감정(예 : 자존심 저하, 섭섭함, 실망감 등)이 개입되기 때문이다. 갈등이 처음에는 표현되지 않다가 점차 겉으로는 아무렇지도 않은 척 하는 수동공격적인 태도가 나타나기도 하고, 감정을 건드리는 촉발단서가 생기면 실제로 공격행동을 하기도 한다. 갈등을 덮어둔 채 상대방에게 그 해결을 떠넘기거나 미루기보다는 갈등 초기에 빨리 해결책을 강구해야 심화되는 것을 막을 수 있다.

② 나부터 갈등 제공의 원인을 밝힌다

대체로 갈등상황에서는 그 원인을 제공한 사람은 내가 아니라 상대방이라는 사고가 지배적이다. 자신은 옳고 상대방이 틀렸다는 전제하에서 잘잘못을 따져 비난하는 데 초점을 둔다는 것이다. 그런데 갈등의 원인을 어느 한쪽이 100%가 제공하는 경우는 드물다. 대체로 양쪽 모두에게 원인이 있는 경우가 많다. 따라서 자기가 어떤 부분에서 갈등의 원인을 제공했는지 빨리 인정하는 것이 현명하다. 그러면 상대방 역시 자신의 원인 제공 부분을 회피하기 어려울 것이다. 만약 상대방에게 모든 원인이 있다고 확신을 한다면 조심스럽게 접근해야 한다. 즉, 상대방이 수긍할 수 있도록 상대방의 마음을 헤아리는 말부터 시작하는 것이 좋다. "평소에 네 성격이나 행동으로 봐서 이런 상황이 될 줄 몰랐겠지만, ~~ ." 이와 같은 말은 마음의 문을 열게 해서 갈등의 매듭을 풀 수 있을 것이다.

③ 갈등상황에서 상대방 의도를 추측해서 판단하지 않는다

사람은 갈등이 발생하면 상대방이 실수가 아닌 고의적인 의도에서 그 원인을 제공했다고 섣불리 짐작하는 경우가 많다. 이러한 시각은 갈등을 더욱 키우게 된다. 그런데 이러한 부정적인 생각은 추측일 가능성이 크다. 사실이 아니라 착각일 수 있다는 것이다. 상대방에게 직접 물어보는 자세가 갈등을 최소화하는 데 도움이 될 것이다.

④ 갈등해결은 공평하게 이루어져 한다

만약 한쪽이 양보하게 되면 양보한 쪽에서는 부정적인 감정이 증가한다. 친구 간의 갈등을 해결하는 일반적인 절차는 다음과 같다.

- 1단계 : 반영적 경청을 통해 친구의 불만과 욕구를 들어준다.
- 2단계 : 상대방에게 상처를 주지 않는 범위에서 '나-전달법'으로 자신의 불만과 욕구를 말한다.
- 3단계 : 현실적으로 실행할 수 있는 해결책들을 내놓는다.
- 4단계 : 가장 효율적인 해결책을 협상한다. 누가, 무엇을, 어떻게 할 것인지를 결정한다.
- 5단계 : 해결과정에서 문제가 생기면 언제든지 다시 재협상한다.

BOX 10-3 | 친구와 나의 승-승 패러다임

스티븐 코비(Stephen R. Covey)는 가장 바람직한 대인관계 요인으로 높은 수준의 배려와 용기를 꼽았다. 높은 수준의 배려란 타인의 감정과 생각을 경청하고 수용하는 공감적 이해와 존중을 말하고, 높은 수준의 용기란 자신의 감정과 생각을 솔직하게 표현할 수 있는 자기표현을 말한다. 이를 스티븐 코비는 타인과 나의 승-승 패러다임(Win-Win Paradigm)방식이라 보고, 이 방식이 갈등 해소를 위한 효율적인 방법이라 했다. 이 패러다임은 타인에 대한 배려와 자기를 표현하는 용기의 수준 모두가 높아 상대방을 인정하면서 자신의 목표도 관철시키는 방법이다. 간단히 말해, 상대방 기분을 상하지 않게 배려하면서 자기가 하고 싶은 말도 하는 것이다. 상호 간에 이와 같은 관계를 가진다면 삶의 경쟁은 저절로 사라지고 서로에게 유익한 협력의 장이 된다.

자료 : Covey(2003).

CHAPTER 11

청소년의 문제행동 지도

1. 분노조절이 어려운 학생 2. 충동적인 학생 3. 반항적인 학생 4. 우울한 학생
5. 불안한 학생 6. 또래관계에서 위축된 학생 7. 자살 위험이 있는 학생

C H A P T E R

11 청소년의 문제행동 지도

학교현장에서 비교적 흔하게 발견되는 학생들의 문제행동 가운데 학교폭력과 직 · 간접적으로 관련된 문제행동들은 분노, 충동성, 우울, 사회적 위축, 자살 등이다.

이 장에서는 2013년 5월 10일 개최된 한국심리학회 특별 심포지엄 자료집 〈학교폭력 현장 대응을 위한 심리 · 행동적 개입〉의 '교사용 지침서'에 소개된 분노, 충동성, 반항 등 외현화 문제행동 유형들과 우울, 불안, 사회적 위축, 자살 등 내재화 문제행동 유형들을 중심으로 그 내용을 발췌 · 요약하고자 한다(이 지침서에 인용된 문헌은 생략하기로 한다). 여기서 외현화 문제행동이란 신체 · 언어적으로 행동화(acting out)하여 주로 타인에게 피해를 주는 통제결여 행동인 반면, 내재화 문제행동이란 눈에 잘 띄지 않고 주로 자신에게 피해를 주는 과잉 통제행동을 말한다.

1. 분노조절이 어려운 학생

1) 분노의 성격

분노란 일상생활에서 자주 경험하는 인간의 기본정서 중 하나로, 자신의 적대적이고 불쾌한 감정을 내부로 억제하거나 외부로 표출하는 심리적인 현상을 말한다. 분노를 주관적으로 느끼는 수준은 약한 분노에서 강한 분노까지 그 수준이 다양하다. 즉, '짜증나는, 성난, 자극하는'(낮은 강도 분노) → '화난, 적대적인, 분개한'(중간 수준) → '몹시 격분한, 발광하는'(가장 강한 수준)과 같이 다르게 표현될 수 있다. 분노감정은 또한 생리적 · 행동적 변화를 수반한다. 예컨대, 땀이 나거나, 몸이 떨리거나, 심장이 두근거리거나, 근육이 긴장되거나, 주먹을 꽉 쥐거나, 목소리가 높아지는 등과 같은 변화를 보인다.

특히, 공격적인 분노표현은 대인관계를 악화시키고, 파괴적인 방식의 분노표현은 폭행이나 물건의 파괴 등의 심각한 결과를 초래할 수 있다. 분노통제의 어려움을 보이는 학생들은 또래로부터 거부당하거나 폭력의 가해자가 될 수 있으므로 분노감정을 적절하게 표현할 수 있도록 지도하는 것이 중요하다.

2) 분노조절 지도방안

어린 시절부터 사랑 및 의존의 욕구를 인정 · 수용받지 못하고 반복적으로 무시되거나 좌절되면 분노감정과 적개심이 쌓이게 되어 이를 적절하게 표현하도록 지도하는 것은 매우 중요하다. 왜냐하면 분노감정을 적응적으로 표현하지 못한 채 억압하게 되면 자신의 감정과 욕구를 자동적으로 부인하게 되어 불안, 우울 등과 같은 경험을 하게 되거나, 비행이나 중독과 같은 행동화(acting out)를 할 수 있기 때문이다(김계현 외, 2009; Saul, 1992). 이를 도식으로 나타내고, 분노조절 지도방안을 제시하면 다음과 같다.

*** 분노의 원인과 분노 억압의 결과**

사랑과 의존 욕구 → (반복적인 좌절) → 분노, 적개심 → (억압) → 안팎으로 표출

(안) 마음의 병 : 우울, 불안, 퇴행, 신체화 증상 등

(밖) 문제행동 : 청소년비행, 게임중독, 알코올중독 등 행동화(acting out)

*** 분노를 비롯한 감정의 적절한 표현의 중요성**

- 감정 표현 → 정서적 긴장의 방출(카타르시스) → 편안한 마음 → 다른 일에 에너지 돌림(자신의 감정 속에 내재된 자기탐색과 자기이해 및 상대방의 욕구와 이해관계 생각)
- 감정을 표현하지 않으면 사라지지 않음 → 감정 쌓임 → 신체와 마음의 경직 및 긴장 → 융통성 부족과 사고의 극단

자료 : 김계현 외(2009); Saul(1992).

▨ 성인(부모, 교사 등)의 적절한 보살핌으로 학생의 분노감정을 근본적으로 줄인다

성인의 학생에 대한 다음과 같은 적절한 보살핌은 분노감정의 발생을 줄일 수 있다.

첫째, 어린 시절 아동의 사랑과 의존욕구는 청소년이 되면서 독립과 인정의 욕구로 변하고 친구의 중요성이 주된 발달적 관심사가 된다. 어릴 때는 구체적으로 이끌어 주는 사랑과 훈육이 필요하나 청소년이 되면서 스스로 깨닫고 결정하여 자신의 영역을 넓혀 나갈 수 있도록 지지하는 것이 중요하다.

둘째, 무조건 성인의 말을 따라야 한다고 믿고 학생의 생각과 감정과 행동들이 항상 어떤 틀이나 기준, 혹은 기대에 맞추도록 하는 성인이 의외로 많다. 적절한 보살핌이란 학생의 입장에서 학생을 이해하고 마음을 읽어주는 일이다.

셋째, 성인의 확고하고 방향성이 분명한 훈육과 지도가 필요하다. 지켜야 할 행동의 기준 설정과 일관성 있고 확고하게 적절한 강화와 처벌의 제공은 학생이 자신 행동의 적절성을 판단하고 지킬 수 있게 한다. 이러한 적절한 훈육과 지도를 통한 어느 정도의 좌절경험은 자기조절의 힘을 기를 수 있다.

▨ 발생한 분노감정의 이유를 공감하는 태도로 경청해서 분노감정을 표출하게 한다

교사의 공감과 경청을 통해 학생이 분노 이면의 억울한 마음을 호소하면서 분노를 표현하게 되면, 카타르시스(정화)를 경험하고 편안한 마음이 되어 다른 일에 에너지를 돌리게 된다. 이러한 분노 표출의 과정은 여러 번 반복되어야 편안한 마음이 생기고 관심을 딴 곳으로 돌릴 수 있다. 그리하여 자신의 분노감정 속에 내재된 자기탐색을 통한 자기이해가 가능하고, 상대방의 욕구와 이해관계까지 생각하기에 이른다. 분노는 학급 분위기의 방해, 학교폭력 가해자, 또래로부터 거부 등을 불러오므로 적절한 방법으로 표현되어야 한다.

▨ 학생에게 분노조절 전략을 가르친다

학생의 분노조절을 위해 다음과 같은 대처 전략을 가르쳐 주어야 한다.

① 분노 인식하기

분노는 어떤 것이며, 분노 신호는 어떤 것인지 그 신호(신체신호, 생각신호, 행동신호)를 인식하도록 한다. ('분노의 성격' 참조)

② 분노 대처기술 가르치기

- 긴장이완기법
  - 심호흡법 : 분노 시 숨쉬기는 빠르고 호흡량이 적기 때문에 심호흡을 통해 이를 이완한다.
  - 편안한 장면 떠올리기 : 자신이 가장 편안하다고 느끼는 장면을 머릿속으로 계속 떠올린다.
  - 숫자 세기 : 심호흡과 함께 숫자를 천천히 센다.
  - 부드러운 노래(혹은 짧은 시) 부르기 : 간단한 노래를 규칙적으로 부르거나 시를 외는 것은 이완을 가져온다.
  - 체계적 근육이완법 : 다양한 근육을 긴장하고 이완한다. 발, 다리, 손, 팔, 배, 가슴, 어깨, 목, 얼굴 순으로 긴장과 이완을 서서히 되풀이 하도록 한다.
- 분노 감소를 위한 혼잣말하기

  분노 감소에 도움이 되는 말을 스스로에게 하는 자기대화 대처법이다(예 : '편안하게 생각하자', '침착하자', '좋지 않아도 상관없어', '괜찮아', '침착하자', '긴장되네. 여유를 갖자', '누구도 날 열받게 할 수 없어', '이런 일은 무시해 버려', '아무도 나를 해칠 수 없어', '난 할 수 있어' 등).

③ 분노 문제해결과정 가르치기

- 1단계 : (멈춤) 화를 유발하는 것이 무엇인가?

  나는 ____________ 일 때 화가 난다.
- 2단계 : (생각) 무엇을 할 수 있지? 다양한 해결책을 생각한다.
- 3단계 : (평가) 가장 좋은 해결책은 무엇이지?
- 4단계 : (실행) 해결책을 실행한다.
- 5단계 : (반응) 그것이 효과가 있었는가?

  효과가 없었다면 3단계에서 다른 해결책을 골라 실행한다.

▨ 성인이 분노조절의 본보기를 보이도록 한다

학생의 분노에 고함을 지르지는 않지만 단호한 목소리로 진정하라는 강력한 메시지를 전달하고, 팔짱을 끼는 것과 같은 기부적인 몸짓은 하지 않는다. 희생에 대해 교사가 매우 염려하고 있고 관심을 가지고 있다는 것을 알게 한다. "네가 정말로 화가 났다는 것을 내가 알겠다.", "내가 정말로 너에게 무슨 일이 일어났는지 듣고 싶어. 그러나 네가 계속 소리 지르고 화를 내면 내가 알 수가 없어."

2. 충동적인 학생

1) 충동적인 학생의 문제

충동적인 학생들은 사고, 행동, 감정의 조절이 어렵다. 흔히 문제를 분석할 충분한 시간을 갖고 해결방안을 탐색하거나 결과를 예상하여 심사숙고하는 능력이 부족하다. 따라서 즉각적인 선택이나 판단을 하고, 상황을 고려하지 않고 함부로 말을 하고, 위험을 무릅쓰고 대담하게 행동하며, 감정조절을 어려워하는 경향이 있다. 이러한 패턴이 지속적으로 나타날 경우, 실생활을 포함하여 교육현장에서 다양한 부적응적 결과를 초래할 수 있다. 또래들에 의해 쉽게 거부당하고 소외되며, 학습에 어려움을 보이고, 수업방해행동을 많이 하며, 공격적 행동을 자주하고, 문제해결능력이 부족하며, 분노의 감정을 잘 드러내어 학교에서 문제아로 인식될 수 있다. 충동성은 또한 주의력 결핍 및 과잉활동성과 함께 아동기에 가장 빈번하게 진단되는 심리적 장애 중 하나인 주의력결핍과잉행동장애(ADHD)를 구성하는 핵심 증상이다(Box 11-1 참조). 특히, 충동적 행동이 비교적 안정되게 다양한 상황과 조건에서 나타나는 경우 초기 아동기부터 청소년기, 성인기에 이르기까지 심각한 문제를 초래할 수 있다. 청소년기의 높은 충동성은 학교폭력, 비행 등 반사회적 행동이나 약물남용과도 직·간접적으로 관련되는 것으로 알려져 있다.

2) 충동성에 관한 다양한 관점의 이해

학생들의 충동성은 상호 중첩되는 심리학적 관점, 곧 발달적, 사회문화적, 성격적 및 임상적 관점에서 이해될 필요가 있다. 첫째, 교사는 학생의 충동성을 아동·청소년기 특유의 발달적 관점에서 이해해야 한다. 따라서 특정 학생의 충동성은 같은 연령대의 다른 학생들과 비교해서 그 정도를 가늠해 보아야 한다.

둘째, 아동·청소년기 충동성은 사회문화적 환경과의 상호작용의 결과로 이해되어야 한다. 오늘날 미디어 및 정보통신 테크놀로지의 발달은 아동·청소년의 즉각적인 만족과 피드백에 익숙하도록 하여 아동·청소년들의 욕구지연, 충동억제능력의 발달에 해로운 영향을 미치는 중요한 요인이 될 수 있다.

셋째, 충동성은 많은 사람들의 개인차를 설명하는 비교적 안정적인 행동경향성으로 이해될 필요가 있다. 발달적 관점과 함께 이러한 성격적 관점은 한 학급 내에서 동일한 연령대의 학생들이 보이는 충동적 성향에서의 뚜렷한 개인차를 설명할 수 있게 한다.

넷째, 학생의 충동성은 임상적 관점에서도 고려되어야 한다. 즉, 충동성이 연령을 감안하더라도 매우 심각해서 학생생활을 포함한 일상생활에 심각한 지장을 초래할 경우 의심해 볼 수 있는 측면에서 충동성에 대한 이해이다.

교사는 이와 같이 충동성에 대한 다양한 관점을 기초로 해서 학생들은 지원할 수 있는 방안을 찾아보아야 할 것이다.

3) 충동적인 학생의 지도방안

교사는 우선 학생의 충동성 이면의 마음이 무엇인지 살펴보고, 구체적인 행동 및 인지 전략 또한 상황에 적합하도록 적용하도록 한다.

▨ 충동성 이면의 마음을 표현하게 해서 충동성을 발산한다

충동적인 문제행동의 이면에는 학생 나름의 욕구가 있는데, 그동안 그 욕구가 좌절되어 분노가 쌓여 충동성을 보인 경우가 많다. 교사는 우선 라포를 형성한 후 '속상한 게 뭐니?', '하고 싶은 말이 있으면 해봐라.', '화가 왜 났지?' 등과 같은 말로 학생 나름의 억울한 마음을 표현하도록 해서 충동성을 발산하도록 한다. 이때 마음의 표현은 학생이 흥미를 가지고 집중할 수 있는 방법, 예컨대 말이나 글, 그림 등 어떤 방법도 선택할 수 있도록 허용하되, 다만 일정한 바운더리 내에서 하도록 경계를 명확히 한다. 여기서 일정한 바운더리를 예로 든다면 면담하는 시간 동안만 어떤 표현을 해도 되고 이 종이에만 그림을 그려야 한다와 같은 바운더리를 말한다. 물론 부모나 교사를 향한 올바르지 못한 표현도 교육적인 지도나 훈계, 비판은 금물이다. 이러한 학생의 충동성 표출과 함께 부모의 협조를 구하면 보다 효과적이다. 그동안 자녀의 행동에 대해 칭찬이나 혼을 내거나 어떤 수단을 사용해도 소용이 없었다는 속상함, 자신이 잘못 키워왔다는 죄책감, 그리고 자녀가 잘못될 것 같다는 불안감 등으로 혼란스러워 할 수 있다. 이때 교사는 자녀가 충동성을 보이더라도 나름대로 노력하고 있으니까 점차 나아질 것이라는 확신을 가지고 비난하거나 혼내지 말고 긍정적으로 지켜봐 달라는 부탁을 하도록 한다. 필요한 경우, 부모교육을 실시하도록 한다.

▨ 충동성 감소를 위해 행동 전략을 활용한다

학생의 충동적인 행동에 따라 다음과 같은 행동 전략을 사용해 보도록 한다.

- 등교시간 맞추는 것을 힘들어 한다면, 점차로 이를 수정하도록 한다. 10시가 되어야 등교하는 학생이라면, 9시 반, 9시, 8시 반, 8시… 와 같이 점진적으로 조금씩 일찍 오도록 유도한다.
- 충동성을 미리 알리는 신호체계를 활용하여 수업진행의 방해를 막는다. 학생과 면담을 통해 간단한 신호(예 : 입에 손가락 대기)를 약속하여 수업 시작 혹은 문제행동이 시작되는 시점에서 적절히 제지하는 것도 좋은 방법이다.
- 좌석이탈을 허용하는 합법적인 기회를 준다. 우선 좌석이탈 관련 학급규칙 및 적절한 착석행동 지도, 교사와 가까운 거리의 좌석배치가 필요하다. 그런데 이러한 지도에도 불구하고 좌석이탈행동이 줄어들지 않으면 좌석이탈을 허용하는 합법적인 기회를 주는 방법도 고려할 수 있다. 예컨대, 수업 도중 '스트레칭'이나 자리에서 일어나 '제자리걸음하기', '운동장 돌고 오기' 등과 같은 신체활동이다. 미리 학생과 수업방해를 최소화하는 자리이탈방식(예 : 이탈 횟수 및 시간, 학급 내 이탈 장소 등)을 구체적으로 정하고 수행하게 할 수도 있다. 또한 학생이 자신의 행동을 모니터링 하는 '자가점검방법'을 도입할 수 있다. 예컨대, 수업시간 매 10분마다 자리이탈 여부를 스스로 기록하게 한다.
- 학업과제 정확도를 점검하게 하여 충동적인 과제수행을 방지하도록 한다. 학업과제에 대한 분명한 지침을 마련해 미리 알려주고 대충하는 과제물을 되돌려주고 다시 고쳐 제출하도록 한다. 예컨대, 수학문제를 푼 후 검산하는 활동을 과제에 처음부터 포함시키고, 검산하는 활동 자체에 대해서 적극적인 관심을 보여 주며, 정확한 답변에 대해서 강화하도록 한다.
- 충동적으로 말하는 경우, 말하기 전에 생각하는 기회를 갖도록 한다. 교사의 질문에 약 5초 동안 생각하는 시간을 가진 후 대답하게 하는 '답변 규칙'은 언어 충동성을 줄이는 한 가지 방법이 될 수 있다.

▨ 학생과 개별 혹은 집단면담을 통해 인지적 전략을 연습하도록 한다

비교적 간단한 인지적 전략인 '행동 이전 1부터 10까지 세기', '세 번 생각하기', '행동하기 전에 할 일 세 가지, 즉 멈추고, 생각하고, 계획하기' 등을 학생의 연령에 적합하게 소개하고,

학생이 경험한 최근의 상황을 예로 들어 연습해 볼 수 있다. 유사한 문제를 가진 학생이 여럿 있다면 집단면담시간을 가져 '10분 레슨'의 형태로 제시할 수도 있다.

▨ 이상의 다양한 방법으로도 학생의 충동성 조정이 개선되지 않으면 전문가에게 의뢰한다

교사는 의뢰 시 평소 학생이 보여 준 구체적인 관찰정보(예 : 내용, 강도, 지속성 등)를 제공하여 치료과정을 돕도록 한다.

BOX 11-1 | 주의력결핍과잉행동장애

주의력결핍과잉행동장애(ADHD : attention deficit hyperactivity disorder)를 지닌 학생들의 핵심 특징은 첫째, 부주의한 것이다. 자신이 좋아하는 일이 아니면 주의를 집중할 수 없다. 둘째, 충동성 및 과잉행동을 보인다. 이들은 생각에 앞서 행동을 하고, 끊임없이 움직이며, 안절부절 못하고, 잘 잊어버리고, 반복되는 실패로 인하여 자신감이 없고, 매사를 쉽게 포기하는 경향을 보인다. 이러한 핵심 특성과 관련하여 ADHD학생들은 무력감, 학습곤란, 대인관계문제 등을 보인다.

ADHD는 근본적으로 뇌의 신경전달물질의 이상과 같은 신경·화학적 원인을 들고 있으나, 유전적 요인, 임신 시 태내환경의 요인, 출생 후 불안정한 환경, 부모의 양육태도 등의 요인도 작용하는 것으로 알려져 있다. ADHD 학생은 그 정도에 따라 상담과 교육적 지원을 받기도 하고 약물과 함께 치료를 받기도 한다.

지도방안 : 최근 이러한 ADHD증상을 보이는 학생이 크게 증가하고 있지만 ADHD학생은 다른 학습장애가 없는 한 법적으로 특수교육을 받을 자격이 없다. ADHD학생들을 가르친다는 것은 쉬운 일이 아니나 다음과 같은 전략을 활용하면 도움을 줄 수 있다.

- 주의산만을 방지하기 위한 교실환경을 구성한다. 교사와 가까이에 앉히기, 모범적인 학생과 가까이 앉기, 주의산만을 일으킬 소지가 있는 대상과 멀리하기 등을 시도한다.
- 조직적이고 체계적으로 학급을 관리한다. 학급의 규칙과 절차를 분명히 이해시키고, 다양한 매개체들, 예컨대 간단한 그림이나 도표, 손뼉 치기, 제비뽑기, 가위바위보 등의 매개체가 지니고 있는 의미를 내면화하도록 지도해서 주의산만한 행동을 억제하고, 감정을 억제·조절하도록 한다.
- 활동적인 수업을 지향한다. 특히, 과잉행동장애학생들은 가만히 앉아 수업하는 것보다 활동하는 수업이 보다 효과적이다.
- 자신의 행동을 관리하도록 한다. 장애학생들에게 자신의 행동이 목표행동에 적합한지를 체크리스트나 목록표에 표기하도록 도와주고, 그 결과에 대해 피드백을 제공한다.

자료 : 이명조, 김소아(2009).

3. 반항적인 학생

1) 반항행동

반항행동이란 지시한 내용을 충실히 이해하지 않는 행동, 지시를 어기고 대들고 거부적이고 적대적인 행동, 모두를 포괄하는 개념이다. 반항행동이 더 심각하게 나타나면 반항성장애라 진단되고, 이는 권위적인 인물에 대해 반복되는 거부적 · 도전적 · 불복종적 · 적대적 행동을 말한다(Box 11-2 참조).

반항적인 학생은 학교의 규칙이나 교사의 지시를 위반하고, 또래관계에 어려움이 있어 또래들과 충돌이 잦으며 적대적이고 공격적인 행동을 할 가능성이 높다.

2) 반항행동의 형성

반항행동은 여러 요인들이 복합적으로 작용하여 형성된다. 기질적으로 까다로운 학생들은 활동량이 많고 쉽게 흥분하며 충동적이고 자신의 활동이 제한당하는 것을 싫어한다. 이런 학생들은 자기주장이 강하고, 완고하며 독단적인 성향이 강하여 반항행동을 보일 가능성이 높다. 부모가 권위적이고 독재적으로 자녀를 억압하는 가정의 아이들은 반항행동을 보일 수 있고, 양육자가 자주 바뀌어 아동에 대한 보살핌이 결여된 가정이나 지나치게 관대하거나 방임된 가정 역시 반항행동을 할 수 있다.

그밖에 학생의 인지적 요인, 즉 상황인식에 문제가 있어서 어떤 부분을 왜곡하거나 빠뜨리고 인지하여 객관적 상황을 왜곡 · 해석하기도 한다. 예컨대, 다른 사람이 무심코 한 행동에 대해 '나에게 시비를 거는구나!'라고 생각하거나, 교사에게 반항을 하면 자신이 교사를 이기는 것으로 생각하는 것 등이다. 또한 주의력결핍과잉행동장애와 같은 다른 행동장애나 우울증과 같은 다른 임상적 문제가 원인일 수 있고, 학업스트레스나 학교생활 부적응으로 인한 과도한 스트레스로 일시적으로 반항현상이 나타나기도 한다. 반항행동은 반항성장애, 품행장애와 같은 행동장애의 전조현상일 수 있으므로(Box 11-2 참조), 이를 방치하면 청소년 비행이나 범죄 등의 문제로 이어질 수 있다.

BOX 11-2 | 반항성장애와 품행장애

1. 반항성장애

반항성장애(oppositional defiant disorder)란 부모나 선생님 등 권위자에게 반항적인 행동, 적대적 행동을 일삼는 장애를 말한다. 품행장애와는 달리 타인의 권리를 침해하거나 사회적 규범을 어기지는 않고, 품행장애보다 발달적으로 먼저 일어난다. 반항성장애에는 수동공격, 비협조, 거부, 고집, 저항 등과 같은 행동이 포함되고, 이들 행동은 가족들에게는 심한 스트레스를 안겨주어 부모는 무능력감이나 우울증에 빠질 수 있고, 학교에서는 문제아로 낙인찍힐 뿐만 아니라 학습 동기나 의욕도 상실되어 학습부진 현상을 보이게 된다.

반항성장애는 다른 유형의 장애, 즉 주의력결핍과잉행동장애, 학습장애 등과 동반되어 나타나는 경향이 있다. 반항성장애는 제1반항기인 2세, 제2반항기인 사춘기에 일시적으로 나타나서 자연스럽게 극복되는 수도 있다. 하지만 적어도 6개월 이상 지속되면 행동수정이나 정신치료를 통해 잘못 길들여진 반항행동을 제거시켜 나갈 수 있으나 그 원인이 된 부모가 반드시 함께 치료받아야만 근원적인 해결이 가능하다.

지도방안 : 반항성장애는 부모의 부정적 양육태도와 주된 상관이 있는 것으로 보고된다. 자녀에 대해 지나치게 무관심하고, 멋대로 하도록 내버려두는 과잉 허용적 양육태도나 지나친 엄격과 규율을 가하는 과잉통제적 양육태도, 동생 출생으로 인한 박탈경험, 부모로부터 거부당해 생겨난 좌절감, 학대, 일관성 없는 훈육, 부-모 갈등, 아버지의 반사회적 행동이나 어머니의 우울증 등과 같은 요인들로 인해 발생된다. 학교에서는 다음과 같은 교사의 노력이 요구된다.

- 가능한 빨리 그 원인을 찾아 해결책을 강구한다. 반항적인 행동이나 적대적 행동이 일시적이고 경미한 수준이 아니라면 그 원인을 가정과 연계하여 찾아내어 부모와 함께 대책을 마련한다.
- 이해하고 존중한다. 반항적 행동의 이면에 그 나름의 이유가 있음을 이해하고 내면에 잠재된 불만, 분노, 좌절감, 불안 등의 감정을 정리할 수 있도록 도와준다. 공정한 태도로 따뜻하고 지지적인 발언을 해주어 자신이 존중받고 있음을 느끼도록 해주는 것이 중요하다.
- 적응행동을 위한 구체적인 방법을 가르쳐 준다. 우선 자신의 행동을 지각하도록 도와주고 자신의 행동을 조절하며 합리적으로 표현할 수 있는 구체적인 방법을 가르쳐준다. 부정적 감정을 발산할 수 있는 운동이나 취미생활을 권장하는 것도 좋다.

2. 품행장애

품행장애(conduct disorder)란 타인의 권리를 침해하는 반사회적 행동을 일삼는 장애를 말한다. 이는 반항성장애보다 더 폭력적·파괴적이다. 이러한 장애를 지닌 학생들은 지시나 규칙을 거의 준수하지 않고 다른 학생들은 물론 심지어 교사에게도 신체적인 폭력을 휘두른다. 초등학교 초기에는 부적절한 놀이, 거짓말, 욕설, 서투른 사회적 기술 등으로 또래로부터 따돌림을 당하는 경우가 흔하고, 점차 반사회적인 또래들과 어울리게 되면서 도벽, 무단결석, 가출, 약물 사용, 패싸움, 혼숙 등의 비행을 나타내며 매우 적극적인 치료 없이는 해결이 어렵고 범죄자가 될 가능성이 높다.

지도방안 : 품행장애의 원인으로 유전적 요인이 많이 거론되고 있으나 환경적 요인도 크게 작용한다. 특히, 부모의 알코올중독, 기분장애, 정신분열병이 있는 경우, 아버지가 반사회적 인격장애라면 위험도가 더 높다. 일반적으로 품행장애 학생들은 자신의 문제를 의식하지 않고 폭력이나 반사회적 행동을 하므로 일반교사가 이들을 다루는 일은 매우 어렵고도 도전적인 일이라서 반드시 전문적인 상담이나 치료를 받도록 한다. 하지만 다음의 몇 가지 사항을 주의해서 이들을 돕도록 한다.

- 다각적 접근이 중요하다. 교사는 우선 가족과 협력하여 다양한 정보를 얻고, 학생이나 부모를 도울 수 있는 사회체제와도 연결시켜 바람직한 지도나 치료를 위한 방안모색에 도움을 주도록 한다. 무엇보다 조기에 발견하여 지도 · 치료하는 것이 효과적이다.
- 인격체를 지닌 인간으로서 존중한다. 성인의 훈육, 억압, 명령, 체벌 등은 문제를 악화시킬 수 있다. 그들의 불만, 분노, 불안, 좌절감 등의 부정적 감정을 있는 그대로 수용 · 이해하고, 존엄성을 지닌 인격체로 존중해 준다.
- 행동수정기법을 활용한다. 긍정적인 행동에 대해서는 정적 강화나 부적 강화를 사용하고, 앞으로 일어날 행동에 대해 학생 스스로 생각할 수 있도록 교사가 주는 단서, 즉 선행자극을 활용할 수 있다.

자료 : 이명조, 김소아(2009).

3) 반항적인 학생의 지도방안

▨ 우호적으로 지도한다

교사가 학생을 존중하며 사랑한다는 것을 알도록 우호적인 분위기를 만들도록 한다. 예컨대 먼저 미소 지으며 인사하기, 적절한 행동에 대해 적극적으로 칭찬하기, 부정적인 지시보다 긍정적인 지시 사용하기 등과 다양한 지도방안을 강구할 수 있을 것이다.

▨ 언쟁은 피한다

학생지도 시 언쟁의 꼬투리가 될 수 있는 말을 피한다. 만약 교사가 학생과의 언쟁에서 목소리가 커지고, 질책을 하고, 분노감을 느낀다면 즉시 마음의 평정을 찾아 학생과 멀리 떨어지거나, 비즈니스 톤으로 말하거나, 낮은 톤으로 부드럽게 천천히 말하는 등 말다툼에 휘말리지 않도록 조심한다.

▨ 반항하는 학생의 입장을 생각해 보고, 무엇 때문에 그런 행동을 하는지 대화 나눈다

학생이 반항행동을 할 때 즉각적인 반응을 피하고 차분한 마음으로 그 학생이 왜 그런 행동을 보이는지 생각해 본다. 모든 행동에는 이유가 있다. 이유가 있기 때문에 그냥 두고 방관하라는 것은 아니다. 학생의 반항 이면의 이유를 살피고, 이를 공감·수용하며, 동시에 상대방에 대한 입장이나 예절도 어떠해야 하는지 생각해 보게 한다. 점차 학생의 마음이 열리면 가르침도 시도해야 한다.

▨ 반항행동의 동기를 탐색하고 대안행동을 배울 수 있도록 지도한다

교사는 학생의 반항행동에는 다른 사람의 관심 끌기, 어른과 힘겨루기, 어른에게 복수하기, 위축된 학생의 가장된 무기력 등과 같은 목적이 있을 수 있음을 인지하고 학생의 특정 반항의 목적이 무엇인지 탐색한다. 그리고 그러한 결핍을 충족시킬 수 있는 해결방식을 찾거나 대안행동을 배울 수 있도록 도와준다.

▨ 예절 바르게 행동하는 것에 대해 자세하고 충분히 가르쳐 준다

버릇없는 행동을 하는 학생들 상당수가 자신의 말과 행동이 버릇없다는 것을 알지 못한다. 교사는 그들에게 서로를 존중하고 예의 바르게 행동하는 것에 대해 설명하고, 절대 해서는 안 되는 행동의 기준을 제시하고, 예절 바른 행동을 했을 때는 칭찬해 준다. 또한 버릇없는 행동을 하면 교사와 다른 친구들의 감정을 상하게 한다는 점, 누군가 장난으로 하는 욕설이나 무례한 행위가 누군가에게는 상처와 괴롭힘이 될 수 있다는 점, 또래 사이에서도 예절을 지켜야 한다는 점 등을 인식시키도록 한다.

4. 우울한 학생

1) 우울의 증세

우울증은 자기 자신에게 주로 피해를 주는 과잉통제되어 나타나는 대표적인 내재화 문제행동으로, 아동 · 청소년 30명 중 한두 명 정도가 우울증을 나타낸다. 우울의 증상은 슬프거나 불행하다는 기분이 들고 외로움과 절망감을 느끼는 정서적 특징, 집중력이나 사고력이 떨어지고 부정적이거나 비관적인 생각을 하며 죽음이나 자살에 대해 반복적으로 생각하는 인지적 특성, 에너지 수준이 떨어지고 여러 활동들에 참여하지 않거나 흥미를 잃게 되며 신체적으로는 쉽게 피로하고 수면문제를 가져오는 행동적 특징을 보인다. 우울하게 되면 죽음과 자살에 대한 생각이 많아지고 실제 자살을 시도하는 경우가 발생하는데, 특히 청소년기의 강한 충동성 때문에 자실시도 가능성을 유심히 살펴봐야 한다.

2) 우울한 학생의 특징

성인과 다르게 아동 · 청소년 우울의 증상은 체중이 증가하지 않는 경향을 보이고, 짜증을 내거나 과민해지며 반항이나 공격적인 경향이 있고 배나 머리가 아프다는 식의 신체적 증상에 대한 불평이나 호소를 자주 나타낸다. 또 친구들과 어울리기보다는 홀로 지내는 경향, 집중력과 학습동기 또한 떨어져 학업성취도의 저하 경향을 보인다. 이러한 친구들과의 관계나 학업적인 면에서의 경향은 학급활동 참여의 기회나 긍정적 보상의 기회를 점차 줄이게 되어 점점 더 위축되고 자신감이 줄어들며 우울감이 증가하는 모습을 보인다.

우울의 증상들이 최소한 2주 이상 꾸준히 나타나서 일상생활이나 학업적 영역, 그리고 친구와 교사 혹은 가족 간의 관계와 같은 사회적 영역에서 심한 어려움이나 손상이 나타나게 되면 우울증이라 진단할 수 있다. 따라서 비교적 가볍게 일시적으로 우울한 기분을 느끼는 우울감과는 구분할 필요가 있다.

우울증상은 학교폭력 피해학생들뿐만 아니라 가해 성향을 보이는 학생들 중에서도 드물지 않게 나타난다. 그러므로 일단 이상과 같은 모습을 보이면 전문가로부터 정확한 평가를 받아 적절한 조치를 취해야 한다. 우울과 같은 내재화 문제는 학생 자신이 스스로 괴롭고 힘든 것이지 다른 사람들에게 겉으로 피해를 입히는 행동이 아니기 때문에 많은 학생들이 적기에 다루어지지 못해 수년간 지속되기도 하고 재발률도 매우 높고, 특히 자살과도 관련이 깊으므로 교사의 보다 많은 관심과 지도가 필요하다.

3) 우울한 학생의 지도방안

우울의 원인은 유전, 신경전달물질, 뇌기능, 내분비계통의 이상 등과 같은 생물학적 요인과 환경적인 요인들이 있다. 환경적인 요인들로는 특히 부모의 영향(부모가 우울하다거나 자녀에게 바람직한 모델이 되어주지 못할 때, 혹은 가족 간에 의사소통이나 갈등해결이 제대로 이루어지지 않는 경우 등)이나 어린 시절에 스트레스 받을 만한 경험(부모의 이혼이나 사별, 질병, 뜻하지 않은 사고, 경제적 어려움, 친구와의 싸움이나 갈등, 학업부진이나 성적 저하, 학교폭력 등)과 같은 부정적 생활사전이 크게 작용하는 것으로 알려져 있다. 우울한 학생의 지도방안은 다음과 같다.

▨ 평소 학생들을 유심히 관찰하고 우울의 정도를 정확하게 파악한다

학생이 슬프고 기운이 없어 보이거나, 친구들과 어울리지 않고 혼자 지낸다거나, 성적이 갑자기 떨어진다거나, 친구들과 다툼이나 갈등을 겪고 힘들어하거나, 학교폭력을 당했다면 우울을 겪고 있을 가능성이 매우 높다. 이러한 우울이 심각해지는 것을 막기 위해 전문상담교사에게 의뢰하고, 우울의 정도를 파악해서 적절한 조치를 취하도록 한다. 만약 상담이나 치료를 요하는 우울증상이라면 이 사실을 학부모와 공유하고 전문적인 상담을 받도록 한다. 그런데 상담이나 치료를 요하는 임상적 수준이 아니라면 다음과 같은 지도가 필요하다.

▨ 학생에게 많은 관심과 지지를 보인다

우울한 상태에서 벗어나기 위해서는 우선 주변의 관심과 지지가 많이 요구된다. 심리적 혹은 물질적으로 부모, 교사, 친구 등으로부터 사랑과 인정, 혹은 보살핌의 부족이 오랜 기간 그 원인으로 작용했을 수도 있고, 우울의 결과로서 이러한 지지를 덜 받게 되기도 한다. 사소한 일상생활(등교 시 반갑게 맞이하기, 식사 후 맛있게 먹었는지 물어보기 등)에서 관심과 지지를 보이는 것부터 시작하도록 한다.

▨ 학생이 참여하고 어울릴 수 있는 기회를 만들어준다

우울하면 스스로 나서서 어떤 일을 하거나 친구들과 함께 어울리는 것을 힘들어 할 수 있다. 따라서 교사는 학생이 자연스럽게 학급활동에 참여하고, 친구들과 어울릴 수 있도록 기회를 만들어 주도록 한다. 일을 수행하는 과정에서 긍정적인 강화를 제공해 주는 것을 잊지 않도록 한다.

▨ 학생의 부정적인 생각 습관을 고치도록 도와준다

우울한 사람들은 흔히 자신이나 상황을 부정적이거나 비판적으로 생각하는 경향이 있다. 다음 몇 가지 부정적인 생각 습관에 대한 교사의 대응을 살펴보자.

① 학생 자신의 긍정적인 면을 과소평가하고 부정적인 것에 초점 맞추기

우울하게 되면 자신이 잘한 것이나 좋은 점을 보기보다는 못한 것, 실패한 것, 열등한 것에 더 초점을 맞춰 생각하게 되므로 교사는 학생의 부정적인 면보다는 긍정적인 면들, 좋은 점, 성공경험 등을 부각시켜 강화해 주도록 한다.

② 학생 자신의 나쁜 경험을 자신의 탓으로 돌리기

예컨대, 친구들과 사이가 안 좋아진 것도 자기 탓으로 생각하거나, 학급에 안 좋은 일이 생겨도 자기가 잘못해서 일어난 일이라고 생각한다면, 교사는 실제로 발생한 일의 원인에 대하여 객관적인 입장에서 이야기해 주어 이를 깨닫게 해서 지나치게 자신의 탓이라고 돌리는 경향에서 벗어나도록 도와주어야 한다.

③ 학생 자신의 미래에 대해 부정적으로 생각하기

예컨대, 친구들로부터의 괴롭힘으로 자신은 더 이상 살아봤자 아무 희망도 없고, 부모나 가족에게 짐이 된다고 여기는 경우, 교사는 학생이 자신감을 가지고 긍정적으로 미래를 생각할 수 있도록 끊임없이 지지해 주고 격려해 줄 필요가 있다.

5. 불안한 학생

1) 불안의 증상과 유형

불안의 증상은 몸을 떨거나 땀을 많이 흘리고 심장이 빨리 뛰고 근육이 긴장하게 되는 신체적인 면, 집중력이나 기억력이 떨어지고 지나치게 걱정을 많이 하며 위험이나 위협에 대해 과도하게 지각하는 인지적인 면, 긴장하게 되는 대상이나 상황으로부터 회피를 하게 되며 사회적으로 위축되는 행동적인 면 등의 특징을 보인다. 불안장애 하위 유형들은 다음과 같이 연령에 따라 다소 달리 나타난다.

▨ 좀 더 어린 아동에게 주로 나타나는 불안

- 특정 공포증 : 특정 사물이나 상황(예 : 동물이나 어둠, 물, 높은 곳 등)에 대한 지나친 무서움
- 분리불안 : 엄마와 같은 양육자로부터 떨어지는 것에 대한 무서움

▨ 사춘기에 접어들면서 나타나는 불안

주로 나타나는 불안의 유형은 다음과 같다.

- 사회공포증 : 친하지 않은 사람과 만나거나 다른 사람에 의해 자신이 관찰되고 평가되는 상황에서 느끼는 심한 두려움
- 범불안장애 : 학업, 가족, 친구, 외모, 돈, 직업, 미래 등 여러 가지 것들에 대한 지나친 걱정과 불안

드물게 나타나는 불안의 유형은 다음과 같다.

- 강박장애 : 특정 행동이나 생각을 반복해서 나타냄
- 외상 후 스트레스 장애 : 충격적인 사건을 경험하고 난 후에 보이는 불안이나 스트레스

불안 증상은 남자 아이들보다는 여자 아이들에게서 더 흔하며, 불안장애로 진단이 가능한 아동은 대개 10명당 1명 정도이다. 이처럼 불안은 비교적 흔히 나타나는 문제이지만 주변 사람에 의해 쉽게 인지되기 어렵기 때문에 불안문제로 인해 상담이나 치료를 받는 경우는 매우 드물고, 불안을 겪고 있는 당사자들은 고통을 느끼게 된다.

2) 불안한 학생

아동 · 청소년에게 나타나는 불안이나 두려움은 정상적인 발달과정의 일부로, 그 자체로 문제가 되는 것은 아니다. 왜냐하면 초등학교 고학년이 되면서 자의식이 생기고 다른 사람들을 인식하기 시작하면서 이에 맞춰 행동하려고 하고 다른 사람과 비교하게 되고, 이러한 모습이 청소년 중기에 이르면 최고조에 달해 자신이 다른 사람에게 어떻게 보이는지, 다른 사람들은 자기를 어떻게 생각하는지가 이들에게 매우 중요한 문제가 되기 때문에 어느 정도의 불안이나 두려움을 겪게 된다. 그러나 지나친 불안이나 두려움은 일상 활동을 제한하고, 학업능력을 저하시키며, 친구관계에서도 부정적인 영향을 미치는 등 이들의 삶에 현저한 어려움과 불편을 가져다 줄 수 있다.

특히, 불안을 경험하게 되면 사회적으로 위축되고 불안을 일으키는 상황이나 대상에 대해 회피하게 되기 때문에, 학생들은 친구들과 어울리면서 자연스럽게 사회성 기술을 습득할 수 있는 기회가 줄어들게 된다. 그리고 이러한 회피행동이 강화를 받아 더욱더 부적절하거나 부정적인 행동을 하게 된다. 따라서 이러한 특성을 지닌 학생들은 학교폭력 가해성향을 보이는 학생들의 타깃이 되기 쉽다.

3) 불안한 학생의 지도방안

불안에는 여러 종류의 다양한 하위 유형들이 존재하기 때문에 그 원인 또한 다양하다. 하지만 일반적인 원인으로 생물학적 요인과 환경적 요인으로 구분될 수 있고, 생물학적인 요인에는 유전과 자율신경계통의 특성이 있는 것으로 밝혀지고 있다. 환경적인 요인들로는 부모가 자녀와 안정적인 애착관계를 형성하지 못했거나, 자녀를 지나치게 과잉보호했을 때 발생할 수 있고, 그밖에 일상생활에서 뜻하지 않은 스트레스 사건들, 예를 들어 부모의 불화나 가정폭력, 죽음이나 질병, 사고, 학교폭력 등을 경험하고 나서 발생하게 된다. 불안한 모습을 보이는 학생을 위한 지도방안은 다음과 같다.

▨ 학생을 무조건 안심시키기, 지나친 지시나 개입하기, 불안해하는 상황 회피하도록 해주기 등은 도움이 되지 않는다

학생을 무조건 안심시키는 식으로 '괜찮아', '별일 없을 거야', '아무렇지도 않아'라는 식의 말은 학생에게 크게 도움이 되지 않는다. 가끔가다 이런 표현을 하는 것은 크게 문제될 게 없겠으나, 불안을 보일 때마다 안심시키려고 거의 매번 이와 같이 말하는 것은 학생이 교사에게 더 의존하게 되고, 도움이나 위안을 받아야만 견뎌낼 수 있다고 생각하게 하는 결과를 가져다주어 학생 자신의 힘으로 불안을 극복하지 못하게 된다.

불안해하는 학생을 도와주기 위해 교사가 사사건건 구체적으로 지시하거나 지나치게 개입하는 것도 좋은 방법이 되지 못한다. 이는 학생 스스로 어려움을 극복하기 위해 노력해 봄으로써 걱정했던 상황이 생각만큼 어렵지 않다는 것과, '나도 하면 되는구나'라는 자신감을 스스로 경험할 수 있는 기회를 앗아간다. 교사는 불안해하는 학생을 돕기 위해서는 관심을 가지고 지켜보되, 교사가 너무 나서거나 미리 앞서서 학생이 스스로 할 수 있는 일조차 먼저 알려준다거나 학생이 해야 할 일을 대신 해주지 말아야 한다.

불안해하는 학생을 위해 하기 꺼려하는 어떤 행동을 회피하도록 허용하는 것은 당장은 편하게 해줄 수 있을지 모르나 궁극적으로는 별 도움이 되지 않는다. 왜냐하면 불안이란 문제는 스스로 부딪혀 봄으로써 극복이 가능한 것이지, 피한다고 해서 결코 극복할 수 있는 것이 아니기 때문이다.

▨ 편안하게 긴장을 이완하도록 돕는다

불안하게 되면 근육이 긴장하게 되고 호흡도 가빠지며, 머릿속은 지나친 걱정들로 가득 차 안절부절못하고 조바심을 낸다. 이럴 때 근육이 이완될 수 있는 이완훈련을 적용하도록 한다. 즉, 근육의 긴장과 이완을 신체 부위별(발과 종아리, 허벅지, 배, 가슴, 손과 팔, 어깨, 목, 얼굴 등)로 나누어 차례로 긴장시켰다가 이완하는 과정을 20분 내외 반복한다. 보다 간편하게, 학생의 상체(혹은 양 팔)에 힘을 약 5초 정도 힘껏 줬다가 한 번에 힘을 쏵 빼면서 약 10초 정도 이완된 상태로 머무르게 하는 과정을 약 7, 8회 반복하게 하고, 눈을 감고 학생이 가장 편안하게 느끼는 상황을 차분히 떠올리게 하거나, 복식호흡을 하도록 도와주면 불안이 어느 정도 완화된다.

▨ 불안이나 걱정을 없애는 상징적 방법을 사용하도록 돕는다

학생이 불안해 할 때 '걱정 인형'한테 걱정을 맡기도록 한다거나, '걱정 쓰레기통'을 만들어 자신의 걱정을 적어 그곳에 버리도록 하는 방법을 사용할 수 있다. 또한 하루 중에 아예 걱정하는 시간을 따로 정해놓고 그 시간에만 걱정을 하도록 유도할 수도 있다. 이와 같은 방법이 불안을 근본적으로 극복하는 데 도움이 되는 것은 아니지만, 자신의 마음을 어느 정도 스스로 다스리고 통제하는 데 도움을 줄 수 있다.

▨ 생각 습관을 바로 잡도록 도와준다

실제보다 지나치게 부정적으로 생각하거나 걱정이 많은 경우에는 그렇게 생각할 만한 이유가 있는지 물어보도록 해서 생각 습관을 바로 잡도록 한다. 예컨대, '네가 그렇게 생각하는 이유가 있니?', '정말로 그런 일이 있었던 적이 있니?'와 같은 질문을 던져 학생이 그 근거, 즉 불안해하는 이유와 그 타당성을 대해 생각해보게 돕는다. 나아가 걱정스런 생각을 하는 대신 마음을 편안하게 하는 차분한 생각을 하도록 도와준다. 예컨대, '○○가 평생을 따라다니며 나를 괴롭힐지도 몰라.'라는 생각 대신에 '나를 도와주고 지켜주는 친구들도 주변에 많아.'라고 생각하도록 돕는다는 것이다.

▨ 소거 및 차별적 정적 강화라는 심리학적 기법을 적용한다

학생이 불안해 할 때 교사가 더 이상 관심을 보이지 않음으로써 불안을 교정하는 소거기법을 적용하도록 하고, 소거는 차별적 정적 강화기법과 함께 사용될 때 효과가 좋다. 차별적 정적 강화란 고치려고 하는 문제행동(불안) 이외에 다른 바람직한 행동을 보이면 즉각적으로 관심을 보이며 칭찬해 주는 것이 좋다.

▨ 단계적으로 직면하도록 돕는다

만약 학생이 불안문제로 인해 어떤 상황을 자꾸 회피하는 경우에는 그 상황에 단계적으로 직면하도록 도와준다. 예를 들어, 친구들과 다툼이 있은 후에 어울리는 것을 피한다면, 친구들과 다시 어울리기를 목표행동으로 잡고 이 행동을 하게 되기까지의 과정들을 작은 단계들로 나누어 볼 수 있다. 예컨대, 제일 편안해하는 친구에게 먼저 말 붙이기 → 친구와 같이 쉬는 시간 동안 이야기하기 → 친구와 집에 같이 가기 → 친구네 집에 놀러가기 혹은 친구를 집에 초대하기 등의 단계이다. 주의점은 첫 단계의 시도는 무조건 작고 쉽게 설정하여 성공감을 갖도록 해야 하고, 각 단계가 끝날 때마다 적절한 관심과 보상을 주도록 한다.

6. 또래관계에서 위축된 학생

1) 사회적 위축의 특징

만족스러운 또래관계는 아동·청소년기의 중요한 발달과업의 하나지만 적지 않은 학생들이 또래들과 잘 어울리지 못한다. 사회적 위축(social withdrawal)은 친숙하거나 낯선 사람들이 있는 상황에서 홀로 있는 행동이 일관되게 나타나는 상태로, 학생 스스로 다른 사람들로부터 거리를 둔다는 특징이 있다. 사회적 위축은 사회적 고립(social isolation), 즉 또래의 거부에 의해 홀로 있는 행동이 일관되게 나타나는 상태와는 구분된다.

사회적으로 위축된 학생들은 외현적인 문제행동을 일으키는 경우가 적어 학급에서 크게 눈에 띄지 않으나 또래관계 문제(예 : 또래거부, 괴롭힘 피해, 낮은 우정의 질 등)에 직면할 가능성이 크다. 더 나아가 이들의 문제는 심리정서적 문제(예 : 불안, 낮은 자존감, 우울 증상 등), 학교부적응(예 : 만족스럽지 못한 교사–학생관계, 학업문제, 등교거부 등)으로 이어질 가능성이 크다.

2) 사회적 위축의 유형

사회적 상황에 '접근'하고자 하는 개인의 동기와 사회적 상황을 '회피'하고자 하는 동기에 따라 '억제형', '은둔형', '무관심형'으로 세분할 수 있다.

억제형 사회적 위축은 접근과 회피 사이에서 갈등하는 유형으로 사회적 상황에 다가가려는 동기가 낮지 않음에도 불구하고 여러 이유에서 사회적 상황을 기피한다. 또래와의 접촉을 먼저 주도하는 경우가 드물고, 사회적 상호작용에 대해 수줍음·걱정·겁이 많고 수동적이며, 대화를 시작하는 데 시간이 오래 걸리고 말수가 적다. 이러한 성향은 점차 또래에 의한 부정적인 지각, 긍정적인 상호작용의 기회 부족, 또래거부나 무시와 같은 순서로 이어져 위축된 학생으로 하여금 더욱 또래관계를 기피하도록 하는 악순환의 패턴을 가져올 수 있다. 더욱이 위축된 학생이 자신을 적절히 방어하지 못하므로 또래 괴롭힘의 피해와 거부의 정도를 증폭시킬 가능성도 있어 결국 사회적 고립으로 이어질 수도 있다.

은둔형 사회적 위축은 사회적 상황에 다가가려는 동기도 낮고 사회적 상황을 기피하기도 한다. 이 유형의 학생들은 마치 고립을 스스로 원하는 듯하며 사회적 상호작용을 적극적으로 피하는 특성이 있다. 이러한 특성이 매우 높은 수준의 부정적 정서, 우울증상 그리고 매우 낮은 긍정적 정서 및 전반적 심리적 안녕감과 관련되는 것으로 보고되기도 한다.

무관심형 사회적 위축은 사회적 접근 동기가 낮아 홀로 있는 행동이 빈번하지만, 회피 동기가 높지 않다. 이러한 비사교적(unsociable)이며 사회적으로 무관심(disinterest)한 학생들은 홀로 있는 상황을 선호하여 위축행동을 보이지만, 억제형이나 은둔형과는 달리 사회적 상황에 대해서 두려워하거나 불안해하지 않는다. 이들은 대인지향적(person-oriented)이기보다는 대물지향적(object-oriented)이기 때문에 사회적 활동보다는 고독을 선호하는 것으로 흔히 기술된다. 이 유형의 특성에 대해, 일부 학자들은 아동 초기에는 그 영향이 매우 미미하지만 장기적으로는 중요한 사회적 기술의 발달을 저해할 수 있다고 보는 반면, 다른 학자들은 청소년기나 성인기에 고독을 즐기는 능력이 오히려 주관적 행복감, 심리적 안녕감과 같은 잠재적 유익을 가져다 줄 수도 있다고 주장한다.

이상 세 유형의 사회적 위축 모두 발달적으로 적절한 양과 질의 또래 상호작용이 관찰되지 않는다는 특징이 있다. 사회적 위축은 그 유형에 따라, 그 정도나 연령에 따라 다소 다르겠지만 또래거부나 사회적 고립은 물론이고, 다양한 부적응적 결과의 직·간접적 원인으로 작용할 수 있다.

3) 또래관계에서 위축된 학생의 지도방안

▨ 우선 학생들 간에 수용과 거부의 정도를 파악한다

교사는 학생들 간의 일상적인 상호작용을 유심히 관찰한다면 위축된 학생을 확인할 수 있다. 아울러 '사회적 측정법'과 같은 또래지명방법(예 : 방과 후 영화 관람을 누구와 함께 가고 싶은지, 누구와 함께 가고 싶지 않은지를 질문하고, 그 이유를 적게 함)이나 신뢰할 만한 다른 학생에게 물어보아 확인할 수도 있을 것이다. 그밖에 부모와 대화를 나누면서 자연스럽게 파악할 수도 있다.

▨ 학생의 문제가 사회적 '기술 결핍'인지, 아니면 '수행 결핍'인지 구분하도록 한다

기술 결핍은 또래들과 적절하게 상호작용하는 데 필요한 구체적인 사회적 기술(예 : 또래들과의 상호작용에 자발적으로 참여하는지, 우호적으로 또래들과 상호작용하는지, 또래와 대화를 시작하고 유지하는지, 문제가 발생할 경우 어떻게 해결하는지, 자신의 요구를 어떻게 표현하는지 등)이 부족한 경우를 의미하는 반면, 수행 결핍은 학생이 적절한 사회적 기술은 갖추고 있지만 주로 정서나 동기 요인으로 인해 그러한 기술을 실제 대인상황에서 효과적으로 사용하지 못하는 경우다.

▨ 문제가 주로 사회적 '기술 결핍'이라면, 역할연기나 직접지도를 시도한다

사회적 기술을 보다 전문적으로 지도할 수 있는 상담전문가에게 의뢰하는 방법도 있겠지만 교사로서 학생들과의 일상적인 학교생활을 하는 가운데 사회적 기술의 코치역할을 맡도록 한다. 실제 일어난 대인상황 혹은 흔히 접할 수 있을 것 같은 대인 가정상황에서 기본적인 시선접촉, 자세, 무슨 말을 어떻게 해야 할지를 간단하게 역할연기를 해보게 할 수 있다. 혹은 하루 일과 중 일부를 활용하여 사회적 기술을 직접 가르칠 수도 있다. 이를 위해 시판되는 관련 서적을 참고하면 될 것이다.

부모를 사회적 기술 훈련의 협력자로 끌어들이는 것도 지도 효율을 높일 수 있다. 교사는 부모로 하여금 자녀가 급우들과 접촉할 수 있는 기회를 마련하고, 흥미 있어 하는 지역사회활동 기회를 마련해 보도록 조언한다.

▨ 문제가 주로 사회적 '수행 결핍'(또래관계에 대한 동기 자체가 낮고 걱정이 많거나 자신감이 부족하여 위축된 행동을 하는 경우)이라면, 다양한 지도방법을 고안 · 실행하고 적극적인 관심과 격려 또한 보낸다

- 학생이 다른 학생들과 성공적으로 상호작용할 수 있는 기회, 예컨대 학생의 강점과 재능을 찾아 또래들로부터 관심을 받을 수 있는 기회를 만든다.

- 유사한 관심과 흥미를 가진 다른 학생과 짝을 지어주고 체험학습이나 학급활동에 같이 참여하도록 유도한다.
- 학급 내 다른 학생들을 도울 수 있는 특정한 책임이나 업무(예 : 학급연락책, 시험도우미, 과제 수거 담당, 컴퓨터 담당, 모둠의 장 등)를 부과하여 또래 상호작용의 기회도 늘리고, 자신감, 소속감, 자기 가치감을 증진하도록 한다.
- 학생이 잘 대답할 수 있는 주제에 대해 질문해서 답변하도록 유도하거나 모둠의 한 일원으로서 발표하도록 요구할 수 있다.

이상의 지도를 하면서 교사의 일관되고도 적극적인 관심, 격려 등 지지적인 태도는 위축된 학생에게 학교 내에서 새로운 모험을 시도해 보는 용기와 힘을 줄 수 있다.

7. 자살 위험이 있는 학생

1) 청소년 자살에 대한 이해

자살의 사전적 정의는 '스스로 자신의 목숨을 끊음'을 의미한다. 그러나 자살을 하나의 결과로서만 이해하기보다는 자살생각(suicidal ideation), 자살계획(suicidal plan), 자살시도(suicidal attempt) 및 자살완결(completed suicide)을 포괄하는 개념으로 접근할 필요가 있다. 자살생각은 '살 가치가 없다', '죽고 싶다'와 같은 자살 실행 이전에 나타나는 자살에 대한 자기몰입적인 사고를 의미하며, 행동이 수반될 수도 수반되지 않을 수도 있다. 자살계획은 자살시도에 대한 계획을 세우고, 자살시도는 자살에 대한 생각이나 계획이 구체적인 행동으로 나타난 경우로 의도적이고 실제적인 자해행동[1]을 말한다. 자살완결은 자살시도가 죽음이라는 결과로 나타난 경우를 말한다.

우리나라 십대 청소년의 사망원인 1위가 자살이고, 자살이 이 연령대 사망 원인의 26.5%

---

1) 자해행동이란 대개 자신의 손목, 팔뚝 혹은 다른 신체 부위에 의도적으로 치명적이지 않을 정도의 상해를 입히는 경우로, 자살생각이나 의도와 관련되기보다는 심한 정서적 고통을 완화하거나 통제 불가능한 감정에 대한 통제감을 회복하기 위해서 행해지는 행동을 말한다.

를 설명하고 있다. 특히, 학교폭력 피해학생의 약 32%가 학교폭력경험 후 자살충동에 시달린 적이 있으며, 이중 52%의 학생은 일주일 혹은 한 달에 한 번씩 자살을 생각하는 등 지속적으로 자살충동에 시달리는 것으로 보고되고 있다.

청소년 자살 관련 행동을 이해하기 위해서는 우선 청소년 특유의 자기중심성으로 인해 현실적 · 객관적이기보다는 마법적 · 일시적인 경향으로 청소년이 자살시도를 한다는 점이다. 또한 성인과 비교하여 충동적 · 감정적이어서 자살을 생각하거나 충동적으로 자살을 시도하는 경우가 많은데, 자신의 자존심에 상처를 입은 사건의 경험(예 : 성적 하락, 입시 실패 등), 부모의 심한 꾸중이나 비난 · 지나친 간섭이나 기대 등을 들 수 있다. 학교에서 괴롭힘을 당하여 지속적인 외로움과 불안감, 혹은 높은 두려움 또한 이러한 고통을 마무리 짓기 위해 혹은 가해자에 대한 보복 심리에서 자살을 선택할 수 있다. 그밖에 대중매체의 영향도 무시할 수 없다.

2) 자살 위험 학생에 대한 지도방안

자살은 어느 단일 요인에 의해 결정되기보다는 정신병리적, 가족적, 생물학적, 상황적 요인들이 복합적으로 상호작용하여 나타나는 현상으로 이해해야 한다. 여학생은 우울과 과거 자살시도 경력이 가장 중요한 위험 요소로 작용하고, 남학생은 이러한 요인 외에 품행 문제와 약물남용(과도한 음주 포함) 또한 위험 요인으로 보고되고 있다. 자살한 아동 · 청소년의 90%가 자살 전에 기분장애를 포함하여 약물남용, 품행장애, 불안장애 등의 심리적 장애를 가지고 있는 것으로 나타나고 있다. 이러한 정신병리적 요인과 함께 가족요인으로는 가족 내 자살력 혹은 정신장애 병력, 경제적 빈곤, 가정불화, 부모의 별거나 이혼, 가족 간의 응집성 결여, 가족 간의 소원한 관계 등을 들 수 있다. 상황적 요인들로는 치명적인 자살 수단의 접근 용이성, 주관적 상실감을 초래하는 생활사건 경험, 심한 대인갈등, 또래 괴롭힘 등이 포함된다. 청소년 자살의 직 · 간접적 원인으로 학교 관련 문제가 작용하는 경우가 흔하다. 다음과 같은 구체적인 지침은 교사에게 도움을 줄 수 있을 것이다.

▨ 평소 학생들과의 대화나 일상적 교육활동을 통해 '자살의 경고신호'를 살피고 관찰한다

① 자살을 암시하는 말, 혹은 자살하겠다고 위협하는 말

예컨대, '잠든 뒤 영원히 일어나지 않았으면 좋겠어요.', '내가 사라지면 그 친구는 미안해 하겠죠.', '이 모든 것이 문제가 되지 않을 거예요.', '난 이 세상에 태어나지 말았어야 해요.', '내가 없어도 누구하나 보고 싶어 하지 않겠죠.', '내가 사라지면 되죠 뭐.', '죽어버릴거예요.'등과 같은 말을 교사는 가볍게 여기지 말아야 한다. 모든 자살완결자의 80% 정도가 그들의 의도에 대한 단서를 누군가에게 제공하는 것으로 알려져 있다.

② 자살을 암시하거나 자살의도를 나타내는 글, 그림, 혹은 미술작품

예컨대, 모둠일기, 글짓기, 노트, 그림 등을 유심히 살펴보는 것은 자살 단서를 파악하는 데 도움이 될 수 있다.

③ 이전에 자살을 시도한 경력이 있는 학생

한 번 이상의 자실시도 경력이 있는 청소년들의 25~33% 정도가 결국 자살로 생을 마감하는 것으로 추정된다.

④ 학생이 중요하게 생각하는 주변 사람을 최근에 상실한 경우

현실에서 직면해야 하는 고통을 피하면서 먼저 세상을 떠난 부모, 형제, 친한 친구 등과 저 세상으로 가서 재회하려는 의도로 자살을 보다 쉽게 선택할 수 있다.

⑤ 학생의 성격, 행동, 외모, 감정 등에서 뚜렷한 변화

뚜렷한 성격 변화(예 : 평소 외향적인 학생의 대인관계 기피), 개인적으로 소중한 소지품 등을 나누어주는 행동, 좋아하는 활동에 대한 관심이나 흥미의 감소, 수면 패턴의 변화, 급격한 체중감소, 외모나 청결에 신경을 쓰지 않는 행동, 공격성의 증가, 가출, 급격한 성적 저하, 자포자기적 행동, 우울한 기간 이후의 급작스런 기분변화 등이 포함된다.

▨ 자살의 경고신호가 있을 때, 교사는 해당 학생의 개인면담이 가능한 장소를 확보하고 자살생각을 즉각 탐색해야 한다

① 학생의 자살생각에 대하여 직접적인 형태로 질문하여 구체적인 상황을 알아본다

예컨대, '○○야, 어떤 학생들은 일이 잘 되어가지 않을 때 죽고 싶다는 생각을 하기도 하는데, 너도 죽었으면 하고 생각한 적이 있었니?' 혹은 '○○야, 혹시 자살에 대해서 생각해 본 적이 있니?'라고 질문할 수 있다. 물론 '자살'이나 '죽음' 등의 단어가 들어가는 질문은 매우 불편하게 느껴질 수 있지만, 이렇게 구체적이고 명료한 질문이 학생에게 오히려 도움이 될 수 있다. '너 정말 죽으려는 것은 아니지?'와 같은 우회적인 질문은 학생에게 자신의 자살생각을 솔직하게 노출할 수 있는 기회를 주지 못한다.

② 학생이 자살생각을 하고 있다면 그러한 생각을 얼마나 자주 하는지, 이전에 자살시도를 한 적이 있었는지, 구체적인 자살계획이 있는지 물어보아야 한다

이러한 상황에서 교사는 침착하면서도 공감적인 태도로 자살 생각에 대한 이유를 이해하도록 노력한다. 무엇보다 경청을 통해 학생 자신의 경험, 생각, 감정을 충분히 표현할 기회를 갖도록 하는 것이 중요하다. 자살이라는 선택이 바르지 않음을 가르치지 않도록 유의한다.

▨ 학생에 대한 관찰과 대화를 통해 자살 위험이 의심되거나 자살 위험성이 높다고 판단되면 적절한 후속조치를 반드시 취해야 한다

자살 위험이 의심되는 경우, 비록 확신이 들지 않더라도 일단 가족에게 이 사실을 알려야 하며, 교내 혹은 교외 전문가에게 즉각 의뢰하여 전문적인 평가와 추후조치를 취하도록 한다.

자살 위험성이 높다고 판단되면, 즉각적인 보호조치(학생이 혼자 있지 못하게 하는 것, 위험한 상황이나 물건에 가까이 있지 않게 하는 것, 보호자에게 알리는 것 등)를 취하고, 정신과 의사나 정신건강전문가에게 인도(보호자가 동행할 수 없다면 반드시 동행)하는 것이 최선이다. 교사가 이러한 학생을 계속 돌보는 것은 매우 위험하고 법적인 분쟁의 가능성이 있기 때문에 주의가 필요하며, 혹시나 있을 수 있는 윤리적 · 법적 분쟁이 있을 가능성에 대비하여 교사가 취한 모든 조치는 반드시 문서화하여 기록으로 남겨 놓는 것 또한 중요하다.

▨ 학부모교육을 실시한다

평소 학교 자살예방교육 등과 연계하여 학생들과 학부모에게도 자살경고 신호에 민감하도록 토론 · 교육한다.

BOX 11-3 ㅣ 인터넷 · 게임 · 스마트폰 중독의 지도방안

1. 인터넷 · 게임 · 스마트폰 중독의 특징

인터넷 · 게임 · 스마트폰 중독이란 인터넷 · 게임 · 스마트폰의 이용과 관련해서 과도한 집착이나 충동적인 행동을 보이고, 이로 인해 사회적 기능에 장애를 일으키며, 경우에 따라서는 우울증, 사회적 고립, 충동조절장애와 약물남용 등의 문제를 일으키는 상태를 말한다. 우리나라가 세계 제1의 인터넷 강국으로 성장한 이면에 많은 사람들이 이들 인터넷 · 게임 · 스마트폰 등을 사용하면서 그 중독현상도 자연스럽게 높아지고 있다. 특히, 아동과 청소년의 10%정도가 인터넷 중독증상을 보이고 있고, 스마트폰 중독은 이보다 더 높은 심각한 수준이다. 스마트폰은 항상 소지해서 쉽게 사용할 수 있기 때문에 그 조절이 더 어려운 것이다. 인터넷 중독에 따른 일반적 증상은 다음과 같다.

- 강박적 집착 증상이 나타난다. 인터넷을 하지 않는 동안에도 인터넷 생각만하고 거기에서 뭔가 새로운 일이 일어나고 있을 것 같은 생각에 사로잡히게 된다. 수업 중에도 잠자리에 들어도 인터넷 생각에 빠져있게 된다.
- 내성과 금단현상이 나타난다. 내성이란 점점 더 많은 시간을 투입하고 점점 더 자극적이어도 만족감을 느끼지 못하게 되어 인터넷 의존도가 더 높아지는 것을 의미하고, 금단현상이란 인터넷 사용을 중단하면 불안, 우울, 초조감으로 시달리는 것을 말한다.
- 일상생활 장애가 나타난다. 중독이 되면 학업성적의 저조, 친구관계나 가족관계의 소원, 수면시간의 뚜렷한 단축, 일상생활주기 혼란으로 인한 일상적인 일의 포기, 시간에 대한 지각왜곡현상 등이 나타난다.
- 신체적 증상을 보인다. 밤을 새는 날이 많아지면서 만성피로, 시력저하, 근골력계장애 등을 보이고, 불규칙한 식사로 인한 영양실조, 운동부족으로 인한 체중증가, 혈압상승, 심장마비, 심지어 돌연사 등도 초래한다.
- 스마트폰 동영상이나 게임 중독은 좌 · 우뇌 발달에 불균형을 초래한다. 스마트폰 동영상이나 게임은 일방적인 정보를 제공하므로, 특히 뇌가 발달 중인 어린이의 경우 좌뇌 발달에만 영향을 주어 우뇌 전두엽 기능이 떨어져 정보를 통합하는 능력이 떨어지게 된다. 지속적인 스마트폰 사용으로 뇌가 혹사당하게 되면 학습에도 악영향을 미친다.

2. 인터넷 · 게임 · 스마트폰 중독의 지도방안

인터넷 · 게임 · 스마트폰 중독의 원인은 복합적이다. 직접적 원인으로는 인터넷이나 스마트폰 보급의 증가, 게임접속의 용이성, 개인의 충동성이나 대인관계문제 등을 들 수 있고, 간접적 요인으로는 가족 간의 갈등, 학업스트레스, 인터넷 · 게임 · 스마트폰을 통한 또래문화 등이 작용한다. 중독학생들을 지도하기 위한 일반적 방안은 다음과 같다.

1) 교사와 라포를 형성하면서, 자신이 중독상태에 있음을 보게 한다

우선 자신이 중독상태에 있음을 보게 해서 알도록 한다. 이를 위해 그동안 쌓인 감정을 표출하게 한다. 예컨대, 강압적인 어머니로부터 도망가기 위한 탈출구로 게임이나 스마트폰에 집착하는 경향은 어머니에 대한 분노의 감정을 표출하는 것이 필요하다. 이 때 교사나 상담자는 학생의 이야기에 관심을 가지고 공감하는 등 어머니와는 다르다는 것을 믿게 해야 한다. 그러면 교사나 상담자의 말에 귀 기울이게 되고 대화가 통하게 된다.

2) 바람직한 생활습관을 가지도록 도와준다

교사나 상담자와 대화가 되면 바람직한 생활습관 형성을 위한 훈련을 시작할 수 있다. 우선 학생이 하루 종일 무엇을 하는 지 자신의 일상을 시간별로 기록하게 한다. 먹고 자는 시간, 수업 시간, 인터넷 사용 시간 등을 들여다보면 개선하려는 의지를 점차 가지게 된다. 중독상태는 하루아침에 해결되지 않기 때문에 점진적으로 벗어날 수 있도록 학생 스스로 지킬 수 있는 목표(예 : 하루 3시간 게임을 했다면, 이번 주는 2시간 반, 다음 주는 2시간 등)를 설정하도록 한다. 그리하여 성공적인 경험을 하게 되면 자신감을 가지게 되고 이는 중독에서 벗어나게 하는 계기가 될 수 있다. 또한 인터넷 · 게임 · 스마트폰을 대체하는 활동을 하도록 도와주는 것도 자존감을 높일 수 있어 이 방법도 적극 활용하도록 한다.

3) 가족의 협조가 중요하다

중독상태에서 벗어나기 위해서는 아이에게만 강요하면 효과가 없다. 특히, 어머니의 자녀에 대한 양육태도를 살펴보는 작업도 병행해야 하므로 학부모 상담도 필요하다. 또한 가족들도 인터넷이나 게임하는 시간을 대화 나누는 시간으로 대체하도록 노력한다.

4) 가벼운 중독의 성향을 보이면 집단상담을 실시하도록 한다

다소 가벼운 중독성향을 지닌 학생들이 모일 수 있으면 집단상담을 하는 것도 바람직하다. 유사한 문제를 내놓고 서로 상호작용하게 되면 문제행동을 해결하려는 의지를 가지게 되고 적응능력을 향상시킬 수 있다. 그런데 중독의 내성이나 금단증상이 나타나는 심각한 경우라면, 약물치료의 도움을 받을 수 있다.

자료 : 교육과학기술부 (2012). 인터넷 · 게임 · 스마트폰 올바른 사용을 위한 생활지도 매뉴얼 (중등용).

CHAPTER 12

학교폭력 예방 프로그램

CHAPTER

12 학교폭력 예방 프로그램

학교폭력은 세계 여러 나라에서 공통적으로 겪고 있는 심각한 사회문제다. 그리하여 국가 차원의 학교폭력 예방정책을 시행하고, 학교폭력 예방 프로그램 또한 개발 · 보급하고 있다. 우리의 경우, 국가 수준의 '어울림 학교폭력 예방 프로그램'(이하 어울림 프로그램이라 한다)이 개발 · 보급되고 있으며, 그밖에 각 학교현장의 필요에 맞게 소규모로 운영되는 다양한 프로그램들이 적용되고 있다.

이 장에서는 어울림 프로그램 등 국내 프로그램과 국외 대표적인 프로그램들, 즉 미국의 세컨 스텝(Second Step), 핀란드의 키바 코울루(KiVa Koulu), 싱가포르의 CCE, 노르웨이의 올베우스(Olweus) 프로그램들을 소개하고자 한다.

1. 국내 학교폭력 예방 프로그램

1) 어울림 프로그램

어울림 프로그램은 교육과학기술부 산하 한국교육개발원 '학교폭력예방연구지원특임센터'가 개발하여 2013년 하반기부터 보급하고 있는 국가 수준의 학교폭력 예방교육 프로그램이다. 이 어울림 프로그램은 학교급별(초등저학년/초등고학년/중학교/고등학교)로, 학생용(48종)/교원용(24종)/학부모용(24종) 등의 종류로 나뉜다. 개발 분야는 공감, 의사소통, 갈등해결, 자기존중, 감정조절, 학교폭력인식 · 대처 등 6개 분야이고, 주요 활동은 집단상담, 미술음악치료, 역할극 등 다양한 체험형 프로그램으로 구성된다(관계부처합동, 2013).

(1) 어울림 프로그램의 목표

'공감과 소통'을 통해 행복한 학교를 만들어 학교폭력을 예방하고 근절한다.

(2) 어울림 프로그램의 구성

어울림 프로그램은 학생 · 교사 · 학부모 모두가 행복한 학교를 만들기 위한 프로그램이다. 어울림 프로그램을 통해 교사는 학생을, 학생은 친구를, 그리고 학부모는 자녀를 좀 더 쉽게 이해하고 소통하는 방법을 배울 수 있다. 따라서 어울림 프로그램은 학생대상 프로그램, 교사대상 프로그램, 학부모대상 프로그램의 세 가지로 다음과 같이 구성된다.

- 학생대상 프로그램은 미술활동, 놀이치료 등 다양한 프로그램을 적용함으로써 학생들의 자기이해 및 타인이해, 분노조절, 학교폭력 대응기술 습득 등 내적 성장을 지원하기 위한 집단상담 프로그램이다.
- 교사대상 프로그램은 학생 이해하기, 학생 및 학부모와의 대화법, 감정코칭 등을 통해 교사의 공감능력 및 의사소통능력을 향상시키기 위한 프로그램이다.
- 학부모대상 프로그램은 자녀 이해하기, 대화의 기술, 학교폭력 대응방안 등을 통해 학부모의 공감능력 및 의사소통능력을 향상시키기 위한 프로그램이다.

(3) 어울림 프로그램의 운영 및 성과

어울림 프로그램 운영은 한국교육개발원 '학교폭력예방연구지원특임센터'에 참여 신청을 통해 학교별 특성에 맞는 맞춤형 프로그램이 파악되면 집단상담이 실시되는 순서를 밟는다. 학생은 물론 교사와 학부모의 공감과 소통능력의 향상을 위한 프로그램도 운영된다.

2013년 어울림 프로그램을 시범 운영한 전국적 사례는 다음과 같다.

- 대상 : 어울림 프로그램 운영학교로 선정된 15개교(초등학교 3개교, 중학교 6개교, 고등학교 6개교의 학생 5,539명, 교사 및 학부모)
- 시기 : 2013년 7월 11일~8월 31일(학교별 일정에 따라 운영)
- 내용 및 방법
  - 학교별로 위촉된 전문위원이 학교특성을 반영한 프로그램을 설계하여 적용
  - 학교 1개교당 약 30여 명의 카운슬러가 학생 · 교사 · 학부모를 대상으로 프로그램 실시

표 12-1 | 어울림 프로그램 시범운영 전국 사례(2013)

지 역	모델학교명	프로그램 내용 및 특징
서울	구로중학교	감정치료 및 심리극을 적용한 집단상담 프로그램
부산	부산산업과학 고등학교	신체 자극과 역할극을 활용하여 학교폭력의 심각성을 느낄 수 있는 프로그램
대구	학남초등학교	놀이 · 활동을 중심으로 자신의 소중함을 통해 타인의 소중함을 깨닫는 프로그램
인천	성리중학교	감정단어(욕설, 감사의 말 등)를 중심으로 자신의 감정을 인식, 올바르게 표현할 수 있도록 설계한 프로그램
광주	광주공업 고등학교	뇌, 성격이해, 성격검사를 이용한 감정코칭 및 심리치유활동
대전	법동중학교	찰흙, 조각, 협동화 등을 활용한 집단미술치료 프로그램
울산	울산인터넷 고등학교	가족관계 개선, 내면자아치료를 중시한 프로그램
경기	성호초등학교	찰흙, 조각, 협동화 등을 활용한 집단미술치료 프로그램
강원	평창중학교	놀이, 활동, 미술치료를 접목한 집단상담 프로그램
충북	가경중학교	학생들이 서로 친구의 문제를 해결해 주며, 소통과 공감을 이끌어 내는 프로그램
충남	부성중학교	찰흙, 조각, 협동화 등을 활용한 집단미술치료 프로그램
전남	이수초등학교	역할극, 놀이, 게임을 통한 감정표현, 감정 읽기를 통해 소통과 공감을 배우는 프로그램
경북	금호여중 · 고등학교	감정 읽기, 감정공유, 감정전달을 통해 올바른 대화법과 소통법을 익히는 프로그램
경남	통영충무 고등학교	학교폭력의 가해자, 피해자, 방관자 입장의 체험을 통해 감정을 공유하고 올바른 소통방법을 익히는 프로그램
제주	성산고등학교	상대의 감정을 읽고, 폭력의 위험 징후를 감지하며, 나의 생각과 감정을 전달하는 방법을 배우는 프로그램

학교	성과
부산산업과학 고등학교	• 자긍심과 표현력이 부족했던 학생들이 프로그램을 통해 자긍심이 높아지고 자기감정을 표현하는 능력이 개선됨 • 교사의 학생에 대한 인식이 긍정적으로 변화되었으며, 생활지도에 도움이 됨
충북 가경 중학교	• 프로그램 운영과정에서 추가 상담 등 지원이 필요한 학생을 발견하여 별도의 개인상담 진행 • 교사와 학생, 학부모가 서로 소통하는 계기가 마련됨
대전 법동중학교	• 학생들의 자신감, 발표력이 향상되었으며, 학생 간 사소한 갈등과 따돌림이 사라짐 • 교사의 학생 이해도가 높아져 생활지도와 진로지도에 도움이 됨
순천 이수초등학교	• 학생들의 자신감, 발표력이 향상되었으며, 학생 간 사소한 갈등과 따돌림이 사라짐 • 학생들의 언어표현이 많이 순화되었으며, 교사 및 학부모와 대화가 많아짐

그림 12-1 어울림 프로그램 운영 성과(2013)

이상의 어울림 프로그램을 운영한 학교의 성과는 그림 12-1과 같이 나타났다.

(4) 어울림 프로그램의 실제 : '학교폭력 인식 및 대처-중학교-학생'

앞서 어울림 프로그램은 학교급별로, 학생용 · 교원용 · 학부모용으로 나뉘고, 개발 분야는 공감, 의사소통, 갈등해결, 자기존중, 감정조절, 학교폭력인식 · 대처 등 6개 분야라고 지적한 바 있다. 여기서는 그 예로 '학교폭력 인식 및 대처-중학교-학생', 즉 '학교폭력 인식 및 대처'의 분야를 중학교의 학생을 대상으로 적용하는 프로그램을 제시하고자 한다. 이 프로그램의 목표와 구성내용은 학교폭력예방 종합포털사이트(http://stopbullying.or.kr/mest_data/2334568)에서 발췌한 것이다.

① 프로그램의 목표

- 학교폭력 및 학교폭력의 유형을 이해하고 대처할 수 있는 방법을 알 수 있다.
- 가 · 피해자의 입장을 이해할 수 있으며, 방관자가 아닌 방어자로서의 자세를 기를 수 있다.
- 직접적 혹은 간접적인 경험을 통하여 여러 사람들과 어울려 지내는 방법을 습득하고, 사회적 기술 학습지를 학습해서 또래와의 원만한 상호작용을 터득할 수 있다.

② 프로그램의 구성

차 시	프로그램명	목표	세부활동(내용 및 방법)	활동자료
1	학교 폭력! 멘사에 도전하다	학교폭력 유형과 인식	• 개그콘서트 '아빠와 아들' 영상을 통한 다양한 학교폭력 인식 • 학교폭력 예방 퀴즈대회 • 퀴즈문제 정답 및 설명 • 우수학생 상품 전달 • 활동 소감 발표 • 장난은 둘 다 즐거운 것이지만 폭력은 혼자만 즐거운 것임을 지도 • 구호 외치기 • 차시 예고 • 사회적 기술 학습지 '비폭력평화학교 만들기 서약서'(부록)	*ppt, 활동지, 동영상, 상품, 사회적 기술 학습지
2	입장 바꿔! 역할극	학교폭력 가 · 피해자 로서의 대처법	• 장난도 흉내도 학교폭력임을 지도 • 역할극 안내 • 활동 1 : 몸으로 하는 왕따 체험 • 활동 2 : 말로 하는 왕따 체험 • 역할극 활동 후 이야기 나누며 활동지 작성 • 진정한 사과의 표현 교육 • 차시 예고 • 사회적 기술 학습지 '사과에도 법칙이 있다'(부록)	*활동지' 안대, 상품, 사회적 기술 학습지
3	너라면 어떻게 할래?	학교폭력 방관자 로서의 대처법	• 활동을 위해 모둠별끼리 앉도록 지도(6명) • 제노비스사건 '방관자효과' 유튜브 동영상과 학교 2013 드라마 시청 • 활동지를 이용하여 두 영상을 보고 난 느낌을 가 · 피해자 및 목격자의 입장에서 1인, 2인, 4인 토론으로 집단지성 축적 • 작성한 활동지를 자유롭게 모둠별 발표를 통해 서로의 생각을 나눔 • 학교폭력 발생 시 방관자가 아닌 방어자로서 대처할 수 있도록 지도 • 차시 예고 • 사회적 기술 학습지 '고발과 고자질의 차이'(부록)	ppt, 동영상, 활동지, 상품, 사회적 기술 학습지
4	학교폭력 예방 홍보 신문 제작	학교폭력 예방을 위한 학급문화 조성	• 학급 내 학교폭력 예방을 위한 문화를 조성해 보는 시간을 가짐 • 준비해온 신문, 자료 등을 확인 • 지난 시간과 같이 모둠별로 좌석 정리 • 학교폭력 예방 홍보신문제작법 안내 및 예시자료를 활동지와 함께 배부 • 각자에게 8절 도화지 배부 • 제작활동 시작 • 학급 내 본인이 실천할 수 있는 3무3행 포함 • 완성작품 칠판에 게시 • 제작된 신문은 교실에 게시하여 함께 관람 • 우수학생 시상 • 사회적 기술 학습지 '칭찬은 양파도 춤추게 한다.'(부록)	8절도화지, 활동지, 사회적 기술 학습지, 신문, 가위, 풀, 크레파스, 색연필 등

*세부 활동 및 부록은 '학교폭력예방 종합포털사이트'를 참조하기 바란다.

2) 기타 학교폭력 예방 프로그램

기타 학교폭력 예방 프로그램은 한국교육개발원, 한국청소년상담복지개발원, 청소년폭력예방재단 등에서 개발·실시한 프로그램들이다. 프로그램의 내용은 일반적으로 학교폭력의 정의, 예방, 대처방법, 대인관계 기술, 문제해결 기술, 갈등해결, 공동체의식 함양, 사례별 대처 전략 등으로 구성되어 있다. 대표적 프로그램은 다음과 같다.

(1) KEDI 학교폭력 예방 프로그램

한국교육개발원에서 개발한 프로그램으로, 초중고 학교폭력 발생 위험 요소를 줄이고 보호 요인을 강화하기 위해 공감·관점채택, 사회적 문제해결·의사소통, 또래중재·상담, 안전하고 즐거운 학교 만들기 등의 내용으로 구성되어 있다. 일반교사가 학교 수업시간이나 창의적 재량활동 혹은 자투리 시간을 활용해서 운영하되, 활동보다는 동영상 시청, 교사 주도의 활동이 그 특징이다.

(2) 내가 바로 지킴이

청소년폭력예방재단에 개발·실시한 것으로, 초중고 학생대상의 1회용 교육활동이며, 학교폭력에 대한 개념, 예방 및 대처방법, 예방을 위한 협동심과 책임감 배양 등으로 구성되어 있다. 학급 단위 혹은 전교생 단위로 자료화면 제시 후, 모둠활동을 통해 학교폭력의 개념과 대처방법을 이해할 수 있도록 했고, 특히 중고등학생용은 역할극을 통해 피해자와 가해자의 입장을 이해할 수 있는 활동이 포함되어 있다.

(3) 품성계발 프로그램

한국청소년상담원에서 개발한 초등학교 고학년 대상의 학교폭력 예방 프로그램이다. 이 프로그램은 정직, 배려, 자기조절의 덕목을 중심으로 한 품성을 인지, 정서, 행동의 통합적 차원에서 계발하여 학교 내 괴롭힘을 예방하고자 하는 프로그램이다.

(4) 한 번 더 생각해 봐

사회정신건강연구소에서 개발한 일반청소년 대상으로 한 집단상담방식의 총 16회기 프로그램이다. 슬라이드나 동영상 자료를 활용해서 학교폭력의 개념, 피해자 · 가해자 · 방관자 학생의 입장별 이해와 대처행동을 구체적으로 알려준다.

(5) 시우보우(視友保友) 프로그램

서울대학교 심리학과 발달심리연구실에서 개발한 것으로, 초중고 학생을 대상으로 10분 내외의 시간에 한 주제를 다루는 다양한 동영상자료를 활용하여 인성교육, 폭력에 대한 인식과 대처양식을 학습하도록 한 프로그램이다. 이 프로그램은 교사의 개입이나 훈련과 시공간의 제약이 최소화될 수 있지만 학생들의 활동참여가 부족하다.

(6) 친한 친구 프로그램

서울시 교육청에서 개발한 것으로, 중고교 한 학급을 대상으로 총 10회기에 걸쳐 친구 사귀는 방법, 역할극, 장점 찾기 등으로 프로그램을 구성하였다.

(7) 친구야 놀자

청소년폭력예방재단에 개발한 초등 5, 6학년, 중학교 1, 2학년을 대상으로 2박 3일간 이루어지는 캠프 프로그램이다. 주요 내용은 또래관계를 잘 맺기 위한 집단상담, 심리극 등의 방법을 활용한 점이다.

3) 학교폭력 예방교육자료

그밖에 학교폭력 예방교육자료는 다음과 같은 영상자료(김진한 외, 2013)와 도서자료를 활용하기 바란다.

(1) 영상자료

① 개그 '해피콘서트'(학교폭력 예방교육용 영상물 제1탄)

- 학생 및 학부모 교육용으로 적합
- 상영시간 : 40분
- 내용 : 학생들이 즐겨보는 개그 프로그램을 이용하여 쉽고 재미있게 학교폭력에 관해 꼭 알아야 하는 기본 내용을 알려준다.
- 학교폭력예방종합포털사이트 미디어자료실에서 다운로드(http://stopbullying.or.kr/index.php?mid=mest_data&category=144)

② 다큐멘터리 '이제 내가 말할 차례'(학교폭력 예방교육용 영상물 제2탄)

- 중학생 및 고등학생 교육용으로 적합
- 상영시간 : 42분
- 학교폭력예방종합포털사이트 미디어자료실에서 다운로드(http://stopbullying.or.kr/index.php?mid=mest_data&category=144)

③ 단편드라마 '미안해'(학교폭력 예방교육용 영상물 제3탄)

- 학부모를 주 교육대상으로 제작
- 상영시간 : 50분
- 내용 : 학교폭력사안에 연관된 가해학생 학부모와 피해학생 학부모의 입장을 통해 진정한 사과와 반성, 용서에 대한 메시지를 담고 있다.
- 학교폭력예방종합포털사이트 미디어자료실에서 다운로드(http://stopbullying.or.kr/index.php?mid=mest_data&category=144)

④ 다큐멘터리 '학교의 눈물' 3부작(SBS 스페셜)

- 1부 : 일진과 빵셔틀
- 2부 : 소나기 학교
- 3부 : 질풍노도를 넘어
- 내용 : 우리나라 학교폭력의 실상을 드러내 학교폭력문제의 심각성을 공감하고 그 원인을 깊이 있게 고민하여 학교폭력 없는 대한민국을 만들고자 하는 목적으로 기획되었다. 다큐멘터리 형식으로 학교폭력 현실을 그대로 드러내고 가해학생 및 피해학생의 심리적 · 상황적 원인을 추

적, 학교폭력을 새롭게 인식하는 기회를 제공하였으며 학교, 학생, 학부모가 함께 실천할 수 있는 학교폭력 예방과 해법의 실마리를 찾고자 하였다.

(2) 도서자료

- 《학교폭력 멈춰!》 (문재현 외 12인, 2012, 살림터)
- 《상담으로 풀어가는 교실이야기》 (오인수 외 10인, 2010, 교육과학사)
- 《담임이 이끌어 가는 학급상담》 (박성희, 2006, 학지사)
- 《초등학교 저학년을 위한 학교상담 프로그램 I 》 (강진령, 유형근, 2004, 학지사)
- 《초등학교 고학년을 위한 학교상담 프로그램II》 (강진령, 유형근, 2004, 학지사)
- 《중학생을 위한 학교상담 프로그램》 (강진령, 유형근, 2009, 학지사)
- 《고등학생을 위한 학교상담 프로그램》 (강진령, 유형근, 2009, 학지사)
- 《학교폭력상담 시리즈-초등학교 편, 중학교 편, 고등학교 편, 교사와 학부모 편》 (박성희 외 6인, 2012, 학지사)

2. 국외 학교폭력 예방 프로그램

학교폭력은 우리나라만의 문제가 아니다. 세계 여러 나라도 국가적 차원에서 예방 정책을 마련해서 시행을 하고 있다. 이 절에서는 그 효과가 입증된 국외 학교폭력 예방교육 프로그램 네 가지, 즉 미국의 세컨 스텝(Second Step), 핀란드의 키바 코울루(KiVa Koulu), 싱가포르의 CCE(인성 · 시민교육) 프로그램, 노르웨이의 올베우스(Olweus) 프로그램을 소개하고자 한다(한국교육개발원, 2013).

1) 미국의 세컨 스텝

세컨 스텝(Second Step)은 일리노이 대학이 개발한 미국의 대표적인 학교폭력 예방 프로그램의 하나이다. 6, 7, 8학년 학생들의 공격성향과 폭력성의 감소, 학교폭력 행태의 감소,

약물남용의 감소 등을 목표로 하는 세컨 스텝 프로그램은 학생들의 사회 · 정서적 학습에 중점을 두고 있다. 학교폭력은 다른 종류의 폭력이나 위험한 행태들(예 : 청소년 비행, 알코올 및 다른 약물중독)을 동반하므로 보다 근본적인 사회 · 정서적 학습에 의한 청소년들의 성장과 발달이 학교폭력뿐만 아니라 위험한 행태들을 자연스럽게 근절한다고 본 것이다.

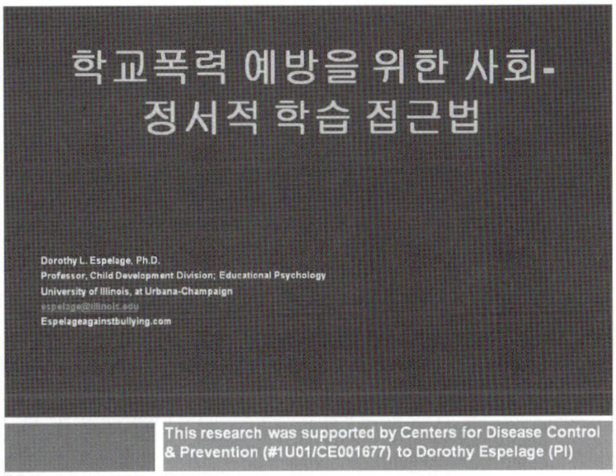

그림 12-2 학교폭력 예방을 위한 사회 – 정서적 학습접근법

(1) 사회 · 정서적 학습의 목표

- 목표 1 : 학교와 삶 전체의 성공을 성취하기 위한 자기인식과 자기관리기술의 함양
- 목표 2 : 유익한 관계의 성립과 유지를 위해 사회인식과 대인관계기술의 활용
- 목표 3 : 개인, 학교, 공동체영역에서의 의사결정기술과 책임감 있는 행동 보여 주기

(2) 세컨 스텝 프로그램의 목표

공격성향과 폭력성의 감소, 학교폭력 행태의 감소, 약물남용의 감소를 통해 학교를 성공적으로 운영한다.

(3) 프로그램에서 다루고 있는 학교폭력 위험 요소와 방어 요소

위험 요소로는 학급에서의 부적당한 행동양식들, 폭력과 약물사용에 대한 호의적 인식들, 폭력이나 약물사용에 빠진 친구들, 반사회적 행동을 보상해 주는 또래집단, 또래로부터의 배척, 충동적 성향이다. 방어 요소로는 사회적 사교기술, 학교유대감, 약물사용에 대한 전통적인 관습의 습득 등이다.

(4) 프로그램 운영

- 6학년 : 나아가기(새로운 책임들 다루기), 1차시 50분, 총 15차시
- 7학년 : 개입하기(의사결정하기, 통제권 쥐기), 1차시 50분, 총 13차시
- 8학년 : 한 발 앞서 나가기(리더십, 목표 정하기), 1차시 50분, 총 13차시

(5) 프로그램 주제

각 단계는 다음의 다섯 가지 주제들을 포함한다.

- 공감과 의사소통
- 학교폭력 예방
  - 학교폭력에 대한 이해(모든 학년),
  - 방관자 반응(모든 학년),
  - 성희롱 · 사이버폭력(7학년)
  - 꼬리표 달기 · 고정관념 · 선입견 · 친구 간 학교폭력 · 연인관계에 있어서의(학교) 폭력(8학년)
- 감정조절 : 통제력 잃지 않기
  - 통제력 잃지 않기 위한 단계들(모든 학년)
  - 분노 및 가정(assumptions) 확인에 집중하기(7학년)
  - 긴장상태 완화시키기(8학년), 스트레스에 대처하는 감정조절(7, 8학년)
- 문제해결능력
  - 행동단계(모든 학년)
  - 의사결정능력(7학년)
  - 목표설정능력(8학년)
- 약물남용 예방(담배, 마리화나, 술, 흡입제 등)
  - 음주나 약물남용에 따르는 건강상 · 개인적 · 사회적 결과
  - 바람직한 미래
  - 친구들에 대한 올바른 결정하기
  - 사회 규범적 교육
  - 저항기술

– 약속하기

(6) 배운 내용 적용하기

- 배운 내용 매일 사용하기
- 자율적 학습
- 통합활동 : 언어예술과 사회연구, 건강 · 과학, 매체와 기술
- 반성적 글쓰기 평가
- 다양한 학업, 생활기술에 대한 규범에서 이탈하지 않기

(7) 세컨 스텝에 대한 평가, 시사점, 현실적인 전략

세컨 스텝에 연계 중인 학교의 학생들은 싸움에 대한 자기 보고 사례가 현저하게 감소했고, 프로그램에 참여 중인 학교가 그렇지 않은 학교보다 싸움 빈도가 30% 적게 나타났다. 학교폭력 예방 프로그램 구성에 있어서의 시사점은 다음과 같다.

- 아이들에게 학교폭력에 대한 지식만이 아니라 삶을 살아가는 기술과 사회화 기술을 제공해 줄 것이 요구된다.
- 일차적 예방 프로그램만이 아니라 2차적, 3차적 프로그램까지도 발전시켜야 할 필요가 있다.
- 학교폭력 예방 프로그램에 성희롱, 동성애 비하언어에 대한 토의도 포함시키는 것을 고려할 필요가 있다.
- 학교폭력 예방 및 중재 프로그램의 발전과 평가에 있어서 또래집단이 끼치는 영향을 고려해야 한다.

현실적인 전략은 다음과 같다.

- 단순한 전략들이 학교폭력을 줄일 수 있다(예 : 복도 감시를 늘리고 수업 간 쉬는 시간 줄이기).
- 보고된 학교폭력 사건을 하나하나 모두 심각하게 받아들이고, 비밀리에 사건을 보고할 수 있는 시스템을 마련한다.
- 학교폭력에 연루된 학생들의 요구사항을 들어줄 수 있도록 상담가들과의 의사소통 장려정책을 마련한다.

- 학교가 정부정책을 지지하는지 확인한다.
- 어른들의 직장환경이 유익한 사회관계의 본보기가 되도록 한다.
- 가족과 정중하게 그리고 협력하며 작업한다.
- 긍정적인 학교분위기 조성을 위해 사회 · 정서적 학습활동을 갖는다.
- 학생의 행동방식에 효과적으로 대응하기 위해 긍정적 행동중재방식이나 지원방식을 사용한다.

2) 핀란드의 키바 코울루

키바 코울루(KiVa Koulu)란 핀란드에서 1990년대 이후 학교폭력이 심각한 사회문제로 대두되면서 국가가 개입하여 투르크 대학이 2006년부터 3년간의 개발과정을 거쳐 만든 학교폭력 예방 프로그램이다. 이 프로그램은 전국적으로 폭넓은 도입 · 시행 · 평가 · 수정 · 보완을 통해 그 완성도가 높아지고 있고, 다른 나라에도 인정받고 있는 국가브랜드 프로그램이다.

키바코울루는 학교폭력문제해결을 위해 학교가 중심이 되어 교사가 핵심적인 역할을 맡도록 하며, 방관자를 움직이는 교육을 하고, 학교 · 가정 · 지역사회가 함께 참여하도록 해서 현존하는 학교폭력의 근절, 새로이 나타날 학교폭력 사태의 예방, 학교폭력 피해학생의 고통 최소화 및 회복에 그 목적을 두고 있다.

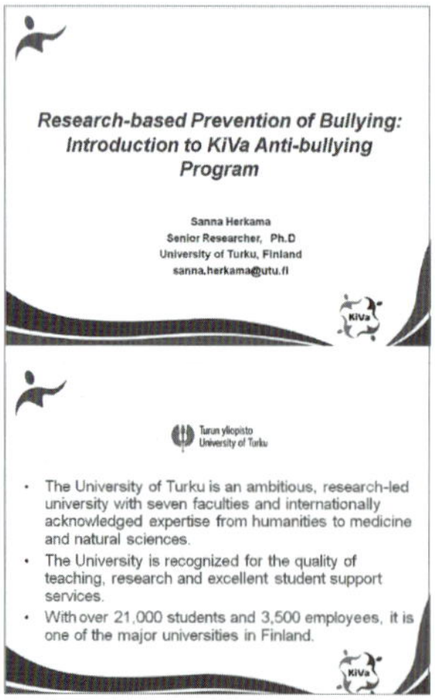

그림 12-3 투르크 대학의 연구 기반 학교폭력 예방 프로그램

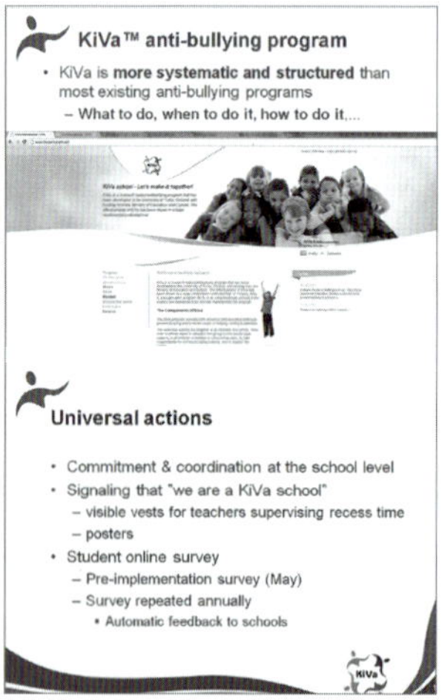

그림 12-4 키바 학교폭력근절 프로그램 : 보편적 조치

(1) 키바 프로그램의 목적

키바 프로그램의 목적은 현존하는 학교폭력의 근절, 새로이 나타날 학교폭력 사태 예방, 학교폭력 피해학생의 고통 최소화 및 회복이다.

(2) 키바 프로그램의 전제

- 학교폭력의 직접적인 가해자나 피해자도 아닌, 학교폭력을 목격한 주위학생들의 행동이 학교폭력을 유지시키거나 근절시킬 수 있는 핵심 원동력이 될 것이라는 가설을 세운다.
- 또래환경에 대해 적절한 태도와 조치가 학교폭력근절을 위한 효과적 · 필수적 여건이며, 이에 키바는 적절한 태도와 조치를 취할 수 있도록 돕는다.

(3) 학교폭력근절을 위한 키바의 노력

- 학교폭력 예방을 위하여 전 지역주민을 참여시킨다.
  - 학생, 교사, 부모로서의 역할을 명확히 기술한다 : 학생 모두가 학교폭력 근절에 책임이 있음, 교사는 학교폭력에 대한 인식을 바로하며 그에 적합한 조치를 취할 수 있는 대처능력이 필요함, 학부모는 프로그램의 이행을 지원하며 자녀의 일상생활에 미치는 범위를 확대함
  - 학교폭력근절에 대한 통합사상을 학년 내내 강조한다.
- 따돌림 및 사회문제를 감소시킨다.
  - 저축과 마찬가지로 웰빙(well-being)도 누적 가능하다.
- 필요한 자원을 보다 쉽게 찾고 활용가능하게 한다.
  - 사실에 기반을 두어 대상학교들을 정확하게 비교 가능하게 된다.

(4) 키바 프로그램의 특징

① 보편적이며 구체적인 실천방안

학교폭력예방책을 제시하고(preventive), 이를 시행하는 과정에서 중재하며(interventive), 시행과정과 장기적인 효과를 감독하는(monitoring) 체계적인 기반이 마련되어 키바 프로그램을 시행한 각 학교에서는 최소 3명의 교직원을 학교 키바 팀에 합류시키고 주목받지

못한 학교폭력 사례를 통해 문제제기 및 바람직한 인식을 부여한다.

- 전 학생을 위한 학교폭력 예방 수업 실시
- 학교폭력 근절을 위해 명확한 지침 제시
- 교재 제공(교사 매뉴얼, 짧은 영상, 기내 여러 자료)
- 수업에 학교폭력근절 컴퓨터 게임 및 가상학습환경 제공(키바 게임 및 키바 거리를 밀접하게 활용)
- 'KiVa 학교' 알리미 권유(쉬는 시간 감독을 맡은 교사교직원들은 키바 유니폼(조끼) 착용, 포스터)
- 진행사항에 관하여 학생 대상 온라인 설문 및 의견 수합(연간 설문조사 → 학교에 자동으로 피드백 전달)
- 학생들 수업, 교직원 회의, 학부모 회의를 위한 가시적인 그래픽 프레젠테이션
- 학부모 가이드와 웹사이트

② 키바 주 개념의 가공물

모호한 '철학 · 사상'이 아닌 적용가능한 방대한 양의 자료와 구체적인 도구 보유

- 인쇄물 : 교사연수 교재, 교사지침 매뉴얼(초등, 중등), 포스터, 유니폼(조끼)
- 온라인 : 키바 게임, 짧은 영상, 그래픽 프레젠테이션, 연수, 설문조사
- 서비스 : 백문백답설문, 피드백, 통신문, 토론, 포럼
- 지원 : 연수, 헬프데스크

(5) 키바 프로그램의 효과

- 여러 형태로 나타나는 학교폭력 피해의 현저한 감소
  - 시행 첫 해 21~63%의 범위로 감소
  - 1~9학년에서 4학년이 가장 효과적으로 나타난 반면, 중학생(7~9학년)은 다소 약하게 나타남
- 학교폭력 가해학생에 대한 지지 감소
- 학교폭력 피해학생에 대한 공감 증가 및 피해학생의 학교폭력 대처능력 함양
- 학생들의 애교심 함양 및 학업성취도 향상
- 우울증, 불안감, 또래에 대한 부정적 관념 저하
- 교사의 학교폭력 대처능력 함양

(6) 키바 프로그램의 확산

- 현재 핀란드의 90%(2460개교)의 학교에서 키바 시행 중
- 네덜란드, 스웨덴, 미국, 일본, 한국, 칠레, 브라질, 룩셈부르크, 독일, 프랑스, 그리스, 영국 등 국제적 관심 증가
- 2009년 유럽 범죄예방 수상
- 2008, 2010, 2011, 2012년 국가표창 수상
- 2012년 청소년연구학회 원고부문 최우수 사회정책상 수상

3) 싱가포르의 CCE(인성 · 시민의식교육)

싱가포르의 CCE(Character and Citizenship Education)는 학교폭력 예방을 위해 '인성 및 시민의식'교육을 강조한다. 학생들에게 긍정적인 가치관과 사회적 기술을 전수하고, 서로를 존중하는 긍정적 또래관계를 발전시킴으로써 자연스럽게 학교폭력 예방이 가능하다는 것이다.

싱가포르는 독특한 사회적 특성(예 : 다양한 민족 · 종교 · 언어, 천연자원의 부족 등)으로 인해 국가적 가치 주입과 결속된 시민의식의 형성을 교육정책의 핵심 요소로 꼽고 있다. 이에 학교폭력 예방 역시 가치관 교육 중심의 근원적인 방식을 활용하고 있다. 교사와 학생 간 긍정적인 관계를 형성하고 사회적 감성적 역량을 높이며, 학습과 도덕성 발달에 긍정적인 환경을 만드는 것에 초점을 맞추고 있다.

(1) CCE의 목적

CCE는 학생들을 훌륭한 개인과 유용한 시민으로 성장하도록 가치관을 심어주고 역량 개발하는 것을 목적으로 하며, 다음의 여덟 가지 학습 성과를 목표로 한다.

- LO1 : 자기인식을 높이고 자기관리기술을 적용하여 개인적 웰빙과 효과성을 높인다.
- LO2 : 진실하게 행동하고 책임 있는 결정을 내려 도덕적 원칙을 지킨다.
- LO3 : 사회적 인식을 높이고, 대인관계 역량을 적용하여 상호존중을 기반으로 긍정적 관계를 형성 · 유지한다.

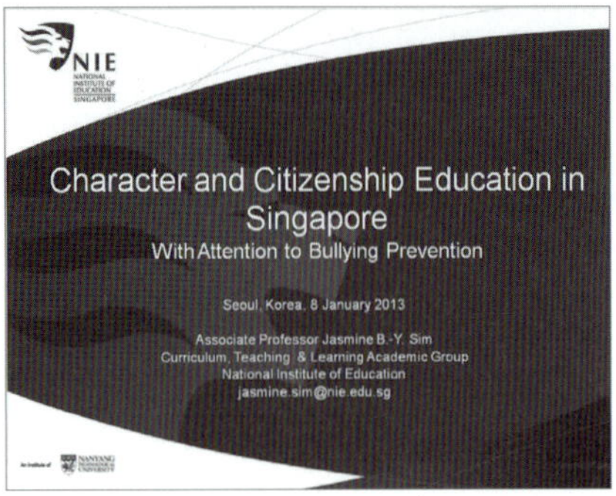

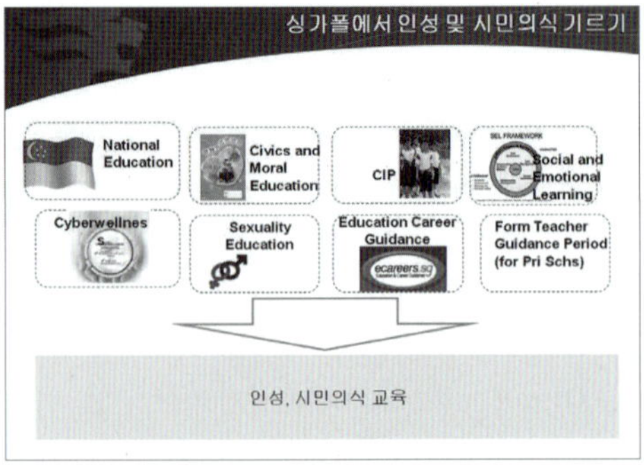

그림 12-5 싱가포르의 학교폭력 예방 : 인성 및 시민의식교육

- LO4 : 탄력성을 높여 위기를 기회로 바꾸는 능력을 갖춘다.
- LO5 : 국가정체성에 자부심을 갖고 싱가포르에 대한 소속감을 지니며 국가발전에 헌신한다.
- LO6 : 싱가포르의 사회문화적 다양성을 가치 있게 여기며 사회적 융합과 조화를 촉진한다.
- LO7 : 타인을 배려하고 공동체와 국가의 번영을 위해 적극적으로 공헌한다.
- LO8 : 정보력을 갖춘 책임감 있는 시민으로서 지역사회, 국가 및 세계적 이슈에 대해 성찰하며 대응한다.

(2) CCE의 구성 요소

① 중등학교

- CCE 수업 : 인성 및 시민의식교육을 위한 가치관, 지식, 기술을 가르친다.

표 12-2 | CCE의 가치관, 빅아이디어, 영역

핵심가치관	세 가지 빅아이디어	영 역
• 존중 • 책임감 • 강인함 • 진실성 • 배려 • 조화	• 정체성* • 관계** • 선택***	• 자기 : 진정한 자신이 되며 자기잠재력 실현 • 가족 : 가족관계 강화 • 학교 : 건강한 우정과 공동체 정신 조성 • 지역공동체 : 지역사회를 이해하며 포용하는 사회건설 • 국가 : 국가정체성과 국가발전 확립 • 세계 : 세계화된 세상의 적극적인 시민이 됨

* 정체성 : 우리가 누구이며 무엇이 될 수 있는지 아는 것과 사회 속에서의 우리의 역할과 책임에 대해 아는 것을 뜻한다.
** 관계 : 의미 있고 존중하는 방식으로 타인과의 연계를 형성하는 것을 뜻한다.
*** 선택 : 우리의 가치관을 적용하여 결정을 하고 책임감 있는 방식으로 영향을 미치는 것을 뜻한다.

- 학교기반 CCE : CCE와 연계된 (학교)조례 프로그램, 학교가치관에 대한 수업이다.
- CCE 지도모듈 : 교육 및 진로지도, 성교육, 사이버 웰빙

② 초등학교

- CCE 수업 : 모국어를 통해 인성 및 시민의식을 위한 가치관, 지식, 기술을 가르친다.
- 학교기반 CCE : CCE과 연계된 (학교)조례 프로그램, 학교가치관에 대한 수업이다.
- 담임교사 지도기간(FTGP) : 사회적 · 감성적 역량을 가르치며 전인적 발달에 초점을 맞춘다(담임교사와 학생들 간의 충분한 상호작용시간 제공).
- CCE 지도모듈 : 성교육

(3) CCE 중 학교폭력 예방에 초점을 둔 특별 프로그램

① 사이버 웰빙

- 어린이의 자기보호 본능을 발달시킨다.
- 사이버 공간에서 스스로의 웰빙에 대한 책임감을 갖도록 한다.
- 학생들의 행동을 인도하기 위한 두 가지 원칙을 강조한다.
- 사이버 웰빙의 주제에 대해 탐구할 수 있는 3단계 과정을 기술한다.
- 학생들의 사이버 웰빙을 촉진하기 위해 학교와 학부모가 협력하도록 고무한다.
- 초등학교와 중학교를 위한 지침자료를 마련한다.

② 담임교사 지도기간(초등학교)

- 목적
  - 담임교사와 학생들 간의 충분한 상호작용시간을 제공한다.
  - 학생들에게 사회적 · 감정적 역량을 제고한다.
- 개념
  - 구조화된 교육과정 시기
  - 긍정적인 교사–학생 관계형성을 위한 사회적 · 감정적 역량에 대한 명시적 교육
  - 담임교사는 학생의 발달적 요구를 다루고 있는 사회적 · 감정적 역량에 대한 명시적 교육을 위한 SEL 프로그램을 바탕으로 개발된 수업계획서를 이용해 사회적 · 감정적 역량을 교수함

(4) 결론

- 간접적인 방법의 학교폭력 방지(예 : 가치주도, 가치접근)
- 긍정적인 교사 · 학생관계와 사회적 · 감성적 역량형성, 학습 및 도덕적 발달에 도움이 되는 보다 친근한 환경조성에 중점
- 진실성, 강인함, 타인에 대한 배려, 관심 등과 같은 가치관을 조성함에 있어 부모와 지역사회의 중요한 역할에 중점
- 프로그램의 효과성을 입증하기 위해서는 장기간에 걸친 노력이 필요함

4) 노르웨이의 올베우스 프로그램

노르웨이에서는 1982년 학교폭력에 시달리던 청소년 3명이 자살한 것을 계기로 정부가 국가 차원에서 캠페인을 전개하고 전국 규모의 설문조사를 실시하여 학교폭력에 대한 연구와 프로그램을 개발하였다. 그 대표적인 것이 베르겐 대학의 올베우스가 개발한 '올베우스 학교폭력 예방 프로그램(OBPP : Olweus Bullying Prevention Programme)'이다.

올베우스 프로그램은 만 5~15세 아동 및 청소년을 대상으로 집단 따돌림 문제 예방과 또래관계 향상을 위한 연간 프로그램으로, 프로그램을 담당하는 대학과 그것을 실천하는 학교현장의 밀접한 연계 속에서 지속적으로 학교폭력 예방과 문제해결을 위해 노력한 결과 큰 성과를 거두었으며, 현재 세계적으로 널리 알려진 프로그램이다.

(1) 올베우스 프로그램의 목표

프로그램의 목표는 학교폭력문제를 최대한 줄이고 새로운 문제의 발생을 저지하는 것이다. 이를 위해 직간접적 폭력의 감소와 예방을 통한 동급생 사이의 관계개선이 요구되며, 가해학생과 피해학생이 원만하게 기능하여 사이좋게 지낼 수 있는 학교환경의 조성이 필요하다. 그리하여 피해학생은 학교에서 안전감과 자신감을 증대시키고, 가해학생에게는 공격적 행동의 감소와 좀 더 사회적으로 용납할 만한 방법으로 자기주장을 하게 된다.

(2) 올베우스 프로그램의 전제조건

올베우스 프로그램의 목표를 달성하기 위해 두 가지 조건이 아주 중요하다.

첫째, 학교 교사와 학부모는 학교에서 벌어지는 학교폭력 가해 및 피해학생문제의 내용을 인식하고 있어야 한다. 학교폭력문제에 관한 무기명 설문조사를 통해 폭력에 개입된 학생 수와 문제 수준, 교사가 개입하고 상담한 빈도, 학부모가 자녀들이 학교에서 무슨 행동과 무엇을 경험하는지에 대해 알고 있는 내용 등 학교폭력 현황을 공개하면 학부모와 교사들은 눈을 뜨게 되고 조치를 취하려는 열의를 가지게 된다.

둘째, 교사와 부모들이 문제해결을 위해서 진지하게 개입하기로 결정해야 한다. 이는 학교 수준의 개입 프로그램에서 핵심적인 조건으로, 무엇보다 폭력이 학생들의 생활에서 불가피한 일부라고 보지 않아야 가능한 것이 된다.

(3) 올베우스 프로그램의 구성내용

올베우스 프로그램은 학교 · 학급 · 개인 각각의 수준에서 학교, 교사, 학생, 학부모가 해야 할 일을 명확하게 제시하고 있다.

① 학교 수준에서의 실천활동

- 학교 총회의 날 운영 : 학교폭력문제에 관한 설문조사 결과나 학교폭력 대처 노력의 강화 등 결정이 나면, 교장, 교사, 상담교사, 선별된 학부모와 학생, 간호사 등이 참석하여 충분한 토의시간을 가진 후 총괄적인 장기 행동계획을 만든다.
- 교내 감독과 교실 밖 환경조성 : 휴식시간, 점심시간, 활동시간에 감독하면서 폭력이 의심되거나 벌어지는 상황에는 재빨리 단호하게 개입하여 '폭력은 용납되지 않는다.'는 메시지를 전달하도록 한다. 또한 성인 개입의 기회가 없는 특정교내구역은 특별 감시하거나 폐쇄한다.
- 상담전화 설치 : 학생 또는 학부모가 익명으로 전화하고 싶어 하는 경우를 대비하여 상담전화를 따로 마련하고, 상담전화 설치 사실을 공개적으로 알린다. 이 경우 상담전화를 통한 사태 파악 및 지원도 중요하나 되도록이면 직접 상담자를 찾아와서 논의하고 도움을 받도록 한다.
- 교사와 학부모 총회 개최 : 학교와 가정 간 긴밀한 협조가 필요한 경우라면, 모든 학부모 또는 일부를 초청한다. 학교폭력전문가나 상담교사는 학교폭력의 현황, 구조, 원인 등에 대해 설명하고, 그 대처를 위한 행동계획과 조치에 대해 토론한 뒤 총회의 회의록과 폭력대처 행동계획

에 관한 정보를 학부모에게 알리도록 한다.

- 학교의 사회적 환경개발을 위한 교사그룹 운영 : 5~6명 정도의 교사 그룹이 정기적인 모임을 가져 학교 규율, 폭력, 의사소통 등 학교폭력 관련 문제 전반에 관해 비판적인 토론과 체험을 서로 교환하고, 학교폭력에 대한 적절한 조치와 이를 위한 공동의 행동계획을 발전시키도록 한다.
- 학부모회의 내의 연구그룹 운영 : 교사그룹과 같은 기능을 수행하여 학교폭력문제에 대한 공동의 태도를 취한다.

② 학급 수준에서의 실천활동

- 학교폭력에 관한 학급규칙 설정 : 학교폭력에 관해 교사와 학생들이 토론을 통해 합의된 구체적인 규칙을 설정함으로써 규칙 준수에 책임감을 갖도록 한다. 합의된 규칙은 눈에 잘 띄는 게시판에 붙여둔다. 올베우스 프로그램에서 추천하는 학교폭력 대처 4대 규칙은 다음과 같다.
  - 우리는 다른 친구에게 폭력을 행사하지 않을 것이다.
  - 우리는 폭력에 시달리는 친구들을 도울 것이다.
  - 우리는 혼자 있는 친구들과 함께할 것이다.
  - 만약 누군가가 폭력을 당하게 된다는 것을 알면, 우리는 학교나 집의 어른들에게 이야기할 것이다.
- 칭찬 : 적극적으로 규칙을 준수하는 행동에 대해 칭찬한다. 특히, 공격적이고 다른 학생으로부터 쉽게 영향을 받는 학생들이 도전을 받는 상황에서도 규칙을 준수하는 경우 칭찬받도록 해야 한다.
- 제재 : 긍정적인 활동에 대한 칭찬과 아울러 부정적인 행위에 대한 제재가 결합될 때 가장 좋은 결과가 나온다. 제재를 위해서는 적대감을 일으키지 않으면서 불편을 주고, 시행하기 쉬운 방법을 사용하도록 하고, 행동과 학생은 구별되도록 어떤 행동을 제재하는지 분명하게 설명해 주어야 한다. 제재방법으로 개별적으로 진지하게 훈계하기, 휴식시간에 교장실 앞에 앉아 있도록 하기, 한 시간 또는 그 이상을 다른 학급에서 보내도록 하기, 휴식시간에 감독교사 곁에서 떠나지 못하게 하기, 교장에게 진지한 훈계 듣도록 하기, 몇 가지 특혜 박탈하기 등을 들 수 있다. 학교에서 지속적으로 적용되는 규칙체계는 공격적 학생들에게 실제 도움이 되며, 다른 학생들을 좀 더 존중하도록 그리고 나중에는 사회의 법률에 대해서 좀 더 존중하도록 가르친다.
- 학급회의 : 학교폭력에 대처하는 규칙의 설정이나 규칙위반에 대한 재제를 토론하는 과정에서 급우들끼리 상호작용은 친밀감을 증대시킨다. 또한 정기적으로 이루어지는 학급회의는 폭력문제에 대한 의식이나 관심을 유지하는 데 도움을 주고, 다른 학생을 괴롭히는 경향이 있는 학

생들에게 상당한 압력을 주어 폭력적인 태도와 행동을 규제하는 데 기여한다.

- 협동학습 : 협동학습은 소그룹이 공동과제를 함께하면서 적극적인 상호의존성이 조성되는 근본적인 특징을 지닌다. 따라서 그룹을 설정할 때 폭력학생 주위에는 폭력을 용납하지 않을 안정적인 학생, 고립된 학생 주위에는 긍정적이고 우호적인 학생을 배치하도록 한다.
- 공동의 적극적 활동들 : 교과학습 이외에 소풍, 캠핑, 파티 등의 공동활동에서도 그룹에서 소외되거나 폭력에 시달릴 수 있다. 모든 학생이 공동활동에 참여하도록 전략적인 계획, 예컨대 학부모 참여 등과 같은 계획이 필요하다.
- 학급의 교사 · 학부모회의 : 학급 수준에서 교사와 학부모회의는 학교폭력문제와 긍정적인 학급환경 제고가 주된 의제가 된다. 회의 시 교사는 학교폭력은 용납되지 않을 것임을 분명하게 밝히고, 가해학생이나 피해학생의 이름을 들먹이는 것은 피하고 학부모 전체를 겨냥하도록 한다. 이러한 회의를 통해 학부모는 자녀의 학교생활에 대해 보다 많은 관심을 기울이고 더 많은 정보를 얻게 된다.

③ 개인 수준에서의 실천활동

- 가해학생과의 대화 : 폭력학생을 다루는 1차적 목적은 폭력 중지이다. 폭력은 용납되지 않을 뿐더러 폭력이 끝나는 것을 확인할 것이라는 분명한 메시지를 전달해야 한다. 폭력에 가담한 학생이 여러 명일 경우에는 한 명씩 차례로 불러 대화하는 것이 좋다.
- 피해학생과의 대화 : 대개 피해학생은 불안하고 불안정하며, 주목받기를 원하지 않는다. 또, 자기를 괴롭히는 학생들이 곤경에 빠지는 것을 두려워하면서 부모한테도 학교와 접촉하지 않도록 압력을 넣기도 한다. 하지만 피해학생을 보호하기 위해 모든 노력을 기울이면서 폭력의 위험이 제거될 때까지 문제를 철저히 추적하되, 추적하기 전에 피해학생의 동의를 얻는 것은 도움이 된다. 무엇보다 교사나 학부모가 자기에게 필요한 도움을 주기를 원하고 또 그렇게 할 수 있다는 것을 신뢰할 수 있는 것이 매우 중요하다.
- 학부모들과의 대화 : 문제가 어느 정도 심각하다면, 가해학생, 피해학생, 양쪽의 학부모가 모두 참석하는 회의를 주선하여 상황에 대해 철저하게 논의하고 문제해결계획을 세운다. 회의시작 이전에 한 번에 한 가족씩 따로 만나는 것이 좋고, 교사 판단에 회의 진행이 어려울 것 같으면, 다른 상담전문가가 참석하도록 한다.
- 가해학생의 학부모가 해야 하는 일 : 가해학생의 학부모가 자녀를 위해 할 수 있는 일은 첫째, 부모로서 폭력문제를 심각하게 취급하고, 앞으로는 어떠한 폭력행동도 용납하지 않을 것이라는 것 알리기, 둘째, 자녀와 합의해서 가정 생활규칙을 만들고, 이를 지키면 칭찬하고 어기면 부

정적 제재가 따르도록 하기, 셋째, 자녀의 친구들이 누구이고 이들과 무엇을 하는지 알아내려고 노력하면서 자녀와 함께하는 시간 늘리기 등이다. 이런 식으로 한층 신뢰하는 관계를 서서히 발전시키면 자녀는 부모의 말에 귀 기울이고 부모의 영향을 받게 된다.

- 피해학생의 학부모가 해야 하는 일 : 수동적인 피해학생과 도전적인 피해학생으로 나누어보면, 전자는 불안하고 불안정하며 과거 여러 가지 실패로 인해 자신감이 낮고 친구가 거의 없다. 자신감 증진을 위해 자녀를 격려하고 지원하여 잠재적 재능과 적극성을 발전시키도록 하며, 자기주장을 하도록 도움을 주도록 한다. 후자의 도전적인 피해학생인 경우, 환경에 자극을 덜 주는 반응방식을 발전시켜 나가도록 해야 한다. 동료학생들의 비공식적인 친교에 대한 이해, 급한 성격 누그러뜨리기, 과격한 행동 줄이기 등을 조심스럽고도 단호하게 도와주어야 한다.
- 피해학생을 위한 상상력의 활용 : 가해학생이나 피해학생이 좀 더 적절한 반응을 취할 수 있도록 학교상황을 여러 가지 방법으로 활용할 수 있다. 예를 들면, 피해학생이 인기 있는 다른 학생과 함께 학급과제(과제선정 시 피해학생이 감당할 수 있는 과제를 선정해야 함)를 연구하고 그 결과를 보고하게 한다. 이는 인기 없는 학생의 인기를 높일 수 있다. 또 다른 방법은 폭력에 가담하지 않은 우호적이고 유능한 학생들과 비공식적인 협력관계를 설정해서 피해학생을 보호하거나 가해학생을 중립화시키도록 한다.
- 피해학생과 가해학생 학부모들을 위한 토론그룹 : 폭력문제가 다소 심각한 가해학생 및 피해학생 부모를 초대해서 훈련받은 치료사나 그룹지도자가 이끄는 토론그룹에 참여시킨다. 이는 서로 상대방의 입장에서 문제를 바라보게 하기 위함이다. 처음에는 양쪽 부모를 서로 다른 그룹에 참여시키고 난 후에 같은 그룹에서 만나도록 하는 것이 바람직하다.
- 학급의 이동 또는 전학 : 해결을 반복적으로 시도했음에도 불구하고 계속 문제가 남아 있다면, 우선 가해학생을 이동 또는 전학시키고, 이것이 효과가 없다고 판단될 때 피해학생을 이동 또는 전학시킨다. 어떠한 경우에도 학부모와 상의하여 조심스럽게 계획하고 준비한다.

(4) 올베우스 프로그램의 효과

1983년 10월 초부터 베르겐 소재 초등학교(28개), 중등학교(14개) 총 42개 학교에 적용한 후 2년 사이에 다음과 같은 뚜렷한 효과가 나타났다.

첫째, 학교폭력이 50% 이상 감소하였다.

둘째, 학교 내의 폭력이 등굣길과 하굣길 등 학교 밖으로 옮겨가지 않았다.

셋째, 파괴, 싸움, 도둑질, 음주, 무단결석 등 일반적인 반사회적 행동이 뚜렷하게 줄어들었다.

넷째, 학급의 사회적인 분위기에서 명확한 개선이 보고되었다. 질서와 규율의 개선, 긍정적인 상호관계의 증가, 학업과 학교에 대한 긍정적인 태도 증진 등이었다.

CHAPTER 13

학교폭력 예방 우수 사례

C H A P T E R

13 학교폭력 예방 우수 사례

최근 들어 단위학교의 자율적인 학교폭력 예방활동을 적극 권장하고 있다. 학교폭력예방 우수학교를 육성하기 위해 정부차원에서 지원하고, 학교폭력 예방 우수사례를 선정하여 이를 학교폭력예방포털사이트(www.stopbullying.or.kr) '이달의 우수사례'에 탑재하고 있다. 이는 모든 학교가 공유하고 참고하여 각 학교의 특성을 살린 예방활동에 주력함으로써 학교폭력의 발생을 사전에 차단하자는 취지이다.

이 장에서는 '학교폭력 예방 우수 사례 모음집(제3회 학교폭력 예방 우수 사례 공모전 선정작)'(교육부, 청예단, 2013)에서 몇 가지 사례를 발췌하였다. 그 사례의 목록은 표 13-1과 같다.

표 13-1 학교급별 학교폭력 예방 우수 사례

학교급별	학교폭력 예방 우수사례
초등학교	1. START 프로젝트로 톡톡(talk talk) 공감스쿨 만들기 (금곡초등학교) 2. 학교폭력예방 세 걸음, 또래중재로 다가가요 (대저 초등학교) 3. 두드림, 헤아림, 어울림으로 감동의 진량숲을 만들어요 (진량 초등학교)
중학교	4. 우리 함께 가요, 학교폭력 ZERO!! (고성여자중학교) 5. 대안 학급(Dream 클래스)의 통합적 운영 (대전법동중학교) 6. 울려라! 비상벨, 멈춰라! 학교폭력, 모이자! 라온카페 (양진중학교) 7. 다도예절교육 및 차문화 체험을 통한 학교폭력 예방 (화개중학교) 8. Wee 클래스 프로그램 활성화를 통한 즐겁고 행복한 우리학교 만들기(외삼중학교)
고등학교	9. 행복 5중주(SPTCG)를 통한 학교폭력 예방 (세명고등학교) 10. 행복한 학교, 두근두근 중화고 프로젝트 – 우리 아이들이 순해졌어요(중화고등학교)

1. START 프로젝트로 톡톡(talk talk) 공감스쿨 만들기

1) 학교 현황

학교명	금곡초등학교	학교장(직위)	신동기(교장)
주 소	충남 아산시 배방읍 고불로 563-4		
학교현황	학생 수	학급 수	교사 수
	460명	18개	28명
학교소개	• 2012 계획단계 학교교육과정 우수학교 표창 • 2012 학교평가 최우수학교(교육감표창) • 2012 교육감배 학교 스포츠클럽 표창(교육감표창) • 2012 학교문화 공모대회 놀이문화부문 우수학교(교육감표창) • 2012~2014 창의경영학교 운영(건강증진 모델학교, 3년간) • 2013 계획단계 학교교육과정 우수학교 표창(교육장) • 2013 학교폭력 예방 친구사랑주간 운영 우수학교 표창(교육감)		

2) 주요 사업내용

① 마음을 활짝 열고

목 표	언어문화개선 프로그램을 운영함으로써 욕설, 속어, 비어 사용을 멈추기(Stop)	
운영내용	언어문화개선 프로그램	• 1~2학년 : '나쁜말 휴지통', '나쁜말 종이비행기' 날리기 • 3학년 : 친구에게 '예쁜말 하트엽서' 전하기 • 4학년 : 친구에게 '사과의 마음나무'를 만들어 전달하기 • 5~6학년 : 친구에게 마음을 담은 '손바닥 편지' 전하기
	자신감 쑥쑥, 칭찬하기	• 친구의 행동을 '칭찬카드'에 써서 칭찬 우편함에 넣기 • 칭찬쪽지를 써서 '칭찬나무' 만들기 • 학교 누리집의 '칭찬합니다' 게시판에 친구를 칭찬하는 글쓰기

② 어깨동무하고 가자

목 표	인성교육주간 프로그램과 'Healing 通' 프로그램을 통해 친구와 대화(Talk)하고 서로 도와주기(Assist)	
운영내용	인성교육주간 프로그램	• 1~2학년 : 생명존중, 친구, 가족에게 편지 쓰기 • 3~4학년 : 독도사랑 및 나라사랑 교육, 칭찬상장 만들기 • 5~6학년 : 자치법정에서 상벌제 만들기, 우리학급 규칙 만들기
	Healing 通 - 내 마음이 들리니?	• 감정이나 느낌을 자유롭게 표현하여 '힐링통' 우편함에 넣기 • 힐링봉사동아리회원, 선생님들이 희망메시지 댓글 달기

③ 자연 속의 우리

<table>
<tr><td>목 표</td><td colspan="2">자연 속에서 생태체험 및 어울林 숲체험 프로그램을 통해 마음 치유하기(Recover)</td></tr>
<tr><td rowspan="2">운영내용</td><td>자연과의 만남,
생태체험</td><td>학년별 생태체험주제 추출하여 다양한 생태체험 놀이</td></tr>
<tr><td>어울林 program</td><td>• 자연놀이 활동, 협동심을 기르는 자연체험 오리엔티어링 운영
• 학교텃밭을 활용한 생태체험 프로그램 운영</td></tr>
</table>

④ 얼마나 자랐을까?

<table>
<tr><td>목 표</td><td colspan="2">다양한 동아리(Team)활동을 활성화함으로써 소통하는 공감스쿨 만들기</td></tr>
<tr><td rowspan="2">운영
내용</td><td>학교 스포츠클럽 운영</td><td>• 다양한 학교스포츠클럽 운영
– 플라잉디스크, 바이크, 피구, 줄넘기, 줄다리기, 축구 등
• 금곡 K–리그 대회
– 학급대항 경기를 통해 협동심을 기르고, 학급스포츠클럽 활성화</td></tr>
<tr><td>학생 동아리활동 활성화</td><td>• 토요 학생동아리활성화
– 토요상설 학생예술동아리, 토요 우쿨렐레 동아리, 토요 고불서당
• 상설동아리 활성화
– 학생 자치법정 동아리, 청소년단체 동아리, 몸짱맘짱 건강동아리
• 꿈이룸! 학생동아리
– 9개의 동아리가 지역교육지원청으로부터 예산 지원받아 운영 중임</td></tr>
</table>

3) 사업 효과

다양한 놀이 형식의 학교폭력예방 인성교육 프로그램을 교실 수업과 연계하여 'START 프로젝트로 톡톡(talk talk) 공감스쿨 만들기' 를 운영한 결과 다음과 같은 효과가 있었다.

- 학년성을 고려한 다양한 언어문화개선 프로그램과 친구 칭찬하기 활동을 통해 욕설이나 속어 및 비어의 사용이 많이 줄었고, 친구와 선생님이 해주는 칭찬의 말로 자신감을 얻었을 뿐만 아니라 친구관계 개선에도 긍정적인 영향을 주었다.
- 인성교육주간의 다양한 프로그램과 'Healing通(힐링통)–내 마음이 들리니?' 프로그램을 통해 성장기의 다양한 신체적 · 정신적 · 사회적 발달을 촉진시켜 바른 품성을 기르는 계기가 되었다.
- 생태체험활동과 어울林프로그램을 통해 산책로를 걸으면서 선생님, 친구들과 함께 나무와 풀꽃도 관찰하고, 나무를 감고 있는 넝쿨을 보면서 힘이 센 학생이 약한 학생을 괴롭히는 것을 상징적으로 설명해 주면서 아이들의 거친 심성을 정화시킬 수 있었다.
- 주말과 방과 후에 이루어지는 학생 중심의 다양한 동아리활동을 통해 또래와 어울리는 기회를 갖고, 친구들과 소통하는 방법과 기회를 제공하였다.

나쁜말은 휴지통에(1~2학년)

손바닥 편지 쓰기(5~6학년)

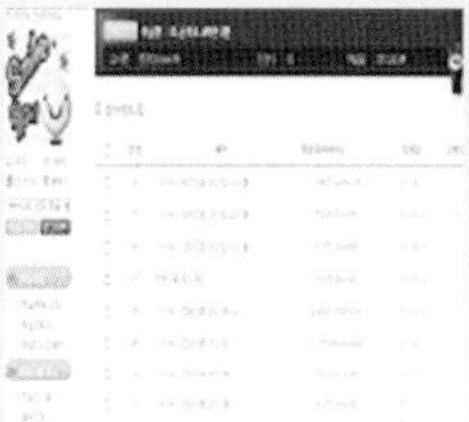

학급누리집의
'칭찬합니다' 게시판 운영

Healing 通 –
내 마음이 들리니?

어울林프로그램(숲체험) 운영

학교스포츠클럽 금곡
K-리그대회 및 우승학급 표찰

학생 동아리활동
(토요고불서당)

학생 동아리활동
(토요우쿨렐레)

2. 학교폭력 예방 세 걸음, 또래중재로 다가가요

1) 학교 현황

학교명	대저초등학교	학교장(직위)	김남제(교장)
주 소	부산시 강서구 대저로 29번길 27		
학교현황	학생 수	학급 수	교사 수
	83명	8(1)개	11명
학교소개	• 공모형 교장의 창의경영마인드와 민주적 의사결정시스템으로 교육적 열의가 강함 • 교원의 평균경력 22.4년, 남교사 비율 45.5% → 활동적, 안정적 우수교사집단 • 흡연 예방 중심학교(2010~2012), 학부모 학교참여지원사업(2012), 평생학습센터(2012~2013) 운영 → 학부모의 학교교육에 대한 인식제고 및 신뢰 증진 • 창의 · 인성실, Wee 클래스, 칭찬통장시스템 등 인성교육 인프라가 구축되어 있음 • 통학거리가 멀고 지역주민 이용이 많은 개방형 담장으로 안전사고 위험이 높음 • 농촌형 소규모학교로서 6년간 단학급체제 → 학급에서의 또래관계가 고착되기 쉽고 재설정이 어려우므로 → 학교폭력 예방교육의 중요성은 매우 높음 • 2013년 학교폭력실태조사결과 피해 5명(8.5%), 가해 3명(5.1%), 목격 4명(6.8%) → 근본적인 학교폭력 예방교육이 필요함		

2) 주요 사업내용

① 학교폭력예방 1-STEP, 칭찬으로 고운 인성 꽃피워요

매일매일 쑥쑥 칭찬먹고 자라요	차곡차곡 칭찬통장 고운 인성 가꾸어요	으쓱으쓱 체험활동 고운 인성 꽃피워요
* 대저토담패밀리가 하나 된 실천 중심 인성교육시스템 운영 • 칭찬통장시스템 운영 • 학급별 학교장인성교육(주 1회) • 가족 Family Day 운영 • 칭찬쿠폰부여, 아나바다(12월) • 공수인사로 인사말하기 * 프로젝트형 인성교육을 통한 • 실천 · 사례 중심 수업 운영 • 학교폭력예방교육 • 프로젝트형 인성교육주간 운영	* 체험중심 인성교육 • 찾아오는 다례교육(4.18) – 전교생의 예절교육, 다도교육 • 창의인성한마당(4.19) – 전교생이 함께하는 한마당 • 조부모의 날(5.08) – 조부모 9명의 격대교육 실천 • 품안愛 교육(5. 31) • 식물생태학습장 체험(연중) • 예절과 인성교육을 위한 수련 활동	* 문화예술활동 • 1인 2악기 다루기 – 하모니카, 리코더, 단소 지원 • 방과 후 음악 프로그램 운영 – 바이올린, 첼로, 플룻교실 • 노래하는 학교 – 영어노래 차임벨, 노래동아리 * 스포츠 활동 • 1인 2운동 • 지역사회 연계 스포츠 활동 • 토요일 스포츠 클럽 운영

성과 • 칭찬통장시스템을 운영하여 인성교육 10대 덕목의 실천과 내면화에 기여
• 학년 말 아나바다 시장과 연계, 바른 인성, 나눔과 배려, 왕따 · 학교 폭력 예방의 시너지 효과를 가져옴

② 학교폭력 예방 2-STEP, 공감대화로 학교폭력 멈춰요

내 마음을 여는 Wee 클래스 공감 공간	우리 마음을 나누는 Wee 클래스 프로그램	자치활동으로 마음을 표현하는 학교폭력, 멈춰!
* 학생 개인상담 운영 • 유형별 개인상담(연중, 상담실) • 학교생활상담(신학기, 학급) * 학부모 상담 운영 • 전화상담, 면담(연중, 상담실) • 학부모 상담주간(신학기, 학급) * 상담실 체험 프로그램 운영 • 상담실 체험의 날(3월 2주) • 감사데이(5월 1~2주) • 상담실 개관 기념식(10월 2주) • 사과데이(11월 2주)	* 3학년 집단상담 운영 • '친구야 놀자' 집단상담 (5. 9~5. 29 4회기) * 4학년 집단상담 운영 • '나를 찾아 떠나는 여행' 집단 상담 (5. 7~5. 21. 5회기) *친한친구교실 운영 • 여름방학 미술심리교실 – 7. 29~7. 31. 8회기 • 여름방학 학습클리닉 – 8월 중, 8회기	* 학교폭력, 멈춰! • 학교폭력멈춰 캠페인, 훈화 (3. 18~3. 21, 학기별 운영) • 외부강사초빙 학교폭력예방교육 (3. 21 강서경찰서 연계) • 장애학생대상 인권보호 및 학교폭력 예방교육(6. 17) *학급 자치 활동 • 학급규칙제정(3. 4~3. 15) *전교 자치 활동 • 학교규칙준수 서약식(3. 20) • 전교 자치활동(연 10회)

성과 • 상담 프로그램에 참여하면서 마음을 돌보고 자치활동으로 마음을 표현함
• 체험 중심의 학교폭력 예방활동을 운영함으로써 학생 참여도가 높아짐

③ 학교폭력예방 3-STEP, 또래중재로 학교폭력 해결해요

교사 학부모가 함께하는 갈등중재훈련	또래 갈등을 들어주는 솔리언 또래상담	학교폭력에 개입하는 또래중재
* 학교폭력예방 교사연수 • 학교폭력예방 및 대책(3. 18) • 공감대화로 접근하는 학교폭력 예방교육(6. 3) • 장애학생의 인권보호 및 학교폭력 예방교육(6. 17) • 성폭력예방교육(7. 1) * 갈등중재훈련 교사연수 • 6. 19~7. 10, 4회, 4시간 * 학교폭력예방 학부모연수 • 외부강사초빙연수(3. 22) • 자치위원회 회의(분기별) • 가정통신문 학교폭력예방교육	* 솔리언 또래상담가 양성 • 전문상담사의 또래상담가 양성 과정(3. 26~7. 12. 11회기) • 예비상담교사의 솔리언 연습 모임(5. 7~5. 31. 4회기) • 솔리언 또래상담가 양성 수료식(7. 12 창의인성실) - 5학년 또래상담가 27명 탄생 * 솔리언 또래상담 운영 • 학급단위 또래상담 운영 • 또래상담 슈퍼비전 운영	* 또래중재자 훈련 • 또래중재자 훈련과정(1차) - 4. 23~7. 10, 12회 - 6학년 솔리언 4명 대상 - 갈등 다루기, 갈등개입기술 • 또래중재자 훈련과정(2차) - 9. 10~11. 26, 12회 - 5학년 솔리언 12명 대상 - 갈등 다루기, 갈등개입기술 * 또래중재 운영 • 학급단위 또래중재 운영 • 전교단위 또래중재 운영

성과 • 또래상담가 훈련과정을 통해 경청하는 태도를 익히게 되었음
• 갈등중재훈련을 통해 갈등상황에서 적극 개입하려는 태도를 익히게 되었음

3) 사업 효과

• 바른 생활 실천 결과를 누가기록할 수 있는 칭찬시스템과 기록하고 토론하는 인성신문의 활용으로 학교와 가정이 함께 인성교육을 실천할 수 있게 되어 학교폭력을 예방할 수 있는 탄탄하고 안정적인 정서를 가꾸게 되었다.
• 상담 프로그램을 경험하면서 내면적 갈등을 치유하고, 솔리언 또래상담가 훈련을 통해 또래의 고민을 들어주려는 적극적인 생활태도를 함양하게 되어 학교폭력 예방의 구심점이 되었다.
• 자치활동 및 또래중재 훈련을 통해 또래 간 갈등상황에 개입할 수 있게 되어 현재의 학교폭력을 예방하는 것은 물론, 평생을 두고 갈등해결을 잘 할 수 있는 기반이 될 것으로 기대된다.

3. 두드림 · 헤아림 · 어울림으로 감동의 진량숲을 만들어요

1) 학교 현황

학교명	진량초등학교	학교장(직위)	배한욱(교장)
주 소	경상북도 경산시 진량읍 낙산길 37		
학교현황	학생 수	학급 수	교사 수
	503명	22개	33명
학교소개	• 인성교육실천 우수학교 교육과학기술부장관상 수상(2012. 12. 27) • 2012년 경북교육청지정 생활지도(학교문화) 시범학교 운영 • 100대 교육과정 공모전에서 경북 내 우수 교로 선정(2012. 11. 24)		

2) 주요 사업내용 및 사업 성과

① 학생회의 숲 두드림

진량어린이국회를 통해 학생이 중심이 되어 스스로 규칙을 정하고 함께 지키기 위해 노력하는 다양한 활동을 통해 마음속 깊이 잠자고 있는 학생들의 생각들을 펼칠 수 있도록 두드림의 학생회활동을 전개해 보았다.

진량어린이국회	• 학생 대표인 회장단이 모여 매달 마지막 주 목요일 정기회의를 통해 학교 주요 행사나 생활 관련 사항을 결정 • 학생들이 학교와 학급구성원으로서 역할을 분담, 수행하고, 자치활동에 적극 참여	봉사릴레이 진수성찬
진량 생활다짐	• 교육공동체 협의를 통해 생활다짐을 선정 • 생활평점제(그린마일리지)와 연계하여 생활 속에서 실천	
JLB 기자단	• 학생 중심의 자율적인 학생회 운영에 대한 점검 및 평가와 같은 모니터링 활동 • 학교의 중요행사를 취재하여 뉴스로 제작하고 월 2회 정규 방송 실시	급식문화개선 UCC
마음을 움직이는 UCC	• 규칙과 질서를 지키는 생활이 습관화될 수 있도록 학생들이 직접 홍보자료 제작 • 매달 넷째 주 월요일 아침시간 방송	

▼

- 학교교육활동의 결정권을 학생들에게 부여함으로써 학교에 대한 주인의식과 참여를 확대
- 생활다짐 실천을 통해 스스로 정한 규칙과 질서를 준수함으로써 평화로운 학교분위기 형성
- 기자단 활동을 통해 학생 스스로가 학교생활을 모니터(감시)하고 공동의 관심사를 공유하고 발전시키는 선도적 역할을 수행

② 또래활동의 숲 헤아림

친구 사이의 갈등을 조정해 주고, 서로의 고민을 상담하며, 봉사를 통한 나눔의 즐거움을 공유하는 동안 또래 간에 서로를 이끌어 주고 마음을 헤아리는 긍정적 관계를 형성할 수 있도록 헤아림의 또래활동을 계획하였다.

또래조정위원회	• 설문조사를 통해 학급 또래 조정위원을 선발 • 학급 내 갈등을 또래조정위원회를 통해 평화적으로 해결하고 합의 도달	진량또래조정위원회
또래상담소	학급 친구들의 학업, 교우관계, 따돌림, 이성친구, 2차 성징 등의 고민거리를 친구와 함께 해소	
사랑의 메신저	• 전교생이 주 1회 이상 마음을 담은 편지를 써서 사랑의 우체통에 넣으면 배달부가 편지를 배달 • 마음을 전하는 글쓰기를 통하여 학교폭력이 없는 소통과 공감의 학생 문화를 형성	봉사릴레이 진수성찬
365 릴레이 봉사	• 6학년, 5학년 7개 반이 릴레이로 돌아가면서 MOU를 체결한 삼성요양병원에서 봉사활동 실시 • 'We love 진.수.성.찬의 날'(진량 수요일 성실히 봉사하는 보람찬 날)	

▼

• 학생 간 일어나는 사소한 갈등이 줄었고 대화와 타협을 통한 문제를 해결하는 분위기 조성
• 사춘기 학생들의 고민거리를 같은 눈높이의 친구를 통해 해소해 정서적 안정, 친구 관계가 개선
• 재능을 도움이 필요한 이웃에게 나누어 줌으로써 타인을 배려, 봉사와 나눔의 생활을 습관화

③ 동화리의 숲 어울림

학업과 친구관계에서 오는 스트레스를 건전하게 해소할 수 있도록 자신의 끼와 재능으로 한데 어우러지는 어울림 마당을 전개하였다.

날아라 슛돌이 (축구동아리)	• 학기 초에 평소 문제행동을 보인 남학생들의 자발적인 요청에 의해 조직되어 학생들의 신체적 욕구, 폭력성을 해소 • 토요축구클럽리그대회 참가, 각종 축구대회 참가로 성취동기 부여와 자존감 회복	독도 동영상
The 독도사랑 탐험대 (독도동아리)	• 탐구 · 토론 중심의 활동으로 독도에 대한 심도 있는 학습 기회를 제공 • 독도 수호의 의지를 높이고 독도가 우리 땅임을 세계에 알릴 수 있는 홍보 역량을 강화	대구 MBC방송

민족시인 이상화 처럼(작가탐방작가되기동아리)	• 문학작품의 배경지 및 작가의 생가 방문 및 작가의 생애 등을 살펴보고 문학작품의 탄생과정을 알아보는 활동 통해 작품을 깊이 있게 감상 • 창의적인 발상으로 나만의 문학작품 창작	2013 독서문학기행
드림하이(진로동아리)	활동 중심의 동아리 활동을 통하여 자신의 적성, 흥미, 성격을 이해하고 알맞은 진로를 능동적으로 인식, 탐색하여 자신의 진로를 설계	
생각 톡, 나눔 톡(토론동아리)	• 토론을 통한 바람직한 문제해결 문화를 형성 • 자기 및 타인의 의견을 수용하고 존중하는 민주시민 자질을 함양	토론대회

▼

다양한 분야의 동아리가 활성화되어 학습활동에서 오는 긴장감을 완화시키고 학생들의 재능과 끼를 발산할 수 있게 함으로써 스스로 탐구하고 즐길 수 있는 문화 공간으로 자리 매김

④ 감동축제 한마당

진량 알뜰 살뜰 바자회 (2013.10. 24 예정)	진량바라기들의 운동회 (2013. 5. 3 실시)	진량 별들의 동아리 축제 (9. 24~28 예정)
• 진량어린이국회에서 기부를 통해 모은 바자회 물품품목별로 정리, 가격 책정 후 판매	• 학급과 학년 어린이회를 거쳐 각 학년 운동회 종목 선정, 학년별로 연습 • 2013년 5월 3일 야간 운동회 개최	• 전시분과 : 9월 24일~28일(1주일) 동아리 작품 전시 • 공연분과 : 9월 28일 강당에서 8개의 작품 발표

▼

• 서로를 배려하고 소통하며 화합하려는 분위기가 조성
• 학생들의 협동, 단결, 봉사, 인내와 같은 인성지도에 크게 이바지
• 함께 어울려 축제를 준비하는 과정에서 건전한 또래문화 형성

4. 우리 함께 가요, 학교폭력 ZERO!

1) 학교 현황

학교명	고성여자중학교	학교장(직위)	김영수(교장)
주 소	경남 고성군 고성읍 송학리 309-1번지		
학교현황	학생 수	학급 수	교사 수
	434명	15개	30명

학교소개	• 인성이 바른 창의적이고 실력 있는 인간 육성을 교육목표로 삼고 15학급 교사 30명, 학생 437명이 명품학교를 만들려고 노력하고 있음 • 맞춤형 학력 향상 Set-up 프로그램 운영으로 2010년 학력우수학교 2011년 학력우수학교 1차 선정학교임 • 멜로디와 하모니가 어우러진 향기로운 학교 운영 • 1인 1동아리 가입으로 전교생이 운동하는 학교 운영 • 독서로 사색의 닻을 내리고 꿈의 돛을 올리는 학교 운영 • 그결과 2011년 100대 교육과정 우수학교 선정학교 • 2011년 전국소년체전 육상 1,000m 금메달 • 2013년 전국소년체전 역도 금메달 획득학교 • 2013년 학교폭력 전무한 학교

2) 주요 사업내용

- 학생자치활동 실천 주간 운영
- 안전한 학교를 위한「꿈나르미 학교 보안관 활동」
- 학교폭력 예방교육 및 학부모 진로교육 실시
- 친구사랑 주간 운영
- 템플스테이를 통한 심신 수련 활동
- 사제동행 운동장 잔디밭 둘레길 걷기
- 녹색환경봉사단 활동
- 친친학습동아리 운영
- 예 · 체능활동을 통한 인성교육 강화
- 여학생친화 과학 동아리활동
- 가정과 학교가 함께 하는 인성교육 프로그램
- 진로에 관한 글짓기, 나의 꿈 발표하기, 나의 꿈 명함 만들기 행사를 통한 희망찬 인성 교육 함양
- 이웃 학교의 불우한 학생에게 사랑의 성금 전달

3) 사업 효과

- 학생들을 학교교육활동 및 교육과정에 주체적으로 참여하게 함으로써 학생 스스로 규칙을 만들어가고 준수하는 학교문화가 형성되었다.
- 학교폭력 예방을 위한 다양한 교육과정 운영으로 올바른 인성이 함양되었고, 학교폭력 예방과 따돌림 없는 좋은 학교로 알려져 인근학교에서 부적응 학생들이 전학을 오고 있다.
- 교사, 학생, 학부모, 지역사회가 하나가 되어 학교폭력 ZERO인 안전하고 행복한 학교를 만들어

가고 있다.

- 스포츠 활동을 통해 협동, 배려, 존중, 스포츠맨십 등의 창의인성교육이 함양되어 함께 더불어 살아가는 아름다운 학교 문화가 실현되었다.
- 동아리 활동 활성화로 신나고 재미있는 학교 문화가 형성되었다.
- 2012년 학교폭력 전수조사 때는 학교폭력 피해 건수가 16.8%이었으나, 2013년 학교폭력 전수조사 및 학교자체 조사에서 0%로 긍정적인 효과가 나타났고 현재까지 학교폭력 발생이 ZERO가 되었다.

5. 대안 학급(Dream 클래스)의 통합적 운영

1) 학교 현황

<table>
<tr><td>학교명</td><td>대전법동중학교</td><td>학교장(직위)</td><td>이선원(교장)</td></tr>
<tr><td>주 소</td><td colspan="3">대전광역시 대덕구 쌍청당로 55</td></tr>
<tr><td rowspan="2">학교현황</td><td>학생 수</td><td>학급 수</td><td>교사 수</td></tr>
<tr><td>1,274명(2013.3.2 기준)</td><td>42개(특수학급 1개 포함)</td><td>67명</td></tr>
<tr><td>학교소개</td><td colspan="3">[지역 및 학부모 특성]
• 학교의 위치상 상대적으로 낙후된 주변 지역의 특성으로, 생활 · 학력 면에서 시 평균 이하의 수준을 유지하고 있는 실정
• 맞벌이 부부, 편모 · 편부 가정, 결손 가정, 조손 가정 다수로, 생활지도 및 올바른 학습습관 형성을 위한 가정교육의 부족 및 학교교육 및 제도에 대한 낮은 관심과 낮은 이해
• 상대적으로 낙후된 주변 지역의 교육 및 문화시설
• 일일 노동, 영세 및 저소득 업종에의 종사자 다수
[학생 특성]
• 결손 가정 다수 : 학습 무기력, 열등감, 분노, 적대감, 우울 등 발생
• 낮은 학습 동기 : 교육활동에 부정적 태도와 낮은 흥미도
• 경제적 어려움 : 다양한 문화체험 및 혜택 경험 부족
• 많은 학생이 학교폭력과 따돌림 경험 : 가해학생 중 많은 학생이 학교생활에 부적응행동 보임
2012년 고위험도 학생을 선발하여, 희망학생에 한하여 [Dream 클래스]를 운영함으로써 학교폭력 및 학교 부적응의 근본적인 원인을 파악하여 맞춤형 교육 및 지도 실시</td></tr>
</table>

2) 주요 사업내용 : 대안 학급(Dream 클래스)의 통합적 운영

① 운영방법

가. 운영기간 및 대상

- 운영기간 : 2012. 3. 1～2013. 2. 28(1년)

- 운영대상 : 전교생 1,357명 중 학교생활 부적응학생 및 고위험군 학생 18명 선발(이하 Dream 클래스로 칭함)

나. Dream클래스 대상자 선정 절차

전교생을 대상으로 1차(교사 발췌, 학생관찰정보 분석), 2차(객관적인 심리검사), 3차(학생 선발 최종 협의회 및 학부모 동의) 등 단계별 Screening 선정과정 실시

다. Dream 클래스 교육과정 편성

각 교과수업을 1시간씩 활용하여 주당 10시간 특별 프로그램 운영

② 특별 프로그램 세부 내용

가. 자아성장 프로그램

- 신체적 · 예술적 활동을 단기 프로젝트(1~2회기당 1과제)로 과제 수행
- 주제 : 나무 되기, 타임 캡슐, 감정 스타일, 화분 심기, 스쿨 홀릭 등을 통한 자기탐색 및 자기 이해 증진

나. 감성 프로그램 실시

- 다양한 매체를 활용하여 장기 프로젝트(3~8회당 1과제)로 과제 수행
- 주제 : 인간극장, House Story, 꿈을 찾는 여행, 나 이런 사람이야 등을 통한 공동체의식 함양

다. 집단상담 프로그램 운영

- 의사소통, 공부의 신, 비전, 감성, 성 등에 대한 집단상담 실시
- 외부 전문 상담 국방부 직할부대 및 기관
  - 조각보 : 성격 유형을 통해 알아보는 대인관계 및 의사소통 외 4가지 주제
  - 어세스타 : 자기이해, 취업멘토 인터뷰, SMART한 목표 세우기 등을 통한 학습전략 및 비전 설정

라. 체험 프로그램 운영

- 공예, 댄스, 미술, 축구, 타악(드럼), 현악(기타), 영화제작
- Dream 하계캠프(부모-자녀 프로그램) 운영
- Dream 클래스 학부모, 학생, 교사 참여

3) 사업 효과

① Dream 클래스 학교 적응력 효과 검증

가. 행동진단 검사 사전–사후 결과 분석 결과

☞ 학교 문제, 내면화 문제, 주의력과 과잉행동, 문제행동 총점 평균 감소

② 집단상담 및 체험활동 프로그램 운영

가. 집단상담 프로그램

- 학생의 자기이해, 감정조절, 학교생활에 대한 관심 증진
- 다양한 매체를 활용한 체험활동을 통한 소통의 장 마련

나. 체험활동 프로그램

- 학생 개인의 적성 및 소질 발견
- 다양한 활동을 통한 올바른 자기표현방법 학습

③ Dream 하계 캠프(학부모 · 자녀 프로그램)

영상편지 및 유서 쓰기 활동 실시를 통한 마음 전달시간 제공

- 학부모 만족도 및 자녀에 대한 이해 증가 및 소통

④ 축제 및 졸업식 Dream 밴드 공연

체험활동을 통해 배운 실력으로 'Dream 밴드'를 구성하여 공연 실시 : '윤도현 밴드'의 〈나는 나비〉, '뜨거운 감자'의 〈고백〉, '자전거 탄 풍경'의 〈너에게 난 나에게 넌〉 등 다수 공연

- "우리"라는 공감대 형성, 학생 자존감 높임
- 학교적응력 향상 및 미래 목표 설정

⑤ 2012 Dream 클래스 학생들 현황(2013년 현재) : 추수 지도

가. 2012 Dream 클래스 학생의 학교 적응력 향상

- 학교 임원 활동 : 반장 2명, 부반장 1명, 선도부 2명 활동
- 2013년 친한친구교실(2013년형 Dream 클래스) 조직
  – 2012년 Dream 클래스 학생이었던 선배들이 1학년, 2학년 학생 중 관리가 요망되는 후배를 주체적으로 선발하여 학교폭력을 예방하는 동아리 조직
  – 2013 Dream 밴드 결성 및 활동
- 댄스 · 음악학원 등록 및 전국대회 참가

• 학교폭력 예방활동 및 학교 전반적인 측면에서 학교의 긍정적인 분위기를 조성 및 선도

6. 울려라! 비상벨, 멈춰라! 학교폭력, 모이자! 라온카페

1) 학교 현황

학교명	양진중학교	학교장(직위)	김병오(교장)
주 소	충북 제천시 신월동 566번지		
학교현황	학생 수	학급 수	교사 수
	1166명	35개(특수학급 2개 포함)	59명
학교소개	• 학교공간 절대부족과 학급당 학생 수 증가로 과밀학급 • 미로 같은 건물구조 및 운동장 이용 불가의 열악한 교육환경 • 좁은 생활공간 속 잦은 학생 간 접촉으로 인한 다툼 가능성 증가 • 학교장의 학교폭력 예방 강의활동 및 폭력 예방을 위한 노력 • 2011 월드비전 주관 사랑의 동전 모으기 최우수교		

2) 주요 사업내용

① 학교폭력 예방 비상벨 운영

목 적	• 학교폭력예방, 비행행위 신속 대처 • 학교폭력 신고 정신 함양 및 교내 비행 및 흡연 예방 강화 • 안전하고 행복한 학교문화 조성	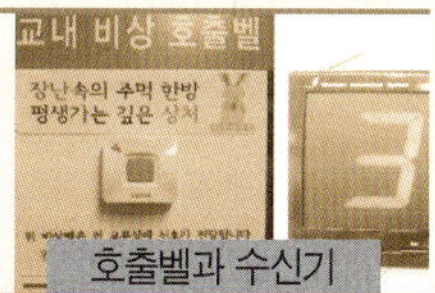 호출벨과 수신기
운영 방침	• 가까운 교무실 호출벨 수신 확인 교사의 즉시 대응 • 학교폭력 대응 원칙에 따른 신속한 조치 • 학생 장난 방지를 위한 담임교사의 정기교육 실시 • 전교사 참여 원칙과 교사 연수 강화	 후관 3층 서쪽 화장실
운영 문제점	• 호출번호 미숙지로 인하여 우왕좌왕하는 상황 발생 • 학생들의 반복적 장난과 일부 교사의 무관심 및 동료교사에게 활동 떠넘기기 발생	 야외 중앙광장 입구
개선 노력 및 운영 성과	• 교사 연수 강화를 통한 운영 취지와 운영방안 공감 확대 • 학년체제로의 전환과 교무실별(학년별) 집중운영 참여 교사 지정 • 학교폭력 예방활동 참여교사에 대한 인센티브 강화방안 시행	 후관 2층 서쪽 화장실
	• 학교폭력 발생의 뚜렷한 감소(68건 → 15건) 효과	

② 라온카페(실내벤치 등) 운영

구분	내용	사진
목 적	• 학생들의 생활공간 확대 지원을 통한 학교폭력 발생 감소 • 열린 의사소통과 자유로운 활동 장소 제공을 통한 학생들 간 관계 개선 • 학생들의 정서 안정에 기여	 본관 5층 대기실
운영방침	• 층별 분산된 각 교무실에서 운영에 적극 참여 • 전교사의 학생 이용 상태 점검과 이용 예절 교육 담당 • 전교사 참여 원칙과 교사 연수 강화 • 학생들의 자유스러운 운영 참여 권장	 4층 연결복도
운영 문제점	• 지저분한 공간 사용 • 힘 있는 소수 아이들의 공간 점령 • 운영 취지를 살리지 못한 미흡한 공간 활용	 3층 연결복도
개선 노력 및 운영 성과	• 말보다 앞선 행동으로 교사들의 청결 생활화 실천 모습 교육 • 이용 장소의 개방성 확대와 이용예절 지도 활성화 • 다양한 아이디어를 모은 새로운 학교문화생활공간으로의 탈바꿈 모색 활성화	 2층 연결복도
	• 학교 내 문화공간 확보 및 어울림과 소통의 교우관계 형성	

3) 사업 효과

① 학교폭력 감소를 통한 학생 생활지도의 효과성 확인

• 학교폭력의 뚜렷한 감소(2012학년도 제2차와 2013학년도 제1차 온라인 실태조사 결과)

구 분	2012학년도 제2차 설문조사	2013학년도 제1차 설문조사
학교폭력 교내 발생 수	68건 중 50건	15건 중 10건
일과 중 발생 수	68건 중 41건	15건 중 8건

• 본교 학교비상벨 제도에 관한 주변 지역교육지원청 및 학교들의 내용문의 및 컨설팅 요청

② 상호 간 신뢰감 형성 및 학생들의 정서적 안정(행복한 학교)

• 자연스러운 대화를 통한 문제학생–교사 간의 신뢰감 형성

– 개방된 학생벤치 공간 속 문제학생과 교사들 간의 일상 대화 진행 횟수 증가

• 학교 건물 전체의 문화 · 예술공간 변화

– 연결 복도 3층에 테이블 및 수족관 설치하여 학생들의 대화와 감성 순화 공간 조성, 4층에 "라온 만화 카페"와 진로탐색공간을 만들어 새로운 문화공간을 지속적으로 창출

– 예쁘고 좋은 학교라는 학교구성원의 인식 제고, 학생들의 학교 애정도 및 자긍심 향상의 계기 마련

- 왜곡되고 단절된 대화에서 벗어나 어울림과 소통의 중요성 인식
  – 휴대폰 과다사용으로 개별화된 아이들의 일상에 함께하는 휴식 · 문화공간을 제공, 이를 통한 어울림과 소통의 교우관계 개선 효과 확인

7. 다도예절교육 및 차문화 체험을 통한 학교폭력 예방

1) 학교 현황

학교명	화개중학교	학교장(직위)	이동수(교장)
주 소	(우)667–823 경상남도 하동군 화개면 화개로 142		
학교현황	학생 수	학급 수	교사 수
	103명	5개	13명
학교소개	• 연혁 : 개교 1970년 • 지역사회실태 : 산지가 많아 임산물이 풍부한 관계로 상품 판매 위주의 가정경제 구조를 가짐 – 녹차재배를 주업으로 하는 학부모가 대부분으로 체험교육과 다례교육을 시킬 수 있는 여건이 형성됨 • 학생실태 : 개인 간 학력 격차가 심하고 학습활동이 소극적임 – 기본인성교육을 제대로 받지 못해 기초예절이 부족함 • 학부모실태 : 가정경제활동에 급급해 자녀들과 깊이 있는 진로상담이 부족함 – 상업지역의 특성상 학교에 대한 신뢰도가 다소 낮음 • 학교실태 : 교사들의 교육경력이 평균 20년 이상으로 인성지도의 경험이 풍부함 – 교육부지정 스마트교육시범학교 운영(2013–2014)		

2) 주요 사업내용

주제 : 다도예절교육 및 차문화 체험을 통한 학교폭력 예방

가. 목 표

- 다례교육을 통한 예법 생활화로 인성교육 및 예절문화 확산
- 다례교육을 통하여 전통예절을 몸에 익혀 평소의 생활에 활용하고 내가 할 일은 스스로 함으로써 자신에 대한 자립심 형성
- 차분하고 안정된 분위기 속에서 질서와 규칙을 지키며 서로 아끼고 도와주는 마음을 길러 학

교폭력을 예방

• 지역 다인들의 전문성을 활용하여 교육과정의 지역화 실현

나. 사업내용

• 교내 프로그램

– 생활예절교육

– 다례교육

– 명상의 시간 편성 운영

• 교외 프로그램

– 학년별 체험학습 실시 : 다도예절 체험학습, 제다 체험학습, 다기제조 체험학습

– 다례 전문가 초청 강의

3) 사업 효과

① 시사점

• 차 생활을 통해 전통문화를 이해하고 올바른 생활습관 형성함

• 행다를 통해 예의바른 몸가짐으로 인간관계를 아름답게 가꾸고 다듬는 데 도움 줌

• 다례교육을 통해 사고의 폭을 넓혀 품위 있는 정신문화를 높이는 데 도움을 줌

• 차 문화에 관심을 갖고 내 고장에 대한 자긍심을 가짐

• 차를 우리는 순서를 통하여 질서를 배울 수 있고, 어른을 공경하는 마음씨를 가짐

• 자신과 타인에 대한 존중심이 확대되어 친구들과의 다툼이 현저하게 줄어듦

• 학생, 교사, 학부모의 유대감과 결속력이 강화되고 정서적 안정감과 친교 생활 문화가 괄목할 만큼 긍정적으로 변화함(프로그램 적용 후 2012년 경상남도교육청 지정 "폭력 없는 학교"로 지정)

② 프로그램의 강점

• 일회성의 이벤트성 다례교육 체험이 아닌 연간 지속적으로 시행할 수 있는 프로그램임

• 다례교육 전문가에게만 일임하는 교육이 아닌 현장 교사들이 직접 참여하는 프로그램이므로 학생들의 실상을 누구보다 잘 알고 있어 학생들의 인성지도 및 폭력 예방에도 효과적임

• 교육 프로그램이 학생들의 흥미를 유발할 수 있는 먹거리와 관련이 있고 건강과도 직결되어 교육 외적인 효과도 뛰어남

8. Wee 클래스 프로그램 활성화를 통한 즐겁고 행복한 우리학교 만들기

1) 학교 현황

<table>
<tr><td>학교명</td><td>대전외삼중학교</td><td>학교장(직위)</td><td>정상신(교장)</td></tr>
<tr><td>주 소</td><td colspan="3">대전광역시 유성구 반석동로 75</td></tr>
<tr><td rowspan="2">학교현황</td><td>학생 수</td><td>학급 수</td><td>교사 수</td></tr>
<tr><td>845명</td><td>28개</td><td>47명</td></tr>
<tr><td>학교소개</td><td colspan="3">[교 훈]
홍익인간 '언제 어디서나 누구에게나 도움이 되는 자연인'
[소재지]
대전광역시 유성구 반석동로 75
[연 혁]
• 2005. 1. 5 대전외삼중학교 학교 설립 인가(6학급, 125명)
• 2013. 3. 1 현재 28학급(특수학급 1학급 포함) 845명 재학
[교육성과]
• 2006학년도 전국 100대 교육과정 최우수학교 선정
• 2009학년도 전국 100대 교육과정 우수학교 선정
• 2011, 2012학년도 평생교육 연구학교 성공적 추진(대전시교육청 지정)
• 2013학년도 자유학기제 연구학교 추진 중(교육부 지정)
[생활지도 관련 현황]
• 2011학년도 전문상담 기반 조성을 위한 Wee 클래스 상담실 구축
• 2012학년도 9월 학교폭력 예방 및 전문상담 활성화를 위한 전문상담교사 배치
• 2013학년도 진로상담 기반 조성을 위한 커리어존 구축
• 학교폭력 예방을 위한 기반 구축 및 전문상담 활성화, 인성교육 강화 중점
[학부모, 지역사회와의 연계활동 현황]
• 교육적 관심도가 높고 자녀와의 소통과 공감활동 활성화
• 쾌적하고 깨끗한 학교 시설 및 환경으로 교육공동체 만족도 높음</td></tr>
</table>

2) 주요 사업내용

① 학교폭력 예방 및 감소 현황

- 본교 학교폭력 설문조사 문항별 결과

설문조사 문항내용	설문조사 결과(2012년 2월)	설문조사 결과(2013년 2월)
폭행 및 감금을 당한 경험	1.8%	0.2%
금품을 빼앗긴 경험	2.6%	0.2%
강제 심부름을 당한 경험	2.3%	0.1%

설문조사 문항내용	설문조사 결과(2012년 2월)	설문조사 결과(2013년 2월)
심한 욕설이나 놀림을 당한 경험	5.2%	2%
친구들에게 따돌림을 당한 경험	1.9%	0.9%
컴퓨터나 휴대전화로 당한 경험	1.5%	0.4%
학교폭력으로부터의 학교 내 불안정성	13.7%	2.3%

• 본교는 2012학년도 2월 학교폭력설문조사 결과에 따라 생활지도 우선중점학교로 선정되었고, 2012학년도 9월 전문상담교사가 배치되었다. 이후 학교폭력 예방을 위한 집중상담 및 인성교육 함양을 위한 프로그램이 적극적으로 진행되었으며 현재도 진행이라고 볼 수 있다.

② 주요 사업내용

• 학교폭력 예방을 위한 기반 구축 계획

사업명	내 용	시 기	기대효과
학교폭력 예방교육 및 사전 대응체제 정비	• 교사, 학생, 학부모교육 • 학급별 메니페스토제 운영 • 배움터지키미 배치(2명)	2회 연중 연중	적극적인 학교폭력 예방교육 및 사전대응체제 정비로 학생보호에 노력 중점
학교안전망 구축	• 교내외 생활지도 강화 • 취약지역 순찰강화(CCTV 설치) • 학교부적응학생 관리 • 지역사회 연계 지도 강화 • 유해지역 정비	연중	안전하고 즐거운 학교생활을 지원하기 위한 노력으로 긍정적인 효과 기대
학교폭력자치위원회의 활성화	• 학교폭력자치위원회 구성 및 운영 • 학교폭력 전담기구 구성 및 운영	연중	학교폭력을 사전에 예방하는 시스템 구축

• 학교폭력 예방 및 인성교육 함양을 위한 Wee 클래스 프로그램 운영 계획

사업명	내 용	시 기	기대효과
우리는 이렇게 도움 받아요	개인상담 및 집단상담	연중	부정적 심리의 긍정적 변화 유도
선생님! 우리 함께 소통해요	학생, 학부모 상담주간 운영	2회	학생, 교사, 학부모의 소통활동 강화
아름다운 나를 발견해요	자아존중감 향상 프로그램	16회	자신감 있는 학교생활 기대
우리는 수호천사 친구 지킴이	또래상담활동 운영	연중	서로 보살피고 도움 주는 풍토 조성

사업명	내 용	시 기	기대효과
어려움을 함께 하며 극복해요	친한 친구교실 운영	연중	긍정적인 공동체 문화의 정착
부모님이 저의 마음을 읽어주세요	부모 감정코칭 교육	연중	자녀의 정서적 지원활동 강화
너의 생명은 소중하단다	생명존중(자살예방)교육	연중	생명의 소중함 인식 및 실천
사랑해요, 감사합니다	감사주간 운영	1회	배려와 존중, 감사의 문화 기대
미안해요, 사랑합니다	사과주간(apple day) 운영	1회	소통과 공감의 문화 정착

3) 사업 효과

① 본교 학교폭력 설문조사 결과 문항별 분석에 따른 효과

설문조사 문항내용	설문조사 결과 (2012년 2월)	설문조사 결과 (2013년 2월)	전년 대비감소율
폭행 및 감금을 당한 경험	1.8%	0.2%	1.6%
금품을 빼앗긴 경험	2.6%	0.2%	2.4%
강제 심부름을 당한 경험	2.3%	0.1%	2.2%
심한 욕설이나 놀림을 당한 경험	5.2%	2%	3.2%
친구들에게 따돌림을 당한 경험	1.9%	0.9%	1%
컴퓨터나 휴대전화로 당한 경험	1.5%	0.4%	1.1%
학교폭력으로부터의 학교 내 불안정성	13.7%	2.3%	11.4%

※ 본교의 학교폭력 설문조사 결과를 비교해 보면 2012학년도 2월에 비해 2013학년도 2월 설문조사에서 학교폭력이 현저히 감소하였으며, 이후에도 학교폭력 예방교육 및 인성함양교육을 통해 지속적으로 학교폭력을 줄이기 위한 총력의 노력을 기울이고 있다.

② 학교폭력 예방을 위한 Wee 클래스 프로그램 운영의 효과

- 개인상담 및 집단상담 결과 분석에 따른 효과

상담내용	2012학년도 2학기 상담횟수 (기간 : 2012. 9. 1~2013. 2. 28)	2013학년도 1학기 상담횟수 (기간 : 2013. 3. 1~6. 30 현재)
개인상담	234	372
집단상담	31	22

상담내용	2012학년도 2학기 상담횟수 (기간 : 2012. 9. 1~2013. 2. 28)	2013학년도 1학기 상담횟수 (기간 : 2013. 3. 1~6. 30 현재)
학부모상담	16	87
교원자문상담	3	66
계	284	547

• Wee 클래스 프로그램 활성화를 통한 즐겁고 행복한 학교 만들기 실천

상담 내용	사업효과
선생님! 우리 함께 소통해요	개인상담 및 집단상담 활성화를 통한 학교폭력 예방 및 바른 인성 함양
아름다운 나를 발견해요	자아존중감 향상으로 인한 긍정적인 소통과 공감의 문화 정착
우리는 수호천사 친구 지킴이	또래상담활동의 강화로 사전에 학교폭력을 예방하는 데 큰 기여
어려움을 함께 하며 극복해요	부적응 학생들과 아픔을 함께하는 체험학습을 통해 적응력을 높임
부모님이 저의 마음을 읽어주세요	부모의 감정코칭교육을 통해 긍정적인 자녀의 정서적 지원활동 강화
너의 생명은 소중하단다	생명의 소중함을 일깨워 위기를 기회의 계기로 삼는 긍정적인 변화 유도
사랑해요, 감사합니다(감사주간 운영)	감사의 마음을 전함으로써 배려와 존중, 감사의 학교풍토 조성
미안해요, 사랑합니다(사과주간 운영)	사과의 마음을 전함으로써 긍정적인 소통의 문화 정착의 효과

③ 제 언

본 프로그램은 학교현장에서 학교폭력 예방을 위한 전 방위적인 접근을 시도하는 노력의 과정이며 이런 노력의 결과가 학교폭력 Zero라는 의미 있는 결실을 맺을 것이라는 확신을 가지고 지속적으로 추진해 나갈 것이다.

9. 행복 5중주(SPTCG)를 통한 학교폭력 예방

1) 학교 현황

학교명	세명고등학교	학교장(직위)	윤석창(교장)
주 소	충북 제천시 신월동 566번지		
학교현황	학생 수	학급 수	교사 수
	974명	30개	56명

학교소개	• 2007년 3건, 2008년 5건, 2009년 11건으로 꾸준히 증가하는 학교폭력 발생 건수와 학생 체벌에 대한 반발과 학부모의 교사 폭행 사건, 학교 이미지와 평판 '최악' • 학교폭력 및 체벌 근절의 획기적인 생활지도 방법 필요 → 2010년 3월 그린마일리지 제도 도입 • 2010~2011. 2년 연속 학교폭력 0% 달성, 체벌 및 흡연율 감소(KBS 9시 뉴스 "학교폭력 잡은 상벌제" 전국 보도, 2012. 1. 13) • 2010~2012. 충청북도 교육청 선정 3년 연속 그린마일리지 선도학교 • 2012~2013. 충청북도 교육청 선정 2년 연속 흡연 예방 선도학교 • 전국의 많은 학교에 학교폭력 예방 그린마일리지제 전파 및 벤치마킹 • 2012. 학교폭력 예방 우수학교 충청북도 교육감 표창(2012. 12. 31)

2) 주요 사업내용

- 학소챗(학생–학부모–교사 소통 CHAT : 스마트폰 앱 이용 익명의 학교폭력 신고)을 이용한 학교폭력 예방
- 학생 순찰대 운영을 통한 학교폭력 예방
- 끊임없는 학교폭력 예방 전교생 교육
- 학교폭력 예방 UCC 및 사진 공모전
- 학소톡(학부모 소통 톡 : 학부모 알리미 서비스) 운영
- 학교폭력 예방 사제동행 캠프
- 1교사 1칭찬 운동
- 독서원정대 활동을 통한 인성교육
- 감성 스승의 날 발표대회
- 경찰, 학생, 학부모, 교직원, 지역사회 유관기관 합동 학교폭력추방캠페인
- 뇌 교육을 통한 학교폭력 예방 프로그램
- 학생–학부모–교직원 참여 민주적인 그린마일리지 규정 개정
- 상점 부여 활성화로 칭찬 중심의 상점제 운영
- 학교–가정–지역사회와 연계한 상담 중심의 벌점 학생 치료

3) 사업 효과

① 칭찬 문화의 정착으로 학교폭력 잡은 그린마일리지

- 상점제와 벌점제의 균형적인 운영(상점카드 59%, 벌점카드 41%)과 학교폭력 근절

- 그린마일리지 학교장 표창 학생 대폭 증가(2010년 2명, 2011년 44명, 2012년 149명, 2013년 77명)

② 우수사례 전파활동 및 언론보도

- 2010~2012. 3년 연속 그린마일리지 선도학교, 2012~2013. 2년 연속 흡연 예방 선도학교
- 학교폭력 예방 그린마일리지 제도 충청북도 교육청 발표 등 총 5회
- KBS 9시 뉴스, 연합뉴스 등 언론보도 총 6회
- 제천지역 초중고 및 전국의 많은 학교 그린마일리지 운영사례 전파 및 벤치마킹

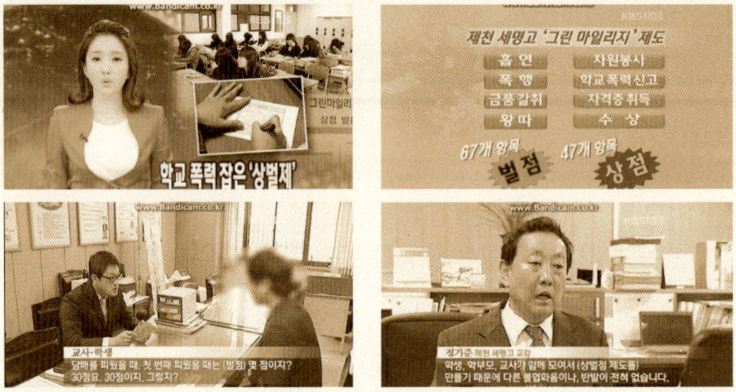

KBS 9시 뉴스 "제천 세명고 학교폭력 잡은 상벌제" 전국 방송(2012. 1. 13)

③ 2012 학교폭력 예방 우수학교 충청북도 교육감 표창(2012. 12. 31)

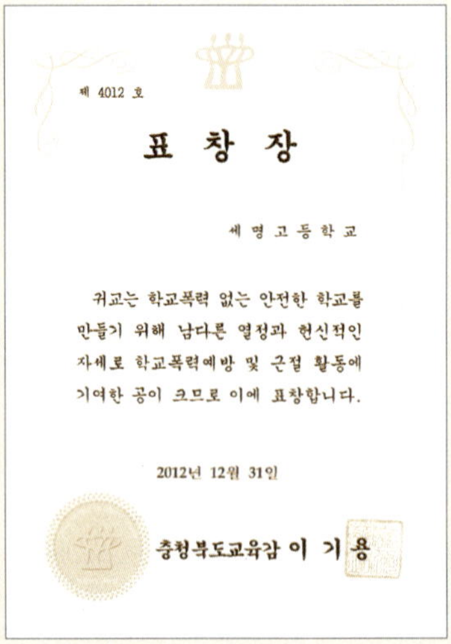

제 4012 호

표 창 장

세 명 고 등 학 교

귀교는 학교폭력 없는 안전한 학교를 만들기 위해 남다른 열정과 헌신적인 자세로 학교폭력예방 및 근절 활동에 기여한 공이 크므로 이에 표창합니다.

2012년 12월 31일

충청북도교육감 이 기 용

10. 행복한 학교, 두근두근 중화고 프로젝트 – 우리 아이들이 순해졌어요

1) 학교 현황

학교명	중화고등학교	학교장(직위)	방승호(교장)
주 소	서울특별시 강남구 압구정로 71길 9		
학교현황	학생 수	학급 수	교사 수
	1092명	34개	72명
학교소개	• 학교 폭력 제로, 아이들이 안전한 학교 • 아이들의 수업태도가 우수한 학교 • 학생, 학부모, 교사 등 학교 공동체의 협력이 잘 이루어지는 학교		

2) 주요 사업내용

① 행복 찾기 프로젝트

- 굿모닝 상담 : 출결 상황이 좋지 않은 학생들을 대상으로 꿈과 비전을 찾도록 돕는 상담 프로그램
- 나를 찾아서 떠나는 여행 : 소규모 학생 그룹 단위로 직접 여행을 계획, 자아성찰의 시간을 가짐
- 연극 수업
  - 내 안의 나를 찾아서
  - 1학년 학생들을 대상으로 창의적 체험활동시간에 연극수업 진행, 문화 예술에 대한 친화적인 태도를 기르고 의사소통능력을 기름
- 사랑의 발 마사지 : 부모님의 발을 마사지 해드리는 시간을 통해 가족 간 대화와 소통의 기회 증진
- 독서 1 · 2 · 3 운동 : 1일 20분 동안 책을 읽고 3분간 글을 쓰는 활동을 통해 인성을 함양

② 꿈 찾기 프로젝트

- 길 위에서 길을 찾다 : 1학년 학생들을 대상으로 1년 동안 비전을 찾아가는 장기 진로탐색 프로젝트
- 우리가 만드는 하모니 (학생 오케스트라) : 악기 구입부터 수업, 공연까지 함께 하면서 문화 예술 친화성을 기르고 인성을 함양
- 직업의 신
  - 진로탐색전
  - 실제 직업 종사자들의 강의를 듣고, 자신의 꿈을 발표하는 프로그램

③ 내가 주인공 되기 프로젝트 – 학교의 주인은 바로 우리!

- Clean & Club 프로그램 : 학생들이 자원하여 아침 등교시간마다 교내 및 주변환경 정화 활동 전개
- 학교 꾸미기 대회 : 디자인 공모전을 통해 학교의 빈 공간을 학생들이 직접 디자인, 탈바꿈시키는 활동
- 아름다운 리더 살기 : 적극적이고 긍정적인 리더의 자질을 기르는 학생 리더십 워크숍

④ 고운 말 되찾기 프로젝트

- 온전함에 이르는 대화 프로그램 : 경청과 긍정적 표현의 필요성을 배우고 나 전달법을 익히는 프로그램
- 사이버 세상 선플달기 캠페인 : 학생 캠페인, 정보퀴즈대회, 정보윤리글짓기 대회를 통해 따뜻한 사이버 세상 만들기
- 마음이 따뜻해지는 프로젝트형 인성교육수업 : 국어, 미술, 가정과가 함께 프로젝트 수업을 진행, 언어생활의 중요성을 일깨움

⑤ 우리 선생님이 달라졌어요(선생님도 함께하기 프로젝트)

- 세상 어디에도 없는, 우리 교장 선생님 : 전교생 상담, 위트가 있는 조회, 깜짝 노래 공연, 인형탈 금연 캠페인
- 중화스타일(교사워크숍) : 교육 활동 시의 어려움을 교사 간에 서로 나누고 문제상황에 대한 해결책을 직접 강구

3) 사업 효과

- 학교폭력대책위원회 안건 2012년 11회에서 2013년 상반기까지 0회로 감소
- 학교폭력설문 결과 학교 체감 안전도 70.4% → 90.8%로 향상
- 2012년 일일 평균 무단 지각 30회, 무단 결석 20회에서 2013년 10회 내외로 감소
- 전입생 중 징계 건수 2012년 34건(절도, 폭력사안 포함)에서 6건으로 감소

학교폭력의 예방(7～13장) 연습과제

학교폭력의 예방은 무엇보다 학생의 인성적 자질을 함양함으로써 가능해진다. 인성적 자질 함양을 위한 다양한 방안을 앞의 7～11장에서, 국내외 학교폭력 예방 프로그램과 우수 사례를 12장과 13장에서 각각 살펴보았다.

7장은 인성적 자질 함양을 위한 민주적인 학급의 운영에 대해 알아보았고,
8장은 청소년의 발달과제에 따른 생활 지도,
9장은 청소년의 공감과 소통을 위한 지도,
10장은 청소년의 자기성장과 역량 강화 방안,
11장은 청소년의 문제행동에 대한 지도,
12장은 국내외 학교폭력 예방 프로그램,
13장은 학교폭력 예방 우수 사례
등을 다루어 예비교사들의 장차 교직 수행을 도와주려 한다. 7～13장 내용과 관련된 연습과제를 제시하면 다음과 같다.

- 학교폭력 예방을 위해 7～11장에 제시한 다양한 인성적 자질 함양 방안들에 대한 나의 견해를 구체적으로 제시해 보자.
- '어울림 학교폭력 예방 프로그램'의 여러 유형들을 소개하도록 하자.
- 나의 초 · 중 · 고교 시절 학교폭력 예방활동 사례를 회상해보고, 이 책에서 제시된 예방활동 사례와 비교해보자.
- 나만의 독특한 학교폭력 예방활동 아이디어를 제안해 보자.

Reference

참고문헌

강유미 (2011). 학교폭력에 대한 실태분석 연구. 고려대학교 교육대학원 석사학위논문.

곽금주 (2006). 학교폭력과 왕따의 구조적 특징. 문용린 외, **학교폭력 예방과 상담**(pp. 67-90). 학지사.

관계부처합동 (2012). 학교폭력근절 종합대책.

관계부처합동 (2013). 현장 중심 학교폭력 대책.

교육과학기술부 (2009). 학교폭력 예방 및 대책 5개년 기본계획(2010-2014).

교육과학기술부 (2012a). 인터넷 · 게임 · 스마트폰 올바른 사용을 위한 생활지도 매뉴얼 (중등용).

교육과학기술부 (2012b). 학교폭력 전수조사 결과.

교육과학기술부, 법무부 (2009). **굿바이! 학교폭력, 학교폭력 · 성폭력 예방 및 대처 가이드북**.

교육부 (2013). 학생 정서 · 행동특성검사 및 관리 매뉴얼.

국가법령정보센터 (2013). 학교폭력예방 및 대책에 관한 법률 시행령. [시행 2013. 3. 23] [대통령령 제 24423호, 2013. 3. 23, 타법개정]

국가법령정보센터 (2013). 학교폭력예방 및 대책에 관한 법률. [시행 2013. 3. 23] [법률 제11690호, 2013. 3. 23, 타법개정]

김계현, 김동일, 김봉환, 김창대, 김혜숙, 남상인, 천성문 (2009). **학교상담과 생활지도**. 학지사.

김광수 (2012). 아동 · 청소년의 또래 대인관계 문제 개선과 정서능력 개발을 위한 용서상담. 교육공동체 회복과 학교상담의 시스템 구축 및 학교상담자의 역할, 한국학교상담학회 2012년도 연차학술대회 워크숍 자료집.

김규태, 방경곤, 이병환, 윤혜영, 우원재, 김태연, 이용진 (2013). **학교폭력의 예방 및 대책**[개정판]. 양서원.

김진한, 박선환, 박숙희, 우지향 (2013). **학교폭력의 예방 및 대책**. 공동체.

김진희, 김은영, 양미진 (2000). **청소년품성계발 프로그램개발연구**. 한국청소년상담원.

김혜령 (2009). 학교폭력 피해 학생의 상담적 접근을 위한 방안 연구. 서울여자대학교 석사학위논문

김혜숙, 최동욱 (2013). **교사를 위한 학부모 상담 길잡이**. 학지사.

김환, 이장호 (2009). **상담면접의 기초**. 학지사.

남청 (2008). **인간관계론**. 배재대학교 출판부.

노안영, 강만철, 오익수, 김광운, 정민 (2011). **개인심리학 상담 원리와 적용**. 학지사.

도기봉 (2008). 학교폭력에 영향을 미치는 공격성과 생태체계요인의 상호작용효과. 청소년 복지연구, 10(2), 73–92.

류경희 (2006). 청소년 집단 따돌림에서 동조 행동의 영향 변인. 대한가정학회지, 44(12), 139–154.

박기민 (2000). 우리나라 학교폭력 예방에 관한 연구. 경희대학교 행정대학원 석사학위논문.

박성희 (2006). 담임이 이끌어 가는 학급상담. 학지사.

박성희, 김경수, 김기종, 남윤미, 이동갑, 이재용, 장희화 (2012). 학교폭력상담 시리즈–초등학교 편, 중학교 편, 고등학교 편, 교사와 학부모 편. 학지사.

방기연 (2011). 학교폭력 사건에 대한 교사의 인식과 경험에 대한 질적 연구. 상담학 연구, 12(5), 1753–1778.

법무부, 교육과학기술부 (2012a). 난 아픈데 넌 장난? : 학교폭력예방(중학생용).

법무부, 교육과학기술부 (2012b). 학교폭력에 대한 교사의 역할 : 학교폭력예방(교사용).

법무부, 교육과학기술부 (2012c). 우리 아이들에게 무슨 일이? : 학교폭력예방(교사용).

서준호(2013). 서준호 선생님의 마음 흔들기. 지식프레임.

손우정 (2012). 배움의 공동체. 해냄.

손진희, 홍지영 (2008). 청소년 따돌림 문제의 이해와 대처. 학지사.

송재홍 외 (2012). 학교폭력의 예방 및 대책. 학지사.

여성가족부 (2012). 2011 청소년 유해환경접촉 종합실태조사.

오상철, 박진용, 권순달, 정미경, 김이성 (2007). 국내외 교실학습 연구(1) – 한국, 영국, 프랑스, 일본의 초등학교를 중심으로(RRI 2007–1). 한국교육과정평가원.

오성삼 (2013). '인성교육 인증제'로 인성 · 입시 다 잡는다. 대학저널, Nov., 102–103.

유형근, 권순영, 심미진, 이은영 (2010). 집단 따돌림에 갇힌 아이들. 학지사.

이규미 (2012). 학교폭력의 특수성과 전문성 · 문용린 외, 학교폭력 예방과 상담. 학지사.

이명조 (2012). 청년심리학 : 일과 사랑. HUFS BOOKS.

이명조, 김소아 (2009). 교육심리학. 양서원.

이은정(2007). 전문상담교사를 위한 학교폭력 중재모형 구안. 한국교원대학교 석사학위논문.

이정윤, 이동형, 고려진, 김혜원 (2013). 학교폭력관련 문제행동의 이해 및 대응을 위한 교사용 지침서. 학교폭력 현장 대응을 위한 심리 · 행동적 개입, 한국심리학회 2013년 특별 심포지엄 자료집.

이태연, 이인수, 정기수, 최명구 (2006). 인간관계의 이해. 도서출판 신정.

Reference

임재연 (2012). 학교폭력 상담 매뉴얼. 문용린 외, 학교폭력 예방과 상담. 학지사.

임지영 (2012). 세상에서 가장 길었던 하루. 형설라이프.

장맹배 (2012). 학급내 학교폭력 조기 감지 및 상담방법. 문용린 외, 학교폭력 예방과 상담. 학지사.

전희일 (2011). 현대사회와 청소년. 양서원.

조정실, 차명호 (2010). 폭력 없는 평화로운 학교 만들기. 학지사.

천성문, 박명숙, 박순득, 박원모, 이영순, 전은주, 정봉희 (2009). 상담심리학의 이론과 실제. 학지사.

천성문 외 (2011). 행복한 학교를 위한 학교 집단상담의 실제. 학지사.

청예단 (2011). 2010년 학교폭력 실태조사 보고서. 청소년폭력예방재단.

통계청, 여성가족부 (2013). 2012년 청소년 통계 보도자료.

한국교육개발원 (1999). 교육개발 Spring 1999 재창간호.

한국교육개발원 (2013). 학교폭력 예방 프로그램의 개발과 적용. 2013년 1월 8일 개최된 학교폭력 예방 국제 세미나 자료집.

Adler, M. J. (1976). *Some Questions about Language*. LaSalle, IL., Open Court.

Arnett, J. J. (2007). *Adolescence and Emerging Adulthood: A Cultural Approach* (3rd ed). NJ: Pearson Higher Education.

Bower, S. A. & Bower, G. H. (1991). Asserting Yourself: A Practical Guide for Positive Change. Perseus Books.

Bowers, L., Smith, P. K., & Binney, V. A. (1992). Cohesion and power in the families of children involved in bully/victim problems at school. *Journal of Family Therapy, 14*, 371–387.

Bronfenbrenner, U. (1979). *The ecology of human development. Cambridge*, MA: Harvard university Press.

Charles, C. M. (2002). *Essential Elements of Effective Discipline*. Boston: Allyn and Bacon.

Coloroso, B. (2003). *The bully, The bullied, and the bystander*. New York: Harper Collins.

Covey, S. R. (2003). 성공하는 사람들의 7가지 습관[The 7Habits of Highly Effective People](김경섭 역). 김영사.

Cranwell–Ward, J. (1998). 현대인의 스트레스 관리[Thriving on Stress](장현갑, 강성군 역]. 학지사.

Dwyer, K. P., Osher, D., & Hoffman, C. C. (2000). Creating responsive schools: Contextualizing early warning, timely response. Exceptional Children, 66, 347–365.

Gordon, T. (2003). 교사역할훈련[Teacher Effectiveness Training](김홍옥 역]. 양철북.

Gottman, J. M., Katz, L. F., & Hooven, C. (1997). *Meta–emotion: How families communicate emotionally*. NJ: Lawrence Erlbaum Associates, Inc, Publishers.

Kagan, S. (1992). Cooperative learning resources for teachers. San Juan Capistrano, C. A. : Resources for Teachers.

Katz, J. (1988). Seductions of crime: Moral and sensual attractions in doing evil. New York: Basic Books.

Kohlberg, L. (1975). The cognitive–developmental approach to moral education. *Phi Delta Kappan, 56*, 670–677.

Kwak, K., Bornstein., M. H., Lee, S., Choi, S., Lee, S., & Lee, M. (2006). Psychological characteristics of students with different participant roles in Korean bullying (Wan–ta). *Accepted paper for presenting in 11th Biennial Meeting Society for Research on Adolescence*. San Francisco, California.

Lickona, T. (1983). *Raising good children*. New York: Bantam.

Losey, B (2013). 학교폭력의 평가와 개입[Bullying, Suicide, and Homicide](이혜선, 육성필, 김경아 역). 학지사.

Olweus, A. (1999). 바로 보는 왕따, 대안은 있다: 학교에서 일어나는 폭력 문제[Bullying at school: What we know and what we can do.](이동진 역). 삼선각. (원전은 1993년에 출판)

Pellegrini, A. D., & Long, J. D. (2002). A longitudinal study of bullying, dominance, and victimization during the transition from primary school through secondary school. *British Journal of Developmental Psychology, 20*, 259–280.

Prinsloo, J., & Neser, J. (2007). Operational assessment areas of verbal, physical and relational peer victimisation in relation to prevention of school violence in public schools in Tshwane South. *Acta Criminologica, 20*, 46–60.

Rosenburg, M. B. (2011). 비폭력 대화[Nonviolent Communication: A Language of Life](캐서린 한 역). 한국NVC센터.

Ross, R. P. (1990). *Ecological theory of human development. R. M. Thomas* (Ed.), The encyclopedia of human development and education : theory, research, studies. (pp.98−101). Oxford : Pergamon Press.

Salmivalli, C., Lagerspetz, K., Bjorkqvist, K., Osterman, K., & kaukiainen, A. (1996). Bullying as a group process: Participant roles and their relations to social status within the group. *Aggressive Behavior, 22*(1), 1−15.

Salovey, P., & Mayer, J. (1990). Emotional intelligence. *Imagination, cognition, and personality, 9*(3), 185−211.

Saul, L. J. (1992). **정신역동적 정신치료**[Psychodynamically Based Psychotherapy](이근후, 최종진, 박영숙 역). 하나의학사. (원전은 1972년에 출판)

Sullivan, K (2000). *The anti−bullying handbook*. New York: Oxford University Press.

Sweeney, T. J. (1998). *Adlerian Counseling: A practitioner's approach*(4th ed.), PA: Accelerated Development.

http://www.stopbullying.or.kr

찾아보기

저 / 자 / 소 /개

한국외국어대학교 영어전공(문학사)
서울대학교 대학원 교육심리전공(교육학석사)
미국 University of Arkansas 유아교육전공(교육학박사)
전, 한국외국어대학교 사범대학 학장
현재 한국외국어대학교 사범대학 교수
한국외국어대학교 학생생활상담연구소장

저서

청년심리학 : 일과 사랑(2012)
영유아프로젝트 수업(2010)
교육심리학(2009)
행복한 임신과 출산(2008)
유아교육현장에 쉽게 적용할 수 있는 프로젝트 접근법(2007)
영유아발달과 교육(2005)
한국 유아의 조기교육(2003) 등

논문

혼잣말에 관한 국내 연구동향 분석(열린유아교육연구, 2014)
대학생이 지각한 어머니 양육태도와 정서명확성이 심리적 안녕감에 미치는 영향(상담학연구, 2013)
대학생이 지각한 모의 양육태도와 심리적 안녕감의 관계에서 자기위로능력의 매개효과(한국심리학회지, 2012)
한국 유아교육의 현황과 과제(미래유아교육학회지, 2010) 등

학교폭력의
예방과 대책

2014년 2월 25일 초판 인쇄 | 2014년 2월 28일 초판 발행

지은이 이명조
펴낸이 류제동 | 펴낸곳 (주)교문사

전무이사 양계성 | 편집부장 모은영 | 책임진행 강선혜 | 본문디자인 · 편집 황옥성 | 표지디자인 신나리
제작 김선형 | 홍보 김미선 | 영업 이진석 · 정용섭 · 송기윤
출력 현대미디어 | 인쇄 동화인쇄 | 제본 한진제본

주소 경기도 파주시 교하읍 문발리 출판문화정보산업단지 536-2
전화 031-955-6111(代) | 팩스 031-955-0955
등록 1960. 10. 28. 제406-2006-000035호 | 홈페이지 www.kyomunsa.co.kr
E-mail webmaster@kyomunsa.co.kr | ISBN 978-89-363-1400-2 (93370) | 값 22,000원